북으로 간 언어학자 김수경

북으로.간.언어학자

김수경

金壽卿

……
이타가키 류타 지음
고영진·임경화 옮김

푸른역사

'우리말' 개념의 가능성

이 책은 서울에서 출간되므로 이 글의 제목도 '한국의 독자들에게'로 해야 옳을 수도 있다. 아니면 이 책이 대한민국의 한글 맞춤법에 따라 쓰였다는 의미에서 제목을 '한국어판에 부쳐'로 하는 것이 좋을지도 모른다. 그러나 나는 굳이 '이 책을 우리말로 읽는 독자들에게'로 했다. 단적으로 말하면, 나는 거기에 언어의 국가적 혹은 국민적인 틀을 탈구축脫構築하려는 의도를 담았다. 이 점을 좀 더 파고들어 가보고자 한다.

　20세기 초에 페르디낭 드 소쉬르Ferdinand de Saussure(1857~1913)는 언어에서 '외적'으로 여겨지는 요소들을 모두 분리함으로써 언어학 특유의 연구 영역을 설정했다. 즉 인종, 문명, 국민, 정치사, 제도, 학교, 지리 등을 '외적 질서'로 사상捨象하고, 그로부터 상대적으로 독립된 '고유의 질서'를 지닌 '언어 그 자체'를 추상抽象한 것이다.[1] 사실 언어를 그와 같이 내적인 것과 외적인 것으로 분리하는 것은 무리가 있다. 그러나 이 추상에는 중요한 사회적 기능이 잠재해 있다.

  이것의 적극적인 의의를 명쾌하게 논한 이는, 일견 소쉬르와 정반대의 입장처럼 보이는 사회언어학자 다나카 가쓰히코田中克彦[2]이다. 다나카에 의하면, 소쉬르의 공적은 문자가 있는 말과 없는 말, 국가에 의해 '국어'로 인정된 말과 '방언'으로 분류된 말 등, 언어를 둘러싼 '차별의 그물망'과 다양한 '사회적·정치적 위신'을 제거하고 모든 언어를 대등한 것으로 제시한 데 있었다.[3] 나아가 소쉬르는 한 언어의 담당자로서 국가, 마을, 부족 같은 다양한 사회 단위를 설정할 수 있는 곳, 그러한 여러 집단 역시 '언어공동체communauté linguistique'로 추상하여 이론상의 대등성을 확보하였다. 물론 그것은 '언어 그 자체'라는 것을 추출하여 언어학 고유의 연구 영역을 창설하기 위한 작업이었다. 그러나 그러한 방식으로 기호체계로서의 언어와 그 담당자로서의 언어공동체가 본질화되어 버리면 언어가 대등할 것이라고 추상하고 나서야 비로소 다나카처럼 언어의 사회성,

---

[1] Ferdinand de Saussure, *Cours de linguistique générale*, Payot, 1985, pp. 40~44.

[2] 田中克彦, 《ことばと国家》, 岩波書店, 1981, 22~24쪽. 아울러 가스야 게스케糟谷啓介는 언어공동체 개념이 가질 수 있는 함정에 대하여 논하고 있다〈言語共同体概念再考〉, 《言語社会》 1, 2007). 이 글은 그러한 함정을 충분히 인식하면서도 '공동체' 개념 자체를 탈구축하여 동아시아의 현실 속에서 가질 수 있는 의의를 논하는 것이다.
   (옮긴이 주) 다나카 가쓰히코田中克彦의 《ことばと国家》는 2020년 6월에 김수희의 번역으로 에이케이커뮤니케이션즈에서 《말과 국가》라는 제목으로 출판되었으며, 가스야 게스케의 〈言語共同体概念再考〉는 2016년 1월에 고영진·형진의 공역으로 소명출판사에서 간행된 《언어·헤게모니·권력》에 실려 있다.

[3] 정치적으로 소쉬르는 반유대주의자였다고 알려져 있다(互盛央, 《フェルディナン・ド・ソシュール: 〈言語学〉の孤独, 〈一般言語学〉の夢》, 作品社, 2009). 그런데도, 아니, 그렇기 때문에 소쉬르는 그러한 차별을 포함한 여러 가지 것들을 '외적'인 것으로 정리한 후, 언어 그 자체를 추출할 필요가 있었다고 할 수도 있다.

이 책을 우리말로 읽는 독자들에게

권력, 차별 같은 문제를 논하는 것도 가능하게 된다.

여기에서 주목하고자 하는 것은, '우리말'이라는 개념이 이 언어공동체 내지 언어공통성[4]이라는 관점과 맞물렸을 때, 그것이 동아시아의 역사적 현실 속에서 가질 수 있는 적극적인 의의이다. 한반도의 남북 분단은 언어의 곳곳에 정치적 메시지와 입장을 읽어 내는 해석의 창구를 사람들의 인식 속에 심어 놓았다. '한반도'라고 할 것인지 '조선반도'라고 할 것인지, '한국'이라고 약칭할 것인지 '남한'이라고 할 것인지 아니면 '남조선'이라고 할 것인지, 그러한 한 마디 한 마디의 선택이 정치성을 띤 기호로 다루어져 왔다. 이는 언어의 명칭도 마찬가지여서, '한국어'라고 할 것인지 '조선어'라고 할 것인지 혹은 제3의 호칭으로 할 것인지가[5] 많이 논의되어 왔다.

그러한 관점에서 보면, '우리말' 개념은 그것을 상대화할 수 있는 잠재성을 가지고 있다. 우선 그 단어 어디에도 국가를 지시하는 요소가 없다는 점에서, '우리말'에는 분단 상황을 일단 괄호 안에 넣어 탈분단적인 개념이 될 수 있다는 강점이 있다. 그뿐만이 아니다. '겨레말'과 달리, '우리말'에는 민족이나 국민을 나타내는 요소조차 포함되지 않는다. '우리'의 설정에 따라 자유자재로 늘릴 수도, 줄일 수도 있다. 즉 '우리말'은 소쉬르의 언어공동체 개념이 지닌 추상성을 잠재적으로 발휘할 수 있었던

---

[4] Saussure, *Cours de linguistique générale*, pp. 304~306. 고바야시 히데오小林英夫는 'communauté linguistique'를 '언어공통성'으로 번역하여 그 집단성도 더욱 추상화했다 (《一般言語学講義》, 岩波書店, 1972, 314~316쪽).

[5] NHK에서 1984년 처음으로 어학 강좌를 개설했을 때, 논의 끝에 그 프로그램의 명칭은 '안녕하십니까~한글 강좌~'가 되었다. 또한 현재 도시샤同志社대학의 과목명은 '코리아어'이다.

적극적 의의를, 동아시아 근현대사가 만들어 왔던 정치적 갈등 및 권력 관계와 불가분한 현실 앞에서, 역설적으로 계승할 수 있다고 해석하는 것도 가능하다.

여기에 일본에 사는 나와 같은 일본인이 이 언어를 '우리말'이라고 부르는 것의 의의가 있다. 내가 '우리말'이라고 하는 순간, 위화감을 느끼는 독자도 적지 않을 것이다. '우리'에 뭔가 '이물질' 내지 '침입자'가 들어온 듯한 감각을 느끼는 사람도 있을지 모른다. 그러나 나는 이 위화감도 모두 포함하여 '우리말' 개념의 가능성에 걸고 싶다. 장뤼크 낭시Jean-Luc Nancy는, 동질성과 단일성이 아니라 오히려 타자의 존재와 복수성에서 공동성을 사고하려 했다.[6] 낭시에 따르면, 전혀 공통성이 없는 특이한 존재들 간에 있는 것이 커뮤니케이션이며, 동시에 커뮤니케이션에 의해 특이한 존재가 형성된다. 공동체communauté와 커뮤니케이션communication이 동일한 어원에서 파생되었기 때문에 이러한 논의도 성립하는 것이지만, 그 사상에는 너무 깊이 들어가지 않고, 여기에서는 이것을 '우리말'론에 접속하는 데서 그치고자 한다. 즉 이질성과 복수성에 기초를 둔 언어공동체로서 '우리'를 설정하고, 이에 대응하는 것으로서 '우리말'을 생각하고 싶은 것이다.

중요한 것은 언어이기에 그러한 논의가 가능하다는 점이다. 예를 들어 나는 결코 '우리나라'라고 하지 않는다. 대한민국이나 조선민주주의인민공화국을 내가 '우리나라'라고 부르지 않는 것은 물론이거니와, 국적상 소속되어 있는 일본국에 대해서도 나는 그렇게 부르지 않는다. 국가

[6] ジャン−リュック ナンシー, 《無為の共同体: 哲学を問い直す分有の思考》, 以文社, 2001.

의 '우리'는, 타자와 복수성을 지워 가면서 사람들을 동원하기 때문이다. 그에 비해 '우리말'은, 이질적인 것에도 접속하면서 무한히 이어질 수 있는 가능성을 내포하고 있다. '우리말'은 이질적인 것들 사이를 연결한다. 그러나 정작 '우리말'은 단일한 것이 아니다.

　특히 이 책의 경우 머리말에서 언급한 대로, 38선 이북에서 태어나 캐나다로 이민 간 김수경의 딸을 북미에 잠시 머물렀던 일본인인 내가 우연히 토론토에서 만난 데서 출발한다. 이후 다시 몇 차례의 우연한 만남과 대화를 거쳐, 김수경이 무언가에 대해 서술한 텍스트를, 시대도 지역도 초월해 '나'라는 한 사람의 독자가 읽게 되었다. 그렇게 해서 내가 만나고 읽은 것을 이어붙여 이 책을 완성했다. 그리고 그것이 이번에 우리말로 다양한 독자와 만나게 된다. 가능하다면 조선민주주의인민공화국에 살고 있는 김수경의 유족과 제자도 이 책을 읽어 주었으면 좋겠고, 그들과 이야기도 나누고 싶다. 그러므로 나는, 복수성뿐만 아니라 우연성과 만남 같은 것까지 포함하는 개념으로서 '우리말'을 정의하고, 그러한 의미를 담아 이 책을 '한국어판'이 아닌 '우리말판'으로 부르고 싶다.

비판적 코리아 연구

나는 학부 시절부터 문화인류학을 전공했는데, 위키백과Wikipedia에는 '역사학자'로 소개되어 있고(누가 썼는지 알 수 없지만), 현재는 사회학과에 소속되어 있다. 또한 자기 소개를 할 때는 '근현대 조선사회사'('조선'은 한반도라는 의미)라고 말할 때가 많다. 학문 분야로 보면 정체불명의 존재이지만, 내 나름대로 일관된 자세로 살아온 결과 그렇게 된 것에 불과하다. 나는 그러한 입장을, 달리 적절한 표현이 없어서, 잠정적으로 '비판적 코리아 연구Critical Korean Studies'라고 부르고 있다. 원저에서는 분량 관계로 제외했지만, 우리말판에서는 '비판적 코리아 연구'란 무엇인가에 대해 아래에서 간략히 설명해 두고자 한다.[7]

월러스틴Immanuel Wallerstein(1930~2019)은 자신의 세계체제 분석의 형성을 보다 큰 역사 속에 자리매김하기 위해, 현재까지 계속되는 인문·사회과학 각 분야의 생성과 분화 과정을 추적하는 작업을 여러 차례 진행했다.[8] 그것은 다소 견강부회한 논의이기는 하나, 비판적 코리아 연구를 역사적으로 규정하는 데 시사하는 바가 크다. 그래서 다소 우회적인 이야기이기는 하지만, 여기에서 개략적인 내용을 소개하고자 한다.

중세에서 근세에 걸친 유럽의 대학은 신학, 법학, 의학, 그리고 철학의 4개 학부로 구성되어 있었는데, 그중 19세기에 철학으로부터 오늘날 '자연과학', '사회과학', '인문학'으로 총칭되는 각 분야가 분화된 것은 주지하는 바와 같다(그 흔적이 Ph.D.=철학박사라는 칭호에 남아 있다). 월러스틴에 따르면 사회과학으로의 분화를 대표하는 것은 역사학, 경제학, 정치학, 사회학이라는 '콰르텟'이다. 랑케식 사료 비판에 기초한 객관성을 추구하는 역사학은, 과거의 일회성 현상을 다룬다는 의미에서 개별 기술적idiographic 지향성을 갖고 있었다. 반면 나머지 세 학문 분야는, 현재를

---

[7] 아래는 이타가키 류타, 〈비판적 코리아 연구를 위하여: 식민주의와 냉전의 사고에 저항하여〉, 《역사비평》 132, 2020에 기초한 것이다.

[8] 대표적인 것은 다음과 같다. I. Wallerstein, *Open the Social Sciences*, Stanford University Press, 1997; "The Unintended Consequences of Cold War Area Studies", in *The Cold War and the University*, New Press 1997, pp. 195~231; *World-systems Analysis: An Introduction*, Duke University Press, 2004.

대상으로 과학적 법칙을 추구하는 법칙 정립적nomothetic 지향성을 갖고 있어서 근대성의 이데올로기라 할 시장(경제학), 국가(정치학), 시민사회(사회학)를 각각 분담하게 되었다.[9]

　하지만 이 4개 분야는 주로 영국·프랑스·독일·이탈리아·미국의 5개국을 중심으로, 이른바 '서양' 세계를 대상으로 발전했다. 이와 병행하여 근대 세계체제가 급격히 확대되면서 '서양' 제국은 세계 각지를 식민지화하고 '나머지 세계'와도 깊은 관계를 맺게 되었다. '근대화'되지 않은 지역에 서양 지향의 4개 분야를 적용하는 것은 부적절하다고 여겨졌다. 거기에서 '나머지 세계'를 담당한 것이, 월러스틴에 따르면, 인류학과 동양학이었다. 즉 인류학은 문명과 미개의 이분법에서 '미개'로 규정된 여러 집단을 현지 조사를 통해 기술했다. 동양학은 '서양'은 아니지만 '미개'하다고 할 수도 없는 '고등문명'스러운 '동양'에 대해 주로 여러 문헌의 독해를 통해 기술했다. 식민지 지배를 깊이 내재한 근대 세계체제의 '중핵'이었던 19세기 구미歐美의 자기 인식과 타자 인식에 기초하여 전문적으로 분화된 사회과학의 여러 분야는 대학과 학회라는 제도를 통해 표준화가 추진되었다.

　그런데 1945년을 전후한 시기에 사회과학의 대전환이 일어났다. 세계체제의 헤게모니가 미국으로 이행하여 이른바 냉전의 시대를 맞이하는 한편, '제3세계'의 존재감이 커져 갔다. 그 상황에서 미국을 중심으로 생

---

[9] 이 책의 관심사에 비추어 보면 여기에 언어학이 포함되어야 마땅하지만, 월러스틴의 논의에서는 빠져 있다. 개별 기술적 서양 문화사였던 필롤로지philology가 동양학의 일부에 불과했을 산스크리트와 만나면서 근대 언어학은 시작된다. 거기에서 법칙 정립적인 언어과학과 개별 기술적인 필롤로지의 양쪽에 걸치는 한편, 서양/동양/미개에 걸친 근대 언어학이 형성되어 온 것으로 나는 보고 있다.

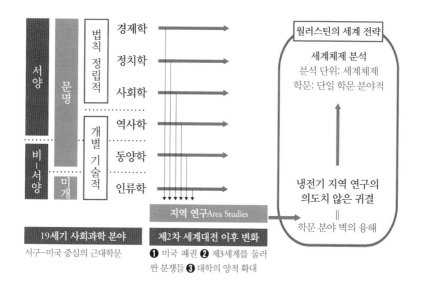

세계체제 분석
분석 단위: 세계체제
학문: 단일 학문 분야적

월러스틴의 세계 전략

냉전기 지역 연구의
의도치 않은 귀결
∥
학문 분야 벽의 융해

지역 연구Area Studies

19세기 사회과학 분야
서구—미국 중심의 근대학문

제2차 세계대전 이후 변화
❶ 미국 패권 ❷ 제3세계를 둘러
싼 분쟁들 ❸ 대학의 양적 확대

〈그림 0-1 〉 월러스틴에 의한 인문사회과학의 계보와 세계체제론의 위치

겨난 새로운 학문의 제도적 범주가 지역 연구Area Studies였다.[10] 미국의
전략상 필요성이 커다란 배경이 되어, 각 대학 혹은 각 연구소에서 세계
의 각 지역을 여러 학문 분야의 연구자가 모여 연구하는 경향이 확산되었
다. 개발 정책 및 그와 연동된 근대화론과 맞물려 전개되었다는 의미에
서, 지역 연구는 어디까지나 냉전이라는 시대의 산물이었다. 그러나 그
렇게 한 지역을 여러 학문 분야가 모여 연구함에 따라 학문을 나누는 '벽'
설정의 자의성이 드러남으로써 그동안 세계사 속에서 주변화되었던 '제3
세계' 등의 존재가 부각되었다. 월러스틴은 이것을 정확히 "냉전기 지역

---

[10] 지역 연구에 대해서는 김경일 편저, 《지역 연구의 역사와 이론》, 문화과학사, 1998이 잘
정리하고 있어 참고가 된다.

연구의 의도하지 않은 귀결"이라고 불렀다(이상과 같은 월러스틴의 학문사 총괄을 〈그림 0-1〉로 정리했다).

월러스틴 자신도 아프리카 연구자로서 학문적 이력을 시작했음을 상기하자. 그는 아프리카 연구의 "의도하지 않은 귀결"이 갖는 가능성을 확장하면서 세계체제의 분석을 제창하기에 이르렀다. 거기에서 그가 취한 야심찬 연구 전략은 분석 단위를 국민국가에 한정하지 않고 세계체제의 총체적 분석으로 전환하는 것, 나아가 역사학·경제학·정치학·사회학 등으로 분업화된 틀을 극복하고 근대 세계체제 분석이라는 단일 학문 분야적uni-disciplinary인 것으로 통합하는 것이었다.

지금도 계승되고 있는 학문 분야가 식민주의와 냉전의 역사적 전개 속에서 분화되면서 형성되고 재편되어 왔으며 여전히 그 틀로 계속 규정되고 있는 것에 대한 월러스틴의 비판적 총괄은 대체로 옳다. 그렇지만 "냉전기 지역 연구의 의도하지 않은 귀결"의 가능성이 이러한 거대한 단일 시스템의 분석이라는 통합적인 방향성으로 전개될 수밖에 없는 것일까? 학문 사이를 가로막고 인식을 방해하는 지역과 분야라는 벽을 허물어 가려는 비판적 계기는 지극히 중요하지만, 그것이 '월러스틴 제국'으로의 참여로 귀착되어야 할 필연성은 없다.

이상과 같은 의의와 의문을 바탕으로 내가 지향하는 것은, 지역 연구를 포함한 오늘날의 학문 분야를 낳은 식민주의와 냉전이라는 힘에 대해, 비판적인 지역 연구로서의 '비판적 코리아 연구'라고 말하고 싶다. 월러스틴과 마찬가지로 학문 분야의 장벽을 넘어 국민국가를 초월한 분석을 시도하지만, 중요한 것은 단일한 세계체제 분석으로 나아가는 것이 아니라 그것이 등장했을 때의 비판적 계기를 계승하는 것, 즉 식민주의와 냉전이 남긴 틀의 재생산에 봉사하지 않고 오히려 그것을 깨뜨리는 앎의 형태를 만들어 내는 것이다. 그 작업을 추상적으로 수행하는 것이 아니라, 한반도와 재외 코리안의 구체적 경험에 끝까지 접근하면서 앎을 재구축한다는 의미에서 '코리아학'이라는 명칭을 붙였다. 코리아학이라는 다소 생소한 용어를 사용하는 것은 식민지기부터 냉전기를 거치면서 다양한 정치적 의미가 부여되었던 '조선', '남한', '북한'이라는 카테고리를 일단 괄호 안에 묶어서 다시 생각해 보기 위해서이다.

그렇다고 비판적 코리아 연구가 완전히 '새로운' 것은 아니다. 오히려 식민지 지배와 냉전이라는 현실에 직면해 온 20세기 역사 속에서 면면히 형성되어 왔다. 특히 전후 일본의 코리아 연구는 재야인사들이 담당하거나 비판적인 운동과 함께 관련 지식이 생성되는 등 주변화되었지만 중요한 지적 계보가 존재한다. 그 계보는 학술적인 장에서 생산된 논문을 더듬는 것만으로는 구축될 수 없다. 일찍이 야마다 쇼지山田昭次가 전후 일본의 조선인·중국인 강제연행 연구사를 '시론'으로 정리하면서 기술한 것처럼 "아카데미즘과는 무관한 생활인들 속에서 독자적인 역사 연구가 생겨났고, 그것이 아카데미즘 세계의 역사학을 되묻는 역할을 해왔기" 때문이다. 그래서 야마다는 "조선 문제가 각 지역에 살고 있는 일본인의 문제로 인식"되도록 하기 위해서도 시와 판화, 위령제 등을 포함시키면서 '연구사'를 엮어 냈다.[11] 나 역시 이러한 야마다의 서술에서 실마리를 얻어, 일반적으로 '연구'로 간주되지 않는 텍스트를 적극적으로 포함시켜서 재일조선인의 실천을 중심으로 1945~1965년 조선인 강제연행론의 계보를 정리한 적이 있다.[12] 또한 식민 지배 책임이라는 관점에서, 재야의 일본 조

[11] 山田昭次, 〈朝鮮人·中国人強制連行研究史試論〉, 《朝鮮歴史論集 下巻》, 龍渓書舎, 1979, 491~492쪽.

선연구소의 활동을 재구성하고 그 의의와 한계에 대해 논한 바 있다.[13] 오늘날의 비판적 코리아 연구는 이러한 권력의 배치에 대해 비판적인 지적 계보의 연장선상에 자리 잡지 않으면 안 된다.

이때 월러스틴의 구상에 따라 단일한 근대 세계체제 전체를 미리 상정한 후 그 일부를 담당한다는 식의 발상으로 나아갈 필요는 전혀 없다. 나는 일찍이 한국의 상주라는 지역사회를 그린 저작에서 "세계사는 세부에 깃든다"고 언급한 바 있는데,[14] 보다 '작은 것'들을 조사하는 것으로도 지역과 분야를 초월한 서술이 가능하다는 확신을 갖고 있다.

그것은 단순히 '거시'에 대한 '미시'처럼 규모의 문제가 아니라, 개별적이고 구체적인 것을 세계사의 교차로intersection로 파악하려는 관점의 문제이다. 개인은 여러 관계성 속에서 살아가기 때문에 거기에 무수한 역사적 맥락이 흘러 들어가고 그것들은 서로 얽혀 있다.[15] 즉 교차로처럼 개인을 가로질러 복수의 맥락이 서로 관계를 맺으면서 교차하고 있으며, 그것들을 구체적이고 입체적으로 살펴봄으로써 세계사로 열린 서술이 가능해진다. 이것은 개인이 아니더라도 장소나 사건 혹은 물건도 마찬

---

[12] 이타가키 류타, 〈조선인 강제연행론의 계보(1945~1955년)〉, 동북아역사재단 편, 《한일협정 50년사의 재조명 Ⅲ》, 동북아역사재단, 2014; 〈조선인 강제연행론의 계보(1955~1965)〉, 오타 오사무·허은 편, 《동아시아 냉전의 문화》, 소명출판, 2017.

[13] 이타가키 류타, 〈한일회담 반대 운동과 식민지 지배 책임론〉, 《일본, 한국 병합을 말하다》, 열린책들, 2011.

[14] 이타가키 류타, 《한국 근대의 역사민족지: 경북 상주의 식민지 경험》, 혜안, 2015.

[15] 개인의 일기를 연구해 온 경험을 토대로 작성한 아래의 논고에서 이 점을 보다 상세히 논했다. 이타가키 류타, 〈식민지 시기 조선의 민중 일기를 읽는다는 것: 이론 및 방법론에 관한 기초 연구〉, 박진희·이상록 편, 《일기로 역사를 읽다》, 학술회의총서 4, 국사편찬위원회, 2018.

가지이다.

　그렇다고 교차로인 개인의 언동이 그것들의 역사적 맥락에 모두 규정되어 버리는 것은 아니다. 오히려 어떠한 복수의 맥락이 어떻게 흘러 들어가는지, 거기에 어떻게 대처할지 등의 문제에서 무한한 고유성이 발현된다. 그리고 그 발현 방법과 그 안에서의 처신에 개인의 행위자성agency이 나타난다. 어떤 구조적인 제약 속에서도 행위 주체는 독자적인 의미를 부여하고 판단을 계속하면서 고유한 삶을 살아가고 있다. 개인을 원자atom처럼 파악하지 않고 교차로처럼 파악함으로써 그러한 행위자성이 풍부하게 드러난다.

　그렇게 구체적인 경험을 철저히 추적해 나가면, 이 책에서 제시한 것처럼 자연스럽게 지역과 시대와 연구 분야를 넘을 것이 요청된다. 이 책을 '북한 연구'라고 할 수도 있겠지만 애초에 북한이라는 주어진 틀이 있고 그 지리적 틀을 전제로 실증을 끼워 넣는 식의 영토적territorial 사고에 기초한 '북한 연구'는 아니다. 이 책은 분명히 북한과 관련은 있으나, 그 관련 방식이 독특하고 개성적이다. 결코 '북한 전체'를 대표하는 것도 아니지만, 그 고유한 경험에 대한 서술은 더 큰 '역사'에서 유리된 것도 아니다. 오히려 '역사'를 또 다른 측면에서 다시 조명하는 것이 될 수 있다. 이는 '냉전'도 마찬가지이다. 동서의 진영 대립이 처음부터 자명한 전제가 아니라, 대상에 입각한 '냉전'의 발현이 있다. 이러한 관점을 취함으로써 나는 지역 연구가 안고 있는 영토적 사고의 제약을 극복하고자 한다.

　마지막으로, 그러한 구체성에 접근하기 위해서는 연구 방법도 처음부터 좁혀서는 안 된다. 필요한 경우 인터뷰나 메일 교환도 하고, 통계도 이용하고, 공적·사적인 자료를 모아 해독하고, 사진과 영상도 활용한다. 일찍이 사회학자 서틀즈Gerald D. Suttles는, 자신도 실천하는 도시 민족지학의 연구 방법에 대해 "부끄러움을 모르는 절충주의shameless eclecticism"라고 굳이 불렀다.[16] 자신의 전문 영역을 고집하지 않고 연구 대상이나 연구 목적이 요청하는 방법으로 스스로를 열어 가는 것을 "부끄러움을 모르는" 것이라고 부른다면, 나는 앞으로도 계속 "부끄러움을 모르는" 연구자로 남고 싶다.

*

우리말판의 출판에서도 고영진 선생님(도시샤대)에게 많은 신세를 졌다. 고백하자면 일본어판 발간 전부터 고영진 선생님의 번역이 시작되었는데, 그 과정에서 언어학 방면에 대한 나의 이해 부족이 드러났고 덕분에 수정할 수 있었던 부분도 적지 않다. 또한 임경화 선생님(중앙대)과 공역 약속을 얻어 낸 것도 고영진 선생님이다. 임경화 선생님은 예전부터 논문 등을 읽고 존경해 왔는데, 졸저의 번역까지 맡아 주시니 무척 기쁘다. 심지어 고 선생님은 동향인인 푸른역사의 박혜숙 대표님과도 번역 출간 이야기를 마무리해 주셨다. 푸른역사는 예전부터 "이런 곳에서 책을 낼 수 있었으면 좋겠다"고 생각했던 출판사이고, 내 서가에도 많은 책이 꽂혀 있다. 거기서 정말로 우리말판을 낼 수 있어 감개무량하다. 해박한 지식과 출판인으로서의 날카로운 감각을 바탕으로 정성껏 책을 만들어 주신 박혜숙 대표님과 전문적 견지에서 꼼꼼히 교열해 주신 최기영 선생님께도 진심으로 감사의 말씀을 드리고 싶다.

일본에서 원저가 나온 뒤에 새로 발견된 자료도 있어서, 이 책에는 이를 다소 반영했다. 자료를 제공해 주신 한홍구, 김광운, 김범중 선생님께

---

[16] G. Suttles, "Urban Ethnography", *Annual Review of Sociology 2*, 1976.

감사드린다. 일본의 독자들에게는 꼭 필요했던 설명을 생략하기도 했다. 일본에서는 책에 포함시키지 않고 온라인으로만 공개한 〈찾아보기〉도 우리말판에는 수록했다. 그러한 의미에서 이 책은 우리말 오리지널 판이라고 해도 과언이 아니다.

숱한 만남이 이 책을 만들었듯이, 이 책이 다시 만남을 만들어 내는 계기가 된다면 다행한 일이다.

2024년 1월
저자

I. 역문

1. 이 책은 板垣竜太,《北に渡った言語学者 1918~2000》(人文書院, 2021년 7월)을 우리말로 옮긴 것이다. 완역을 원칙으로 했으나, 일본의 독자들만을 상정한 표현 등은 군데군데 생략하기도 했다.

2. 옮긴이 주는 '(옮긴이 주)'라고 표시하여 원주와 구별했다.

3. 한자나 가타카나 등 일본어로 표기된 인명은 다음과 같이 처리했다.

   3-1 본문에 나오는 경우
   (1) 인용이 아닐 때에는 고바야시 히데오小林英夫와 같이 한글을 먼저 쓰고 이어서 한자나 가타카나 등을 제시했다.
   (2) 인용일 때에는 소쉬르ソシュール(1940) 등과 같이 한글을 먼저 내세우고 한자나 가타카나 등을 제시했다.
   (3) 본문의 내주内注에 나오는 경우에는 (板垣, 2008)처럼 한글로 읽는 법을 제시하지 않은 채로 두었다.
   3-2 각주에 나오는 경우
   (1) 인용이 아닐 때에는 고바야시 히데오小林英夫와 같이 한글을 먼저 내세우고 한자나 가타카나 등을 제시했다.
   (2) 인용일 때에는 ソシュール(1940)처럼 읽는 법을 한글로 표기하지 않은 채로 두었다.
   (3) 각주의 내주内注에 나오는 경우 역시 (板垣, 2008)처럼 읽는 법을 한글로 제시하지 않은 채로 두었다.

4. 남북의 문헌에서 인용된 경우에는 일본어를 중역하지 않고, 원본을 찾아서 인용함을 원칙으로 했다. 이때에는 다음과 같은 원칙에 따랐다.

   4-1 남한의 문헌
   한자는 모두 한글로 바꾸고 그 이외의 부분은 원문 그대로 두는 것을 원칙으로 했다. 일부 옮긴이들이 띄어쓰기를 한 경우도 있으나, 하나하나 그것을 밝히지는 않았다.

4-2 북한의 문헌

  (1) 한자를 한글로 바꾸는 이외에는 모두 그대로 두는 것을 원칙으로 했다.

  (2) 두음법칙은 인용 등의 특별한 경우를 제외하고는 원칙적으로 적용하지 않았다. 북에서는 두음법칙이 진작에 폐지되었을 뿐만 아니라, 그에 대한 이론적 바탕을 제공한 사람이 김수경임을 감안한 조치이다.

    ① 인명은 해방 후 북에서 활약한 사람들에 한하여 '리극로, 정렬모'와 같이 적었다.

    ② 해방 후의 북의 지명에 대해서도 두음법칙을 적용하지 않았다.

    ③ 인명이나 지명 이외의 단어도 두음법칙을 적용하지 않았다. 따라서 김수경의 논문 등을 인용하는 경우에는 〈용비어천가〉는 〈룡비어천가〉로, 〈연대年代〉는 〈년대〉와 같이 적었다.

  (3) 띄어쓰기는 다음과 같은 원칙으로 했다.

    ①《조선어 철자법》(1954)이 시행되기 이전의 문헌으로, 띄어쓰기로 인해 이해하기 힘든 경우에 한하여 옮긴이들이 띄어쓰기를 했지만, 하나하나 그것을 밝히지는 않았다.

    ②《조선어 철자법》(1954)이 본격적으로 시행되기 시작한 이후부터의 것은 원문 그대로 두었다.

  (4) 이른바 신6자모를 이용한 표기는 현행 남한의 표기법에 따라 적었다.

  (5) 절음부(분리부, 사이표)는 작은따옴표「 ' 」와 구별하기 위하여「 ' 」로 적었다.

4-3 김수경이 일본어로 쓴 문헌의 번역

  이 경우에도 두음법칙을 적용하지 않았다. 예컨대《「老乞大」諸板の再吟味》의《老乞大》는《로걸대》로 적었다.

5. 기호에 대해

5-1 단어든 어구든 문장이든 원칙적으로, ' '는 강조 혹은 이른바의 뜻이고, " "는 인용을 나타낸다. 그러나 어느 것인지 애매한 경우에는 ' '을 사용했다.

5-2 〈 〉는 단행본의 장·절 및 논문이나 신문·잡지의 기사 및 구두 발표의 제목 등을 나타내며, 《 》는 단행본 또는 신문이나 잡지의 이름 등을 나타낸다.

5-3 인용 등에서 […⋯]는 [중략]이라는 뜻이고, [ ]가 없이 ⋯⋯만 있는 경우는 원문이 그렇게 되어 있음을 나타낸다.

II. 원문

- 본문에서 언어명은 원칙으로서 '조선어', 지역명은 '조선', '한반도'라고 부른다. 조선민주주의인민공화국을 '북한', '북', 대한민국을 '남', '남한', '한국' 등으로 약칭한다. 철자법(한글 맞춤법), 어음론(음성학+음운론), 문장론(통사론) 등 당시 조선어 문법 용어를 그대로 한자로 표기하는 경우도 있다.

- 한반도의 인명·지명은 조사한 범위에서 한자를 병기했다. 발음이 남북에서 다른 경우가 있지만(예를 들어 李라는 성은 남에서는 '이'이지만 북에서는 '리'이다), 인용·참조하는 문헌의 표기에 따랐다(그로 인해 동일 인물이라도 두 종류의 표기로 되어 있는 경우가 있다).

- 본문의 인용문은 내주(저자명 발행연도: 쪽수)의 형식으로 처리하고, 김수경의 저작만 권말 저작 목록에 있는 발행연도를 바탕으로 K1947a: 126~127처럼 K로 시작하는 기호로 표시한다.

- 그림과 표는 각각 장별로 〈그림 1-1〉(제1장의 첫 번째 그림)과 같이 표시한다.

- 조선어의 발음을 로마자로 표기(음성 표기transcription)할 때에는 매큔-라이샤워 방식을 채용하여 이탤릭으로 표기한다. 정서법에 대하여 논의할 때 등 한글 자모를 로마자로 표기(번자transliteration)할 필요가 있을 경우에는 자모와 로마자가 거의 일대일로 대응하고 있는 예일 방식을 채용하여 밑줄을 긋는다.

자음 자모

자모		ㄱ	ㄴ	ㄷ	ㄹ	ㅁ	ㅂ	ㅅ	ㅈ	ㅊ	ㅋ	ㅌ	ㅍ	ㅎ	ㄲ	ㄸ	ㅃ	ㅆ	ㅉ	ㅇ
음성 표기	초성*	k,g	n	t,d	r	m	p,b	s	ch,j	ch'	k'	t'	p'	h	kk	tt	pp	ss	tch	–
	중성	k	n	t	l	m	p	t	t	t	k	t	p	–	k	–	–	t	–	ng
번자翻字		k	n	t	l	m	p	s	c	ch	kh	th	ph	h	kk	tt	pp	ss	cc	–,ng

*음성 표기에서 초성의 변화는 유성음화의 경우만 병기했다.

모음 자모

자모	ㅏ	ㅑ	ㅓ	ㅕ	ㅗ	ㅛ	ㅜ	ㅠ	ㅡ	ㅣ	ㅐ	ㅒ	ㅔ	ㅖ	ㅚ	ㅟ	ㅢ	ㅘ	ㅝ	ㅙ	ㅞ
음성표기	a	ya	ŏ	yŏ	o	yo	u	yu	ŭ	i	ae	yae	e	ye	oe	wi	ŭi	wa	wŏ	wae	we
번자	a	ya	e	ye	o	yo	wu	yu	u	i	ay	yay	ey	yey	oy	wi	uy	wa	we	way	wey

예: 독립   음성 표기 tongnip   번자 tok.lip

바닷가   음성 표기 padakka   번자 pa.tas.ka

1942년경
도쿄제대 대학원 시절.

1986년
아내 이남재에게 보낸 편지 속에 동봉한 사진.

머리말

계기는 우연한 만남이었다. 2009년 여름부터 1년간, 나는 연구년을 맞아 보스턴 근교에 머물렀다. 그 기간 중인 2010년 3월, 북미에 거주하는 한반도 북부 출신들과 인터뷰 조사를 하기 위해 캐나다의 토론토를 방문하였다. 북부 출신이란, 한국전쟁 중 또는 그 이전에 남쪽으로 이주한 '월남민', '실향민' 등으로 불리는 사람들을 말한다. 그중 일부는 남으로의 이주를 거쳐 북미로 재이주했는데, 토론토에도 그러한 사람들이 살고 있었다. 토론토 교외에 거주하는 분과의 인터뷰를 마치고 나서 근처의 중국 음식점에서 함께 저녁 식사를 하게 되었다. 그 자리에 임혜영Hye-Young Im이라는 분이 합류했다. 그녀는 당시 토론토대학에서 외국어 교원으로 근무하고 있었다.

저녁 식사 후, 그녀는 친절하게도 나를 자동차로 시내의 호텔까지 데려다주었다. 그 차 안에서 잡담을 나누던 중, 그녀는 조수석에 앉아 있던 내게 "실은 아버지가 북한에서 언어학자였다"고 이야기했다. 자신도 평양에서 태어났지만, 한국전쟁 때 아버지와 생이별을 하고 말았다. 이남에 살고 있던 1960년을 전후하여 아버지가 북에서 언어학자로 활약하고 있다는 소식을 접하고 그 후 가족 모두 캐나다로 이민했다, 1980년대에 마침내 연락이 닿아 미리 맞추어 참가한 베이징의 학회에서 재회가 이루어졌다, 이 재회를 계기로 아버지를 주인공으로 한 소설이 평양에서 출판되기도 했다, 짧은 시간이었지만 대략 이상과 같은 이야기를 들려주었다. 너무나도 인상적인 이야기였기 때문에 내용이 내 머릿속에 깊이 새겨졌다.

그러나 그때까지 나는 아직 북한의 언어학과 김수경이라는 이름에 대해 지식도 관심도 가지고 있지 않았던 터라 그 이야기는 오직 선연한 기억으로만 머릿속에 남아 있었다. 고백하거니와 그때 나는 '김수경'이라는 이름조차 정확히 기억하고 있지 않았고, 딸의 성이 임林이니까 그 아버지도 '임' 씨일 것이라는 정도의 인식밖에 없었다(한반도의 전통에 의해 아버지의 성을 따라 김혜영이 되었지만, 캐나다에서는 결혼할 때의 패밀리 네임에 따라 임혜영으로 통칭했다).

새로운 전기가 찾아온 것은 연구 기간을 마치고 교토로 돌아와 어느 정도 시간이 흐르고 난 후였다. 대학 근처의 술집에서 몇몇 사람들과 담소하던 중에, 동료이자 북한의 언어정책 전문가인 고영진으로부터 "김수경이라는 언어학자는 1940~1960년대에 걸쳐 북한 언어학의 기초를 놓은 사람"이라는 이야기를 들었다. 그 이름을 듣고 내 기억이 되살아났다. "그 따님이라는 분을 토론토에서 만났다"라고 하면서 그 자리에서 노트북 컴퓨터를 열고 당시 기록을 확인했다. 거기에서 "꼭 임혜영 씨를 교토로 초청해서 강연회를 열자"는 이야기가 나왔다. 마침 그 무렵, 도시샤대학의 인문과학연구소에서 2013년도에 동아시아에 관한 국제 심포지엄을 구상하고 있었는데, 이 기획을 그 일환으로 짜 보기로 했다. 그것을 계기로 이야기가 더욱 확대되어, 한국·중국·도쿄에서 연구자를 초청하는 국

제 심포지엄이 기획되었다.[1]

심포지엄 주최자의 한 사람으로서 나는 김수경과 일본과의 관계에 대해서 조사도 하고, 연보와 저작 목록을 만들기도 했다. 나는 자료를 모으고 김혜영 씨(이하 본서에서는 이 이름을 쓴다)에게 전자메일로 수많은 질문을 하면서, 김수경의 생애와 업적을 하나씩 정리하기 시작했다. 흩어진 퍼즐 조각을 조금씩 주워 맞춰 나가면서, 나는 무엇보다도 김수경이 쓴 글들의 재미에 완전히 빠지고 말았다. 구조언어학을 조선어사와 짜 맞추는 수완, 언어정책과 언어이론의 관계, 긴장감을 가지고 소련 언어학을 수용하는 모습 등이 그렇게 재미있을 수 없었다. 또 김수경의 개인사 및 이산가족사를 알면 알수록, 그것이 한반도를 둘러싼 엄청난 역사와 연동되어 있음이 보이기 시작했다. 새로운 이미지가 내 앞에 펼쳐졌고, 조금씩 평전의 구상이 싹텄다.

사실을 말하자면, 이 무렵 나는 연구의 방향성을 모색하고 있었다. 나는 경상북도 상주 지역의 근대사회사 연구(板垣, 2008)[2]를 일단락 지은 후, 그 방법을 응용하여 이번에는 북한의 지역사 연구를 시도해 보고자 하고 있었다. 즉 1945년 이전의 지역사와 이후의 그것을 연속적으로 그려 내는 시도를 해보면 어떨까 하는 생각으로, 각 지역 자료를 모으고 인터뷰를 반복하는 등의 작업을 계속하고 있었다(토론토에 간 것도 그 연구의 일환

---

[1] 2013년 11월 9일에 도시샤대학에서 〈북으로 간 언어학자 김수경(1918~2000)의 재조명北に渡った言語学者(1918~2000)の再照明〉을 개최했다. 이것은 도시샤대학 인문과학연구소가 주최한 국제 심포지엄 〈자장으로서의 동아시아〉 시리즈의 제3회로 개최한 것인데, 도시샤 코리아연구센터 및 도시샤대학 글로벌지역문화학부가 공동으로 주최했다.

[2] (옮긴이 주) 이 책은 홍종욱·이대화 교수의 번역으로 도서출판 혜안에서 《한국 근대의 역사민족지―경북 상주의 식민지 경험》이라는 제목으로 2015년에 간행되었다.

이었다). 다만, 현장 연구를 한 적도 없는 지역에 대해 구체적으로 이미지를 가지고 조사 연구를 진행하는 것은 상상했던 것 이상으로 어려운 일이어서, 역사의 이미지에 대한 초점이 맞추어지지 않은 채 자료만 모아 나가고 있었다.

그러한 상황에서 등장한 김수경이라는 존재는, 한 지역이 아니라 한 지식인의 경험을 축으로 20세기의 역사를 서술할 수 있지 않을까 하는 전망을 내게 가져다주었다. 게다가 그가 걸은 길은 상아탑에서 이루어진 학문 '내부'의 이야기에만 머무르는 것이 아니었다. 뒤에서 상술하겠지만, 특히 조선어학자이자 중국 대륙을 무대로 조선 독립을 위해 항일운동에 투신한 김두봉이 1958년 실각하기까지 북한의 중심적인 정치지도자의 한 사람으로 활약하고 있었고, 김수경이 그의 언어정책을 실현하는 데 중요한 역할을 담당했던 것은 그의 운명을 크게 좌우했다. 김두봉이 실각한 시기는 북한이 소련과 거리를 두며 독자 노선을 걷기 시작한 때였다. 김수경의 발자취는 그러한 북한의 정치·문화사의 핵심 문제에도 근접하는 것이었다.

생각해 보면, 언어 및 언어학을 축으로 20세기의 역사를 그려 보는 것은 큰 의의가 있다. 20세기의 인문과학에서 '언어적 전환linguistic turn'이 일어났다는 논의가 있듯이, 소쉬르의 언어학을 참조한 구조주의를 비롯하여 학문의 다양한 영역에서 언어를 분석의 중심에 두는 커다란 지적 변동이 발생했다. 그와 동시에 20세기는 사회주의 혁명의 시대이기도 했다. 어느 사회주의 나라에서든 마르크스주의와 지도자 사상에 기초하여, 제諸 민족을 통합해 나가는 데 언어정책은 중시되었다. 김수경이라는 인물에게는 이 구조주의와 사회주의라는 20세기 사상사의 양대 조류가 언어를 매개로 하여 흘러 들어가 있었다. 김수경을 중심에 놓음으로써 한반도의 근대사를 이러한 언어(학)를 둘러싼 세계사 안에서 그리는 것이 가능해진다.

이런 점에서 나는 김수경이라는 개인을 축으로, 이산가족사, 학문사, 정치사 등 식민지기, 냉전기, 포스트 냉전기의 이러저러한 맥락을 한 권의 책으로 짜 넣어, 하나의 역사상을 그려 보고 싶었다. 김수경은 결코 다른 평전의 주인공들처럼 유명한 사람도 아니고, 연보를 공백없이 작성할 수 있을 만큼 정보량이 풍부한 사람도 아니다. 오히려 단편적인 사실들뿐이다. 그럼에도, 아니 그렇기 때문에 더욱더 남아 있는 그의 흔적을 관측창으로 삼아, 그가 살았고 그가 보았던 시대를 재구성해 보고 싶었다. 어폐를 두려워하지 않고 말하자면, 이 책에서 '김수경'이라는 존재는 역사를 그려 내기 위한 매개자이다. 이 책 자체가 다분히 우연을 포함한 만남의 산물인데, 책 속에서도 김수경을 매개로 다양한 역사적 맥락들이 만나게 된다.

김수경이라는 인물

김수경은 1918년 5월 1일 강원도 통천군(현재는 휴전선 북쪽에 있다)에서 태어나 1940년에 경성제국대학 법문학부 철학과를 졸업했다. 그 후 도쿄제국대학 문학부 언어학 강좌(대학원)에 들어갔고, 1944년에는 경성제대 조선어학 연구실의 촉탁이 되었다. 그는 그동안 경성제대에서 교편을 잡고 있던 언어학자 고바야시 히데오小林英夫에게서 소쉬르와 구조언어학을 비롯한 언어학을, 도쿄제대의 조선어학자였던 오구라 신페이小倉進平 등으로부터 조선어사를 배우는 한편, 독자적인 조선어학을 구축하기 시작했다.

1945년 8월 서울에서 해방을 맞은 김수경은, 1946년 8월에는 북으로 넘어가 김일성종합대학의 창립 멤버가 되었다. 소련의 언어학을 적극적으로 소개하면서 북한 건국 초기의 언어학과 언어정책에 커다란 영향을 끼쳤다.

수많은 그의 업적 가운데 상징적인 것을 하나만 소개해 둔다. 예를 들어 현재 '勞動'이라는 단어에 대해, 남에서는 '노동', 북에서는 '로동'으로 표기한다. 남에서도 '勞'라는 글자가 단어의 가운데[어중語中]에 올 때는 북과 마찬가지로 '로'로 표기하지만, 단어의 맨 앞[어두語頭]에 올 경우에는 '노'로 바뀐다. 이처럼 한자어에서 단어의 맨 앞에 ㄴ이나 ㄹ이 올 때 발음과 표기의 변화가 일어나는 것을 '두음법칙'이라고 하는데, 조선어의 습관으로 존재하고 있었다. 그런데 북에서는 1940년대 후반부터 ㄴ과 ㄹ이 단어의 맨 앞에 와도 변화시키지 않고 같은 한자는 일관되게 같은 한글로 표기한다는 원칙을 정했다. 이러한 두음 표기의 차이는 현재 남북 간 정서법의 대표적 차이로 종종 거론되는 것이다. 이 표기법이 북에서 확정될 때 이론적 근거를 제공한 것이 월북 후 얼마 지나지 않아 김수경이 당 기관지《로동신문》에 발표한 논문(K1947b)이었다. 자세한 것은 Ⅱ에서 설명하겠지만, 이론적 기반이 된 것은 구조주의와 역사언어학이었다. 논의는 단순히 조선어의 현상을 학문적으로 분석하는 데 그치지 않고, 일관성을 가진 언어 규범을 구축하기 위한 이론적인 뒷받침으로 제기된 것이며, 거기에서 정해진 정서법은 북에서 실용화되었다.

이러한 사실에서 확인할 수 있듯, 김수경은 1940~1950년대에 북의 언어학, 나아가서는 언어정책의 중핵을 담당했다. 1960년대에는 언어정책에 직접 관여하는 등의 활동은 보이지 않게 되나, 김일성종합대학을 거점으로 연구와 교육은 계속하고 있었다. 그런데 1968년에 김일성종합대학에서 중앙도서관(1981년부터는 인민대학습당)으로 '전직'했다. 사실상의 좌천이다. 그로부터 1980년대 후반에 연구 활동을 재개하기까지의 약 20년 동안 저작이 일체 공간公刊되지 않는다. 그간의 사정은 여전히 명확하지 않다. 그러나 1990년대에 박사학위와 교수의 지위를 획득하는 등 크게 명예를 회복한 후 2000년 3월 1일 평양에서 서거했다.

김수경의 경력과 업적에 대해서는, 도시샤대학에서 2013년에 심포지엄을 개최하기 전에는 어느 정도 연구 성과가 축적되기는 했지만 충분히 밝혀지지는 않았다. 우선 1990년대 이후 북에서 학설사적인 재평가가 진행되었다(김영황·권승모 편, 1996). 실화소설까지 나온 데다가(리규춘, 1996) 사후에 "이름난 언어학자"의 한 사람으로 거론되기도 했다(김승일, 2004). 이 같은 연구는 귀중한 정보를 주었지만, 거기에 서술된 김수경의 학문사와 개인사는 극히 일부에 지나지 않는다.

한편, 남의 경우 북의 학문사는 오랫동안 터부였다. 그러다가 특히 1980년대 이후 민주화운동 과정에서 나온 '북한 바로 알기 운동'과 노태우 대통령의 7·7선언(1988) 등 여러 계기를 거치면서 연구가 축적되었다.[3] 김수경에 대해서는 때때로 학설사에서 다뤄지기는 했지만, 본격적인 재평가는 김민수(고려대)가 대표를 맡고 있던 재단법인 동숭학술재단이 2006년에 제3회 '동숭학술재단이 선정한 언어학자'로 김수경을 선정하는 것을 기다리지 않으면 안 되었다.[4] 그 무렵 최경봉이 김수경의 업적을 정리하는 선구적인 연구를 발표했다(최경봉, 2007·2009).[5]

---

[3] 운동의 산물은 아니지만, 특히 김민수(1985), 김민수 편(1991), 고영근(1994)은 선구적인 업적으로, 이 책도 이들로부터 많은 가르침을 받았다.

[4] 김민수는 1946년에 경성사범학교 부설 임시중등교원양성소에서 김수경의 '조선어학 개론' 강의를 직접 들은 일이 있다고 한다(최경봉 외, 2007).

일본에서는 1990년대부터 제국의 '어학'이라는 관점에서 연구가 나오고는 있었다(安田, 1997·1999·2006). 그러나 일본인 연구자의 업적 내지 일본의 영향에만 관심이 향해지기 일쑤여서, 내게는 블라우트(Blaut, 1993)가 말하는 '식민자의 세계 모델'을 재생산하고 있는 것처럼 보였다.[6] 이러한 방향성에 대한 비판의 의미를 담아 식민지기의 조선어학에 관해서는 역동적인 연구가 나오게 되었다(三ツ井, 2010). 다만 그 연장에서 해방 후의 북한을 파악하는 관점은 아직 깊지 못하다. 그런 상황이었기 때문에 김수경에 대해서는, 앞에서 본 《로동신문》의 논문(K1947b)을 발굴하고 그 역사적 위치를 규정한 귀중한 연구(熊谷, 2000)가 거의 유일한 학술적인 성과였다.[7]

2013년 11월에 도시샤대학에서 열린 국제 심포지엄은 이 같은 연구 상황을 일거에 뛰어넘은 것이 되었다. 이 심포지엄에서 발표된 논문을 중심으로 논문집 《북으로 간 언어학자 김수경의 재조명北に渡った言語学者金壽卿の再照明》(板垣·고編, 2015)을 간행했다. 이번에 간행되는 이 책은 이 심

---

[5] 김수경 외의 언어학자에 대해 보자면, 리극로에 대해서는 '전집'도 간행되는 등 다방면에서 조명이 이루어지고 있으며, 식민지기 연장선에서 월북 후의 활동에도 관심이 향해지고 있다(이극로박사기념사업회, 2010; 조준희, 2019). 소설가 홍명희의 평전을 쓴 강영주가 홍명희의 아들인 언어학자 홍기문에 대해서도 탐구를 진행하고 있다(강영주, 2004~2013). 또 식민지기의 연속으로 남·북한의 조선어학계에 대한 업적도 계속 나오고 있어서(이준식, 2013·2014) 주목된다.

[6] 《岩波講座 帝国日本の学知》 전 8권(酒井哲哉 외, 2006)도 비슷한 문제를 안고 있는데, 거의 전권에 걸쳐 1945년 이전의 일본인 연구자만을 다루고 있으며, 조선인과 타이완인의 움직임이 보이는 일은 거의 없다. 고마고메 다케시駒込武(2000)가 지적하듯이, "제국사 연구는 '조선인과 타이완인에게 식민지 지배는 어떠한 의미를 가지는가'라는 물음에 대한 신념이 없을 때, 무척이나 간단히 '일본인'에 의한 '일본인'을 위한 '조선사', '타이완사' 연구로 회수되어 버리는" 것은 아닐까?

포지엄의 준비 과정에서 착상하고, 그때까지 알려지지 않은 많은 사실관계를 발굴하면서 한 권의 평전으로 정리한 것이다.

관점과 방법

이 책에서 내가 지향하고 있는 것은 개인을 교차점으로 한 '전체사'이다. '전체사'라는 개념은 역사가 페르낭 브로델Fernand Braudel에 의해 널리 보급되었는데, 지중해 세계라는 지리적 스케일에서 환경, 교통, 경제, 국가, 계급, 제 문명, 전쟁, 정치, 사건 등을 그려 낸 장대한 저작(ブローデル, 2004)을 보고 있노라면, 터무니없이 큰 범위를 폭넓게 서술하고 있다는 생각이 들 정도이다. 이런 점에서 본다면, 한 개인의 '전체사' 따위는 전적으로 형용모순일 수밖에 없다. 그러나 어떠한 역사 서술도 '전부'를 그려 내기란 당연히 불가능하다. 역사 서술은 어디까지나 처음부터 서술의 영역을 한정하는 것이 아니라, 연관되는 제 요소를 횡단적으로 결합해 나가려는 지향성의 문제이다.

개인의 일기에 관한 연구를 축적해 온 경험을 가지고 있는 내게는, 아

---

[7] 영어권에서는 슈미트(Schmid, 2018)의 생생한 리뷰에 따르면, 근년 미국이 한국전쟁 중에 노획한 자료군과 구 사회주의국의 문서 등을 이용한 상세한 연구 혹은 문화사적인 연구가 늘고 있다. 미국의 노획 자료를 이용한 것으로는 Armstrong(2003), Kim(2013), 구 사회주의국의 자료를 이용한 것으로는 Lankov(2002, 2005), Szalontai(2005), 문화사적 연구는 Myers(2011) 등이 있다. 단, 이용한 자료의 성격상, 국가 중심적인 접근으로부터 좀처럼 헤어나지 못하고, 관변 자료의 일방적인 시각을 재생산하기도 한다. 그러한 상황에서 학문사에 관련되는 성과는 거의 보이지 않는다.

무리 '평범'한 인물일지라도, 한 사람에 초점을 맞춤으로써 오히려 폭넓은 역사 서술이 가능하다는 확신 같은 것이 있다(板垣, 2018a). 개인은 사회적인 관계성에서 형성되는 이상, 원자atom와 같은 것이라기보다는 무수한 관계들이 오가는 교차로intersection와 같은 존재이다. 어떠한 개인일지라도 일면적인 인간이란 존재하지 않는다. 그럼에도 어느 한 측면만 그려 내고 만다면, 그것은 그려 낸 쪽의 관점이 일면적인 것이다. 부르디외 풍으로 말한다면, 복수의 장champ에 몸을 두고 있는 개인을 그려 내기 위해서는 연구자 자신이 특정한 장에 틀어박혀 있어서는 안 된다.[8]

실제로 김수경의 궤적을 좇아가 보면, 시대로는 20세기의 상당 부분에 걸쳐 있다. 그가 살았던 지역으로 말하면 한반도(남북)와 일본에 걸쳐 있는 정도이지만, 탁월한 어학력을 가진 폴리글롯polyglot(다언어 사용자)이고, 그의 학문 활동을 온전히 논하기 위해 기술해야만 하는 지리적 범위는 소련을 비롯하여 대단히 넓다.[9] 논의해야 할 영역도, 학문과 고등교육은 말할 것도 없거니와, 정치와 외교가 어쩔 수 없이 관련이 되며, 전쟁과 분단이 거기에 뒤얽혀 있다. 더욱이 이산가족과의 관계를 빼고 김수경에 대해 이야기하는 것은 불가능하다. 이 책은, 필터로 거른 단편적인 사

---

[8] 여기에서 부르디외의 논의에 깊이 들어갈 생각은 없지만, '장'의 개념과 학문적 영위에 대한 반성적 관점에 대해서는 일단 ブルデュー & ヴァカン(2007)이 참고가 된다.
   (옮긴이 주) 한국어판은 피에르 부르디외·로익 바캉, 이상길 역, 《성찰적 사회학으로의 초대》, 그린비, 2015.

[9] 필리핀이 낳은 폴리글롯 지식인인 호세 리살Hose Rizal의 궤적으로부터 텍스트의 연쇄를 따라간 アンダーソン(2012)의 시도는 이야기가 복잡하게 얽혀서 파탄이 난 것처럼 보이는 부분은 있지만, 이 책을 쓰는 데에 '상상력'을 제공해 주었다.
   (옮긴이 주) 한국어판은 앤더슨, 서지원 역, 《세 깃발 아래에서—아나키즘과 반식민주의적 상상력》, 길, 2009.

실밖에 전해지지 않는 16세기의 방앗간 주인 메노키오의 세계를 재현한 역사가 카를로 긴즈부르그Carlo Ginzburg의 자세를 곁눈으로 배우는 한편, 가톨릭 교회가 지배하는 근세 이탈리아의 농촌 대신에 식민지기와 냉전기의 격동하는 한반도로 무대를 옮겨, 우주론 대신에 언어론을 앞히고, 김수경의 생애를 좇는다.

이 책은 일종의 학문사이다. 그러나 단선적인 학문 발전사와는 다소 거리가 있다. 학문은 반드시 스승에게서 제자에게로, 영향력이 있는 사람에게서 다른 사람에게로, 물 흐르듯 이어지는 것이 아니다. 전전戰前의 김수경은 외국어 능력을 살려서, 명확히 '스승'들의 틀을 뛰어넘은 언어학을 구축하고 있었다. 월북 후에는 소련 언어학의 권위와, 조선어 학자이면서 정치적 리더였던 김두봉의 영향력 아래에서 연구 활동을 했지만, 그렇게 단순한 관계로만 설정해서는 본질을 찾을 수 없다. 학문의 존립 기반은, 전전이라면 일제의 조선에 대한 식민지 지배, 전후戰後라면 사회주의 체제에서의 당의 지도라는 정치적인 큰 틀에서 규정하지 않을 수 없다. 한편, 언어학이라는 학문 분야는, 원래 일국적으로 완결되는 것이 아니고, 구조언어학과 소비에트 언어학을 비롯하여 세계 각지에서 다언어적·동시대적으로 전개되어 왔다. 즉 한편에서의 정치적 요청과 다른 한편에서의 언어학의 글로벌한 전개 사이에서 김수경은 조선어학을 구축하고 있었고, 그 제약과 긴장관계 속에서 비로소 창조성을 발휘했던 것이다. 이 책은 바로 그 부분에 주목한다. 이를 위해서는, 김수경이 쓴 텍스트를, 그것이 놓인 정치·문화적 콘텍스트와 얽어서 겹치도록 묘사해 나갈 필요가 있다.

나는 가능한 한 결과론적 역사 서술에 맞서고자 했다. 역사 서술인 이상 결과론을 피할 수는 없지만, 그렇다고 결과로 모든 경험이 환원되는 것은 아니다. 21세기를 사는 우리는 1945년 8월에 조선이 식민지에서 해방된 것, 그러나 그것이 오랜 남북 분단의 시작에 불과했던 것 등 김수경의 운명에 관여한 많은 것들을 이미 알고 있다. 그러나 역사는 결과적으로 그렇게 된 것일 뿐이다. 너나없이 사전에 그리 되리라는 것을 알지 못한 채 그때그때 판단하면서 살아왔다. 그렇게 될지도 모른다, 이렇게 되었으면 좋겠다, 그러한 예견과 기대 속에서, 있어야 할 미래에 도박하듯 운명을 걸고는, 때로는 판단을 잘못하여 실패하고 후회하면서도 시간을 축적해 간다. 끝나고 난 뒤, 즉 모든 결과가 판명된 다음 돌이켜 보면 '필연'적인 결과로 보일지도 모르지만, 그 당시에는 알 길이 없다. 이 책은 미래가 불확실한 상황에서 그때그때 판단하면서 살아가는 모습을 그림으로써, 지나치게 결과론적인 역사 서술에 지배되고 있는 한반도를 둘러싼 담론에 대항해 보고 싶다.

그러한 것을 실현하기 위해 나는 다양한 자료를 활용함과 동시에 관계자와 인터뷰를 하는 등 가능한 한 광범위하게 구체적인 사실관계를 조사했다. 그러나 북한 연구의 어려움 중 하나는 기초적인 간행 자료라도 입수가 쉽지 않다는 점이다.[10] 책 뒷부분에 김수경의 저술 목록을 게재했지만, 그중 어느 하나도 간단히 입수한 것은 없다. 이러한 자료를 찾아 일본 각지, 한국, 중국, 러시아, 미국 등지를 헤매 다녔다(板垣, 2017·2018b).

---

[10] 예를 들면, 조선어학과 관련되는 잡지 중 조선어문연구회의 《조선어 연구》(1949~1950)는 영인본이 있으나 상태가 좋지 않아 판독이 힘들다(고영근 편, 《조선어 연구》전 3권, 역락, 2001). 과학원 발족(1952) 후에는 《학보》에 언어학 논문이 게재되는데, 이것을 다 갖추고 있는 도서관은 없다. 1956년 이후에는 《조선 어문》, 《조선 어학》, 《어문 연구》라는 잡지가 나왔는데, 이것도 일단 영인본은 있으나 결락도 많고 복제의 질도 좋지 않다(《조선 어문》전 8권, 연문사, 2000).

일본 내외의 고서점에서 발견한 문헌도 적지 않다. 그때 일본 정부 때문에 생각지도 못했던 고생을 하기도 했다.[11] 당 기관지인 《로동신문》은 북한 연구의 기본 자료지만, 그것을 확인하는 것도 이만저만 힘든 일이 아니었다.[12]

이들 간행 자료에 더하여, 이 책에서는 토론토, 서울, 로스앤젤레스, 모스크바, 베이징 등에서 유족과 김수경을 아는 사람들과 진행한 인터뷰와 그들이 소장하고 있는 사진, 서간, 수기 등의 개인 자료도 활용했다.

이상의 것을 종합하여 이 책을 펴냈다. 다만 '개인사―이산가족사―한반도의 역사―세계사'의 이른바 역사 계열과 '조선어학사―언어학사'의 언어학 계열을 혼재시켜 단순하게 시계열로 배열하여 서술해 버리면, 도

---

[11] 옌볜의 고서점과 서로 연락을 취해 일본의 은행에서 대금을 송금하려 했더니, 며칠 후 은행 담당자로부터 북한에 대한 '경제 제재' 때문에 상품의 '원산지 증명서'와 '선적 증명'이 필요하다는 연락이 왔다. 북한과의 직접 교역이 아니라 제3국을 경유한 거래도 법적으로는 원칙상 금지하고 있기 때문에, 대표적인 중계지인 옌지에 송금하기 위해서는 그런 종류의 증명 서류가 필요하다고 했다. 틀림없이 '원산지'가 북한이기는 하지만, 1950~1960년대 고서의 '원산지'를 운운하는 것이 무슨 의미가 있는 것일까? 항의했지만 은행 본점은 기계적인 대응밖에 하지 않았다. 그래서 경제산업성 무역관리과에 문의했고 수일 후에 회신이 왔는데, 구입 내용을 검토한 결과 이 수입에 대해 학술 목적 등은 예외로 인정한다는 것이었다. 그래서 겨우 송금은 할 수 있었다.

[12] 미국의 의회도서관이 마이크로필름을 제작했는데, 일본에서도 열람은 간단하지만 1940년대 분은 소장하고 있지 않으며 1950년대 전반 분도 결락이 많다. 그래서 옌볜대학 및 옌볜 조선족자치주도서관에서 소장하고 있는 1940년대 분을 촬영하고, 베이징 국가도서관 소장의 마이크로필름(한정적으로 일본에서도 판매된 것)을 모으고, 또 상트페테르부르크의 러시아 국민도서관 소장본(북한자료센터에 마이크로필름이 있다)으로도 보완해서 결락분을 상당 정도 메울 수 있었다. 워싱턴 D.C의 의회도서관 및 베이징의 국가도서관 소장 《로동신문》의 수집과 정리는 도시샤 코리아연구센터의 사업으로 추진되었다(2014~15).

리어 각각의 맥락을 파악하기 힘들어질 가능성이 있다. 그래서 이 책은 조금 이색적이기는 하지만, 역사 서술과 언어학 서술을 대위법적으로 배열한다. 음악의 대위법에서는 복수의 선율이, 서로 조화되면서도 독립성을 유지하고 또 포개어진다. 이 책에서는 선율 대신에 역사 계열의 장(제1장~제5장)과 언어학 계열의 장(Ⅰ~Ⅳ)을 교차로 배열한다(마지막 제6장은 그 두 계열이 융합한다). 작가 바르가스 요사Jorge Mario Pedro Vargas Llosa가 《허풍쟁이El hablador》 등에서 시도한 서술법이다. 하나의 계열은 대략 시대순으로 구성하고, 어느 쪽이든 한편의 계열만을 읽어 나가도 이야기를 알 수 있도록 했다. 그와 더불어, 역사 계열에서도 언어학에 대해 언급하고 언어학 계열에서도 역사적 문맥을 이야기하여, 독자의 머릿속에서 두 개의 계열이 서로 조화롭게 어울리도록 하였다. 문학 텍스트와 식민지 지배의 역사를 서로 겹쳐 놓고 읽은 에드워드 사이드(サイード, 1998)의 '대위법적 독해'를 본받아, 이 책의 이러한 시도를 당분간 '대위법적 평전'이라고 부르기로 한다.

집필을 하면서, 한반도의 역사, 조선어, 언어학 중 어느 하나에 대한 지식 내지 지적 호기심 정도만 있으면, 예비지식은 그다지 없어도 읽을 수 있는 '입문'적인 서술이 되도록 힘썼다. 나 자신 역시 조사해 나가는 과정에서 처음으로 알게 된 것도 대단히 많았으며, 이해한 바를 새롭게 소화해 서술하려고 노력했다.

서론은 이 정도로 해두고, 지금부터 김수경의 생애를 차례로 펼쳐 나가기로 한다.

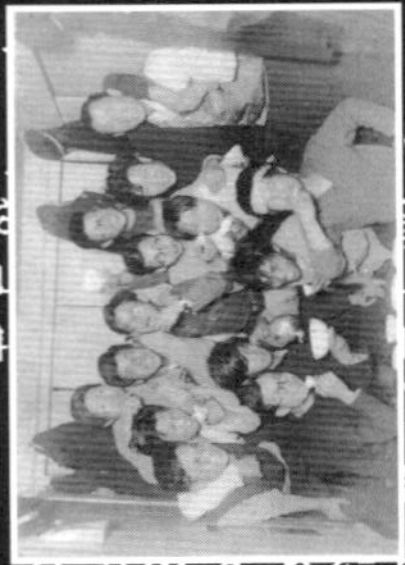

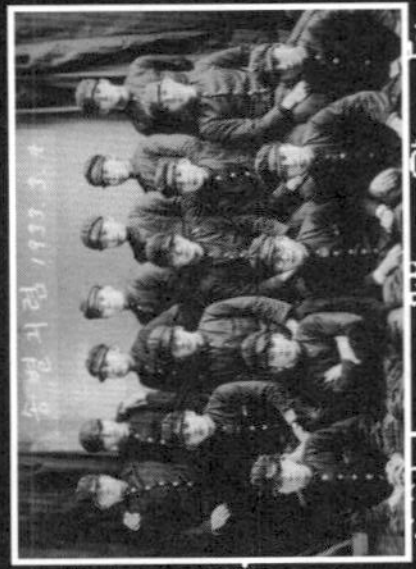

제1장

식민지의 다언어 사용자

김수경은 80여 년의 인생 중 처음 약 3분의 1을 일제 치하에서 보냈다. 그동안 그는 학문이나 교육으로 수입을 얻을 수 있는 위치에 있지 못했다. 1944년에는 대학원을 그만두고 경성제대의 촉탁이 되지만, 이 역시 무급이었다. 조선어사 서지와 관련된 등사판 책자(→I)를 제외하면, 업적이라고 할 만한 논문도 없다. 요컨대 식민지기의 김수경은 이른바 '배우는' 쪽, 지식을 '흡수'하는 쪽에 있었다. 김수경은 해방 후 봇물 터지듯 활동을 전개하며 업적을 내기 시작하지만, 식민지기에는 그것이 아직 그의 내부에 배태되어 있을 뿐이었다.

해방 후 모습을 드러낸 김수경 언어학은 이 시기의 '배움'을 통해 원형이 형성된 것으로 보인다. 나중에 소개하겠지만, 경성제대 예과 시절 김수경은 학우회 회보에 "행하기에 앞서 존재해야 한다"(방점은 원문)고 썼다(K1937). 스스로가 무언가를 '행하기' 전에 먼저 교양을 쌓은 지식인으로서 '존재'하지 않으면 안 된다는 결의 표명 같은 글이다. 제1장에서는 해방 후 김수경이 '행한' 일을 이해하기 위해 식민지기에 그가 어떻게 '존재'했는지를 서술한다.

그런데 이 시기를 회고하는 김수경 자신의 글이 거의 없는 상황에서 배움의 경험을 서술하기란 쉽지 않다. 제1장에서는 주변의 자료들과 유족들의 증언 등을 토대로 이 시기 김수경의 모습을 가능한 한 사실적으로 서술한다. 여기에서 내가 중시하고 싶은 것은 스스로 배워 가는 능동성이다.

최근 20여 년 사이에 경성제국대학에 관한 연구는 상당한 진척을 보였다(정선이, 2002; 정근식, 2011 등). 식민지 제국대학으로서의 성립 과정과 대학 기구의 특색, 각 분야의 교관의 연구 활동, 나아가 학생의 동향까지 실증적인 연구가 수행되어 왔다. 다만 대학의 기구, 커리큘럼과 교관의 연구 내용 등은 거기서 배우는 사람들의 사상이나 행동을 조건 짓는 것이기는 해도, 결정 짓는 것은 결코 아니다. 김수경의 언행이 이를 보여 주는 중요한 사례이다. 그의 경력과 학문이 식민지 상황, 그것도 전시체제로 돌입하는 제국대학이라는 장에 강하게 규정되어 있었음은 분명하지만, 그렇다고 '위'로부터 부여받은 틀에 자신의 사고를 그대로 끼워 맞춘 것은 아니다.[1] 일본의 고등교육에도 유입된 유럽적 교양교육liberal art 전통을 제대로 흡수하여 철학적 소양을 습득하면서 다언어 사용자(폴리글롯)가 되어 있었던 김수경은, 오히려 '일본의 학문'이라는 틀에 갇히지 않은 연구자로서 '존재'하게 되었다. 제1장은 그 시대를 살아가는 사람들을 규정하는 구조적인 것을 억제하면서도 그 속에서 탐욕스럽게 지식을 흡수했던 김수경의 능동성에 주목하고자 한다. 그것이야말로 해방 후 그의 학문체계를 구축하는 동력의 기초가 되었다고 생각하기 때문이다.

---

[1] '내지內地'의 제국대학에 유학한 조선인에 대해서는 정종현(2021)이 그 다양한 궤적을 추적하고 있어 참고가 된다.

1
행하기에 앞서 존재한다

어떤 지식인도 그 사람이 처한 사회적 조건에서 완전히 자유로울 수 없다. 의무교육이 시행되지 않았고 중등교육도 억제되었던 식민지 조선에서 고등교육기관은 더욱 억제되었고, 거기까지 진학하는 것, 더욱이 연구자의 길을 걷는다는 것은 대단히 특수한 일이었다. 제2차 조선교육령(1922년)에 의해 조선에 대학을 설치할 수 있게 되었어도 실제로 인정된 것은 관립대학인 경성제국대학뿐이었고, 사립대학은 해방의 날까지 단한 곳도 인가를 받지 못했다. 고등학교도, 고등사범학교도, 여자고등사범학교도 조선에는 설치되지 않았다. 남은 고등교육기관은 관립 사범학교를 제외하면 전문학교뿐이었다. 김수경이 경성제대 예과에 들어간 1934년의 시점에서 보면, 전문학교는 관공립 7개, 사립 8개 정도였다.[2]

학교 수만의 문제가 아니다. 1944년 조선의 학력 조사를 보면, 조선인 남성(20~45세)으로 대학 졸업 이상의 학력을 가진 사람은 인구 1만 명당 16.9명, 여성만 보면 0.2명이었다. 반면 조선 거주 일본인은 남성 455.5명, 여성 4.4명이었다.[3] 즉 고등교육의 학력에서 압도적인 민족 격차와

젠더 격차가 있었고, 거기에 가정의 경제 상황 등의 계급 격차가 복합적으로 작용했다고 봐도 무방하다.

김수경의 경력을 생각할 때, 식민지 조선에서의 이러한 고등교육의 희소성은 항상 염두에 두어야 한다. 이러한 상황에서 그는 어떠한 가정에서 자랐으며 어떠한 과정을 거쳐 연구자가 되어 갔을까?

김수경은 1918년 5월 1일 동해안에 위치한 강원도 통천군의 중심지 통천면 서리(현재는 휴전선 이북)에서 아버지 김선득金琁得과 어머니 이소옥李素玉 사이에서 태어났다(〈그림 1–1〉). 다섯 살 위의 형 김복경金福卿, 여덟 살 아래의 여동생 김정아金貞娥가 있었다. 식민지기에 자녀를 고등교육기관까지 보낼 정도로 경제적 여유가 있는 가정은 조선시대 사족(양반)이나 이족(향리) 등 지역 지배계층의 가계인 경우가 많은데, 이 집안의 경우 그러한 흔적이 없어서 상민의 가계였던 것으로 보인다.[4]

김수경 집안의 가세는 아버지 대에 급속도로 상승했다. 아버지 김선득

---

[2] 관립 전문학교는 서울(경성)에 법학·의학·공업·상업, 수원에 농림 등 모두 5개교가 있었다. 공립은 대구와 평양에 의전이 1개교씩 있었다. 사립 전문학교는 모두 서울과 평양에 있었고, 보성, 연희, 숭실, 세브란스 의학, 중앙불교, 경성치과의학, 경성약학, 이화여자 등 8개교였다.

[3] 《1944년 5월 1일 인구조사보고 2昭和十九年五月一日 人口調査報告 其ノ二》(朝鮮総督府, 1945)에서 집계했다. 전문학교도 학교 수는 많지만, 상황은 크게 다르지 않다. 인구 1만 명당 전문학교 졸업자 수로 비교해 보면, 조선인은 남자 42.3명, 여자 7.5명, 일본인은 남자 998.1명, 여자 231.0명이었다.

[4] 김수경의 유족에게 전해지는 세계보世系譜는 일반적으로 흔히 볼 수 있는 족보가 아니라, 선으로만 연결된 간단한 가계도이다(《慶州金氏世系譜(通川) 將軍公派》, 金富卿 刊行, 1990). 더구나 김수경의 할아버지 김순형보다 앞선 3대분의 이름도 불분명하다. 이북에 고향이 있는 가정으로서 족보 편찬에 필요한 자료가 부족했을 수도 있지만, 상민계의 집안에는 이런 기록이 많다.

의 경력에 대해서는 다른 글(板垣·그編, 2015: 82~86쪽)에서 비교적 자세히 소개했으므로 여기에서는 요점만 정리하고자 한다. 김선득은 젊은 나이에 결혼해 처가의 재력을 활용하여 서울의 법률전문학교(경성전수학교)를 졸업한 뒤 판사가 되었다. 식민지하의 극도로 제한된 '입신출세' 경로를 걸은 드문 사례였다. 그러나 1925년 판사를 그만두고 군산에서 변호사로 전신했다. 통상적인 경력으로는 생각하기 어려운 일이었다. 유족들 사이에서는 독립운동가의 판결에 관여하지 않으면 안 되었던 점이 괴로웠기 때문이라고 전해지고 있다. 일본인들이 많이 사는 군산에서 김선득은 조선인으로서는 손꼽히는 유력자가 되었다. 김수경이 경성제대에 진학한 해인 1934년에는 군산을 떠나 통천으로 귀향했다. 고향의 가사 일체를 맡겼던 동생 김차득金差得이 타계했기 때문이다. 김선득은 동생이 운영하던 양조업 경영을 이어받았다. 김선득은 사업 규모를 키우며 지역의 명사

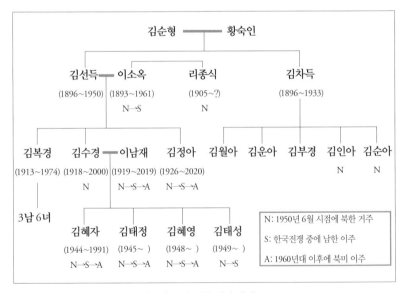

〈그림 1-1〉 김수경의 가계도

로 활약했다. 이처럼 바늘구멍만 한 능력주의(메리토크라시)를 뚫고 경제적 기반을 형성한 아버지 밑에 있었기에 김수경은 고등교육, 나아가 연구자의 길을 걸을 수 있었다.

김수경은 어릴 때 고향 통천을 떠나 어머니와 함께 아버지의 거처를 따라 옮겨 다녔다. 조선인 대상의 소학교인 보통학교는 신의주에서 입학했다. 그 후 군산 공립보통학교(1925년 여름에 전학), 군산 공립중학교(1930년 입학)를 거쳐 1934년에 경성제국대학 예과에 입학한다. 이 무렵 일반적으로 보통학교는 6년제, 중등학교는 5년제였다. 수업 연한대로 진행된다면 대학의 예과에 입학할 때에는 만 17세가 될 터이다. 그러나 김수경은 예과에 입학했을 당시에 만 15세여서 두 살이나 어리다. 보통학교와 중학교를 각각 1년씩 일찍 졸업했기 때문이다. 보통학교는 학교에 출생일을 음력으로 신고했기 때문에 평소보다 1년 빨리 입학하게 되었다.[5] 〈대학령〉에 따르면 중학교 쪽은 중학교 4학년을 수료한 사람이 대학 예과에 입학할 수 있는 것으로 되어 있다. 1년 일찍 중학교를 마치는 것은, 흔히 '사수四修'라 불리며 우수한 학생만 인정받는 특례 조치였다.

이 시기 조선에서 '중학교'라는 명칭을 가진 학교는 사실상 일본인 학교였다. 당시 '국어를 상용하는 자', 즉 주로 일본인은 '중학교'(조선어가 수의과목), '국어를 상용하지 않는 자', 즉 주로 조선인은 '고등보통학교'(조선어가 필수과목)로 진학하도록 학교체계가 달랐다. 군산중학교는 원래

---

[5] 〈보통학교 규정〉에서는 4월 1일 현재 만 6세가 되지 않았을 경우 그 연도에는 입학할 수 없는 것으로 규정하고 있다. 군산 제일공립보통학교 졸업장을 보면 5월 1일생 김수경이 3월 21일에 태어난 것으로 되어 있다. 1918년은 음력 3월 21일이 양력 5월 1일이며 출생 당시에 음력으로 신고된 것으로 보인다. 그러나 군산중학교의 졸업증명서에서는 5월 1일로 되어 있어 그 사이에 정정이 있었던 것 같다.

일본인 독지가의 기부로 1923년에 세워진 일본인 대상 학교이자 전라북 도에서 유일한 중학교였다. 총독부의 상급학교 억제정책의 결과 군산에 는 조선인을 위한 중등보통교육 시설이 없어서, 고등보통학교에 진학하 려면 40킬로미터 정도 떨어진 전주까지 가야 했다.[6] 그 때문에 무리를 해 서라도 중학교에 진학하려는 조선인이 소수이지만 존재했다. 김수경이 재학 중이던 1931년에는 전교생 중 일본인이 314명인 데 비해 조선인은 32명(9.2퍼센트)에 불과했다.[7] 일본인이 대다수를 점하는 학교에서 김수 경은 3, 4학년 때 연이어 2등을 차지했고,[8] 바로 그 때문에 '사수'를 할 수 있었을 것이다.

유족 소유의 사진 중에 흥미로운 사진이 한 장 있다(《그림 1-2》). 졸업 전에 군산중학교 조선인 학생들만 학년을 넘어 함께 기념 촬영을 한 것이 다. 조선인이 수적으로 마이너리티였던 일본인 중학교에 다니는 아이들 의 민족적인 유대를 엿볼 수 있다. 그러한 학교에 김수경은 뛰어들었던 것이다.

군산중학교를 수료한 김수경은 1934년 4월 경성제국대학 예과 문과 갑류(갑류는 영어, 을류는 독일어를 제1외국어로 했다)에 입학했다.[9] 법문학

---

[6] 1928년 군산중학교가 전라북도로 이관됨에 따라 조선인도 3분의 1 정도 입학시킬 것을 요구하는 진정운동이 벌어지기도 했지만(《중외일보》 1928년 2월 28일; 《동아일보》 1928년 3 월 1일), 이 운동은 결실을 맺지 못하고 1928, 1929년에는 매년 3~4명의 조선인이 진학 하는 데 그쳤다(《동아일보》 1930년 2월 2일).

[7] 《全羅北道要覧》(全羅北道), 1931년 8월판, 10쪽.

[8] 유족이 보유한 군산 공립중학교 '통지서'에 따른다.

[9] 경성제대는 1934년도 입학자부터 다른 제국대학과 고등학교에 맞춰 예과의 수업 연한 을 2년에서 3년으로 연장했다(京城帝国大学同窓会, 《京城帝国大学創立五十周年記念誌 紺碧遙 かに》, 1974, 23~28쪽).

〈그림 1-2〉 군산중학교에서의 송별 기념사진(1933)

〈송별긔렴〉(1933년 3월 4일 자)이라는 제목의 이 사진에는 3학년 김수경(맨 뒷줄 오른쪽에서 두 번째)을 포함한 17명의 남학생이 찍혀 있다. 뒷면에 적힌 이름은 모두 조선인이며, 학년도 1~5학년에 걸쳐 있다. 1934년 3월 4일 자 사진에도 20명의 남학생들이 찍혀 있는데, 이면 정보도 동일하다.

부에 뜻을 둔 조선인 학생들은 전반적으로 법학 지향이 강했다고 한다(通堂, 2008). 아버지가 법조인이었던 김수경으로서는 당연히 비슷한 진로도 상정하고 있었을 것이다. 그러나 실제로 그러한 흔적은 전혀 없다. 김수경은 입학 초기부터 영문학에 몰두하는 등 처음부터 인문학적인 지향이 강했다.

주목할 만한 것은, 예과 동기생 중 훗날 연구자로 월북하는 김석형(사학), 신구현(문학), 정해진(철학), 리명선(문학), 김득중(사학) 등이 있었다는 점이다.[10] 후술하겠지만 이들은 예과 시절부터 독서 모임 등을 자주적으로 가지면서 서로 자극을 주고받은 것으로 보인다. 예과 시절의 앨범을 보면, 대운동회의 가장행렬, 축구대회, 야구대회 등의 행사 외에 금강산을 비롯해 각지로 급우들과 어울려 다닌 사진이 있어 대단히 긴밀한 우정을 맺고 있었음을 알 수 있다(〈그림 1-3〉). 젊은 날에 구축된 친밀한 인적 네트워크는 이후 김수경의 삶에 커다란 영향을 미치게 된다.

경성제대 예과(1934년도 입학생)의 교과과정을 보면,[11] 3년간 101개(교수 시수)의 일반 교양과목을 이수하게 되어 있었는데, 그중 '국어 및 한문'이 11개, '제1외국어'가 28개, '제2외국어'가 12개로, 어학 관련만 전체의 절반 이상을 차지하고 있다. 실제로 김수경은 예과를 마칠 때까지 영어, 독일어, 프랑스어를 마스터했다(小林, 1951: 347쪽). 어학은 이후의 김수경에게 대단히 중요한 무기이므로, 이에 대해서는 다음 절에서 언급하겠다.

학적부가 남아 있지 않아 김수경이 무엇을 어떻게 학습했는지 알 수 없지만, 그가 예과 시절을 어떠한 태도로 보냈는지 엿볼 수 있는 글이 남

---

[10] 《朝鮮總督府官報》, 1934년 3월 30일.
[11] 《京城帝國大學一覽 昭和九年》, 1934, 101쪽.

〈그림 1-3〉 경성제국대학 예과 시절(1935)

사진 뒷면에는 '1935. 1. 19. 영'이라고만 되어 있다. '영'은 영어연구회일지도 모르지만, 의미는 명확하지 않다. 뒷줄 왼쪽에서 네 번째로 술잔을 들고 있는 사람이 김수경이다.

아 있어 소개한다. 경성제대의 학우회 회보에 기고한 〈영어연구회〉라는 짧은 글이다(K1937). 이 연구회는 예과의 우메하라 요시카즈梅原義一 교수를 중심으로 1935년에 생긴 작은 모임으로, 김수경은 정해진丁海珎 등과 함께 이 모임에 참가했다. 회보 기고글은 모임의 활동에 대한 소회 등을 적는 것이 일반적이지만, 김수경은 '청년'으로서의 자신의 입장을 밝혔다. 즉 요즘 "청년에 관한 논의"가 활발해지고 있는 것에 대해 자신들은 "무엇을 해야 하는가"라고 물은 뒤, "어쨌든 우리는 행하기에 앞서 존재하지 않으면 안 된다. 세상에 나가 어느 방향으로 가더라도 먼저 필요한 것은 자기의 확립이고, 이 달성을 위하여 일반적 교양 확립에 힘쓰는 것은 가장 타당한 방법이 아닐까"(방점은 원문) 하고 스스로 답을 제시한다.

장차 '무엇을 할 것인가'를 모색하던 김수경이 그 이전에 "자기의 확립"을 위해 교양을 닦는 것이 중요하다는 자세로 예과 시절을 보냈음을 알 수 있다. 연구회에서는 18세기 영국 낭만파의 서정시 등을 윤독했음을 보고했는데, 그것을 읽을 때 "영 단어의 기계적 암기, 영문의 표면적 해석"이 아니라 "시문을 통해 자기를 바라보고 풍부한 인간성의 건설에 힘차게 매진"해야 한다고 언급한 것도 이 같은 태도에서 비롯된 것으로 보인다. 워즈워스의 시에 탐닉했던 문학청년 김수경의 모습이 보인다.

뒤에서 언급하겠지만, 예과 시절 김수경은 친구들과 함께 사회과학 서적 독서 모임을 이끌었다. 구제 고등학교와 세대 예과의 '마르크스 보이' 문화가 아직 희미하게 남아 있었을 것이다. 다만, 그 무렵 마르크스주의는, 1933년 사노 마나부佐野学, 나베야마 사다치카鍋山貞親의 전향 선언과 1934년 조선프롤레타리아예술가동맹의 일제 검거(제2차 KAPF 사건)로 대표되듯이, 전향과 검거의 어두운 시대를 맞고 있었다. 장래를 고민하는 젊은 식민지 인텔리에게 이는 벗어날 수 없는 암운으로 다가왔을 것이다.

이러한 배경 아래 어학을 포함해 폭넓게 교양을 갖추게 된 김수경은
예과가 끝날 무렵 자신의 진로를 정하게 된다.

2
언어학자로의 길

1937년 4월 김수경은 경성제대 법문학부에 진학했다. 아직 만 18세였고, 이 나이에 본과에 진학하는 것은 극히 드문 일이었다.[12] 법문학부에서 김수경이 선택한 것은 철학과이다. 철학과 진학 경위와 관련하여 경성제대에서 언어학을 가르쳤던 고바야시 히데오는 전후에 다음과 같이 회상했다(小林, 1951: 346~347쪽)

김 군은 [예과] 3학년 말에 학부 연구실로 나를 찾아와 언어학을 전공하고 싶다는 의사를 밝혔다. 공교롭게도 성대[경성제대의 약칭]의 법문학부에는 언어학 강좌가 마련되어 있지 않아서 전문적인 강의를 들을 방법이 없었다. 그래서 어쩔 수 없이 다른 전공을 정해야 했다.

나는 철학과를 추천했다. 교수진의 충실함도 있었지만, 그보다는 앞으

---

[12] 김수경이 입학한 다음 해인 1938년 11월 현재 《경성제국대학 학생생활 조사 보고京城帝國大學學生生活調査報告》(京城帝國大學學生課, 1937, 2쪽)에 따르면, 당시 재학생 363명(이 중 법문학부 148명) 중 만 20세인 사람은 4명(법문학부 2명)에 불과했다.

로의 언어 연구는 철학적 두뇌가 필요하다고 생각했기 때문이다.

　이처럼 김수경이 먼저 선택한 것은 언어학의 길이었다. 김수경이 입학한 연도의 법문학부 문학과에는 도키에다 모토키時枝誠記의 '국어학', 즉 일본어학 외에 오구라 신페小倉進平의 조선어학 강좌가 개설되어 있었다 (〈표 1-1〉). 그런데도 김수경이 먼저 고바야시 연구실의 문을 두드린 것은, 개별 언어에 대한 연구가 아니라 보다 일반적인 언어학에 관심이 있었기 때문일 것이다. 고바야시 히데오는 소쉬르 번역 등으로 이미 저명한 인물

〈표 1-1〉 경성제국대학 법문학부의 학과·전공·강좌(1937년도)

학과	전공	강좌 담임
법학과	(전공 구분 없음)	(생략)
철학과	철학 전공	아베 요시시게安倍能成·미야모토 와키치宮本和吉
	윤리학 전공	시라이 시게노부白井成允·아키바 다카시秋葉隆
	심리학 전공	구로다 료黑田亮
	종교학 전공	아카마쓰 지조赤松智城
	미학·미술사 전공	우에노 나오테루上野直昭·다나카 도요조田中豊藏
	교육학 전공	마쓰즈키 히데오松月秀雄·다바나 다메오田花爲雄
	지나철학 전공	후지쓰카 지카시藤塚鄰
사학과	국사학 전공	다보하시 기요시田保橋潔·마쓰모토 시게히코松本重彦
	조선사학 전공	후지타 료사쿠藤田亮策
	동양사학 전공	오타니 쇼신大谷勝眞·도리야마 기이치鳥山喜一
문학과	국어국문학 전공	다카기 이치노스케高木市之助·도키에다 모토키
	조선어 조선문학 전공	다카하시 도루高橋亨·오구라 신페
	지나어 지나문학 전공	가라시마 다케시辛島驍
	영어영문학 전공	사토 기요시佐藤淸

(출처)《京城帝國大學一覽 昭和十二年》(1937).
(비고) 강좌명은 전공명에 대응하는데, 이 중 아키바 다카시는 사회학 강좌이다. 서양사 강좌를 담임했던 사학과의 가네코 고스케金子光介는 대응하는 전공이 없어 제외했다. 강좌 담임은 통상 교수인데, 가라시마 다케시만 조교수이다.

이었다(→Ⅰ). 그런 그에게 먼저 상담하러 간 것은 언어학에 대한 김수경의 지향을 잘 보여 준다. 기존 일본어학이나 조선어학의 틀에 얽매이지 않는 김수경의 언어학은 여기에서 시작되었다. 어학에 능통한 청년에게 여러 언어에 두루 걸쳐 있는 일반언어학의 세계가 출구 없는 식민지 상황에서 세계를 개척하는 것으로 비친 것은 아닐까. 그리고 이것이 '마르크스 보이'가 동시에 '소쉬르 보이'로도 될 수 있었던 동인은 아닐까 생각된다.

그러나 고바야시 히데오는 도쿄제대 무렵 선과생選科生(규정과목 중 일부를 선택하여 과정을 이수하는 학생)으로 학사 학위를 가지고 있지 않은 탓인지, 조교수로 남아 강좌를 담당하지 않았다. 여기에서 고바야시가 '언어학 강좌'가 없다고 한 것도 유럽에서 왕성히 이루어지고 있던 비교언어학과 일반언어학 등을 체계적으로 가르치는 강좌가 없다는 점을 지적한 것으로 보인다.

그래서 고바야시의 조언을 따르듯 김수경은 철학과 중에서도 철학 전공, 이른바 '순철(순수철학)' 코스로 진학했다. 확실히 유럽의 인문·사회·자연과학이 철학에서 파생되었다는 점에서 보면, 지적 원천으로서의 철학을 배우는 것은 자연스러운 길이었다. 게다가 소쉬르나 옐름슬레브Louis Hjelmslev처럼 '철학적 두뇌'가 없으면 다가갈 수 없는 언어이론도 나타났다.[13] 다만, 당시 철학 전공으로 교편을 잡은 사람은 법문학부장도 지낸 아베 요시시게와 그의 매제인 미야모토 와키치 등이었다. 모두 칸트 연구로 업적을 낸 철학 연구자로, 경성제대에서는 아베가 주로 철학사, 미야모토가 최신 후설의 현상학을 포함한 철학개론을 강의했다(安倍, 1966: 557

---

[13] 야콥슨Roman Jakobson도 후설 현상학의 영향을 크게 받았다고 한다(ホーレンシュタイン, 1983).

쪽). 하지만 모두 언어사상에 특별히 밝은 것은 아니었다. 그래서 김수경은 철학과에서 기초적인 철학 훈련을 받으면서도 "틈날 때마다 내[고바야시 히데오] 연구실을 찾아 언어학 지식을 흡수하기 위해 노력"했다. 이에 따라 고바야시도 "김 군 한 사람을 위해서 세미나를 시작했다"(小林, 1951: 347쪽). 거기서 김수경이 흡수한 지식의 내용에 대해서는 I에서 다룬다.

대학 규정에 따르면 졸업 때까지 철학과의 공통과목(철학, 윤리학, 심리학, 미학·미술사, 교육학, 중국철학, 사회학, 사학개론·문학개론), 전공에 속하는 과목(철학, 윤리학 인식론, 철학 특수강의 및 연습, 그리스어·라틴어, 기타 '문·사·철' 계열의 과목), 외국어(영·독·불)를 배운 후에 졸업 논문을 제출해야 했다.[14] 졸업 논문은 헤겔 철학에 관한 것이었다고 한다(小林, 1951: 347쪽). '순철'은 김수경이 입학했을 당시 교원과 학생이 거의 동수로, 상당히 밀접한 관계였던 것 같다(〈그림 1-4〉).[15] 후에 미야모토(1951: 39쪽)는 '순철'의 총 30여 명의 졸업생 중 90퍼센트가 조선인으로, 대체로 머리가 좋았다고 회상한다.[16]

물론 법문학부 시절 조선어학도 배웠을 게 분명하다. 조선어학자 오구라 신페는 1933년 이후 도쿄제국대학 언어학과 교수를 겸임하면서 본거지를 도쿄로 옮겼고 경성제대에서는 가을에 집중 강의를 했는데(東京大学, 1986: 692쪽), 김수경은 그의 강의를 청강했을 것이다. 그러나 학문적 영향관계가 반드시 스승-제자라는 직선으로 맺어지는 것은 아니다. 경성

---

[14] 《京城帝國大學一覽 昭和十二年》, 1937, 72~75·83~85쪽. 당시 경성제대 철학 관련 강좌에 대해서는 許智香(2019)을 참조.

[15] 앞의 《京城帝國大學一覽 昭和十二年》.

[16] 다만, 宮本和吉(1951)는 조선인 학생에 대해 성적은 좋지만 졸업 연구에서는 창의성이 없었다는 등 낮게 평가했다.

〈그림 1-4〉 경성제대 법문학부 철학과 시절(1938)

뒷면에 '1938. 3. 7. 쇼와 12년도 철학 전공생 졸업 송별 기념'이라 씌어 있다. 뒷줄 오른쪽부터 김수경(1학년), 아베 요시시게(교수), 고형곤(조수), 다나베 주조田邊重三(조교수), 미야모토 와키치(교수), 정해진(1학년), 박의현(1936년 졸업), 앞줄 오른쪽부터 손명현(대학원생, 와세다대 졸업, 그리스 철학 연구), 이본녕(1938년 선과 수료), 마스나카 다케키枡中健毅(1938년 졸업), 아리가 후미오有賀文夫(대학원생, 경성제대 졸업, 초월론 연구), 김홍길(1학년).

제대에서 오구라 신페에게 조선어학을 배운 이숭녕(1983: 449쪽)도 그 강의에 대해 "끝까지 문헌학적 테두리를 못 벗어난 느낌"이어서 "신미新味가 없고 나열과 소개에 그친 감"이 있어, 오히려 "재기가 넘쳐흐르는" 고바야시 히데오에게서 영향을 받았다고 회고하고 있다. 김수경 역시 문헌학적인 조선어학을 오구라 신페에게 배웠지만 그 틀에 갇히지 않는 연구에 관심이 있었다고 봐도 무방할 것이다(→ I).

또한 예과 시절의 일로 김수경 등 10여 명이 조선어학회 사무실에 가서 새로 정해진 한글 맞춤법을 리극로에게 배웠다는 취재 기사가 있다(이충우, 1980: 228~229쪽).[17] 조선프롤레타리아예술가동맹KAPF을 대표하는 작가였던 림화(다만 이미 전향 후였다)와 동기생 신구현의 권유로 조선의 문헌을 정리한 모리스 쿠랑Maurice Courant의 대저 《조선 서지*Bibliographie coréenne*》(1894~1896)의 번역에 착수한 것은 1939년 가을의 일이었다(K1946b: 190쪽). 림화가 주도했던 문고본 시리즈 '조선문고'(학예사) 중 한 권으로 출간할 예정이었던 것이 아닌가 생각된다.[18] 그러나 중일전쟁이 아시아태평양전쟁으로 이어지며 일제의 침략이 확대되어 '국민정신 총동원'이 외쳐지고 초등교육의 조선어 과목도 소멸되어 가는 상황에서, 그 번역도 보관함 속에서 잠들 수밖에 없었다.

예과, 본과를 합해 6년간에 걸친 대학 생활을 마친 김수경은 1940년 3월 31일 학사 시험에 합격하여 문학사 학위를 받았다.[19] 경성제대를 졸업

---

[17] 이충우의 제보원은 불분명하지만, 이종원, 차낙훈, 김석형, 김홍길, 김수경, 정해진, 신구현, 리명선 등이 참가했다고 한다. 조선어학회가 《한글 마춤법 통일안》을 낸 것은 1933년이다. 또한 리규춘의 소설(리규춘, 1996: 20~21쪽)에서도 경성제대 시절에 리극로를 찾아갔다고 기록되어 있다.

[18] 학예사에 대해서는 방민호(2009) 참조.

한 후 1940년 4월 30일 자로 도쿄제국대학 문학부 대학원에 입학한 김수경은 서류상으로는 1944년 3월 15일 자퇴할 때까지 약 4년간 재학했다.

그가 입학한 1940년은 창씨개명 제도가 시작되고(2월) 조선어 신문《동아일보》,《조선일보》가 폐간되었으며(8월) 국민총력조선연맹이 발족하는 등(10월) 전시기 황민화 정책이 진전되던 시기이기도 했다. 아버지 김선득은 8월에 야마카와 기요미쓰山川淸光로 창씨개명했다.[20] 야마카와山川는 변호사 시절에 살았던 '군산群山'과 고향 '통천通川'에서 따온 것이다. 아버지의 창씨로 이때 김수경의 '성'도 법적으로는 야마카와가 되었겠지만, 도쿄제대 문학부의 학적부에는 1943년 3월 1일에 새로운 성명인 '야마카와 데쓰山川哲'를 신고할 때까지 김수경으로 통했다. 이름 '데쓰哲'는 철학을 전공하고 있었던 데에서 붙였다고 한다(小林, 1951: 345~346쪽).

이런 시기에 김수경은 〈조선어의 비교언어학적 연구朝鮮語の比較言語学的研究〉를 연구 과제로 하여 대학원에 진학한 것이다. 지도 교수는 언어학 강좌를 담당하고 있던 오구라 신페였다. 단신으로 도쿄에 건너간 그는 처음에는 스기나미구杉並区 고엔지高円寺에서 하숙 생활을 했던 것 같다.[21] 당시 대학원에는 박사학위밖에 없었는데, 학부 연구과에서 2년 이상 연구하고 논문을 제출하여 합격한 자에게 수여되는 제도였다.[22] 대학원생

[19] 《朝鮮總督府官報》 1940년 4월 9일. 유족 소장의 법문학부 졸업식 사진(1940년 3월 25일)에는 키가 큰 김수경이 학사모를 쓰지 않고 학생들 맨 앞줄 한가운데 서 있어 눈에 매우 잘 띈다.

[20] 《朝鮮總督府官報》 1940년 10월 3일.

[21] 도쿄대학 문학부 소장 학적부에 의한다. 주소는 '杉並区高円寺五丁目八十五ノ三 荻原方' 이었다. 고엔지에서 대학이 있는 혼고本鄕까지는 먼데 왜 이 집이었는지는 불분명하다.

[22] 〈學位令〉(1920년 칙령 제200호)과 〈東京帝國大學學位規則〉(1921)에 의한다(《東京帝國大學一覽 昭和十五年度》, 101~109쪽).

은 각 학부에 소속되어 지도 교수의 지도를 받으며 연구에 매진하게 된
다. 재학 기간은 2년이지만, 만기가 되어도 1년씩 연기는 가능하며 최장
5년까지 재학할 수 있었다. 특별한 커리큘럼은 없었고, 단지 매 연도 말
에 "그 공구攻究한 상황 및 성적을 기재한 보고서"를 지도 교원에게 제출
해야 하는 정도였다.[23] 김수경이 이 보고서를 낸 흔적이 확인되는데,
1943년 2월 10일 자로 3년분을 냈고 자퇴 후인 1944년 4월 26일에 마지
막으로 제출[24]한 것을 봤을 때 어디까지나 형식적이었던 듯하다. 그런 일
도 있고 해서 이 시기 김수경의 발자취를 더듬기란 쉽지 않다. 아래에 기
본적인 사실관계만 정리하고자 한다.

김수경의 대학원 진학 당시 도쿄대학의 언어학 연구실에는 우에다 가
즈토시上田萬年 문하의 조선어학자 오구라 신페가 강좌 담임 교수, 아이누
어학의 긴다이치 교스케金田一京助(조교수), 그리스·라틴어의 간다 다테오
神田盾夫(조교수), 몽골어학 등의 핫토리 시로服部四郎(강사)가 소속되어 있
었다. 1943년 봄에는 오구라와 긴다이치가 퇴직하고 대신 핫토리 시로가
조교수로 승진하는 등 커다란 변동이 있었다(東京大学, 1986: 692~695쪽).
김수경의 지도 교원도 이때 핫토리 시로로 바뀌었고, 그 교체관계로 3년
분의 보고서를 정리하여 제출한 것으로 보인다.

1940년 도쿄제대 대학원생 총수는 406명이고, 그 가운데에 조선에서
온 유학생은 10명이었다.[25] 그중에서도 김수경과 가까운 대학원생은 우
선 〈독일 관념론의 연구獨逸觀念論の研究〉라는 연구 과제로 진학한 경성제

[23] 〈學部通則〉, 《東京帝國大學一覽 昭和十五年度》, 150~153쪽.
[24] 도쿄대학 문학부 소장 대학원 연구생 연구 보고 제출부에 의한다. 유감스럽게도 보고서
자체는 보관되어 있지 않다.
[25] 《東京帝國大學一覽 昭和十五年度》, 附錄.

대 '순철' 동기 정해진이 있었다. 그 외에 이화여자전문학교에서 가르치던 조선어학자 이희승(경성제대 졸업)이 '안식년'으로 1940년도에 1년간 〈조선어의 음운적 연구朝鮮語の音韻的研究〉라는 연구 과제로 오구라 신페이의 문하에 있었다. 또 '순철'의 상당히 위 선배인 김계숙도 독일 관념론 연구를 위해 대학원에 진학해 있었다.[26] 이희승의 회고(2001: 134~136쪽)에 따르면, 조선인 유학생은 "같은 민족"이라는 의식을 가지고 친하게 지냈으며 휴일에는 여행을 함께 다니기도 했다고 한다(〈그림 1-5〉).

대학원 시절에서 중요한 사건은 이남재李南載와의 결혼이다. 이남재는 북중 접경지대인 간도 태생으로, 지린성吉林省 룽징龍井의 광명여자고등학교를 나온 후 1936년 서울의 이화여자전문학교 문과에 진학하여 1940년에 졸업했다(→제6장). 김수경은 1942년 3월 서울에서 열린 경성제대 동기 리명선의 결혼식에 참석했다가 이남재를 만났다(〈그림 1-6〉). 이듬해인 1943년 3월에 두 사람은 서울의 경성부민관에서 결혼식을 올렸다. 그 후 신혼여행을 다녀온 두 사람은 도시마구豊島区 가나메정要町에 새 집을 마련했다.[27]

도쿄에서의 신혼 생활은 오래가지 못했다. 1943년 여름방학에 조선으로 돌아왔다가 그대로 김선득이 마련한 서울의 혜화정(현재 혜화동) 집에 살게 된 것이다. 그리고 서류상으로는 1944년 3월 15일 자로 '일신상의 이유'로 자퇴를 하고,[28] 4월 15일 자로 경성제대 법문학부 조선어학 연구

[26] 《東京帝國大學一覽 昭和十五年度》, 492~496쪽.
[27] 도쿄대학 문학부 소장 학적부에는 "豊島区要町三丁目十一ノ一"라고 되어 있다. 이 집은 김수경의 친척인 화가 김민구의 작업실이었으나, 그가 통천으로 귀향하면서 빌리게 되었다고 한다. 아울러 김민구도 해방 후 북한에서 활동했었다(리재현, 1999: 417~419쪽).
[28] 도쿄대학 문학부 소장 학적부.

〈그림 1-5〉 도쿄제대 도서관 앞에서 이희승과 함께(1942)

뒷면에는 "En avant de la bibliothèque avec Prof. Lee"(이 교수와 함께 도서관 앞에서)라는 메모
가 있다.

〈그림 1-6〉 리명선 결혼식 사진(1942)

신랑(리명선) 옆에 가슴에 꽃을 단 이가 김수경(앞줄 왼쪽에서 세 번째), 신부 옆에 꽃다발을 든 이가 이남재(앞줄 오른쪽에서 두 번째), 주례석에 선 이가 리극로(신랑과 신부 사이)이다. 사진은 리명선의 자녀인 이승연 여사 제공.

실의 촉탁이 되었다.[29] 도쿄에서의 연구를 중단한 이유에 대해서는 미시적으로 보면 1943년 봄에 오구라 신페가 퇴직하면서 조선어학 전문가가 도쿄제대에서 없어진 것, 이남재가 임신하였던 상황 등을 생각할 수 있다.

하지만 여기에서는 보다 큰 요인으로 학도 출진 문제에 주목하고자 한다. 고바야시 히데오(1978: 567쪽)는 "1942년 무렵이었나, 당시 도쿄대학 대학원에 자리 잡았던 김수경 군이 세상이 어수선해져 일시 귀국해 내 연구실에 자주 얼굴을 내밀었다"고 회상한다. "일시 귀국" 시기는 애매하고 "세상이 어수선해진" 내용도 불분명하지만, 도쿄대에 적을 남겨 둔 채로 서울로 돌아왔음을 알 수 있다. 또한 이 무렵 경성제대 법문학부에서 오구라 신페의 후임으로 강좌 담임을 맡았던 고노 로쿠로河野六郎가 훗날 언어학자 간노 히로오미菅野裕臣에게 전한 정보에 따르면, "김수경은 학도 동원을 피하기 위해 경성제대 조선어 및 조선문학 강좌의 무급 조수를 했다"고 한다.[30] 촉탁 임용의 책임을 지는 지위에 있던 고노 로쿠로의 증언이므로, 이 정보는 신빙성이 있다고 해도 좋을 것이다.

조선인 학도 출진을 둘러싼 당시의 상황을 간단히 정리해 두자(姜德相, 1997). 각의에서 조선인에게도 병역법을 시행하기로 결정된 것은 1942년 5월이었으나, 제반 준비 관계상 법 시행은 1943년 8월, 실시는 1944년 4월이었다. 그사이에 진전된 것이 학생의 전쟁 동원이다. 1943년 6월에는

---

[29] 김수경이 김일성대학 문학부에 제출한 자필 이력서(No. 13, 1946년 12월 28일 자)에 의한다. 이는 미국이 한국전쟁 당시 북한에서 모은 이른바 '노획문서'에 포함되어 있다(《金大教員履歷書 文學部》, 미국 국립문서관, RG#242, 2005 1/31). 이하 '김대 이력서'라 부른다. 유족에 따르면, 부속도서관의 촉탁도 겸임하고 있었다고 한다.

[30] 간노 히로오미의 자서전《간노 히로오미의 자서전菅野裕臣의 Aŭtobiografio》에 의한다.

〈학도 전시동원체제 확립 요강〉이 결정되었고, 9월에는 법문 계열 학생의 징병 연기 정지가 결정되었으며, 10월에는 징병검사가 시작되었다. 그러나 이것은 일본인 학생을 대상으로 한 법령이었고, 조선과 타이완 학생에게는 적용되지 않았다. 일본 정부는 조선·타이완 학생만 학원에 남는 것을 피하기 위하여, 식민지 학생을 '지원'을 통해 현역병으로 편입하는 법령을 제정했다. '내지'에서는 대학과 고등전문학교, 조선장학회가 유학생의 '지원'을 유도하기 위해 캠페인을 벌였다. 그런데 행방을 감추는 학생이 많았고, 조선인 학생은 쉽게 출두에 응하지 않았으며, "하숙집을 찾아가 보면 어디로 갔는지 며칠씩 돌아오지 않는 경우가 많았다"고 당시 도쿄대 교수는 말했다(姜德相, 1997: 30~31쪽).

그러한 의미에서 김수경도 '행방불명'된 대학원생 중 한 명이었을지 모른다. 이러한 상황에 애가 탔는지, 1943년 12월 문부성은 각 대학에 아직 지원하지 않은 조선과 타이완 학생들에게 '자발적으로 휴학 또는 퇴학하도록 종용할 것'을 촉구하는 한편, 이에 응하지 않을 경우 '적극적으로 휴학을 명하라'는 통첩을 내렸다. 학도병이 되든지, 학업을 포기하든지, 사실상의 양자택일을 식민지 출신 유학생들에게 강요했던 것이다.[31] 이는 식민지 출신 유학생들이 도쿄제대에서 학문을 이어갈 길 자체가 막혔

[31] 문부성 전문교육국장이 1943년 12월 3일 자로 각 대학장에게 보낸 〈조선인·타이완인 특별지원제도에 따라 지원하지 않은 학생의 취급에 관한 건〉에 대해서는 《메지대학 백년사明治大学百年史》(明治大学, 1988: 686쪽)에 게재되어 있다(와세다대학, 주오대학中央大学에서도 같은 통첩의 존재가 확인되고 있다). 아울러 도쿄제대 내부 문서 〈1943년 12월 31일 현재 본교 학생 재적자 수 조사昭和十八年十二月三十一日現在本学学生生徒在籍者數調〉(東京大学史史料室, 1986: 430~431쪽)에 의하면, 1943년 말에는 문학부 대학원에 조선인이 한 명도 없는 것으로 되어 있다.

음을 의미한다. 상세한 부분은 불분명한 점이 있지만, 김수경은 학도 출진을 거부했고 그 결과 어쩔 수 없이 도쿄제대에서 연구를 계속하지 않기로 했다고 봐도 무방할 것이다. 그래도 그는 다행히 경성제대에 무급 조수의 지위를 얻어 간신히 계속 연구할 수 있었다.

경성제대 촉탁 시기의 연구 내용에 대해 유일하게 밝혀진 것은, '야마카와 데쓰山川哲' 명의로 1945년 3월에《〈로걸대〉제 판본의 재음미〈老乞大〉諸板の再吟味》(K1945)를 등사판으로 인쇄한 것이다. 그 내용에 대해서는 I에서 검토하겠지만, 이 시기 김수경이 경성제대 부속도서관으로 이관된 규장각의 조선어 관련 사료를 차분히 열람하면서 연구했음은 확실하다.[32] 그와 동시에 학부 시절처럼 고바야시 히데오의 연구실을 드나들면서 맨투맨 강독도 계속했다. 또한 고바야시가《문체론의 미학적 기초文体論の美学的基礎づけ》(1944)와《언어 연구·현대의 문제言語研究·現代の問題》(1945)를 출판하는 데 필요한 정서 작업도 김수경이 했으며,[33] 그러한 작업을 통해 고바야시의 지식을 흡수해 나갔다. 그렇게 16세기 포르투갈의 서사시《우즈 루지아다스Os Lusíadas》를 원서로 읽는 사이에 일본은 패전했다(小林, 1951: 348쪽). 일본이 수렁과 같은 침략전쟁을 벌이는 가운데, 김수경은 조선어사를 깊이 파고들며 세계의 언어와 언어학을 폭넓게 배워 나갔던 것이다.

[32] 이 무렵 서울에서 고노 로쿠로와 함께 잡지를 냈다는 정보도 있다(《菅野裕臣のAŭto-biografio》).

[33] 小林(1944)의 〈서문はしがき〉 및 小林(1945: 4쪽)에 각각 '야마카와 데쓰'에 대한 감사의 말이 기록되어 있다.

3
말과 사상

지금까지 1945년 8월 이전의 김수경의 발자취를, 밝힐 수 있는 한에서 더 듬어 왔다. 다음은 김수경이 식민지기에 배운 것 중 중요한 것으로 보이는 핵심을 살펴본다. 해방 후 김수경의 언어학은 '일본의 조선어학'이나 '국어학' 같은 틀에 들어맞지 않는 성격을 지니고 있었다. 그렇다고 단순한 수입이론형 학문도 아니었으며, 조선어사의 문헌학적 축적도 바탕으로 삼고 있었다. 여기서는 그러한 김수경 언어학의 지적 기반의 윤곽을 그리기 위해 김수경의 어학 능력과 사회주의 사상과의 관계에 대해 논한다.

김수경을 아는 사람들은 한결같이 그의 탁월한 어학 능력에 대해 이야기한다. 우선 군산중학교에 입학한 시점에서 재조일본인 학생 수준 혹은 그 이상으로 일본어를 할 수 있었던 것으로 보인다. 실제로 군산중 마지막 4학년 때 '국어'는 99점이라는 높은 점수를 받았다.[34] 한문은 서당이나 가정 등에서 교육을 받은 흔적은 없지만 보통학교·중학교·예과 과목에 한문이 있어 그것으로 기초를 습득한 듯하다. 중학교 때부터 배우기 시작한 영어 또한 좋은 성적을 받았다.[35]

대학 예과를 수료할 때까지는 앞서 언급한 대로 영어, 독일어, 프랑스어를 습득했다. 영어는 이미 밝힌 바와 같이 예과 과목뿐만 아니라, 우메하라 요시카즈, 고다마 사이조兒玉才三 두 교수의 지도 아래 '영어연구회'에서도 배웠다. 독일어는 예과에서 필수 제2외국어였을 뿐만 아니라, 철학과 시절에 독일어로 된 철학서를 다수 강독한 것으로 보인다. 고바야시 히데오(1951:347쪽)가 "그의 독일어 이해력은 상당했다. 재능이기도 하겠지만, 철학과 수업에서 늘 어려운 것을 읽다 보니 내용 파악력이 꽤 날카로웠다. 제자에게 배우는 일도 드물지 않았다"고 밝힐 정도였다. 프랑스어는 예과에 과목이 설치되어 있지 않아 본과 진학 이전에 어떻게 숙달했는지 알 수 없지만, 개인 교습을 받은 것 같다는 유족의 증언이 있다.[36]

다른 언어에 대해서도 살펴보자. 철학과에서는 그리스어와 라틴어가 교과과정에 포함되어 있었다. 철학과의 아베 요시시게(1966a:2쪽)가 자신의 마지막 글에서 "김수경이라는 자는 머리도 좋고 그리스어도 할 줄 알았다"고 회상할 정도로, 김수경의 그리스어 실력은 어설픈 수준이 아니었다. 러시아어는 법문학부 강사 치르킨Sergej V. Čirkin에게 배웠다.[37] 치

---

[34] 유족이 보유한 군산 공립중학교 '통지서'에 따른다.

[35] 그의 4학년 성적 중 영어는 제1(독해)이 97점, 제2(독해)가 100점, 제3(문법·작문)이 98점으로, 그의 특기 과목이었음을 알 수 있다.

[36] 유족들에 따르면 김수경의 아버지(김선득)는 "조선인들은 공부해야 한다"는 생각에서 외국어를 배우고 싶어하는 아들에게 외국어 개인 교습 비용을 제공한 적이 있다고 한다. 이런 점에서 보면 이 같은 특별한 교육을 받았을 가능성도 있다.

[37] 'Russian'이라고 적힌 사진(1938년 2월 15일 자)을 유족이 보유하고 있다. 치르킨을 4명의 학생이 둘러싸고 교실에서 찍은 것인데, 김수경은 나오지 않는 것으로 미루어 촬영자였던 것으로 보인다. 참고로 학생은 배호(중문), 이석곤(영문), 정해진(철학), 방용구(영문)이다. 동기인 정해진 외 3명은 예과 1년 선배이다.

르킨은 제정러시아의 전직 외교관으로, 러시아혁명 이후 과거 부임지였던 서울로 이주한 이른바 백계 러시아인이었다.[38] 수업이 지루했는지 연초에는 교실이 꽉 찼지만, 점차 학생이 줄어 연도 말까지 계속 수강하는 학생은 서너 명 있을까 말까 할 정도였다고 한다. 그러나 김수경은 마지막까지 남은 학생 중 한 명이었다(이충우, 1980: 218쪽).

이탈리아어, 스페인어, 포르투갈어, 덴마크어는 고바야시 히데오에게서 기초를 배웠다. 이탈리아어는 단테의 《신곡》을, 스페인어는 현대 작가의 사랑 이야기를, 포르투갈어는 앞에서 언급한 《우즈 루지아다스》를 강독했다. 고바야시(1978: 567~568쪽)는 김수경과의 《우즈 루지아다스》 강독에 대해 "일 주일에 한 번 매회 2스탠자(이탈리아에서 유래한 시詩의 기초단위 절·연을 이르는 말−옮긴이)씩 읽었다. 자세한 해설서도 주석서도 없이 읽어 나가니 나침반 없는 항해나 다름없었다. 그래도 수재인 제자에 이끌려 몇 달 안에 제1가歌를 끝낸 것으로 기억한다"고 회상했다. 고바야시 히데오도 스승 긴다이치 교스케(1935: ix쪽)로부터 햇병아리 슐라이허 August Schleicher(독일의 언어학자로 인도유럽어의 비교언어학 개척자−옮긴이)가 나타났다는 말을 들을 정도로 어학 능력이 뛰어났지만, 그 고바야시(1951: 348쪽)조차 어려운 교재의 독해도 "태연한 얼굴로 해치운" 김수경을 두고 "나는 내심 그의 끝없는 어학력에 혀를 내둘렀다"고 평가했다. 나아가 해방 직후에는 산스크리트 강의를 했다고 하니,[39] 그때까지 강의

---

[38] 치르킨의 회고록이 최근 러시아에서 출판되었는데, 외교관 시절의 일이 대부분이고 1920년대 이후의 일은 다루어지지 않았다(Чиркин, 2006).

[39] 나중에 서울대 언어학과 교수가 되는 김방한이 김수경에게 배웠다고 한다(《菅野裕臣の Aŭtobiografio》).

를 할 수 있을 정도는 학습했던 것 같다. 몽골어나 만주어도 습득하고 있었던 것으로 보이는데,[40] 이것은 도쿄제대의 핫토리 시로와 관계가 있을지도 모르고, I에서 언급할 《노걸대》 연구와 관계가 있을지도 모른다.

아내 이남재는 외국어 문헌을 "아, 재밌어, 재밌어!"라고 혼잣말을 하며 읽고 있던 김수경의 모습을 기억하고 있었다. "언어가 자신의 취미"라는 김수경은 외국어를 구사하는 것을 너무 재미있어 하는 것 같았다고 한다.[41] 즐기면서 언어 습득에 몰두하는 모습이 눈에 선하다.

결국 김수경은 조선 해방의 날(만 27세)까지 인도유럽어족의 고전어(그리스어, 라틴어, 산스크리트) 및 인도유럽어족(영어, 독일어, 프랑스어, 러시아어, 이탈리아어, 스페인어, 포르투갈어, 덴마크어), 그리고 동아시아의 고전어인 한문과 여러 언어(조선어, 일본어, 중국어, 몽골어, 만주어)를 습득한 셈이다(이 외에 더 있을지도 모른다). 이 유례없는 어학 능력은 폭넓은 김수경 언어학을 담보했다고 할 수 있다.

다음으로, 김수경의 지적 기반의 국제성을 생각할 때 사회주의와의 관계는 검토할 만한 가치가 있다. 다만, 미리 말해 두면 김수경이 식민지기에 사회주의자였다는 직접적인 증거는 없으며, 해방 직후부터 좌파 활동

---

[40] 몽골어에 대해서는 앞서 제시한 《간노 히로오미의 자서전菅野裕臣のAŭtobiografio》의 기술 외에, 김수경이 해방 전후 시기에 몽골어 사전의 출판을 준비하고 있었다고 유족들은 기억하고 있다. 이것이 사실이라면, 조선시대에 간행된 대역사전의 영인 출판을 준비하고 있었던 것이 아닌가 생각된다. 만주어에 대해서는 카메라로 촬영한 《한청문감漢淸文鑑》(한·만·조 대역사전)과 《청어노걸대신석淸語老乞大新釋》(一1)의 사진이 자택의 고리짝에 들어있었다고 한다. 전전戰前에 《한청문감》은 파리(동양어학교)와 도쿄(오구라 신페장서)에만 있었기 때문에(小倉, 1964: 616~617쪽) 오구라 소장본을 촬영한 것으로 보인다.

[41] 2014년 5월 12일 토론토 자택에서 인터뷰를 가졌다. 이남재는 일본에서 온 손님인 나를 위해 일본어로 말했다.

의 기초가 된 듯한 교양과 인맥이 형성된 흔적이 있다는 정도밖에 알 수 없다.

작가 리규춘(리규춘, 1996: 19쪽)은 경성제대 시절 김수경이 김석형, 박시형(선과생으로 1937년 법문학부 사학과 입학), 신구현 등과 함께 비밀리에 '독서회'를 결성하여 마르크스-레닌주의 철학과 경제학 서적을 독파한 것처럼 묘사했다. 김수경의 예과 동기생이었던 김득중이 1947년 김일성종합대학에 제출한 이력서에 붙인 〈자서전〉(경력 설명서)은 이 소설의 서술을 어느 정도 뒷받침한다. 김득중은 거기에 "(경성제대 예과) 2학년 때부터는 사회과학에 유의하게 되어 그 방면의 독서를 시작 하고 의기 상합하는 학우로 더부러 독서회를 가지며 혹은 명사를 심방하여 그들의 경력과 포부를 듣기도 하였다"고 적었다.[42] 당시의 〈자서전〉은 과거의 사상적·운동적 경력을 강조하여 쓰기 때문에 방증을 요하지만, 이런 독서 모임 자체는 존재했다고 봐도 무방할 것이다.

당시의 일반적인 상황과 관련하여 아베 요시시게(1966: 555쪽)는, "그 나라의 정치에 불평"을 가진 조선인 학생에게는 "공산주의적 경향을 따르는 자가 많았다"고 회고하면서, 그 예로 아베 밑에서 조수로도 일했던 '순철'의 학생 이름을 거론했다. 또한 언론인 이충우(1980: 218쪽)는 법문학부 시절의 일이라며 "도서관에 비치된 소련 신문—이스베스차(지식이라는 뜻)[43]와 프라우다(진리란 뜻)—은 김수경(철 12)의 독차지나 미찬가지

---

[42] 김득중, 〈자서전〉, 1947년 7월 28일 자, 《一九四七年度 金日成大學發令件》, 北朝鮮人委 教育局, NARA문서 RG #242, 2006 12/32.1. 김수경, 박시형, 김석형, 신구현 등에 대해서는 이력서에 자서전이 첨부되어 있지 않다. 원래 있었는데 누락된 것인지 당초부터 이력서만 있었던 것인지는 불분명하다. 북한의 '자서전', '이력서'에 대해서는 김재웅(2020)을 참조.

였다"고 썼다. 당시 경성제대 부속도서관에서 소련 신문을 정기구독하고 있어서 학생들도 쉽게 열람할 수 있는 상태였는지는 확인되지 않으나, 사회주의와의 관련을 생각할 때 흥미로운 일화이다. 더욱이 단기간이지만 도쿄제대 시절 김수경의 지도 교원이었던 핫토리 시로는 1948년 무렵 "최근의 소문"으로 "그 김 군이 종전 전에 이미 공산당원"이었다고 말했다고 한다(小林, 1951: 348쪽). 이것은 김수경이 월북한 후에 들은 "소문"으로, 이미 당 조직이 궤멸된 시기에 "당원"이었다는 것은 의문이지만 모종의 비공개 활동으로 이어졌을 가능성이 전혀 없지는 않다.

인적 유대에 관해서 말하면, 우선 김수경의 어머니 이소옥의 동생(즉 김수경의 외삼촌)으로 훗날 월북하는 리종식이 경성제대에서 경제학을 전공하고 있었다(법학과 1930년도 졸업). 그는 마르크스주의에 경도되어 1920년대 말 경성제대 내의 반제동맹과 문우회, 경제연구회에도 참여했고, 1930년대에는 광주학생사건 및 도쿄 유학생사건에 관여했다는 혐의로 검거된 적도 있었다.[44] 김수경과 동일한 시기에 도쿄제대 대학원에 진학했던 '순철'의 선배 김계숙은 경성제대 시절 경제연구회에 참여해서 플레하노프와 부하린의 유물론 등을 읽었다(이충우, 1980: 124쪽).

경성제대 동기생 중 몇몇은 졸업 후에 모종의 활동을 한 흔적이 보인다. 신구현은 경성제대 졸업 후에 중앙중학교 교원으로 재직하고 있었는데, 1941년 9월 조선공산당 재건운동사건 혐의로 체포되었다.[45] 김석형과 박시형은 대학 졸업 후 각각 양정학교와 경신학교의 교원으로 있다가, 1945년 3월 함경남도 고원경찰서에 검거되어 해방될 때까지 함흥형

---

[43] (옮긴이 주) 이충우의 오역이다. 'Известия'는 '소식news'을 의미한다.

[44] 리종식, 〈자서전〉, 앞의《一九四七年度 金日成大學發令件》과 이충우(1980: 180)에 의한다.

[45] 앞의《金大教員履歷書 文學部》수록 신구현 이력서(No. 1, 일자 기재 없음).

무소에서 지냈다.[46] 김석형의 유족은 그가 한글 연구 관련 사건에 연루되었다고 말하지만 확실치는 않다(김일수, 2005: 40쪽).[47] 정해진은 그렇게 검거된 흔적은 없지만, 도쿄제대에 있을 무렵 국제공산주의운동의 일원으로 활동했다고 유족은 말하고 있다(정근식, 2012: 11쪽; 김종군, 2014).

김수경은 평소 과묵한 사람이어서 꼭 필요한 것 외에는 말하지 않았다. 고바야시 히데오(1951: 349쪽)도 "그는 비밀을 지킬 수 있는 남자였다"고 의미심장한 표현으로 평했다. 설령 그가 조선 민족과 사회 변혁에 대한 염원을 갖고 있었더라도, 방첩망이 깔린 상황에서 섣불리 주변에 털어놓지는 않았을 것이다. 그의 머릿속에는 헤아릴 수 없이 많은 생각이 국경을 초월하며 퍼져 나가고 있었다.

*

이상에서 살펴본 바와 같이, 김수경은 식민지 사회라는 구조에 크게 규정받고 있었음에도 배움과 연구라는 실천에서는 주어진 틀을 벗어났었음을 알 수 있다. 즉 김수경은 경성제대 예과 시절부터 언어학에 뜻을 두었지만, 본과 진학에서는 같은 대학의 특색이기도 했던 문학과의 '조선어

---

[46] 앞의 《金大教員履歷書 文學部》 수록 박시형 이력서(No. 23, 일자 기재 없음), 김석형 이력서(No. 24, 일자 기재 없음).

[47] 김석형을 주인공으로 한 리규춘의 소설(리규춘, 2001)에서는 김석형이 서울에서 비밀리에 조직된 무장봉기 준비 결사에 관여했다고 서술하고 있다. 이와 관련하여 진명고등여학교 교원이었던 경성제대 동기 김득중 역시 1945년 3월에 체포되어 미결수로 해방 때까지 함흥형무소에 수감되었다. 앞서 언급한 김득중의 〈자서전〉에 따르면 "동지와 더불러 중등학교 이상의 학생과 교원의 반제 반전조직을 획책했다"고 서술되어 있다. 만약 이것이 동일한 사건이었다면 성대 동기에 의한 모종의 반제국주의·반전의 모색이 있었을지도 모른다.

학 강좌'를 택하지도 않았고, 서양 언어학의 비판자로 알려진 도키에다 모토키가 담임했던 '국어학 강좌'도 안중에 없었으며, 대신 철학과를 선택했다. 더욱이 철학과에 소속되어 있으면서도, 강좌 담당도 아니었던 고바야시 히데오의 연구실을 출입했다. 그리고 어학 능력을 활용하여 구미의 철학과 언어학을 원서로 읽어 나갔다. 김수경은 일찍부터 그러한 서양의 언어 연구와도 대화 가능한 일반언어학 이론과 철학 위에 조선어학을 구축하려는 뜻을 품고 있었던 것으로 보인다(→Ⅰ). 그리하여 어느 '스승'의 계통을 잇는다고 단정지어 말하기 어려운 연구의 방향성을 스스로 서서히 구축해 나갔다.

'학도'로서의 능동성도 주목된다. 경성제대 시절에 축적된 커다란 사회적 자본은 학생들 간의 횡적 유대였다. 후에 함께 월북하는 '동지'가 형성된 것이 대학이라는 장이었다는 것은 식민지 제국대학의 의도하지 않은 귀결이었다고 할 수 있을 것이다. 김수경은 또한 도쿄제대 대학원에 진학한 후에 학도병으로 동원되어도 이상하지 않은 상황에 처하자 도쿄를 빠져나와 서울(경성)로 돌아가기도 했다.

김수경의 언동에서 이러한 능동성이 보였다 해도, 일본제국의 지배하에서 그것이 분명한 저항이나 운동 같은 형태를 띤 적은 없었다. 그러나 제2장에서 살펴보듯이 1945년 8월 15일을 맞이한 후 그의 움직임은 민첩했다. 해방 후 그의 활동은 봇물 터지듯 거셌지만 그것을 만들어 낸 것은 식민지기 김수경 자신의 지적 축적이자 울분이었다.

부기

이 책의 일본어판 간행 후 역사학자 한홍구 씨(성공회대)가 김수경의 예과, 본과(철학과), 심지어 도쿄제대 대학원까지 함께했던 정해진의 수기 일부를 입수했다는 사실을 알게 되었다. 한홍구 씨는 정해진의 형인 정해룡丁海龍의 전기를 집필 중이다(미간행). 독립운동가였던 정해룡은 김민환 고려대 명예교수가 논픽션 소설 《큰 새는 바람을 거슬러 난다》(문예중앙, 2021)에서 그 일가를 그리면서 국내에 널리 알려지게 된 인물이다. 한홍구 씨는 정해룡의 전기를 준비하는 과정에서 정해진의 수기를 단편적으로나마 입수하였다. 그런데 그 수기를 활용한 〈아우이자 동지였던 정해진〉이라는 절의 초고가 본인도 모르게 한 블로그에 게재되어 있었다. 그래서 내가 수기의 존재를 알게 된 셈인데, 한홍구 씨에게 연락했더니 흔쾌히 상세한 정보를 제공해 주었다. 수기가 언제 어떻게 쓰였고 국외의 누가 어떻게 입수했는지, 그 전체상이 어떻게 되어 있는지 불분명한 점이 많지만, 다른 1차 자료와 기술이 전혀 모순되지 않는다는 점에서도 내용의 신빙성은 높다(해방 전 김일성의 활동을 과대평가하고 있다고 생각되는 서술 제외). 현재 전해지는 수기의 내용은 해방 전 시기를 중심으로 상세하게 기록되어 있으며, 거기에 김수경도 등장한다. 그것은 해방 직후 김수경의 활동에서 연결고리가 분명하지 않았던 부분을 일부 알려 준다. 다음의 기술은 김수경과 경성제대 시절 친구들과의 연결고리에 대해 한홍구 씨가 제공해 준 정보를 바탕으로 작성한 것이다.

정해진은 전라남도 보성군에서 1915년에 태어났다. 김수경보다 세 살

연상인데, 그것은 김수경이 남보다 일찍 경성제대에 들어간 데다 정해진이 어린 시절에 한문을 공부하던 시기가 있어 보통학교에 들어가는 것이 조금 늦어진 탓이기도 했다. 1934년 경성제대 예과에 입학한 정해진은 입학 정원과 서클 활동 예산 배정을 둘러싼 노골적인 민족차별에 직면했다. 민족 문제에 눈을 뜬 정해진은 2학년 때인 1935년부터 비합법 조직인 '조선인회'의 위원이 되어 2학년생 20여 명으로 '등산대'를 조직해 조선의 역사지리를 답사하기도 했다. 그러면서 정해진은 김석형, 김득중, 이종원 등과 '비밀독서회'를 시작했다. 김수경의 이름은 거론되지 않았지만 참가자 중 한 명이었다고 봐도 무방할 것이다. 독서회에서는 1935년 가을부터 일 주일에 한 번 모여 크로포트킨의 《무정부주의론》 윤독과 빅토르 위고의 《레미제라블》 독후감 발표 등을 했으며, 안재홍, 백남운, 안창호 같은 저명인사들을 찾아가기도 했다. 1937년 1월에는 독서회 회원 등 15명이 조선어학회의 조선어 강습(2주)을 받으러 가서 이윤재와 리극로 등에게서 문법과 철자법을 배우기도 했다. 김수경, 정해진, 김석형은 꽤 사이가 좋았던 것 같다. 1935년 여름방학에는 이들 세 사람이 통천에 있는 김수경의 친가에 가서 금강산을 탐방했다. 1936년 여름방학에는 김석형, 이종원, 김수경이 보성에 있는 정해진의 집으로 놀러가서 해수욕도 하고 부여를 구경했다. 그들이 재적하던 법문학부에서 '입신출세' 하려고 한다면 법과에 가는 것이 좋았지만, 이들은 민족 문제 해결을 의식하여 민족문화를 돌아보며 모두 문과로 간 것이라고 정해진은 회고하고 있다.

철학과에 진학한 뒤에도 정해진은 1938년부터 1939년까지 법과에 진학한 고광학, 최학선과 문과의 리명선 등과 함께 비밀독서회를 열어 《제국주의론》, 《공산당 선언》, 《고타 강령 비판》, 《자본론》 등을 연구했다. 그러면서 김석형, 박시형, 김수경, 김홍길, 신구현, 리명선 등과 함께 매달

두 차례 정도 모여 조선의 역사, 문학, 철학 등을 변증법 및 역사적 유물론의 관점에서 발표했다고 한다. 1939년 10월에는 김석형, 박시형, 김수경과 함께 고구려 유적을 답사하기도 했다.

1940년 경성제대를 졸업한 정해진은 김수경과 함께 도쿄제대 대학원에 진학했다. 이때는 김수경이 도쿄의 고엔지 하숙집을 예약해 주기도 했고, 함께 아베 요시시게와 미야모토 와키치의 집을 찾아가기도 했다고 한다. 다만 경성제대 때만큼 자주 만나는 끈끈한 친교는 없었던 것으로 보인다. 정해진은 도쿄에서도 사립대에 유학 중이던 조선인과 비밀독서회를 가졌다고 하지만 김수경이 거기에 참가한 흔적은 없다. 1941년 여름방학 때 정해진은 고향으로 돌아가 버렸다.

그러나 이후 더욱 심화되는 전쟁의 먹구름 속에서도 경성제대 동기들의 연결고리가 지속되고 있었음은 분명하다. 1944년 옛 독서회 회원 중 일부(김석형, 이종원, 박시형, 김득중, 정해진)가 비밀 혁명조직을 만들어 적당한 때가 오면 무장투쟁을 통해 독립을 달성하기 위한 방안을 논의했으며 실제로 각지에서 준비에 나섰다. 그런데 이 조직의 존재가 관헌에 발각되어 1945년 3월부터 4월까지 이들은 체포되어 함경남도의 고원경찰서에 구류되었다. 당시 그 고등계 형사주임은 '야스다'라는 악명 높은 조선인이었다. 이 인물은 경성제대 철학과를 졸업한 김계숙과는 함흥고등보통학교 동문이었다. 그래서 정해진의 아내와 형(정해룡)은 그를 구하기 위해 김수경을 통해 김계숙에게 협조를 요청했다. 그 편지 덕분에 정해진은 기소유예로 풀려났다고 한다.

훗날의 회상이므로 독해에는 조심할 필요가 있지만, 이들 경성제대 동기생들은 1930년대와 1940년대에 걸쳐 감시망이 깔린 매우 위험한 상황에서 변혁을 꿈꾸며 역사, 언어, 사상으로 나아갔음이 틀림없다. 체포된 동료들의 구호 활동도 있었다고 하니 내가 상상했던 것 이상으로 그들은 정치적 신념과 감정으로 연결된 '동지'였음을 엿볼 수 있다. 그래도 이들의 마르크스주에 대한 관심에는 스펙트럼이 있어 정해진은 가장 좌익에 있었고 김수경은 친밀한 '동조자'의 위치에 있었던 것으로 보인다. 어쨌든 그러한 연결고리가 해방 후 김수경의 신속한 움직임과 좌익 네트워크의 기반이 되었던 것이다.

ㅈ 선생입니다. 교과서 문법책을 보면 'ㅇ'는 받침으로 쓰이고 하였습니다. 'ㅇ'을 지음으로 써 ...

[ㄱㄱㅇㄷㅏ]는 (상호 아)로 [ㅊ지] ... (소이 아) 여 호 아)라고도 읽는다가 이지요'가 기본입니다.

선생입니다. 교과서 문법책을 보면 'ㅇ'는 받침으로 쓰이고 하였습니다. 'ㅇ'을 지음으로 써 ...

[ㄱㄱㅇㄷㅏ]는 (상호 아)로 [ㅊ지] ... (소이 아) 여 호 아)라고도 읽는다가 이지요'가 기본입니다.

I.

구조와 역사:
김수경 언어학의 시작

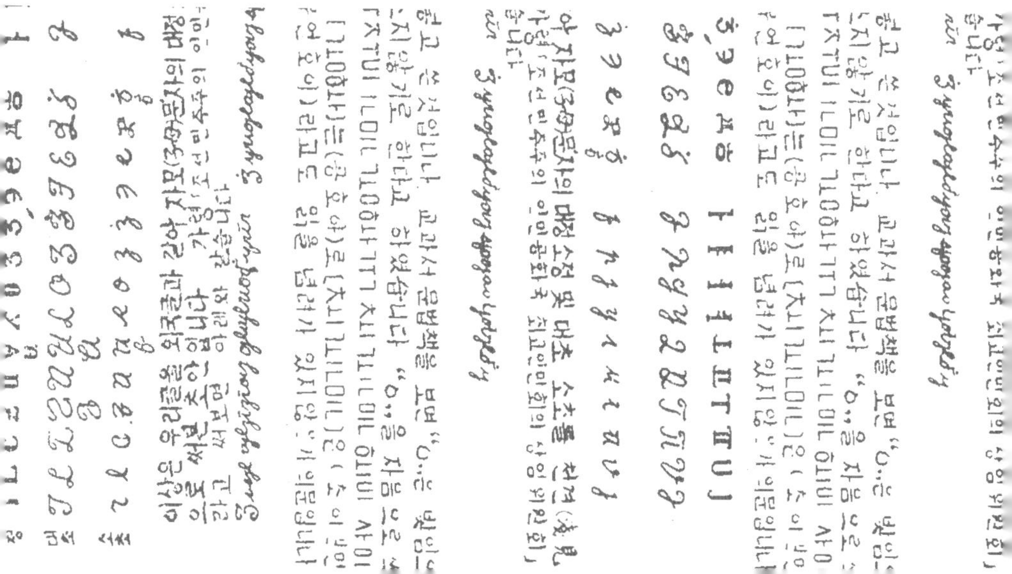

유럽의 근대 언어학은 그리스·라틴 고전적古典籍의 고증에 기초한 문화사적인 연구였던 문헌학philology을 원류로 하면서, 18세기 말에 산스크리트의 '발견'을 계기로 한 인도유럽어족의 역사적인 비교 연구로 발전했다. 그로 인해 역사적 문헌의 축적·고증과 비교는 언어학의 핵심 중 하나가 되어 왔다. 한편, 전통적인 문헌학과는 명확히 거리를 두고 일반화와 언어의 과학을 지향한 언어학linguistics의 흐름은, 20세기가 되자 '도대체 언어란 무엇인가'를 탐구한 소쉬르의 일반언어학을 계기로 제네바, 프라하, 코펜하겐과 미국 등지에서 구조주의로 전개되었다. 문헌학으로 대표되는 개별화와 구조언어학으로 대표되는 일반화는 근대 언어학의 지향성의 두 축이 되었다.[1]

19세기에서 20세기에 걸치는 언어학의 이 같은 커다란 조류는 김수경의 조선어학에 흘러 들어가 있었다. 즉 김수경 언어학의 초기 업적에는 ①

---

[1] 다양한 언어학사 저술이 있지만, 본고와 관련해서는 イヴィッチ(1974)가 소련 등의 슬라브어권의 동향도 포함된 조류를 폭넓게 그리고 요령 있게 정리하고 있어서 유익하다(옮긴이 주: 한국어판은 밀카 이비츠, 김방한 역,《언어학사》, 형설출판사, 1995). 또 문헌학과 언어학의 관계를 정리한 中島(1932)도 때마침 김수경의 수학 시절에 간행된 논고로서 참고가 된다.

구조언어학, 나아가서는 언어철학 등 좀 더 보편적인 언어 문제에 대한 지향성, ② 조선어에 관한 개별 구체적인 역사언어학에 대한 지향성, 그리고 그 양자가 동시에 존재하고 있었다. 해방 후, 특히 월북 후에는 거기에 또 하나의 요소가 김수경 언어학에 더해진다. 언어가 '이래야 한다'는 표준을 책정하려는 언어학, 즉 ③ 규범의 창출이라는 실천적인 언어학이다.

이 장에서는 식민지기부터 한국전쟁 발발 직전까지의 김수경 언어학의 발자취를 더듬어 보기로 한다. 월북 후에 본격화한 규범의 창출에 대한 관여(③)는 주로 Ⅱ에서 논의하기로 하고, 여기에서는 주로 김수경의 조선어사 연구(②)에 초점을 맞추고, 그것이 구조언어학①과 교차하는 부분, 그리고 월북 후의 실천적인 활동③과 겹치는 부분에 대해서 살펴보고자 한다. 제1장에서 서술한 것처럼, 김수경이 도쿄제대에서 연구한 주제는 〈조선어의 비교언어학적 연구〉였다. 이 연구는 식민지기에는 활자화되지 않았지만, 해방 직후부터 한국전쟁 전까지의 기간에 간행된 조선어사에 관한 연구는 이 시기의 성과라고 생각된다. 본론에 앞서 미리 서술하면, 그의 조선어사 연구에는 구조언어학, 그중에서도 특히 음운론의 관점이 도입되어 있었다. 게다가 월북 후의 조선어사 연구는 실천적인 역할도 짊어지게 되었다. 그러한 김수경 언어학의 '시작'에 대해 살펴 나가기로 한다.

1
구조언어학과 역사언어학

소쉬르가 제네바대학에서 행한 강의를 제자들이 정리한 《일반언어학 강의》(1916)가 20세기 언어학, 나아가 철학과 인류학, 문학이론, 심리학 등의 다양한 영역에 충격을 준 것은 잘 알려져 있다. 그 강의는 1928년에 《언어학 원론》이라는 제목으로 오카서원岡書院에서 처음으로 일본어 번역본이 나왔다. 일본뿐만 아니라 세계 최초의 번역이었는데, 번역자가 다름 아닌 고바야시 히데오였다. 고바야시는 그 후 경성제대에 취직했고, 재임 중에 그 책을 개역하여 세로 조판에서 가로 조판으로 바꾼 신판을 이와나미서점岩波書店에서 출판했다(1940). 개역판 〈역자의 서〉에서 "구 역문을 가로쓰기로 옮겨 쓰는 일을 도와준 돗코 노부코独古信子, 모 미망인 및 김수경 3인의 노고"에 감사한다고 적고 있다(ソシュール, 1940: 9쪽). 이미 프랑스어에 능통했던 김수경은 단순한 옮겨 쓰기 이상의 역할을 했음에 틀림없다. 어느 쪽이건 학부 시절의 그가 고바야시의 가르침에 따라 소쉬르를 정독했음은 확실하다.

소쉬르뿐만이 아니었다. 김수경이 당시의 최신 구조언어학을 폭넓게 접하고 있었음은 《언어 연구·현대의 문제言語硏究·現代の問題》(小林, 1945)로 미루어 알 수 있다. 이 책은 언어 연구에서의 구조주의를 교육하기 위해 고바야시가 체계적으로 편집한 논문집인데, 여기에는 프랑스어·독일어·이탈리아어로 씌어진 논문 16편을 일본어로 번역한 것이 수록되어 있다(〈표 I-1〉). 이 책은 기호의 자의성을 둘러싼 바이이Charles Bally와 바르트부르크Walther Von Wartburg의 논쟁, 공시태/통시태를 둘러싼 뱅베니스트Émile Benveniste와 레르히Eugen Lerch의 논쟁 등 일본에서는 당시까지 어디에도 소개된 적이 없는 유럽의 구조언어학을 둘러싼 최신의 논의가 포함된 편저이다. 이 책의 〈머리말〉(1943년 늦여름에 쓴 것)에서 고바야시 히데오가 유일하게 감사의 뜻을 표한 사람이 김수경이었다. 고바야시(1945: 4쪽)는 "원고의 정서에 애를 쓴 것에 대해서이기도 하지만, 그보다도 이만큼의 논문을 비교적 단시일에 번역, 출판할 기력을 가질 수 있었던 것에 대해, 그리고 면학의 고락을 함께한 야마카와 데쓰山川哲[2] 군에게 나는 감사하지 않으면 안 된다"며, 김수경을 단순한 조력자 이상의 함께 일한 사람으로 언급하고 있다. 〈표 I-1〉에 정리한 고바야시의 번역 탈고 시기는 1937년부터 1943년에 걸쳐 있다. 그렇다면 원전을 함께 읽고 번역 원고를 정서하는 등 "면학의 고락을 함께한" 두 사람의 협력관계는, 경성제대 법문학부 시절에 시작되어 도쿄제대로 진학한 후에도 지속되었음을 알 수 있다.

이러한 구조언어학의 여러 조류 가운데에서 김수경은 특히 사상 면에서도, 연구 방법 면에서도 프라하학파에 몰입하고 있었던 것으로 보인다. 먼저 사상 면에 대해 말하자면, 1942년 2월 서울에 일시적으로 돌아

---

[2] (옮긴이 주) 본서의 제1장에서 언급한 것처럼 김수경은 야마카와 데쓰로 창씨개명했다.

〈표 I-1〉 고바야시 히데오 편역 《언어 연구·현대의 문제言語硏究·現代の問題》(1945)의 내용

저자	제목	원전	번역	
		언어(간행년)	탈고일	초출
바이이 C. Bally	공시태와 통시태	프랑스어(1937)	1937. 11. 12	《方言》8(1), 1938
슈하르트 H. Schuchardt	사물과 언어	이탈리아어 (1911)	1938. 10. 14	《国語研究》7(1), 1939
브룅달 V. Brøndal	구조언어학	프랑스어(1939)	1940. 4. 17	《思想》218, 1940
로지치우슈 J. v. Laziczius	이른바 언어학상의 제3공리	독일어(1939)	1940. 6. 13	《国語研究》8(8), 1940
방드리에스 J. Vendryes	정태언어학의 과제에 대하여	프랑스어(1933)	1940. 11. 4	《コトバ(再刊)》 3(1), 1941
들라크루아 H. Delacroix	언어의 입구까지	프랑스어(1933)	1940. 11. 13	《国語研究》9(2), 1941
방드리에스 J. Vendryes	경제에 말한다	프랑스어(1939)	1940. 11. 22	《コトバ(再刊)》 3(7), 1941
레르히 E. Lerch	언어에서 강제적인 것과 자유로운 것	독일어(1933)	1940. 12. 3	–
테라치니 B. A. Terracini	언어 기호의 형태론적 가치에 대한 고찰	이탈리아어 (1939)	1940. 5. 14	–
베르토니 G. Bertoni	음운법칙	이탈리아어 (1923)	1940. 3. 24	《国語文化》2(7), 1942
바르트부르크 W. v. Wartburg	역사언어학과 기술언어학의 관계에 대한 고찰	독일어(1939)	1942. 3	《国語研究》10(5), 1942
뷜러 K. Bühler	언어이론의 어제 오늘	독일어(1934)	1942. 4. 3	《国語文化》2(8), 1942
세슈에 A. Sechehaye	유기적 진화와 우연적 진화	프랑스어(1939)	1942. 4. 7	–
뱅베니스트 É. Benveniste	언어 기호의 성질	프랑스어(1939)	1942. 6. 21	–
레르히 E. Lerch	언어 기호의 본질에 대하여	독일어(1939)	1943. 6. 3	–
뷰이상스 E. Buyssens	언어 기호의 성질	프랑스어(1941)	1943. 6. 3	–

(출처) 小林英夫 譯編, 《言語硏究·現代の問題》, 養德社, 1945에 의해 작성.

와 있던 김수경은 경성제대 철학담화회의 정례회에서 〈언어의 본질·마르티를 따라서〉를 발표했다.[3] 거기에서 발표한 내용의 기록은 남아 있지 않으나, 지금은 언어학에서 거의 아무도 언급하지 않는 마르티Anton Marty의 언어철학에 주목했던 것 자체가 흥미롭다. 마르티는 스승 브렌타노Franz Brentano의 기술심리학을 언어 연구에 응용하여, 언어의 역사적 변화보다는 심리와 의사意思라는 관점에서 현재의 언어가 존재하는 모습을 탐구했기 때문에 구조주의의 선구자라고 평가하는 사람도 있다(Kiesow, 1990). 또한 그는 특히 야콥슨Roman Jakobson과 마테지우스Vilém Mathesius, 트른카B. Trnka 등의 프라하학파의 이론과 실천에 "명확한 흔적을 남긴" 철학자이다(Leška, 2002: 84쪽). 언어학을 단순히 언어 분석의 틀과 방법으로만 포착한다면, 그 근원에 있는 철학까지 소급할 필요는 없다. 고바야시 히데오의 권유로 철학을 배우고 있던 김수경은 현대 언어학의 사상적 기반을 탐구하여 마르티에 이르렀음에 틀림없다.[4]

방법론이라는 측면에서도 김수경은, 해방 후부터 한국전쟁 사이의 기간에 쓴 논문(→다음 절)에서 프라하학파가 확립했다고 알려진 음운론phonology을 구사하였고, 트루베츠코이N. S. Trubetzkoy 등의 형태음운론을 바탕으로 했다고 생각되는 정서법에도 관여하고 있었다(→Ⅱ). 언어의 물

---

[3] 〈研究室通信〉(京城帝國大學法文學部,《學叢》第1輯, 1943, 118쪽). 철학담화회는 1933년부터 시작된 것으로, 대학원생·조수助手·졸업생 들이 발표하고 교수진과 재학생이 참가하고 있었던 모양이다. 김수경이 발표했을 때에는 철학과의 미야모토 와키치, 다나베 주조田邊重三 외에 고바야시 히데오도 참석했다.

[4] 지금까지도 마르티의 저서가 일본어로 번역된 것은 없다. 다만, 개설서로 小林智賀平(1937)이 있었으며, 그 외에 경성제대의 中島文雄(1939)도 마르티에 의거한 의미론을 전개하고 있음을 보면, 당시 일정 정도 관심이 있었던 것으로 생각된다.

리적인 발음을 보편적이고 객관적인 기준으로 분석하는 음성학phonetics에 비해 음운론은 개별 언어의 사용자에게 지적 의미를 가진 소리의 구별에 주목한다. 예를 들어 일본어의 'ん'은 음성학적으로는 [n]·[m]·[ŋ] 등의 발음으로 구별될 수 있지만,[5] 음운론을 중시하는 화자의 관점에서 보면 그 러한 구별에 의미는 없으며 이것들은 하나의 소리 단위 /N/이 된다. 이처 럼 그 언어에서 구별되는 소리의 최소 단위를 음소phoneme라 하고, 음소 를 구별하는 특징을 변별적 자질이라고 한다. 한 음소와 다른 음소를 변별 하는 것은 소리의 '대립', 예를 들면 유성음인가 무성음인가 하는 식의 대 립이다. 이렇게 해당 언어 사용자에게 의미가 있는 대립을 추출해 내는 것 이 음운론의 중요한 프로그램이었다.[6] 김수경의 해방 직후 연구에서는 그 러한 지적 훈련을 거친 흔적이 다분히 보이는데, 그것이 1945년 이전부터 준비되었음은 의심의 여지가 없다.

김수경은 이러한 일반언어학 내지 구조언어학을 지향하면서 더불어 역사언어학도 깊이 파고들었다. 우선 고바야시 히데오 문하에서 이미 인 도유럽어족의 역사언어학의 고전이 된 메이예Antoine Meillet의《역사언어 학에서의 비교의 방법》을 프랑스어로 통독했다(小林, 1951: 347쪽). 이 책 은 다른 언어 사이에서 안이한 표면적 요소의 비교에 빠지지 않고 엄밀히 비교하기 위한 방법을 설명한 것인데, 김수경의 조선어사 연구에 일정한 영향을 주었다고 판단된다. 이 밖에 해방 직후에 집필한 논문에서는 메이

---

[5] (옮긴이 주) '新党, 新聞, 新規'는 가나 문자로 표기하면 'しんとう, しんぶん, しんき'가 되어 新이란 글자는 모두 しん으로 적는다. 그러나 이들을 발음기호로 표기하면, 각각 [ʃinto], [ʃimbun], [ʃiŋki]가 되어 'ん'은 본문에서와 같이 [n]·[m]·[ŋ]이 된다.

[6] 1920~30년대의 프라하학파의 음운론에 대해서는 トゥルベツコイ(1980), ヤコブソン (1996) 등을 참조.

예의 제자인 방드리에스Joseph Vendryes의 역사언어학도 참조하고 있다 (K1947a: 132쪽). 이로 미루어 메이예와 방드리에스 모두에게서 역사적인 텍스트의 비교에 기초한 인도유럽어족의 엄밀한 방법론을 습득하였다고 생각된다.

조선어사와 관련해서는, 물론 도쿄제대 대학원에 진학하여 공부한 것은 말할 것도 없거니와, 오구라 신페의 연구를 접하고 그 문헌학적 축적에서 배웠음도 틀림없다. 그러나 그 영향의 정도는 명확하지 않다. 또 제1장에서 서술한 바와 같이, 김수경은 1939년부터 쿠랑의 《조선 서지》를 번역하고 있었다. 그것도 단순히 서양 글자를 조선어로 번역하는 데 머무르지 않고 역주를 덧붙이고 있었다. 해방 후에 출판될 때에는 "현학적"으로 보일까봐 아쉬워하면서 모두 지워 버렸지만(K1946: 191쪽), 자신의 서지 조사에 기초한 상세한 역주를 붙이고 있었던 것으로 추정된다.

김수경이 도쿄제대 대학원 시절과 경성제대 촉탁 시절에 조선어사의 자료에 흠뻑 빠져 있었던 것은 틀림없다. 특히 서울에서 1945년에 인쇄한 《로걸대》 제 판본의 재음미〈老乞大諸板の再吟味〉(K1945)는, 해방 전에 나온 김수경의 유일한 언어학 저작일 뿐만 아니라 이 시기 그의 조선어사 연구의 방향성을 엿볼 수 있는 텍스트이다.

《노걸대》란 조선에서 독자적으로 편집한 중국어 회화 독본이다. 이 책은 현대의 여행용 회화책과 마찬가지로, 장면별로 동시대 중국어의 구어가 풍성하게 담겨 있는 생생한 텍스트이다. 조선왕조의 왕실도서관이었던 규장각에는 《노걸대》 외에 거기에 한글로 발음과 번역문이 붙어 있는 《노걸대언해》의 다양한 판본이 소장되어 있었다. 규장각은 식민지기에 경성제대 부속도서관으로 이관되었다. 1944년 경성제대의 조선사 강좌교수 스에마쓰 야스카즈末松保和는 동 도서관 소장의 《노걸대언해》의 여러 판본 중 선본善本이라고 판단되는 것을 하나 골라서, 해제를 붙이고 《노걸대언해》로 영인 출판했다[7](이하 《성대본城大本》). 《성대본》의 해제에서 스에마쓰는 저본으로 한 원전의 일부에 한자 오기가 있음을 지적하고 있었다. 그런데 출판이 되고 난 다음에 법제사 강좌 교수인 나이토 기치노스케內藤吉之助가 오기 전부를 정정한 별본이 규장각에 있음을 발견했다. 결국 《성대본》의 원전은 교정 미완본이고, 그 정정본이 있다는 사실이 드러난 것이다. 이를 기회로 스에마쓰는 《성대본》의 원전과 정정본의 비교 대조와 부속도서관이 소장하고 있는 여러 판본에 대한 종합적인 조사를 당시 촉탁이었던 김수경에게 의뢰했다.[8] 이 보고서를 등사판으로 인쇄한 것이 《성대본》의 별책 부록으로 자리매김된 《재음미》(K1945)였다.

김수경은 우선 규장각 장서에서 모두 33점에 이르는 《노걸대》 판본을 찾아냈다. 이 보고서에서 흥미로운 점은 김수경이 그것을 스스로 고안한 기호에 따라서 정리, 분류한 점이다. 즉 그는 본문에서 이용되는 언어(갑/을), 본문의 내용(Ⅰ/Ⅱ/Ⅲ), 동일 내용본 중의 판본(a/b), 동일 판본에서의 인쇄(1, 2, ……)의 4가지 변수로 정리했다. 그 작업의 결과 6종의 이본이 있음을 밝히고 그림으로 정리했다(〈그림 Ⅰ-1〉). 여러 판본을 비교 대조하여 계통을 명확히 하는 방법은 서지학의 정공법인데, 4개의 간단한 변별

---

[7] 경성제국대학 법문학부, 《老乞大諺解》, 규장각총서 제9, 1944.

[8] 末松保和, 〈小引〉, 《老乞大》諸板の再吟味》, 경성제국대학 법문학부, 1945. 《末松保和朝鮮史著作集》 全6卷(吉川弘文館, 1995~1997)에는 1944년 영인본에 대한 해제는 수록되어 있지만 이 〈小引〉은 들어 있지 않고 그 존재조차 언급되어 있지 않다. 또한 《再吟味》를 소개한 방종현(1946: 40~41쪽)은, 나이토 기치노스케의 역할을 언급하지 않고, 김수경이 스에마쓰의 잘못을 바로잡은 것처럼 쓰고 있다. 그것도 있을 수 있는 이야기이므로 여기에 첨언해 둔다.

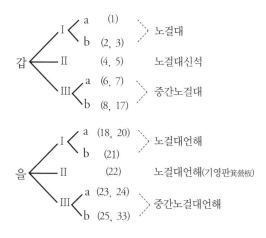

<그림 I-1> 《노걸대》의 여러 판본 분류

적 특징을 조합하여 텍스트 사이의 상호관계의 구조를 기호화한 방식은 어딘가 구조주의적으로 보인다. 게다가 김수경은《성대본》의 저본과 정 정본의 비교를 한문 부분만이 아니라 한글 부분에도 행했다.

이것은 실로 기초적인 서지 연구지만, 결과적으로 지도 교관이었던 오 구라 신페의 주저《조선어학사朝鮮語學史》에서 부족한 부분을 보충하는 역 할도 수행했다.[9] 실제로 해방 직후 조선어학자인 방종현은 이 연구를 두 고 "누구나 한번은 아니할 수 없는 중대한 일을 씨[김수경]가 모든 사람을 위하여 먼저해 놓은것"으로, "실로 이 방면 전문가에게 좋은 자료"라고 절찬했다(방종현, 1946: 40쪽). 다만 등사판이어서 널리 보급되지 않았던

---

[9] 고노 로쿠로의 보주補注에 그 취지가 지적되어 있다(小倉, 1964: 補注 172). 고노는 당시 김 수경의 논문을 읽었을 터인데, 전후에 입수하지 못했던 탓인지, 이 보주에서는 해당 문 헌의 존재는 언급하고 있지 않다.

탓인지, 김수경이 월북한 때문인지 이유는 알 수 없으나, 《재음미》는 1990년대까지 "빠뜨려서 안 될 중요한 업적인 데도 그 내용이 전혀 알려지지 않은 것"이 되어 버렸다(안병희, 1996: 1쪽).

이 연구는 김수경 언어학에서 중요한 축적이 되었다. 당시 조선어사 자료는 대표적인 것이라도 일반 연구자에게는 접근 자체가 쉬운 일은 아니었다.[10] 그런 상황에서 그가 조선어사 원자료를 접했던 것은 커다란 디딤돌이 되었다. 나아가 김수경은 만주어와 몽골어의 《노걸대》에 대해서도 탐구를 진행하고 있었는데,[11] 이것은 만년의 대조언어학의 연구에도 이어지게 된다(→제6장).

이리하여 김수경은, 한편으로 언어 일반에 대해 깊이 사색하고 언어를 동시대의 관계성(공시성) 안에서 파악하는 구조주의적 관점을 익힘과 동시에, 다른 한편으로는 서지학적인 엄밀함을 토대로 조선어의 역사적 변화(통시성)를 포착하려는 관점을 획득하고, 그 양자에 걸치는 시야로 연구를 축적해 나갔다. 양자의 유기적인 연결은 다음 절에서 서술할 해방 직후에 집필한 논문에서 빛을 보게 된다.

---

[10] 이기문은 "최근에 이르기까지도 [한국어사의] 대표적인 문헌들조차도 그것을 이용한다는 것은 특혜에 속하는 일이었다"고 말하고 있다(이기문, 1982: 2쪽; 초출은 1959).

[11] 제1장의 주) 40에서 서술한 바와 같이, 김수경 자택의 고리짝에는 《漢淸文鑑》과 더불어 《淸語老乞大新釋》 卷之一이 들어 있었다(현재 토론토의 유족 댁에 보관). 이들 자료에는 가나자와 쇼자부로[金澤庄三郎]의 소장본[濯足文庫]의 장서인은 찍혀 있지 않아서, 파리의 INALCO 소장판의 복제인 것처럼도 보이나 확실하지 않다. 또 《재음미》(K1945: 3쪽)에서도 "몽고어 〈로걸대〉는 병류丙類, 만주어 〈로걸대〉는 정류丁類"라고, 이미 분류 기호를 할당하고 있었다.

2
훈민정음과 음운론

김수경은 1946년 8월에 월북했다. 이 때문에 그가 해방 후 남한에 남긴 업적은, 쿠랑의 번역서인 《조선문화사서설》(K1946b)과 번역 논문 〈소련 과학 아카데미의 구성〉(K1946a)을 제외하면, 《진단학보》에 게재된 논문 〈《룡비어천가》 삽입자음고〉(K1947a) 한 편뿐이다. 그러나 이 유일한 논문 은, 식민지기에 김수경이 어떤 연구에 뜻을 두고 있었는지를 알 수 있을 뿐만 아니라 그 후의 연구에도 이어지는 관점이 제시되어 있다는 점에서 무척 중요하다. 또한 시간이 꽤 많이 걸리긴 했지만, 나중에 남한 학계에 서도 선구성이 재평가된 논문이기도 하다. 그러므로 해당 논문 내용을 상 세히 살펴보기로 한다.

《진단학보》 수록 논문이 간행된 것은 1947년 5월, 즉 김수경이 월북한 후였다. 그러나 원고가 인쇄소에 입고된 것은 해방 후 얼마 지나지 않은 1945년 11월이다.[12] 인쇄를 담당한 박문서관의 주인이 병사하는 등 여러

---

[12] 《진단학보》 15, 1947, 151~154쪽.

가지 사정으로 출판이 1년 반이나 늦어졌던 것이다(김재원, 1984: 226쪽). 논문 말미에 김수경은 "《룡비어천가》 간행된지 500년 되는해, 가을"에 탈고했음을 기록하고 있다. 《용비어천가》의 본문이 편찬된 것은 1445년이다. 김수경은 경성대학을 둘러싼 갈등(→제2장)이 한창이던 1945년 가을에 이 원고를 완성한 것이고, 그렇다면 그 연구 내용 자체는 해방 전에 진행하고 있던 연구의 일부라고 생각하는 편이 타당할 것이다. 이처럼 신속하게 원고가 완성된 것으로 미루어, 이미 집필해 둔 일본어 원고를 조선어로 옮겨 투고했다고 봐도 틀리지 않을 것이다.

《용비어천가》는 조선왕조의 건국 창업을 기린 서사시로, 당시 막 만들어진 훈민정음으로 기록된 최초의 책이다. 훈민정음은 세종 대인 1443년에 창제되어 1446년에 《훈민정음》이라는 책자로 공포되었다. 이 두 문헌의 편찬에 관여한 사람들은 정인지를 비롯해 많은 사람들이 겹친다. 다시 말해, 《용비어천가》는 한글 창제기의 사고방식이 짙게 반영된 텍스트였다.

그러면 연구의 주 대상이 된 '삽입자음'이란 무엇인가? 이것은 현재 한국에서 '사이시옷'이라 불리는 것과 비슷한 것을 가리킨다. 예를 들면 '바다'와 '가'가 합해져서 '해변'을 뜻하는 새로운 단어를 만들 때, 현재 한국에서는 '바다'의 '다'의 받침으로 'ㅅ'(남에서는 '시옷'으로 불리고, 북에서는 '시읏'으로 불린다)을 넣어서 '바닷가'로 짓는다. 이때 이들 두 이사語辭 사이에 들어가는 한글을 '삽입자음'이라고 부른다('삽입자모'라고 하는 경우도 있다). 이 삽입된 문자 요소는 도대체 무엇인가? 이 수수께끼를, 한글이 탄생한 시기로 거슬러 올라가 그 창제자들이 삽입자음을 가장 전형적인 모습으로 다채롭게 구사하고 있는 텍스트에 입각해서 해명하려고 한 것이 김수경의 《진단학보》 논문이었다. 이런 의미에서 보면 지극히 한정적인 주제를 다룬 전문적인 논문이지만, 김수경이 자신의 구조언어학에 대한 지향성과 조선어사에 대한 지향성을 솜씨 좋게 융합한 것이어서 대표적인 업적이라고 할 수 있는 연구이다.

당시까지 두 개의 어사를 잇는 삽입자음은 일본어의 조사 'の'에 해당하는 속격을 나타내는 문법적 기능을 가지는 것으로 이해되고 있었다. 지도 교관이기도 했던 오구라 신페(小倉進平, 1929: 45~46쪽)가 그러했고, 핀란드를 대표하는 언어학자 람스테트(Ramstedt, 1939: 41쪽)가 그러했으며, 조선어학회의 대표적인 인물이었던 최현배(1942: 628쪽)가 그러했다. 그러나 김수경은 여기에 이의를 제기했다. 그는 우선《용비어천가》의 텍스트에서 삽입자음의 용례 90개를 추출한 다음 전후 어사의 형태에 입각하여 갑·을·병·정의 4종류로 분류했다. 그 결과 아무 명사의 뒤에나 삽입자음이 붙는 것이 아니며, 게다가 조선어의 '의'(일본어의 'の'에 해당)와 같은 속격을 나타내는 요소가 이미 있음에도 옥상옥을 구축하듯 삽입자음이 또다시 덧붙는 사례도 상당히 많음을 알아냈다. 이러한 사실들을 근거로 김수경은 속격론에 기초한 설명을 기각했다.

대신에 김수경이 주목한 것은 결합되는 2개의 어사 사이에 있는 음운론적인 관계였다. 구체적으로 말하면, 삽입자음 직전의 음이 언제나 유성음(모음 포함)이라는 것에 주목했던 것이다. 거기에서 그는 조선어가 가지는 음운의 동화작용에 단서가 있다고 생각했다. 앞에서 본 '바닷가'의 예를 가지고 설명해 보자. 선행어인 '바다'는 모음 a(유성음)로 끝난다. 잠정적으로 그 직후의 결합부에 삽입자음을 넣지 않을 경우 조선어의 특성으로 인해 후속하는 '가'의 초성 k가 유성음화하여 '바다가[padaga]'가 되어 버린다. 이를 동화작용이라 한다. 이처럼 조선어에서는 어두→어중에서, p→b, t→d, k→g와 같이 음성이 교체된다. 일본어에서도, 예를 들

어 '川(kawa)'과 '小川(ogawa)'처럼, '川'이 어중으로 가면 'か'(ka)→'が'(ga)로 변화하는 유사한 현상(연탁連濁)을 보이는 경우가 있다. 이를 분석적으로 말하면, 어두에서 무성폐쇄음(p, t, k 등)이었던 것이 어중에서 유성폐쇄음(b, d, g 등)으로 변화한다는 것이 된다. 이러한 현상을 김수경은 "조선어에있어 유성밀폐음은 음운(phoneme)으로서는 존재하지않고 그가 나타나는것은 오직 동화작용을 입은 경우에만"이라고 음운론적으로 간단하게 요약한다. 그러므로 경우에 따라 'か(ka'를 [ga]로 발음해 버리면, 그것이 새로운 단어 안에 매몰되어 본래 'か(ka'가 가지고 있던 어사로서의 '독립성'을 잃어버린다, 그런데 결합한 부분에 휴지pause를 둠으로써 동화작용을 방지할 수 있다, 그 휴지를 가져오는 부호가 바로 삽입자음이다. 그는 이와 같이 생각했던 것이다.

다음에 규명해야 하는 문제는, 왜 《용비어천가》에서는 삽입자음이 6종류(①ㅅ, ②ㄱ, ③ㄷ, ④ㅂ, ⑤ㆆ, ⑥△)나 있었는데, 서서히 없어져서 후대에는 하나, 즉 사이시옷(①ㅅ)으로 수렴되었는가 하는 것이다. 김수경은 우선 선행하는 어사의 말음末音과 후속 어사의 두음頭音이 각각 유성음인가 무성음인가에 따라 (1) 무성음＋무성음, (2) 무성음＋유성음, (3) 유성음＋무성음, (4) 유성음＋유성음의 4가지 유형으로 나누었다(《그림 I-2》). 이처럼 복잡한 조선어의 음운 현상을 지극히 간단한 음운 간의 대립관계로 간결하게 도식화해 낸 것은 구조주의자의 면목이 생생하게 드러난 것이라 하겠다. 이 가운데 (1)과 (2)는 어느 쪽도 삽입자음이 불필요하다. (1)에서는 원칙적으로 동화작용에 의해 유성음/무성음이 교체되는 일이 없으며, (2)에서는 그러한 변화가 일어났다고 해도 기본적으로 선행 어사의 말음에서만 일어나 후행 어사의 초성에는 아무런 영향이 없기 때문이다.

그러나 (3)에서는 후속하는 어사의 초성이 영향을 입을 수 있기 때문에 삽입자음이 필요하게 된다. 그때《용비어천가》에서 사용된 문자 요소가 ①~⑤의 5종류였다. 이 가운데에 ②~⑤의 4종류는 모두 폐쇄음이다. 폐쇄음(k, t, p 등)을 발음해 보면 알겠지만, 확실히 이들 자음은 성문을 단시

〈그림 I-2〉 조선어의 음운동화 현상

초두음 初頭音 \ 종미음 終尾音		무성음			유성음				
		k	t	p	l	m	n	ŋ	모음
무성음	k	k–k	t(k)–k	p–k	l–**g**(k)	m–**g**	n–**g**	ŋ–**g**	모음–**g**
	t	k–t	t–t	p–t	l–**d**(t)	m–**d**	n–**d**	ŋ–**d**	모음–**d**
	p	k–p	t(p)–p	p–p	l–**b**(p)	m–**b**	n–**b**	ŋ–**b**	모음–**b**
	s	k–s	s–s	p–s	l–s	m–s	n–s	ŋ–s	모음–s
	tʃ	k–tʃ	t–tʃ	p–tʃ	l–**dʒ**	m–**dʒ**	n–**dʒ**	ŋ–**dʒ**	모음–**dʒ**
유성음	r	**ŋ**–n	**n**–n	**m**–n	l–l	m–n	l–l	ŋ–n	모–r
	m	**ŋ**–m	**n**–m	**m**–m	l–m	m–m	n–m	ŋ–m	모–m
	n	**ŋ**–n	**n**–n	**m**–n	l–l	m–n	n–n	ŋ–n	모–n
	모음	**g**–모	**d**–모	**b**–모	r–모	m–모	n–모	ŋ–모	모–모

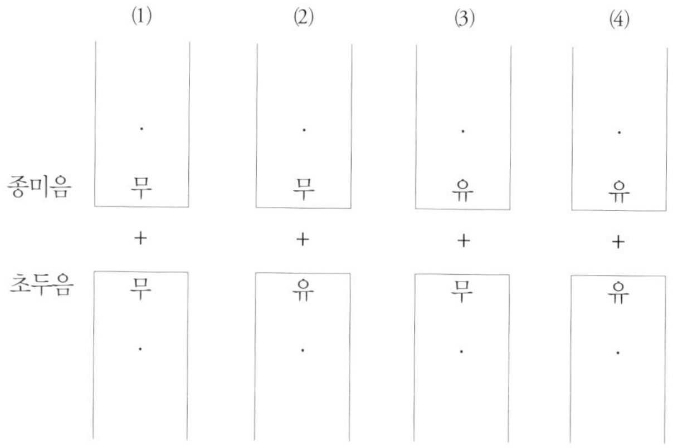

	(1)	(2)	(3)	(4)
	·	·	·	·
종미음	무	무	유	유
	+	+	+	+
초두음	무	유	무	유
	·	·	·	·

(출처) K1947a: 123·125·128쪽에 의해 작성.
(비고) 위의 표는 선행 요소의 종미음과 후속 요소의 초두음의 결합에 의해 어떠한 음운 변화가 일어나는가를 일람표로 만든 것(굵은 글자는 유성음과 무성음이 역전한 음)이고, 아래의 표는 그 종미음과 초두음의 결합 패턴을 단순화한 것이다.

간 닫고 소리를 방해하기 때문에, 휴지pause를 넣는 데 적절한 요소이다. 실제로 ②~⑤의 경우에는 그 전후의 소리에 대응하여 적절하다고 생각되는 자음이 적당히 채용되고 있었다.

그런데 ① (ㅅ)만이 본래는 마찰음을 나타내는 한글 요소(s)이다. 그것도 전후 음과의 대응관계가 찾아지지 않는다. 그래서 김수경이 생각한 가설은 다음과 같은 것이었다. 즉 원래《용비어천가》의 편찬자들(훈민정음의 편찬자이기도 하다)은 삽입자음으로서 음가와 관계가 없는 부호와 같은 기능을 ① (ㅅ)이 하도록 하여 통일적으로 쓸 생각이었다. 그러나 그들은 발음의 대응관계에서 볼 때 좀 더 적절한 문자 요소가 해당하는 경우가 있음을 알고 있었기 때문에 상황에 맞게 ②~⑤를 쓰도록 했다. 후대에 그러한 사정을 모르는 사람들이 한글을 사용하게 됨에 따라 복잡한 삽입자음을 상황에 맞게 나누어 사용하기보다는 좀 더 형식적인 부호인 ①로 수렴되어 갔다. 이렇게 해서 김수경은 훈민정음 창제 단계의 삽입자음의 기능과 그 후의 변화를 아울러 설명할 수 있다고 생각한 것이다.[13]

이상에서 본 바와 같이, 김수경의《진단학보》논문(K1947a)은 우선 15세기의 음운체계를 바탕으로 공시적 언어학의 관점을 가지고 삽입자음의 역할을 밝혔다. 거기에 더해 이 논문은 훈민정음 창제 당시의 삽입자음체계로부터 그 후의 변화(사이시옷으로 수렴)를 설명할 수 있는 특징도 추출했다. 그러한 의미에서, 문자론에서이기는 하지만, 통시적 언어학과의 정합성도 가질 수 있는 것이었다. 우선 공시론적으로 언어음의 차이의

---

[13] 또 하나 해명하지 않으면 안 되었던 것이 (4)의 경우인데, 여기에서는 설명을 생략한다. 문자 요소 ⑥ (ㅿ)이 무성음인 ① (ㅅ=s)에 정확히 대응하는 유성음(z)이라는 점에 주목한 설명이라는 것만 적어 둔다.

체계를 명확히 하고, 거기에 더해 통시론적으로 그 요소의 치환을 논한다는 수순에서는 대단히 소쉬르적인 논법이라고 할 수 있다. 그러한 의미에서 이 논문은 식민지기에 경성제대와 도쿄제대에서 축적한 문헌학적 지식과 고바야시 히데오라는 매개를 통해 획득한 구조언어학이 결합하여 태어난 독창적인 업적이었다. 그뿐만이 아니다. 김수경은 월북 후《진단학보》논문을 수정하여 1949년 평양에서 또 한 편의 논문을 발표하게 된다(K1949d). 거기에서 그는 삽입자음의 역사적 발전에 앞서서 동시대의 새로운 정서법 개혁의 필연성을 강조한다(→Ⅱ).

이런 의미에서도《진단학보》논문(K1947a)은 김수경 언어학의 개막이라고 할 수 있는 중요한 업적이었다. 다만, 그것이 활자로 공식 간행된 1947년의 시점에서 이미 김수경은 38도선 이북의 사람이 되어 있었고, 이남에서는 그 후 오랫동안 언급되지 않거나 혹은 "김모" 등과 같은 호칭으로만 접할 수 있는 존재가 되었다.[14] 그 후 한국의 학계에서 월북자의 연구를 실명으로 이야기하는 것이 금기시되지 않음에 따라, 비로소 이 논문도 평가의 대상이 된다. 예를 들어 1981년에 간행된 한 논문에는 사이시옷을 음운론적 현상으로 분석한 선행 연구 리스트의 맨 앞에 김수경의 이름이 등장하지만, 그 이상은 언급되어 있지 않다(임홍빈, 1981: 4쪽). 그러나 2000년에 김수경의 부보訃報가 나왔을 때는 "이 분야에서 아직까지 이 논문을 능가하는 글이 없을 만큼 훌륭한 연구"(김민수)[15]라는 평가를 받았고, 나중에는 "구조주의 방법론을 국어 문법 연구에 적용시킨 최초의

---

[14] 예를 들면, 고바야시 히데오와 오구라 신페에게서 언어학을 함께 배운 적이 있는 이숭녕은 김수경을 "월북한 김모"라 부르며 그의 견해를 비판했다(이숭녕, 1955: 300~301쪽).
[15] 《한국경제》2000. 8. 19.

논문으로 국어학사에 중요한 위치를 차지한다"고 평가되었다(최경봉, 2009: 371쪽). 그렇다고 해도 그것은 한참 뒤의 이야기이다.

3
조선어사를 현대에 접속시키다

월북 후 김수경은 현대 조선어 연구에 거의 전념하게 되는데, 조선어사에 관한 전문적인 논문은 1940년대에 씌어진 4편(K1947c, K1947d, K1949a, K1949d)과 만년의 저작으로 거의 한정되어 있다. 그 배경으로 몇 가지를 생각할 수 있다. 첫째, 1940년대에는 규장각 자료 등을 이용한 해방 전 김수경의 연구가 아직 축적되어 있었음을 들 수 있다. 실제로 4편의 원고는 모두 1945~1947년에 집필되었고, 또 '경성대학' 소장의 훈민정음 텍스트를 참조하고 있기도 하다(K1949a). 둘째, 조선어사에 관한 사료는 서울에 상당히 집중되어 있었기 때문에, 북부에서 이용할 수 있는 것은 한정되어 있었고, 월북 후에는 새로운 실증적 연구가 곤란했다는 점을 생각할 수 있다. 그리고 셋째, 새로운 민족문화 건설이라는 지상 명제 아래, 학문적인 조선어사보다는 조선어문의 규범 정비와 조선어사전 편찬 등과 같은 언어 규범화 사업이 중심적인 과제가 되어 있었다는 점을 들 수 있다.

그러한 상황에서 발표한 4편의 조선어사 관련 논문은 모두 15세기 중엽 훈민정음 창제기의 언어와 문자를 다룬 것이었다. 미리 말하면, 월북 후의 김수경은 이러한 조선어사에 관한 논문을 통해 15세기 중엽의 조선어의 공시적인 언어체계를, (소쉬르가 언어 외적 요소라고 생각한) 사회적 배경을 포함하여 논하는 새로운 언어학을 모색하고 있었던 것으로 보인다. 그렇다고 해서 김수경이 그러한 15세기의 공시적인 언어체계에 대한 연구를 현대와 별개로 분리하는 일은 없었다. 오히려 20세기 중엽인 현대의 언어정책과 관련지어 조선어사를 논하고 있었다. 여기에서는 그러한 사실을 보여 주는 2편의 논문을 검토해 보기로 한다.

〈훈민정음 창제의 년대年代〉(K1947c)는 1947년 10월 9일 '한글날'로 속칭되고 있던 날에《로동신문》에 게재한 기사이다.[16] 이 기념일은《조선왕조실록》1446년 음력 9월 29일 기사에 "이달에 훈민정음이 만들어졌다[是月訓民正音成]"면서 세종이 쓴 서문이 게재되어 있던 데에 연원이 있다. 1446년을 기점으로 하여 480주년(12간지의 1주기가 60년이므로, 12간지의 8주기에 해당)에 해당하는 1926년에 조선어연구회(나중의 조선어학회→한글학회)가, 실록에 기록된 날짜를 양력으로 환산하여 기념행사를 개최했다.[17] 그 후 1940년 안동의 고가에서 한글이 만들어진 당초의 형태를 기록한 서적《훈민정음》(이른바 해례본)이 발견되었는데(이상혁, 2005), 그 책에 정인지 서문의 날짜가 9월 '상한(상순)'이라고 적혀 있었다. 그것을 9월 10일로 보고 이를 양력으로 환산하면 10월 9일이 된다는 것이다.[18] 이러한 조선어학회의 해석을 근거로, 1945년 10월 9일에 해방 후 최초의 '한글날' 기념식이 서울에서 개최되었다. 이날 열린 훈민정음 반포 기념

---

[16] 이 기사에 대해서는 板垣(2019)에서 좀 더 상세히 논의했고, 일본어 역을 게재했다.

[17] 《동아일보》1926. 11. 4~5.

[18] '한글날'의 변천에 대해서는 三ッ井(2010: 제7장), 리의도(2006)를 참조할 것.

강연회에 김수경은 이숭녕 등과 함께 참가했다(→제2장). 1942년의 탄압 사건(조선어학회사건)으로 심대한 피해를 입은 조선어학회가 해방 후 새로운 국가 건설 과정에서 중요한 상징적 존재가 되면서, 훈민정음 창제의 기념일은 10월 9일이라는 해석이 일거에 퍼졌다.

그다음 해인 1946년 10월 9일은 마침 500주년이기도 해서, 남에서는 "거족적"이라고도 형용될 만큼 대대적인 기념행사가 개최되었다.[19] 한국에서는 지금도 10월 9일이 국경일이다. 북에서도 림시인민위원회(정부 기능을 담당했던 조직) 교육국이 각지의 인민위원회에 500주년 기념식과 강연회의 개최, 가두행진, 한글 보급 사업 등 '한글날' 기념행사를 이날 실시하도록 지시했다.[20] 다시 말해, 1946년까지는 '한글날'이라고 하면, 남북 모두에서 10월 9일을 가리키고 있었다.

1947년 '한글날'에 맞춰 나온 김수경의 논문은, 부제가 '그 기념일의 시정을 위하여'라는 데에서 알 수 있듯이, 10월 9일을 기념일로 칭하는 것 자체에 의문을 제기하는 것이었다. 단적으로 말하면, 1446년은 기념할 가치가 없다고 판단했던 것이다. 왜일까? 《조선왕조실록》을 보면, 그 3년 전인 세종 25년(1443) 12월 30일의 기사에 "이달에 임금이 친히 언문 28자를 지었다. [……] 이것을 훈민정음이라고 했다是月上親制諺文二十八字 [……] 是謂訓民正音"라고 기록되어 있기 때문이다. 1443년에 훈민정음이 '창제制'되어 1446년에 '완성成'되었다는 것은 어떤 의미일까? 김수경은 《세종실록》에서 다른 '成' 자의 사용 사례로 보아 '成'은 서적의 성립을 의미한다고

<hr />

[19] 《동아일보》 1946. 10. 10; 《자유신문》 1946. 10. 9~10.

[20] 《로동신문》 1946. 10. 9. 교육국의 지시는 1946년 9월 20일에 나온 것으로, 기념행사 개최의 요령이 규정되어 있었다. 또 같은 날 《조선신문》(1946. 10. 9)에는 김조규金朝奎가 〈五百週年記念日〉이라는 특별 기사를 기고했다.

하고, 1446년의 기사는《훈민정음》이라는 서적(해례본)이 9월에 만들어져 반포되었음을 기록한 것이라고 논했다(이하 이 해례본을 나타낼 경우는《 》 없이 표기하기로 하겠다). 실제로 '창제'되어 얼마 지나지 않은 시기에 운서 韻書의 번역 사업이 진행되었다. 따라서 1446년 음력 9월 상순은 서적을 출판한 기념일 뿐이고, 훈민정음이라는 문자의 탄생을 기념하는 것이라면 1443년 음력 12월을 기준으로 해야 한다고 결론지었다.

이 논문이 어느 정도 영향을 미쳤는지는 명확하지 않지만, 1947년 10월 9일에는 북에서 기념행사를 열었던 흔적이 없다. 그 대신 다음 해인 1948년부터는 "조선어문자의 창제를 기념하는 〈훈민정음 기념일〉은 1월 15일로 조선어문연구회에서 결정하고 금년부터 영구히 기념하게 되었다."[21] 세종 25년 음력 12월을 양력으로 환산하면 1443년 12월 30일부터 1444년 1월 28일이 되는데 그 중간인 1월 15일을 취한 것이라고 설명하고 있다. 그러한 의미에서 김수경의 이 기사는 문헌상의 근거에 기초하여 기념일 변경을 학문적으로 정당화하는 데 커다란 역할을 한 것이 되었다.

그렇다고는 해도 이 논문에 씌어 있는 연대에 관한 기술 자체는, 김수경의 독창적인 것이 아니라 해방 이전부터 연구자들 사이에서는 정설에 속하는 것이었고,[22] 김수경 자신도 그 기사에서 홍기문의《정음발달사》(1946)가 이 사실을 상세히 서술하고 있다고 명기하고 있다. 그런 의미에서 그는 이른바 실증적인 조선어 연구자의 대표 선수로서 이 논문을 쓴

---

[21] 〈訓民正音紀念日은 一月十五日로/ 今年은 五百四週年〉,《조선신문》1948. 1. 16. 이날에 맞추어 〈조선어 신철자법〉이 공표되었다. 다음 해인 1949년에는 평양의 해방산문화회관에서 훈민정음 창제 505주년 기념 보고대회가, 김두봉, 홍명희(당시 부수상), 백남운(당시 교육상) 등도 참석한 가운데 4시간에 걸쳐 대대적으로 개최되었다(《조선어 연구》1–1, 1949, 138쪽).

것이다. 아무리 정착되어 가고 있는 문화라 할지라도 '과학적'으로 문제가 있다면 변혁해 나간다는, 당시 북한 및 김수경의 자세를 잘 보여 준다는 점에서, 이 기사는 주목할 필요가 있다.

이러한 '과학적'인 자세는 또 다른 논문 〈훈민정음 성립사고成立史考〉(K1949a)에도 잘 나타나 있다.[23] 나는 삽입자음론과 더불어 이 논문이 김수경의 조선어사론의 정점을 이루고 있다고 생각한다. 소쉬르(1972: 35~38쪽)가 언어에서 "외적"인 것(언어에 관계되는 민족·정치·제도 등)을 일단 분리하여 "내적"인 것으로 보이는 언어체계를 언어학의 중심적인 연구 대상이라고 했다면, 김수경은 음운론을 중핵으로 하는 '내적 언어학'을 중시하면서도, 문자론을 매개로 그것을 '외적 언어학'과 결합하는 서술을 시도했다.

7절로 구성된 이 논문에서 주목되는 것은 5절 이후이다. 먼저, 5절의 〈훈민정음의 제자 원리〉에서는 "문자란 한개의 문화적, 사회적 소산인 만큼 반드시 그 탄생의 배후에는 력사적요인이 있을것"이라는 관점에서, 훈민정음 탄생의 "외적 필연성"을 논한다. 먼저 고려시대에 오랫동안 몽골제국의 지배를 받은 결과, 당시의 지식계급이 몽골 문자에 관한 정보를 가지고 있었던 것을 요인의 하나로 들고 있다. 다만, 그것은 훈민정음이

---

[22] 김민수는 해방 전부터의 여러 학설을 나열하면서, 훈민정음 창제가 1443년이라는 것은 "우리 학계에서 거의 일치된 정설로 되어 있다"고 하여, 1443년을 반포년으로 생각해야 한다고 주장했다(김민수, 1955: 61쪽). 이러한 학계의 제언에도 불구하고, 남에서는 정부 수립 후인 1948년 10월 9일에 이날을 임시 휴일로 정하는 등(《자유신문》 1948. 10. 5), 1446년을 기점으로 하는 생각이 정착되었다.

[23] 이 논문(K1949a)의 탈고일은 '1947. 11. 4'라고 명기되어 있다. 이것은 〈훈민정음 창제의 년대〉(K1947c)와 같은 시기이고, 《로동신문》 기사가 그 무렵의 연구의 부산물이었음을 시사하는 것이다.

알파벳과 같은 단음문자로 된 배경을 설명할 수는 있어도, 훈민정음의 제자製字 원리를 설명할 수 있는 것은 아니다.

국제음성기호도 없던 시절, 훈민정음의 고안자들은 어떻게 해서 자신이 발음하고 있는 언어음의 특징을 분석하고, 문자로 체계화할 수 있었던 것일까? 중요한 것은 당시 중국의 언어학, 다시 말해 중국 음운학의 영향이다. 그렇다고는 하나 중국 음운학을 그대로 음성언어로서의 조선어에 적용할 수 있었을 리는 없다. 훈민정음 고안자들은 조선어의 한자 발음을, 모어母語native 화자로서 자신들이 말하고 있는 조선어를 반성적으로 대상화하기 위한 소재로 이용했다. 말하자면 중국 음운학에 의한 중국 한자음의 분석을 조선 한자음에 비추어 봄으로써 조선어의 음운체계를 추출했던 것이다.

이는 훈민정음의 창제에 병행하여 조선 한자음의 불통일을 표준화하기 위해 편찬된《동국정운》을 참조함으로써 명백해진다.[24] 《동국정운》이 훈민정음과 같은 시기에 편찬된 것, 그리고 편찬자가《훈민정음》과 겹치고 있었던 것으로 보아, 그것은 결코 자의적인 참조가 아니다. 중국 음운학은 한자음을 음절 최초의 부분을 나타내는 '성모聲母'와 그것에 이어지는 '운모韻母'로 나눈다. 예를 들어 '明(míng)'의 경우, m−가 성모이고, −ing(사성을 제외한)가 운모가 된다. 성모를 대표적인 한자 한 글자로 적어 표시한 것을 '자모字母'라 부른다(예를 들어 '明'이라는 자모는 순중음脣重音·불청불탁不淸不濁의 성모를 나타낸다). 특히 성모 부분에서 대조한다면,

[24] 다만,《동국정운》의 원본은 당시 흩어져 있어서 이 시점에서 전모를 파악하는 것은 불가능했다(《훈민정음》 해례본과 함께《동국정운》 제1·제6권이 발견되었다는 말은 들었지만, 서울의 전형필 개인 소장이어서 볼 수 없었다). 여기에서의 분석은《조선왕조실록》에 있는 〈동국정운 서〉 등으로부터 김수경이 가능한 한 복원한 것이다.

《동국정운》과《훈민정음》은 실로 밀접한 연관성을 가지고 있다.《동국정운》에서는 중국의 36자모 음가와 조선 한자음을 비교하면서, 조선어의 음운체계에서는 불필요하다고 판단되는 것을 제외한 23개의 성모(이것을 '초성'이라고 부른다)로 이루어진 조선 한자음의 규범적인 체계를 만들어 냈다. 이리하여 얻어진 23개의 초성(자음)은《훈민정음》의 23초성과 순서까지 일치한다. 김수경은 음운론의 개념을 이용하여 이러한 일련의 과정을, "최초 중국의 36자모의 음가를 연구하고 이것과 조선자음과를 비교함으로써 조선자음의 불통일에 깨닫게 되고, 이러한 조선자음의 관찰은 자연 조선어의 반성에로 인도하여 이에 36자모를 기초로하여 조선어자음의 음운체계가 구축케 된것이라 볼수 있다"(K1949a: 148~149쪽)고 표현했다.

이상의 고찰에 기초하여 김수경은 훈민정음 창제의 의의를 "음운론적으로 해석해야 할것"(K1949a: 151쪽)이라고 주장한다(6절). 여기서 말하는 "음운론"은 전통적인 중국 음운학이 아니라, 최신의 구조언어학에서 말하는 음운론, 즉 어떤 언어의 차이의 체계를 나타내는 데 필요충분한 음의 변별적 체계를 말한다. 김수경에 따르면, 훈민정음 창제자들은 "조선어에 있어 의미 분화에 필요하고도 충분한 음운 체계의 발견"을 우선 행하고, 그런 연후에 거기에 가장 적합한 문자를 창제한 것인데, 바로 이 점에 훈민정음의 "어학적 의의"가 있다(K1949a: 151쪽)고 한다. 문자의 발명에 앞서, 중국어와 대조함으로써 조선어의 음운체계를 해명한 것이야말로 훈민정음의 획기성이라고 김수경은 평가한 것이다.

지금까지는 차이와 관계성을 중시하는 구조언어학의 관점을 중심에 놓고 논의해 왔는데, 훈민정음 창제의 "사회적 의의"를 논의한 마지막 부분(7절)은 사회언어학적인 문제(소쉬르의 '외적 언어학')에 특화한 내용으로 되어 있다. 이 부분은 월북 후에 추가로 써넣은 부분일 것이다. 김수경에 의하면, 훈민정음의 창제는 "조선 인민의 문화 발전"에 커다란 사회적 의의를 가지고 있었지만, 당시에는 아직 한계가 있었다. 훈민정음이 "순전히 조선어 표기만을 위한 것이 아니라", "문란하였던 조선한자음의 교정이란 사업"에서 발단된 것이고, "한문화의 지식을 자기들 존재의 유일한 지주로 믿고 있던 당시 지배계급의 계급적 한계성"을 가지고 있기 때문이다. 바로 그렇기 때문에 훈민정음에는 보조적 역할만이 주어져, 거기에 잠재해 있던 "체계성", "과학성", "대중성"은 "숨은 자질"에 머물렀고, 널리 보급될 수 없었다. 그 후 일본제국주의의 탄압 등을 겪으면서도 훈민정음이 보존될 수 있었던 것은 압박받던 인민의 힘 덕분이었다. 그리하여 마지막으로 "대중성과 과학성을 지닌 훈민정음을 인민의 문자로서 가장 힘차게 발전시킬 수 있는" 것은 "북조선과 같은 인민의 힘으로 이루워지는 문화 건설의 나라"라는 신념을 제기하면서 글을 맺었다. 교조적인 글쓰기이기는 하지만, 실제로 식자율이 해방 후 북한에서 급속히 높아진 것을 생각하면(板垣, 1999) 단순한 과장이라고만 하기는 어렵다.

이처럼 김수경은, 우선 훈민정음을 음운론에 기초하여 높이 평가하면서 그 '자질'을 살려 내지 못한 역사적 한계도 동시에 지적하고 있다. 즉 당시 그에게 한글이란, 단순히 '지켜야 하는 전통'이나 '언어학적으로 기술되어야 하는 체계'가 아니라, 앞으로 '더욱 발전시켜야 하는 문화'였던 것이다. 이 논문이 씌어진 시기에는 마침 한글을 널리 보급하려는 '문맹퇴치'운동이 전개되고 있었고, 김수경 자신이 조선어문연구회(→제2장)에서 언어 규범화 사업과 씨름하고 있었다(→Ⅱ). 그런 의미에서 김수경은, 현대의 '혁명' 사업에 관여함에 즈음하여, 조선어의 발전사가 금후 변혁의 '필연성'을 증명하는 것이라는 신념을 가지고 있었다고 볼 수 있다. 그러한 태도가 좀 더 명확히 드러난 것이 네 번째 논문(K1949d)인데, 이것은 정서법과 깊이 관계되어 있으므로 Ⅱ에서 논하기로 한다.

김수경의 조선어사 연구에서 실증 면에서의 중심 부분은 1945년 이전부터의 연구가 축적된 산물이다. 그가 1945~1947년에 쓴 글들로 미루어, 식민지기의 김수경이 훈민정음 창제기의 조선어와 그 문자에 관해 소쉬르의 틀과 음운론에 기초한 실증적인 조선어학을 구축하려 하고 있었다고 말하는 것은 그다지 무리한 추측이 아니다. 거기에 마르크스주의적인 사회경제사를 중시하는 관점과 언어 규범화의 실천이 더해진 것이 월북 후 김수경의 역사언어학의 모습이었다. Ⅱ에서는 김수경이 관여한 북한의 언어정책과 언어 규범화의 실천에 대해 논하고자 한다.

제2장

해방과 월북

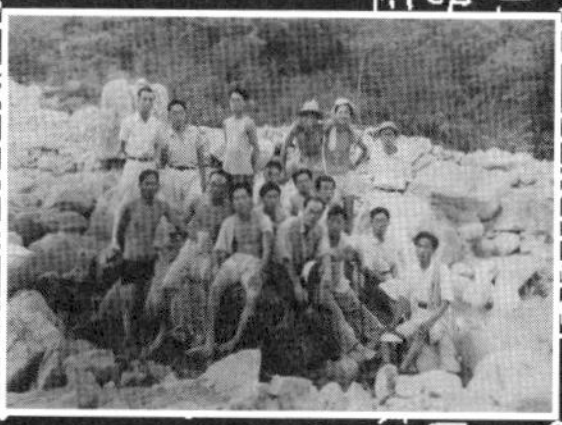

1945년 8월 15일 이후 수년 동안의
조선은 흔히 '해방공간'이라 불린다. 일본의 식민지 지배에서 해방된 후
남북이 분단되는 유동적이고 혼란스러운 상황에서도 다양한 가능성이
모색되던 시기를 가리키기에 적합한 용어이다. 하루가 다르게 변하는 불
투명한 정세 속에서 수없이 많은 기로에 섰던 해방공간의 사람들은 한정
된 선택지에서 그때그때 판단하면서 자신의 길을 선택해 갔다. 김수경도
그 가운데 한 사람이다.

　패전에 의한 일본제국의 붕괴는 인간의 거대한 움직임을 낳았다. 일본
에서는 약 140만 명, 중국 동북부에서는 약 100만 명의 조선인이 한반도
로 돌아왔다.[1] 또한 북위 38도를 경계로 미·소 양군이 각각 이남과 이북
을 분할 점령하게 되었는데, 한 인구 추계에 의하면, 해방 후부터 한국전
쟁까지 월남(북→남)한 사람은 95만여 명, 월북(남→북)한 사람은 30만 명

---

[1] 해방 당시의 재일조선인 인구는 추계에 불과하지만, 일단 모리타 요시오森田芳夫와 김영
달의 200만 명 정도라는 주장을 차용했다(森田, 1996). 또한 그 후에는 약 60만 명 정도
가 파악되는 점에서 차감하여 약 140만 명으로 보았는데, 물론 그 인구 모두가 한반도
로 돌아왔다고 할 수는 없을 것이다. 중국 동북부로부터의 한반도 귀환은 李海燕(2009:
31~36쪽) 참조.

이상에 이른다(김귀옥, 2004: 56~60쪽). 김수경은 이 '월북자'의 한 사람으로 해방된 지 1년여 만에 북으로 건너갔다.

30만이라는 규모에서 확인할 수 있는 것처럼 해방공간에서 월북 자체는 결코 특수한 행동이 아니었다. 김수경의 고향인 통천은 38선 이북에 있었지만, 이는 김수경의 월북 동기로서는 그리 크지 않았다. 그가 월북 후 정착한 곳은 평양이었고, 함께 월북한 김석형과 박시형은 남쪽 출신이었다. 월북의 동기는 당시의 정세와 고등교육을 둘러싼 상황을 빼고는 이해할 수 없다. 이 장에서는 우선 그가 왜 월북하게 되었는지 그 구체적인 요인에 다가가고자 한다(제1절).

다음으로 월북 이후 김수경의 활동을 개관한다(제2절). 그는 김일성대학에서 고등교육을 담당하면서, 공적인 연구 조직인 조선어문연구회에서 언어정책과 직결되는 연구 활동을 수행했다. 그의 연구도, 교육도 북한의 체제 확립 과정에 의해 크게 규정되었다. 특히 당과 국가체제에서 중추부에 있던 김두봉이 조선어학자로서 언어정책에도 깊이 관여하고 있었던 것은, 김수경뿐만 아니라 북한 언어학의 방향성도 좌우하게 되었다. 그러한 정치와 학문의 관계에도 주목하면서, 한국전쟁 전 김수경의 행적을 따라가고자 한다.

1
38선을 넘을 때까지: 두 종합대학 사이에서

8월 15일 해방의 날을 맞아 경성제국대학의 조선인 교직원과 학생들의 움직임은 민첩했다. 이들은 8월 16일 경성대학 자치위원회를 조직하고, 다음 날인 17일에는 대학 접수를 추진했다. 자치위원회는 대학 정문에 걸린 '경성제국대학' 문패에서 '제국'이라는 두 글자를 검게 칠해 지우고, 연구실과 도서관 등도 폐쇄하고 경비를 강화했다(森田, 1964: 401~404쪽). 이 자치위원회에 김수경이 있었다. 그의 이력서에 의하면, 8월 15일 자로 경성대학교 자치위원회 법문학부 위원이 되었다.[2]

자치위원회는 말 그대로 조선인 주도의 자치 조직이었다. 서울의 각 전문학교와 대학에서 결성된 자치 조직은 이들을 잇는 협의회 조직까지 결성했다. 이들 조직은 당시 조선 전체 동향의 영향을 받아, 좌파가 압도적으로 우세했다. 이 점은 김수경이 월북하는 데 매우 중요한 배경이 되므로, 먼저 유동적인 해방공간의 정치 상황을 간단히 살펴보고자 한다.

---

[2] 《金大教員履歷書 文學部》(NARA, RG#242, 2005 1/31)의 김수경 이력서에 의한다.

한반도 점령은 소련군이 앞섰다. 8월 11일 이후 소련군은 북한 연안부부터 점령하기 시작하여, 8월 하순에는 제25군의 본대가 함흥, 평양 등 주요 도시를 점령했다(カミングス, 2012; 和田, 2012). 소련 점령하의 북한에서는 친소 인민정권을 수립하기 위한 움직임이 활발히 전개되었다. 그러나 평양이 '동양의 예루살렘'으로 불릴 정도로 북한에는 기독교인이 많았고, 동학의 흐름을 잇는 천도교의 활동 거점도 38선 이북에 있었다. '조선의 간디'로도 불리며 인기 있었던 민족주의자 조만식의 거점이 평양이었던 반면, 조선 내에서 지하 활동을 했던 박헌영 등이 조선공산당을 재건한 것은 서울이어서 이후의 정치 세력 구도로 돌이켜 보면 '반대'처럼 보이는 상황도 있었다. 이후 북한의 정치 중추부는, 식민지기 조선 내에서 활동했던 공산주의자(이른바 국내파), 소련군과 함께 진주한 소련 출신 조선인(소련파), 중국 동북부에서 항일 빨치산 활동을 하다가 소련령으로 들어가 있던 김일성과 연결된 사람들(만주파), 산시성陝西省 옌안延安에서 중국공산당에 소속되어 독립운동을 전개했던 김두봉 등의 그룹(연안파) 등, 북한의 '바깥'에서 온 수많은 사람이 정치지도자를 형성했다. 이런 상황이 남북한 인구 이동을 둘러싼 정치적 배경이 되었다.

한편, 미 제24군이 남한에 상륙한 것은 9월 8일의 일이다. 그 이전인 8월 15일부터 조선총독부는 여운형을 위원장으로 하는 조선건국준비위원회(건준)에 행정권을 사실상 이양했다. 건준은 신속하게 전국적으로 지부를 조직했다. 건준은 미군이 상륙하기 직전인 9월 6일 조선인민공화국 수립을 선언하고 전국 각지의 조직을 인민위원회로 개편했다. 그런 움직임이 좌익 선동에 의한 것일 뿐이라고 단정 짓기 시작한 미군은 점령 초부터 이 공화국의 존재를 부인했다. 이리하여 미군정은 민중적 기반을 가진 좌파 정치 세력과의 대립 구도 속에서 점령정책을 추진하게 되었다.

좌파가 주도한 경성대학의 자치위원회는 이런 정치적 물결에 곧바로 휘말리게 된다. 미군정의 학무 당국은 인천에 상륙한 후인 9월 11일부터 업무를 개시했는데, 조선인 자치 조직을 무시하고 고등교육 행정을 진행했다(강명숙, 2002: 28~35쪽). 그 결과 자치 조직 주도의 대학 운영과 미군정의 교육정책 사이에 갈등이 빚어졌다.

경성제대 제1기생인 유진오에 따르면, 10월 초 김수경, 리명선, 주재황 등 자치위원회 멤버들이 찾아와 대학 재건 사업에 참여해 달라고 요청했다(유진오, 1974b, 1974c). 그 후 교직원과 학생, 졸업생들로 구성된 대학 총회가 총장 후보까지 선출했다. 그러나 미군정은 최종적으로 이러한 움직임을 받아들이지 않았다. 고바야시 히데오가 일본으로 귀환하기 전에 들은 바에 따르면, 김수경은 조교수로서 언어학 강좌를 승계할 것으로 '내정'되어 있었다고 한다(小林, 1951: 346). 하지만 이는 대학 자치위원회 내부에서 내정했던 것으로 보이며, 실현되지는 않았다(실제로 그 강좌를 맡은 것은 이희승이다). 당시 법문학부 건물은 미 육군항공군 제307 폭격항공단이 이듬해 1월까지 쓰고 있었다(USAMGIK, 1946: 107쪽). 이렇게 미군정에 의해 자치를 부정당한 끝에, 김수경은 결국 1945년 11월 30일 자로 경성대학의 촉탁과 자치위원회 위원을 사임하게 되었다.[3]

대학을 둘러싼 혼란 속에서 김수경은 해방 직후부터 진단학회에 관여하고 있었다.[4] 진단학회는 1934년 서울에서 조선 문화를 연구할 목적으로 발족한 조선인 연구자들의 학회로, 1942년의 조선어학회 탄압사건으

[3] 앞의 김수경 이력서. 아울러 경성대학 법문학부가 수업을 재개한 것은 1946년 2월 19일이었다(USAMGIK, 1946: 99쪽).

[4] 김수경의 경력이나 인맥으로 보아 조선학술원에 관련되어 있을 법도 하지만, 당시 기록(《學術》1(解放記念論文集), 1946)을 보면 그의 이름은 찾을 수 없다.

로 활동을 중단하고 있었다. 1945년 8월 16일 서울 인사동 태화정에서 진단학회 회원들이 재출범을 위한 모임을 가져, 민속학자 송석하를 위원장으로 선출했다. 그 자리에 참석했던 김수경은 상임위원의 한 사람으로 간사를 맡게 되었다.[5] 진단학회 하면 현대 한국에서는 보수적인 학회로 알려져 있지만, 해방 직후의 진단학회는 우파뿐만 아니라 좌파도 참여하는 학회였다.[6] 건국준비위원회에도 관여했고, 미군정 당국과 관계를 맺는 사람도 있었다.

진단학회에서의 김수경의 활동을 조사된 범위에서 열거하면, 훈민정음 반포 기념 강연회에 이숭녕과 함께 참석한 것(1945년 10월 9일), 정례회에서 〈소련 아카데미를 위한 신진 학도 양성〉을 발표한 것(동년 12월 15일), 조선산악회 주최의 제주도 한라산 학술조사대에 진단학회 멤버로 파견된 것(1946년 2월 26일~3월 17일) 등이다.[7] 정례회의 보고 내용은 불분명하지만, 같은 시기에 김수경은 볼셰비키 혁명 직후의 상황이 "바야흐로 자유롭게 발흥하려는 이 땅의 과학연구열에 다소의 참고라도 될 듯싶어"서, 소련 초기 과학아카데미에 관한 프랑스어 논문을 조선어로 번역해 잡지 《인민과학》에 실었다(K1946a). 이 시기의 김수경이 소련의 과학아카데미를 하나의 모델로 삼아 해방 조선의 과학 연구를 구축하려 했음을 시사하는 대목이다.

그렇다고 김수경이 그저 '이데올로기적'으로만 활동했던 것은 아니다. 진단학회 활동의 일환으로 파견된 제주도 학술조사대에서는 조사 연구

---

[5] 김재원(1984: 225쪽) 및 〈휘보〉(《진단학보》 15, 1947, 151~153쪽).

[6] 진단학회의 이후의 분열(좌우 대립, 친일파를 둘러싼 대립)에 대해서는 이숭녕(1983: 461~463쪽: 1984: 240~243쪽)에 의한다.

[7] 〈휘보〉, 151~152쪽.

에 충실히 임했다. 조선산악회는 단순한 동호회가 아니라 해방 후 곧바로 송석하를 회장으로 하여 결성된 국토 조사를 위한 조직이었다(정병준, 2010a: 115~130쪽). 제주도 한라산의 조사에 대해 송석하는 조사를 후원한 《자유신문》의 인터뷰에서, "제주도 조사는 왜적의 군사기밀 기지로 되어 잇든 만큼 감히 엄두를 낼 수 없든 곳이엇다. 지리상으로 보아 제주도는 남방문화권에 들어 '크로스'하는 점으로 보아 이번 조사단에서 제주를 선택하엿다"고 말했다. 조사단은 김수경이 동행한 언어학반뿐만 아니라, 등산의학반, 일반사회반, 설질雪質조사반, 기상반, 녹음반, 영화반, 사진반, 채보반 등 18명의 대원으로 구성되었다. 또한 미군정의 적극 지원을 받아 인류학과 고고학 등을 전공하는 3명의 미국인도 동행했다. 3주 동안의 조사를 마치고 서울로 돌아온 조사단은 3월 30일에 왜성대에서 보고 강연회를 개최했는데, 김수경은 거기에서 〈언어를 통해 본 제주도 문화〉를 발표했다. 내용은 알려져 있지 않지만, 송석하에 따르면 채집한 방언과 무가의 옛말에 "몽고의 영향이 아직도 남어 잇슴"을 알 수 있었다고 한다.[8] 이처럼 해방공간의 김수경은 격동의 사회 정세 속에서도, 역사적 관점하에 실증적인 방언 조사까지 실시했음을 확인할 수 있다.

이 밖에도 해방 후 남한에서 김수경의 언어학 관련 활동으로는 국어문화보급회와 조선언어학회 참여가 확인된다.[9] 국어문화보급회(1946년 2월 창립)는 홍기문, 류응호, 신남철 같은 "민족주의의 과잉을 경계한 '비판적 조선학'"(최경봉, 2012)을 지향하는 어문학자가 주도하고 실증주의적 국

---

[8] 이상의 내용에 대해서는, 《자유신문》 1946. 2. 26, 3. 20, 3. 30.

[9] 국어문화보급회에 대해서는 《중앙신문》 1946. 2. 12, 《공업신문》 1946. 2. 13의 기사, 조선언어학회에 대해서는 《서울신문》 1946. 4. 21, 《자유신문》 1946. 4. 29의 기사에 자세하다.

어학자와도 연계하면서, "훈민정음의 근본정신을 옳게 이해하여 그 이상의 달성을 기약함"[10]을 목적으로 결성된 단체로, 조선어학회의 하부 조직이었던 한글문화보급회와 대립했다고 한다. 김수경은 거기에서 류응호·이숭녕 등과 함께 연구부의 일원으로 이름을 올렸다. 1946년 4월에 창립된 조선언어학회는 이희승, 홍기문, 류응호, 방종현, 김수경 등 국어문화보급회에도 참여하는 연구자들이 발기인이었다. 학회명으로 보아도, 발간하려고 했던 잡지《언어》의 잡지명으로 보아도,[11] 그리고 "조선 언어학의 발달을 꾀하며 세계 각 어족에 대한 과학적 연구를 촉진"한다는 설립목적으로 보아도, 일국적인 '국어학'의 틀이 아니라 세계 언어 및 언어학 속에 자리매김된 과학적인 '조선 언어학'을 구축한다는 방향성이 명확히 읽힌다.

해방 후 남한에 있는 동안 김수경이 간행한 유일한 서적은 이미 제1장에서 언급한 쿠랑의 번역서《조선문화사서설》(1946년 5월 발행)이다. 원저는 프랑스의 동양언어학자가 조선의 서지에 대해 체계적으로 서술한 전문서이다. 이 책은 글자 그대로 쿠랑이 쓴 책의 '서설' 부분만을 번역한 것이지만, 흥미롭게도 당시 김수경의 인맥 덕분에 좌파 지식인들 사이에서 수용되었다. 7월 8일에 개최된 출판기념회는 이를 잘 보여 준다(《그림 2-1》).

혼마치本町(현재의 명동) 2정목의 구 메지제과에서 열린 이 기념회의 발기인은 다음과 같다.[12]

[10] 《공업신문》 1946. 2. 13.
[11] 《자유신문》 1946. 4. 29.
[12] 《중앙신문》 1946. 7. 8.

김남천, 김동진, 김영건, 김영석, 김태준, 리원조, 리태준, 리명선, 리
용악, 림화, 박상훈, 송석하, 신남철, 이희승

한 명 한 명 설명하지는 않겠지만, 언어학자 이희승과 민속학자 송석
하 등을 제외하면, 좌파의 문학자와 연구자 등 쟁쟁한 멤버들이 모여 있
다. 홍기문이 편집국장을 역임한 《서울신문》에 〈신간평〉을 쓴 것도 경성
제대 이래의 맹우인 역사학자 김석형(당시 이미 공산당원)이었다.[13]

이처럼 해방 후 1년 동안 김수경의 학술 활동을 살펴보면, 두 가지 특
징이 드러난다. 김수경이 해방 직후부터 주로 좌파 지식인들의 인맥 속에
서 활동했다는 점, 그리고 이른바 '비과학적인 민족주의'와는 거리를 두
고 세계 언어학으로 이어지는 과학적이고 실증적인 '조선 언어학'을 지향
하고 있었다는 점이다. 좌파가 아닌 이희승과 이숭녕 같은 실증적인 언어
학자와도 연구 활동을 함께한 것은 후자의 측면을 잘 보여 준다. 과학적
이고 인터내셔널한 변혁의 사상임을 강조했던 마르크스주의가 김수경이
수행한 두 측면의 활동을 잇는 굵은 실이었다.

이제 김수경의 월북 경위를 설명하기 위해 이야기를 대학으로 돌려보
자. 경성대학을 사직한 김수경은 1945년 12월 1일 자로 경성경제전문학
교 교수가 되어 프랑스어 등을 가르치게 되었다(《그림 2-2》).[14] 이 학교의
전신은 식민지기의 관립 경성고등상업학교로, 1944년에 경성법학전문학
교와 통합되었다. 해방 직후 이 학교에서도 일본인 교원과 학생들이 떠나

---

[13] 《서울신문》 1946. 7. 14.
[14] 《金大敎員履歷書 文學部》. 교과목에 대해서는 최경봉 외(2007)에 수록된 김민수의 회상
에 의한다.

〈그림 2-1〉《조선문화사서설》출판기념회(1946)

사진에는 "조선문화사서설 출판기념 1946. 7. 8. 於 올림픽"이라고 적혀 있다. 중앙에 검은 상의를 입고 서 있는 이가 김수경이다.

고 조선인 학생들이 자치권을 장악하면서 명칭을 '경성경제전문학교'로 변경하게 되었다. 이때부터는 경성대학과 달리 교원 자치로 진행한 교수 인사가 그대로 채용되었다. 그 결과 "모든 학업이 마르크스경제학 일변도"가 되었다(이승보, 1976: 12쪽). 김세련(재생산론), 김한주(경제이론, 경제학사), 전석담(경제사), 안병렬(농업경제학), 정해근(경제정책), 최영철(화폐론) 등이 교편을 잡았다. 아마도 이러한 인맥을 통해 경성제대 동기인 역사학자 박시형과 마찬가지로, 동기이자 '순철'에 적을 두었던 김홍길 등과 함께 김수경이 교수진에 참여하게 되었을 것이다.[15]

이 학교 외에 김수경은 1946년 봄부터는 경성대학 법문학부 강사를 겸임했으며, 경성대학 예과와 경성사범학교(서울대학교 사범대학의 전신) 부설 임시중등교원양성소에서 조선어학 개론을 강의했다.[16] 경성경제전문학교를 포함해 이 학교들은 모두 얼마 지나지 않아 종합대학으로 새롭게 출발하는 서울대학교로 통폐합된다. 이 추세로 보면 김수경은 서울대에서 교편을 잡아도 이상한 일이 아니었다. 그러나 그렇게 되지는 않았다. 왜일까? 그것은 바로 이 서울대에 여러 학교를 통합하려는 정책 자체가 큰 파란을 몰고 왔기 때문이며, 또한 그와 완전히 같은 시기에 평양에서 대학 창설 움직임이 급속히 진전되었기 때문이다.

1946년 5월에 북조선림시인민위원회(공화국 창건 이전의 국가적 기능을 담당한 조직)는 북조선종합대학 창립준비위원회를 조직하고, 필요한 교수

---

[15] 다음의 자료에 1957년까지의 재직 교원 명부가 게재되어 있다. 서울대학교 상과대학 동창회, 《서울대학교 상과대학 동창회원 명부》, 1957.

[16] 《金大敎員履歷書 文學部》 및 최경봉(2009: 364쪽). 경성사범학교에서는 김민수 등이, 경성대학 예과에서는 강길운, 남광우 등이 배웠다고 한다.

〈그림 2-2〉 경성경제전문학교 동료들과 나들이(1946)

사진 뒷면에는 "1946. 7. 28. 於 우이동"이라고만 적혀 있다. 김수경의 모습은 큼직한 바위에 앉은 사람들 앞에서 두 번째 줄, 맨 오른쪽에 보인다. 그 외에 1946년 6월 20일 자 사진으로 '서울경제전문학교 제1회 졸업 기념'이 있는데, 거기에는 김수경의 모습은 보이지 않지만, 동일 인물들이 많이 찍혀 있다. 김수경이 남한에서 찍은 마지막 사진이다.

의 수와 선정 방법을 정했다.[17] 7월 8일에는 9월 1일 개교를 목표로 '김일성대학'의 창립을 결정했다.[18] 나아가 7월 26일에 림시인민위원회는 소련에 재원과 교육 자원의 원조를 요구할 것도 결정했다.[19]

　하지만 북한 지역에는 이를 담당할 지적 인재가 부족했다. 식민지기에는 조선 북부에 고등교육기관이 거의 없었기 때문이다. 제1장에서 서술한 것처럼 조선총독부는 고등교육의 확충을 억제했는데, 그나마 소수의 고등교육기관도 서울에 집중되어 있었다. 대학은 서울에 한 곳뿐이었고, 관공립 전문학교는 조선 남부의 8개교에 비해 북부는 한 곳에 불과했으며, 사립 전문학교도 평양에 한 곳 정도였고, 나머지 10개교는 모두 서울에 있었다.[20] 그 결과 "과학 문화인들이 서울을 중심으로하여 남반부에 많이 집중되어" 조선 북부에서는 "대학교수 교원의 경험을 가진 인재들은 십지로 헤일 정도"였다(김일성종합대학, 1956: 21~22쪽).

---

[17] 〈北朝鮮綜合大學 創立準備委員會組織에 關한 件〉(北朝鮮臨時人民委員會決定 第21號), 1946. 5. 29(국사편찬위원회, 1987: 660~661쪽). 김일성종합대학 성립사에 대해서는 김기석(2001)과 신효숙(2003) 참조.

[18] 〈北朝鮮綜合大學創立에 關한 件〉(北朝鮮臨時人民委員會決定 第40號), 1946. 7. 8. 대학의 명칭은 이 법령에 의해 "조선 해방을 위하여 일본 제국주의와 투쟁한 조선 민족의 영웅 김일성 장군의 일홈을 부여하여 「김일성대학」이라 칭함"으로 결정되었다. 다만, 얼마간 '북조선 김일성대학'이라는 명칭도 병행되었다. 언제 '김일성종합대학'이 정식 명칭이 되었는지는 분명하지 않지만, 1948년 7월 7일 자 림시인민위원회 결정 제157호 〈북조선 고등교육사업 개선에 관한 결정서〉에 의해 평양공업대·평양의학대·평양농업대의 분리 독립이 결정된 것이 계기가 된 것으로 보이는데, 이 법령의 별표에서는 이미 그 명칭이 보인다(《法令公報》 제56호, 1948. 7. 22).

[19] 〈대학 설립 과정에 관하여〉(北朝鮮臨時人民委員會決定 第50號, 1946. 7. 26)는 소련 제25군 민정 담당 로마넨코Andrei Romanenko로부터 연해주 군관구 시티코프Terenty Shtykov 대장에게 보내졌다(김선안, 2018: 331~334쪽).

[20] 《朝鮮總督府統計年報》 1942년판.

128

그래서 북한 교육국은 필요한 인재를 조선 남부와 해외 유학자 중에서 구하기로 했다. 이에 우수하고 사회주의에 이해가 있는 학자들을 모으기 위해 경제학자 김광진을 비롯한 연구자들을 이남으로 파견하여 교원 위촉 공작 활동을 수행하게 했다(최광석, 1968). 평양에 종합대학이 창설된다는 소식은 거의 시차도 없이 이남의 좌익계 신문에도 전해졌다.[21]

한편 북한에서 김일성대학의 창립이 결정된 것과 비슷한 시기(7월 13일)에, 남한의 미군정은 복수의 학교를 통폐합하여 국립서울대학교를 종합대학으로 설립할 계획(이른바 '국대안')을 발표했다. 국대안은 명백히 출신과 발자취가 다른 학교들, 즉 관립 대학(구 경성제국대학), 관립 전문학교(법학, 경제, 공업, 광산, 의학, 농림), 사립 전문학교(치과의학), 관립 사범학교(사범, 여자사범)를 통폐합하여 국립서울대학교의 9개 단과 대학으로 산하에 두는 대규모 재편 계획이었다.[22] 이러한 미군정 주도의 급속한 통합책에 대해 각 학교의 학생과 교직원 등이 반대운동을 전개했고, 그 후 사태가 수습되기까지 2년 정도 걸리게 된다(이른바 '국대안 파동'). 서울대학교로의 통합 과정에서 좌파 교원은 인사에서 배제되었다. 경성경제전문학교도 서울대학교의 상과대학에 인계되었는데, 당시 많은 좌파 교원이 반대운동을 전개한 끝에 월북하는 등 이 학교에서 자취를 감추었다(류호선, 1982).

이처럼 같은 해에 발족한 김일성대학과 국립서울대학교는, 한 연구자

---

[21] 〈平壤에 綜合大學: 9월 개교 목표로 사무에 착수〉, 《독립신보》 1946. 7. 18; 〈平壤에 綜合大學 設置〉, 《조선인민보》, 1946. 7. 19(이길상·오만석, 1997: 93·654~655쪽). 또한 김기석(2001)도 참조.

[22] 국대안의 보도는 그다음 날이다(《동아일보》 1946. 7. 14). 국대안에 대해서는 馬越(1995: 제5장)을 참조.

가 "일란성 쌍둥이"(김기석, 2001)라고 지칭할 정도로, 동시에 변화하는 역사적 맥락 속에서 태어난 것이었다. 한편에서 눈앞에서 혼란과 함께 진행되는 국대안 파동, 다른 한편에서 실태도 진행 상황도 불확실한 채 평양에서 진행되는 종합대학 계획, 이러한 선택지를 놓고 정치적 성향이나 인맥 등의 요인으로 후자를 택한 연구자는 적지 않았다.[23] 김수경이 국대안 반대운동에 얼마나 관여했는지는 불분명하지만, 이러한 미군정하의 대학정책을 둘러싼 갈등이 월북한 배경의 하나가 되었음은 의심할 여지가 없다.

김수경의 월북 경위에 대해서는 여러 가능성이 있지만, 우선 경성제대 동기생이었던 박시형이 한몫한 것은 틀림없는 듯하다. 김수경이 서울에서 조선공산당에 정식으로 입당한 것은 1946년 5월 6일이었는데, 가입시 보증인 중 한 사람이 박시형이었다. 박시형은 김석형과 함께 이미 1945년 10월에는 당원이 되어 있었고, 그가 김수경의 입당을 주선했던 것으로 보인다.[24] 박시형은 수기에서 1946년 8월의 어느 날 "뜻밖에도 평양에서 찾아온 한 일군"으로부터 김일성이 초대했다는 말을 전해 들었다고 적고 있다(박시형, 1981: 261쪽). 이를 뒷받침하듯 1946년 말에 씌어진 박시형과 김석형의 김일성대학 이력서에는 모두 "조선공산당의 명령으로 김일성대학교원부임차 래평來平하야 현재에 이르렀음"이라고 되어 있다.[25] 이와 관련하여 소설《인생의 절정》(리규춘, 1996: 31~32쪽)에는, 김수

---

[23] 김기석(2001)은 초기 김일성대 교수의 공통점으로 (1) 각 분야에서 탁월한 업적을 쌓은 저명한 학자라는 점, (2) 국내외의 제국대학을 나온 동문으로 각각 독특한 학연으로 맺어진 인간관계를 유지하고 있었다는 점, (3) 1945년 가을 이후 혁신 정당에 가입하면서 국대안 반대운동에서 중심적인 역할을 했다는 점의 세 가지를 들고 있다.

[24] 《金大敎員履歷書 文學部》.

경을 찾아온 박시형과 김석형이 대학 위촉 의사를 전했고, 조금 늦게 찾아온 신구현이 김일성 명의의 위촉장을 가지고 온 것으로 묘사되어 있기도 하다. 신구현이 이미 월북하여 1946년 2월엔 원산 노동자정치학교 교장이 되었고, 8월에는 김일성대학 교원이 된 경위에 비추어 볼 때[26] 그 또한 모종의 역할을 했다고 볼 수 있다. 경성제대 동기의 우정과 정치적 신념으로 맺어진 친밀한 인적 네트워크가 김수경의 월북을 촉진하는 밑거름이 된 것이다.

그리하여 김수경은 김석형·박시형과 셋이서 "8월 17일 밤 반바지에 등산모 차림으로 몰래 38선을 넘어 입북"했다.[27] 스물여덟 살 되던 해 여름의 일이었다. 당시 38선은 아직 '국경'이 아니었다. 물론 미·소 양군이 남북을 각각 점령하고 주요 도로를 관리하던 상황에서, 왕래가 자유롭지는 않았다. 다만 길을 벗어나 산림을 빠져나가거나 바닷길로 가면 그러한 통제를 뚫고 이동할 수 있었고, 그래서 당시는 월남/월북이 여전히 빈번히 이루어졌다.

이러한 인적 흐름을 배경으로 좌익 탄압이 날로 심해져 가는 서울에 남아 국대안 파동 속에서 공산당원으로 연구 활동을 계속할 것인지, 사회주의 혁명이 진행되고 있다는 평양에서 거의 백지상태에서 새롭게 만들

---

[25] 《金大敎員履歷書 文學部》. 이력서를 제출해야 할 시기에 박시형이 마침 서울에 있었기 때문에 그의 이력서는 김석형이 대필했고, 1946년 8월에는 완전히 동일한 것이 기록되었다.

[26] 《金大敎員履歷書 文學部》.

[27] 김수경이 평양에서 1957년 1월 27일 자로 고바야시 히데오에게 보낸 일본어 서한에 따른 것이다. 이 서한에 대해서는 제5장 참조. 아울러 이 부분은 小林(1957)에도 인용되고 있는데, 원문의 '모습(形)'을 '차림(いでたち)'으로 고치는 등 고바야시가 일본어로 쉽게 읽을 수 있도록 약간 손을 댔다.

어지던 대학에 참여할 것인지, 두 선택지 중에서 김수경은 후자를 택한 것이다. 출발 직전까지 아내에게도 알리지 않은 정말 '은밀'한 월경이었다.[28] 서적도 아무것도 휴대하지 않고 맨몸으로 월북한 것이다. "반바지에 등산모"라는 가벼운 옷차림은, 20세기에 숱하게 생겨난 망명 지식인들의 모습을 방불케 하는 한편, 가기만 하면 어떻게든 될 것이고 남북 분단도 머지않아 해소될 것이라는 열정을 동반한 낙관적 전망을 품고 있었음을 시사한다. 그 후 남북의 분단이 이렇게 오랫동안 지속될 줄은 상상도 못했을 것이다.

---

[28] 유족의 증언에 따른다. 아울러 가족이 평양에 합류한 것은 그로부터 약 2개월 후의 일이었다.

2
월북 후의 활동

김수경은 1946년 8월 20일 자로 김일성대학(이하 '김대'로 줄이는 경우도 있음) 문학부 교원으로 임명되었다.[29] 곧이어 9월 15일에 개교식이 열리고 10월에는 개강했다고 하니, 상당히 어수선했을 것이다. 출범 당시 문학부에는 사학과, 문학과, 교육학과 3개 학과밖에 없었고, 조선어학은 문학과 안에 포함되었다(김일성종합대학, 1956: 18~19, 23~27쪽). 그 후 세 차례 개편을 거쳐 1949년 신년도에는 10개 학부 24개 강좌, 교원 153명, 학생 2,746명의 종합대학으로 편성되었다. 문학부는 력사학부(조선사학과, 세계사학과, 철학과), 조선어문학부(조선어학과, 조선문학과, 신문학과), 외국어문학부(로문학과, 영문학과) 등으로 분할되었다. 이 가운데 김수경이 속한 조선어학과는 학생이 71명, 소속 교원이 5명까지 확대되었다(김일성종합대학, 1956: 42~43쪽).

김수경의 이력 중 1947년에 대해서는 한국전쟁 당시 미군이 노획한 문

---

[29] 앞의 《金大敎員履歷書 文學部》.

서에 김일성대학 임용 서류가 포함되어 있는데, 그것을 보면 초창기 몇 달 동안 그에게 괄목할 만한 변화가 있었음을 짐작할 수 있다. 1947년 1월의 서류에 따르면, 교수진 적임자로 지목된 사람이 139명이며, 그중 '언어학'을 담임한 이는 김수경 혼자였다('조선어'는 다른 4명의 강사가 있었다).[30] 2월에는 김대가 김수경을 "력사문학부 조선어문학 까페드라 학장 대리"[31]로 임명하는 내신을 교육국으로 보냈다.[32] '까페드라kafedra'는 러시아어로 '학과', '강좌' 등을 뜻하는데, '까페드라 학장'은 나중에 '강좌장'으로 바뀌게 된다. 3월의 담당 교수표에 따르면 김수경은 력사문학부에서 '어학사'를 주로 맡았으며, 농학부에서 '조선어' 과목도 가르치는 것으로 되어 있다.[33] 7월에는 전임 교원을 60명 증원하는 안이 내부에서 마련되어, 언어학 분야에서는 이남에서 김병제 등을 '초빙'하는 계획이 입안

---

[30] 〈教職員任命에 關한 件〉, 북조선 김일성대학 총장 김두봉→북조선림시인민위원회 교육국장, 1947년 1월 자, RG242, SA2006 12/35, 표제 없음. 이 서류에 따르면 김수경은 영어와 언어학을 담당했다.

[31] (옮긴이 주) 원문에는 한자와 한글을 섞은 "歷史文學部 朝鮮語文學 까페드라 學長 代理"로 적혀 있는데, '歷史文學部'를 한글로 표기한 당시의 문서, 예컨대 1947년 10월 10일 자의 '김일성대학 까페드라 신설 및 학강좌장 임명의 건'이란 문서에는 '역사문학부 조선사학 강좌장 도유호'와 같이, 두음법칙을 적용한 표기로 되어 있다. 그러나 북한 문헌에 나오는 한자를 한글로 바꾸었을 경우에는 두음법칙을 적용하지 않기로 한 원칙에 따라 '력사문학부'로 적었다.

[32] 〈教員任命에 関한 内申〉, 김일성대학 총장대리 교육부총장 박일→북조선림시인민위원회 교육국장, 1947. 2. 17부, RG242, SA2006 12/32. 1, 《一九四七年度 金日成大學發令件》教幹第26號, 北朝鮮人委教育局. 왜 강좌장의 '대리'였는지는 명확하지 않으나, 연배가 높은 연구자가 그 자리로 오기까지의 임시조치의 의미였을지도 모른다.

[33] 〈學科擔當教授表 提出의 件〉, 북조선 김일성대학 총장 김두봉→북조선림시인민위원회 교육국장, 1947. 3. 21, 《一九四七年度 金日成大學發令件》.

되었고,[34] 이후 실제로 그도 월북하게 되었다.

이 무렵 자전거 조업(만성적으로 자기 자본이 부족해서 타인 자본을 빌려 가까스로 계속해 나가는 조업—옮긴이) 같은 교원 생활에 대해 김수경은 나중에 이렇게 회고했다(K1966b: 59쪽).

교원이 부족하였던만큼 자연히 동시에 여러 과목을 맡아야 했고 과정 안에 제시된 과목들을 해마다 새롭게 개척해 나가야 했다. 나는 《조선어학사》, 《언어학개론》, 《방언학》, 《조선어문법》 등의 과목을 조선어학과 학생들이 진급해 올라가는데따라 차례로 강의해야 했으며 다른 학부에 나가서는 영어, 라틴어 등도 가르쳐주지 않으면 안 되였다. 지금 생각하면 무모하다고밖에 할 수 없는 일이나 교원부족으로 애타던 그때로는 불가피한 일이기도 했다. 한편 외국서적들을 번역하고 새로운 교과서를 집필하는 등 하루의 모든 시간은 오로지 학생들을 위한 사업에, 그들의 교육교양을 위한 사업에 전적으로 바쳐졌다.

조선어로 된 적절한 교과서도 없이 언어학의 각 분야를 한 손에 쥐고 강의하는 것만으로도 힘들었을 텐데, 어학 교육도 맡았고, 교과서 번역과 집필도 동시에 함께 진행한다는 것은 그때까지의 김수경의 종합적인 지식과 능력이 없었다면 아예 불가능한 일이었을 것이다.

더구나 김수경의 일은 이러한 학부의 교육 사업에 그치지 않았다. 1946년 10월 1일 자로 도서관장에도 임명되었던 것이다. 대학사가 명기

---

[34] 〈大學敎員招聘依賴의 件〉北朝大366號, 1947. 7. 19, 《一九四七年度 金日成大學發令件》.

하고 있듯 "한권의 책도 없는 상태로부터 출발하면서 도서관 사업은 무엇보다도 먼저 도서들을 광범히 수집하는 사업으로부터 시작하여야 하였다"(김일성종합대학, 1956: 37쪽). 김수경은 임용 조사서에서 "어학 방면에 가장 우수한 소질이 있고 선진 각국어에 능통 언어학에 독보적 존재"로 평가받았는데,[35] 외국어에 능통하고 서지학에도 밝았다는 점에서 도서 수집이 가장 중요한 과제였던 도서관 창립 과정에 필수적인 인재였을 것이다.[36]

이 시기 김수경이 심혈을 기울인 것은 1947년 2월 언어 규범화를 담당하는 공적 조직으로 만들어진 조선어문연구회 활동이었다. 원래 동일 명칭의 연구회가 그가 월북하기 전인 1946년 4월에 북조선림시인민위원회 교육국의 후원을 받아 결성되어 있었다.[37] 이 연구회는 강연과 출판 등의 사업은 하고 있었지만, "민간 자유 단체의 성격이였기 때문에 강력한 조직체를 이루지 못하고", 문자 그대로 '연구회'로서의 활동에 머물러 있었다.[38] 반면, 1947년 2월 북조선인민위원회 결정 제175호에 따라 기존의

---

[35] 《金大教員履歷書 文學部》.

[36] 김두봉이 조선어 문헌을 기증하는 등 일반 기증서로 3만 4,000여 권을 모았고, 소련군 사령부로부터도 2만 5,000여 권의 각종 도서를 기증받았다. 남북한에서 3만 4,000여 권을 구입했다. 1949년에는 중국 동북인민정부로부터 시가 약 20만 원 상당의 도서를, 레닌그라드 아까데미도서관으로부터도 다수의 학술서를 기증받기도 했다. 그러한 과정에서 1948년에는 9만 8,000여 권, 1950년에는 13만 5,000여 권(한서 7만여 권, 양서 6만여 권)의 장서가 되었다(김일성종합대학, 1956: 37~38, 50~51쪽).

[37] 이 연구회는 "조선어문의연구보급과통일화를꾀함", "조선민족문화재를 과학적비판밑에 계승하여 새로운민족문화의발전을꾀함", "외국의언어학일반을연구소개함"이라는 세 가지 강령을 내걸었다(《朝鮮語文研究會 結成準備進行中》,《정로》, 1946. 3. 31). 아울러 같은 해 4월 7일 발족했다고 한다(民主朝鮮社, 1949: 43쪽).

[38] 편집부, 〈조선 어문 연구회의 사업전망〉,《조선어 연구》 1-1, 1949, 133쪽.

연구회를 개편하여 새로 결성된 조선어문연구회는 교육국장이 지휘 감독하는 공적인 조직이었다. 연구회 본부는 김일성대학에 설치되었으며, 김수경의 성대 동기이자 조선어학회에 참여한 경험도 있던 신구현이 위원장을 맡았다.

공식 결정서에 따르면, 조선어문연구회는 "오늘날 민주주의 자주 독립국가 건설의 도정에 있어서 과학적 리념에 근거한 연구를 거듭하여 조선어문의 통일과 발전을 기하는 것"으로써 "조선 민족문화 건설의 기초"(이상의 띄어쓰기는 옮긴이)를 마련하기 위해 조직되었다. 민족문화 건설의 중심적인 사업은 "한자, 횡서, 철자법"의 원안을 1947년 12월 말일까지 완료하는 것과 "조선어 문전[=문법서]"을 1949년 12월 말일까지 편찬하는 것으로 정해졌다. Ⅱ에서 상술하겠지만, '한자'란 한자의 철폐 내지 제한 방침을 어떻게 실현하는가 하는 문제이고, '횡서'란 단순히 세로쓰기를 가로쓰기로 한다는 의미가 아니라 한글을 분해하여 가로로 나열하는 급진적인 문자 변혁의 방침이며, 철자법이란 정서법을 가리킨다. 요컨대 연구회에 문자체계의 확립과 규범 문법서의 편찬이라는 두 가지 사명을 부과했던 것이다. 이처럼 조선어문연구회에는 단순한 학문 연구에 머무르지 않고, 언어의 국민적 규범을 시한부로 창제하는 것이 첫 번째 임무로 부여되었다.[39]

조선어문연구회는 1948년 다시 개편되었다. 같은 해 남에서는 8월에 대한민국 정부 수립이 선언된 데 이어, 북에서는 9월에 조선민주주의인민공화국의 창건이 선언되었다. 그로부터 얼마 지나지 않은 10월의 내각

---

[39] 〈朝鮮語文研究에 關한 決定書〉(北朝鮮臨時人民委員會決定 第175號), 1947. 2. 3, 《北朝鮮法令集》, 1947, 227~228쪽. 〈조선 어문 연구회의 사업전망〉도 참조.

결정 제10호에 따라 조선어문연구회는 교육성으로 이관되어 언어학자 리극로(당시에는 '무임소상'이라는 특정 담당 할당이 없는 장관)가 조직 책임자가 되었다. 연구회의 임무도 "조선어 문법 교과서와 조선어 사전을 1949년 12월말까지 공간할 것"으로 바뀌었다.[40] 이번에는 사전 편찬이 임무에 추가된 것이다. 이상을 종합하면, 이 연구회는 ① 문자체계의 확립, ② 규범 문법의 편찬, ③ 사전 편찬이라는 세 가지 언어 규범화 사업을 중심 과제로 활동했다고 정리할 수 있을 것이다.

김수경은 이 세 가지 과제 모두에 관여하고 있었으며, 특히 ①의 정서법과 ②의 문법서 편찬에 대해서는 실질적으로 주도적인 역할을 했다(→ Ⅱ). 조선어문연구회가 잡지 《조선어 연구》를 내던 1949~1950년은 김수경의 연구 생활 중에서도 다작의 시기였다. 이름을 명기한 것만 해도 논문이 4편, 소련의 언어학 문헌 번역이 단행본 1권과 논문 6편, 그리고 공저로 《조선어 문법》을 출판했다(저작 목록 참조). 그 밖에도 조선어문연구회 명의이기는 하지만 실질적으로 김수경이 쓴 글도 있다고 나는 생각한다. 새로운 활약의 장을 부여받은 그는 다양한 사업에 열정을 쏟고 있었다. 이남재의 기억에 따르면, 김수경은 집필용 책상 옆 벽에 언어학자 주시경의 사진을 걸어 놓고 "인생의 목표는 조선어라는 기계의 작지만 필요한 나사 하나가 되는 것"이라며 일에 몰두했다고 한다.

---

[40] 〈朝鮮語文研究會에 關한 決定書〉(朝鮮民主主義人民共和国 內閣決定 第10號), 《조선민주주의인민공화국 내각공보》 1948년 제1호, 2~3쪽.

3
언어정책과 정치

월북 후 김수경의 이러한 언어학 활동을 이해하기 위해서는 북한 언어정책의 특징 및 이를 둘러싼 정치적 구도를 파악하는 것이 필수적이다.

해방 후 북한의 언어정책에서 초점화된 것은 문자 내지 서기 언어 written language(말을 글자로 적는 것—옮긴이)의 문제였다. 앞에서 서술한 것처럼 교육을 담당하는 공공기관의 산하에 조직된 조선어문연구회는 ① '한자', '횡서', '철자법'의 방안 책정, ② 문법의 체계화, ③ 사전 편찬을 핵심적인 사업으로 정하고 있었다. ①은 말할 것도 없이 문자체계에서의 규범 정립과 관련되어 있다. ②에 대해서도 grammar의 어원인 그리스어가 '문자의 기법Τέχνη γραμματική'이며 그 역어가 바로 '문법'이라는 점이 시사하듯, 역사적으로 보면 문법을 체계화하는 것의 핵심에는 서기 언어의 규범화가 있었다. 그리고 ③의 사전도 일반적으로 기록된 것에서 수록 어휘를 채집한 것으로 무엇보다 글말의 어휘 규범화에 큰 역할을 한다.

세계적으로 보면 아메리카 대륙과 아프리카 대륙 등지에서 정치적인 탈식민화가 종주국 언어로부터의 탈피로 직결되지 않은 지역도 많았다.[41] 반면 해방 후 남북한 체제 구축 과정은, 식민지기의 일본어를 대신하여 조선어를 나라 언어의 중심으로 삼는 것이 논란의 여지없이 거의 자명한 전제로 진행되었다. 북한에서는 외국어로서 러시아어가 중요한 지위를 차지했지만, 복수의 언어가 서로 경합할 정도의 상황이었던 것은 아니다. 그보다는 해방 후 우후죽순처럼 조선어 출판물과 문서가 양산되는 가운데, 거기에서 쓰이는 말의 규범을 정립하는 것 및 그러한 문헌을 읽고 쓸 수 없는 인구를 어떻게 할 것인지가 언어정책상의 긴급한 과제가 되었다.

그러한 북한의 체제 수립 초기의 언어 규범화 과정을 유럽의 근대국가 형성 과정과 대비해 보면, 문법서와 사전의 편찬에 비해 문자체계의 확립이 눈에 띄게 두드러져 있었다.[42] 북한을 문자체계 정비에 매진하도록 만든 중요한 배경 중 하나는 '문맹 퇴치' 사업, 즉 식자識者운동이었다(고영진, 2006).

북한은 해방 당시 읽고 쓰기가 불가능한 성인의 수를 대략 230만 명으로 추계했다. 12~50세 인구 중에는 42퍼센트에 상당하는 수였다(전혜정, 1987). 이 같은 상황을 타개하기 위해 북조선림시인민위원회는 결정서 〈동기冬期 농촌 문맹 퇴치운동에 관한 건〉을 공포하고 1946년 12월부터

---

[41] 사회언어학자 칼베(2006: 150쪽)가 프랑스의 식민지를 염두에 두고 1970년대 전반에 쓴 글에 따르면 "극히 최근까지 반식민주의 사상에는 언어 문제가 웬일인지 부재했다"고 한다.

[42] 사회언어학자 바지오니(2006: 145~150쪽)에 의하면, 라틴어를 대신해 각지의 속어가 공통어의 표준으로 되어 갔을 당시에 '기초적인 역할'을 해낸 것은 문법서와 사전이었다. 단 정서법은 초기 문법서의 제1부를 구성하고 있었지만, 확립 과정이나 어디에 역점을 둘지는 다양하고 일정하지 않았다.

식자운동을 본격화했다.[43] 결정서는 첫머리부터 인민이 글을 읽지 못해 선전에 영향이 있을 뿐만 아니라 인민도 자신들의 권리에 관한 문서를 열람할 수 없어 "민주조선 건설"에 "일대 지장"이 있다고 했다. 이에 따라 "문맹을 일소함"을 목표로 같은 해 12월부터 이듬해 3월까지 기간 동안 농촌의 성인 문맹자는 매일 2시간 이상의 교육을 받아야 하는 의무가 부과되었다. 한글과 사칙연산을 중심으로 한 식자운동은 1949년 3월에 '문맹 퇴치'의 완료가 선언되기 전까지 각지에서 조직된 '한글학교'에서 급속도로 진행되었다.[44]

식자운동은 같은 시기에 추진된 건국사상총동원운동 가운데 '사상개혁'의 일환으로 전개되었다(이향규, 1999: 62~79쪽; 고영진, 2005). 1946년 2월에 발족된 북조선림시인민위원회는 토지개혁을 시작으로 잇달아 경제개혁을 추진했다(桜井, 1990). 다만, 이 위원회는 문자 그대로 아직 '림시' 조직이었기 때문에 같은 해 11월에 각 지방에서 선거를 실시하여 '아래'로부터 지지를 얻은 정식 인민위원회를 구성하려고 했다. 그러나 아무리 '혁명'을 내걸고 경제적 토대(하부구조)를 '위'로부터 구축해도, 그것을 지지하는 인민의 사상(상부구조)이 따라잡지 못했다. 그래서 지방인민위원회의 선거가 끝난 직후인 12월부터 전개된 것이 '건국 사상 총동원 운

---

[43] 그 이전인 1946년 2월에도 교육국이 식자운동의 통일적 관리에 나서기는 했다(《北朝鮮教育局 文盲退治計劃》, 《정로》, 1946. 2. 5). 그러나 본격적인 운동은 이 결정서가 공포된 1946년 11월 25일 이후이다. 이하의 서술은 다음의 문헌에 의한다. 北朝鮮人民委員會 敎育局, 〈文盲退治要綱〉, 1947. 11. 20; 교육도서출판, 1950: 45~50쪽; 전혜정, 1987.

[44] 이러한 대대적인 식자운동은 북한만이 아니라 20세기 사회주의권에서 흔히 볼 수 있는 모습이었다. 당시 사회주의권에서는 체제 수립기에 이러한 캠페인이 전개되었으며, 그 결과 식자율이 급격히 상승했다(Graff, 1987: 378쪽).

동'이었다. 북한 최초의 대중동원운동으로 꼽히는 이 운동은 김두봉과 최창익 등 연안계 정치지도자들이 주도했다(서동만, 2005: 197~202쪽; 김재웅, 2005). 그 운동의 기초 중 하나에 식자가 포함된 것이다.

조선어문연구회가 공적 기관으로 발족한 것은 바로 이 '동기 농촌 문맹 퇴치'가 한창 실시되고 있던 1947년 2월이었다. 이것은 우연의 일치는 아닐 것이다. 사실 식자를 둘러싼 이러한 상황을 배경에 두고 생각해 보면, 조선어문연구회가 해결해야 할 것으로 제시한 세 가지 과제의 목적은 분명히 드러난다. 우선 성인들에게 글을 새로 가르칠 때, 한자의 존재가 큰 걸림돌이 된다. 그래서 한자의 제한 내지 철폐가 검토된다. 이는 한글만을 사용한 정서법 정비를 시급한 과제로 만들었다. 문자를 처음 배우는 사람들은 한글을 배울 때 먼저 각각의 자모를 외우고 다음으로 이를 네모로 조합한 패턴을 많이 외워야 한다. 네모로 조합하는 것을 그만두면 각각의 자모만 기억하면 된다. 제반 사업의 목적과 내용이 처음부터 이렇게 정리되어 공개적으로 제시되었던 것은 아니다. 하지만 마오쩌둥이 〈신민주주의론〉(1940)에서 "문자는 반드시 일정 조건하에서 개혁해야 하고, 언어는 반드시 민중에게 접근해야 한다"고 언급한 것에 따라(毛澤東, 1983: 200), 1940년대 전반에 옌안을 중심으로 하는 지역에서 중국공산당이 라틴화 신문자의 실험적 도입을 포함한 식자운동을 전개한 점에서 보더라도(大野, 1997; 藤井, 2003), 옌안에서 귀환하여 북한의 언어정책을 주도한 김두봉 등이 문자체계의 개혁을 식자운동과 연동해 추진한 것은 틀림없을 것이다.

여기에서 이러한 언어정책의 중심적인 존재인 동시에 월북에서부터 1950년대에 이르는 김수경의 활동에 큰 영향을 미친 인물인 김두봉에 대해 최소한의 사실관계를 설명해 둘 필요가 있다.[45] 1889년 경상남도에서 태어난 김두봉은, 서울로 상경하여 기호학교를 나온 뒤 배재학당에 들어

갔고, 거기에서 근대 조선어학의 창시자로 여겨지는 주시경과 만났다. 김두봉은 주시경의 국어강습소(조선어강습원)에서 배우면서 그의 제자가 되었다. 스승의 사후에도 《조선말본》(1916)을 출판하는 등 조선어 연구를 계속했다. 3·1운동(1919)에 참가한 뒤에는 상하이로 망명했다. 상하이에서도 《깁더 조선말본》(1922)을 출판하는 등 조선어 연구 활동은 지속했지만, 1920년대 후반 이후 급속히 대륙에서 정치 활동의 길을 걷기 시작해 한국독립당(1927) 등을 거쳐 1935년에는 김원봉 등의 조선민족혁명당에 합류했다. 1942년에는 중국공산당의 본거지였던 옌안으로 옮겨 가 거기에서 화북독립동맹의 주석이 되었다.

1945년 12월 소련 점령하의 북한으로 입국한 김두봉이 이끄는 독립동맹은 이듬해 1946년 1월부터 최창익 등과 함께 정치 활동을 시작했다. 2월에 북조선림시인민위원회가 출범하자 김두봉은 김일성 위원장을 잇는 부위원장의 자리에 올랐다. 이때부터 한동안 그는 정부의 요직을 차지하게 되었다. 독립동맹은 2월에 조선신민당으로 명칭을 변경한 후, 8월에는 북조선공산당과 합당하여 북조선로동당이 발족했다(〈그림 2-3〉). 1949년 6월 북조선로동당이 박헌영이 이끄는 남조선로동당과 합당하여 조선로동당이 출범하지만, 김두봉은 당 요직을 유지했다.

1948년 9월 9일 조선민주주의인민공화국이 창건되자, 김두봉은 새로운 국가체제에서 최고인민회의 상임위원회 위원장, 김일성은 내각의 수상이라는 자리에 올랐다. 같은 해에 제정된 헌법에서는 최고인민회의를 인민의 직접선거로 선출된 대의원으로 구성되는 '최고주권기관'으로 규정하여 입법권을 부여하고, 상임위원회는 최고인민회의를 소집하고 휴회

---

[45] 이하 김두봉에 대한 기술은 심지연(1992), 한홍구(2010), 이준식·심순기(2010)에 의한다.

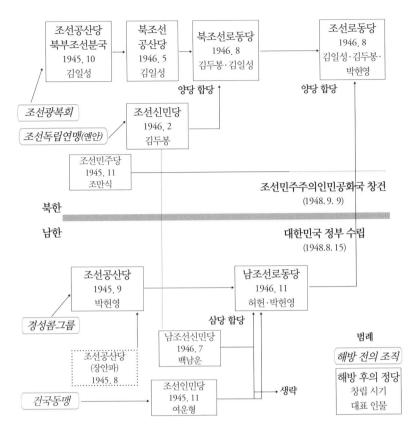

〈그림 2-3〉 북한 관련 주요 정당의 변천(1945~1949)

조선로동당으로 합당해 가는 흐름을 중심으로 정리했다.

시 여러 권한을 행사하는 최고주권기관으로 정했다. 한편, 내각은 최고인
민회의에 의해 조직되는 '국가주권의 최고집행기관'이라고 규정했다. 당
뿐만 아니라 국가기관에서도 김두봉은 최고 요직을 차지한 것이다.

이렇게 해서 그는 김일성과 비견되는 정상의 자리에 올랐다. 하지만
그는 여전히 '선생'으로 불렸다(《그림 2-4》). 공화국 창건 직전인 7월에 김
두봉에 대한 '어학박사' 학위 및 '교수' 학직 수여가 결정되었기 때문이기

〈그림 2-4〉 공화국 창건일(1948. 9. 9)의 《민주조선》 1면

오른쪽 사진에는 '조선민주주의인민공화국 정부 수상 김일성 장군', 왼쪽에는 '조선최고인민회의
상임위원회 위원장 김두봉 선생'이라고 씌어 있다.

도 하지만,[46] 김일성이 '장군'이었던 것에 비하면 이 시점에서도 김두봉은 학문에 종사하는 지식인으로 인식되고 있었음을 엿볼 수 있다. 실제로 소련의 조선 담당 기관도 김두봉에 대해 "조선 인민들 모두에게 학자와 혁명가로 널리 알려져 있으며, 큰 인기를 누리고 있다"고 평했다.[47]

국가 건설의 중심인물이 조선어학자이자 김일성종합대학의 초대 총장 (1946년 9월~1948년 9월)이기도 하고 조선어문연구회 사업에도 자주 참여했다는 것은 당시 조선어학의 위상에 큰 영향을 미쳤다. 김수경은 1947년 10월 1일 김일성대학 창립 1주년 행사에 김일성이 참석했을 때, "전람회장의 첫방이었던 어문학관에 [김일성이] 들리시여 거기에 놓인 각종 도표와 도서, 작품원고들, 그리고 봉산탈춤의 가면 등을 보시"었다고 전한 바 있다(K1966b: 58쪽). 김두봉 총장 밑에서 어문학에 특별한 위상이 주어졌음을 짐작케 한다. 이때 "직접 김두봉 선생 지도 밑에" 만들어진 "횡서"의 "인쇄체 원안"이 전시되었는데,[48] 김일성이 전시장에서 보았다는 "도표"라는 것은 바로 이것일 것이다. 김일성과 김두봉 아래에서 어문정책은 북한의 초기체제를 구축하는 과정에서 커다란 위치를 차지하고 있었던 것이다.

김수경은 필시 김두봉이 가장 신뢰한 언어학자 중 한 명이었을 것으로 생각된다. 이는 1949년 3월 김일성종합대학에서 열린 김두봉 선생 탄생 60주년 기념 회합에서 기조연설을 한 것이 당시 나이 30세밖에 안 된 김

---

[46] 1948년 7월 7일 자 림시인민위 결정 제157호 〈북조선고등교육사업 개선에 관한 결정서〉 제13조에서 5명에 대해 박사학위와 교수 학직 수여가 결정되었다.

[47] 〈조선민주주의인민공화국 최고인민회의 상임위원회 위원장 김두봉 평정서〉, 1948. 12. 25(이재훈 2018: 389쪽).

[48] 《로동신문》 1947. 10. 9.

수경이었다는 사실에서 짐작 가능하다(K1949f). 이러한 관계의 구축이 김수경의 언어학이 학문이라는 틀을 크게 뛰어넘어 사회에 영향을 미치는 실천으로 이어진 큰 동인이 되었던 것으로 보인다. 아울러 이는 향후 그의 운명 또한 크게 좌우하게 된다.

사생활 면으로 눈을 돌리면, 우선 1946년 10월에 아내, 어머니, 두 자녀(장녀, 장남), 여동생, 사촌 여동생이 평양에 합류했다. 대동강변에 있는 김일성대학의 관사 '건국의 집'에 거처를 마련했으며, 1948년, 49년에는 연이어 두 명의 자녀(차녀, 차남)가 태어났다(구체적으로는 제6장 참조). 관사 옆에는 김석형의 가족이 살고 있었다. 김수경의 아내 이남재와 김석형의 아내 고학인은 이화여전 동기생이기도 해서 매우 가깝게 지냈다고 한다.

그러나 1950년 6월 한국전쟁이 발발하면서, 김수경은 사생활에서도 학문적으로도 충격적인 전환점을 맞게 된다.

지요(굿과문자)의 때용 스점 및 대조 스첩을 적격(쳇見)
현이도 ㄷ 데 수수의 이의 환화주 집으(인회)의 상앙 위외)

5 ㅎ유ㅘ성ㅇ 스ㅂ매ㅇㄴ ㅇㅊ아ㅂ이성

1고 손 선입니다. 교과서 운명책을 보면 "으..는 빛이오
지입기도 한다고 하였습니다. "으..을 지입으로 4
ㅈ자비 ㄴㅁ에 기ㅎ아 ㅠㅠ ㅈ녜 ㄱㅐㄴㅁ에 ㅎㅁ비 사이
ㄱㅔ아바)는(굿호아)로 [ㅈ녜] ㄱㅐㄴㅁ이]ㅇ(ㅗ 이ㅇ이'
여오아)라고도 읽을 남라가 있지오'가 위론입니다.

---

5 ㄹ ㅆ뇨 ㅏㅏㅏㅏㅛㅠㅜㅣ
ㅇㅎ6ㅇㅎ ㅋㄱㄱㅋ2ㄹㅋ고ㄱㅋ2

지요(굿과문자)의 때용 스점 및 대조 스첩을 적격(쳇見)
현이도 ㄷ 데 수수의 이의 환화주 집으(인회)의 상앙 위외)

5 ㅎ유ㅘ성ㅇ 스ㅂ매ㅇㄴ ㅇㅊ아ㅂ이성

1고 손 선입니다. 교과서 운명책을 보면 "으..는 빛이오
지입기도 한다고 하였습니다. "으..을 지입으로 4
ㅈ자비 ㄴㅁ에 기ㅎ아 ㅠㅠ ㅈ녜 ㄱㅐㄴㅁ에 ㅎㅁ비 사이
ㄱㅔ아바)는(굿호아)로 [ㅈ녜] ㄱㅐㄴㅁ이]ㅇ(ㅗ 이ㅇ이'
여오아)라고도 읽을 남라가 있지오'가 위론입니다.

II.

조선어의 '혁명':
규범을 창출하다

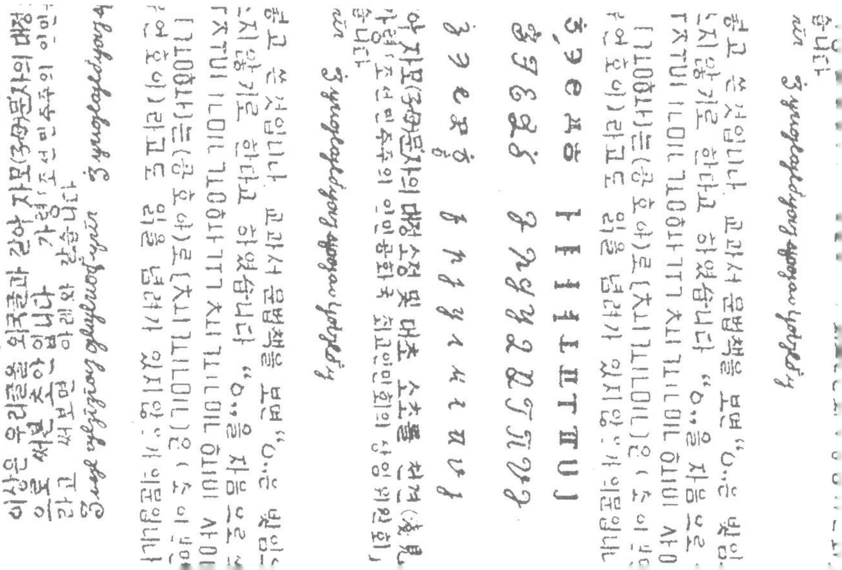

조선어문연구회가 주도한 북한의 언어 규범화 사업 가운데 한국전쟁 이전 시기에 진행된 것이 문자체계의 정비와 문법서의 편찬이었다.[1] 지금까지의 서술에서도 알 수 있듯이, '정비' 혹은 '편찬'이라고는 하지만, 그때 지향한 바는 단순히 '이미 있는 것'이나 '전통적인 것'을 고정불변의 전제로 삼은 것이 아니라, '언어에 관한 체계 그 자체의 과학적 변혁'이었다. 이를 문자와 관련지어 보면, 필요할 경우 한자를 폐절한다, 한글의 문자 요소도 새롭게 추가한다, 거기에 그치지 않고 한글을 조합하는 방법까지도 바꾸어 나간다, 이치에 맞지 않는 것은 관습을 변혁해 나간다, 이러한 태도가 이 시기에 명료한 모습으로 등장했다. 문법서에 대해서도 기존의 설명체계에 집착하지 않고, 처음부터 수미일관된 개념을 가지고 재검토하는 작업이 진행되었다. 경제 시스템, 정치체제를 비롯하여, 모든 영역에서 사회·문화를 발본적으로 새롭게 만들어 내는 '혁명'이 진행되고 있던 바로 그 시기였기 때문에, 조선어를 둘러싸고도 '과학적'인 관점에서 급진적인 변혁이 시도되었던 것이다. 이러한 '조선어의 혁명'을 정식 무대에서 방침으로 내세운 것이 김두봉이었

---

[1] 사전 편찬은 한국전쟁 전에 끝내지 못했다. 1956년의 《조선어 소사전》을 거쳐, 방대한 분량의 《조선말 사전》이 나온 것은 1960년대의 일이다.

고, 그 뒷무대에서 중심인물이 되어 지적으로 동분서주했던 것이 김수경이었다.

'조선어의 혁명' 사업에서도 이론적으로 마르크스주의에 의거해야만 하는 것은 틀림없었다. 그러나 마르크스주의 사상에서 언어의 위치가 누구에게나 이론의 여지없이 명료했던 것은 아니다. 정통적인 관점에서는 언어를, 마찬가지로 마르크스주의의 아포리아로 계속 존재해 왔던 '민족'과 관련시킨다는 것이었다(田中, 1975, 2000; 相田, 2002). 그중에서도 가장 잘 알려진 것이 "민족(나치야)이란, 언어, 지역, 경제 생활 및 문화의 공통성에 나타나는 심리 상태의 공통성을 기초로 생겨난, 역사적으로 구성된, 사람들의 견고한 공동체이다"(スターリン,《마르크스주의와 민족 문제マルクス主義と民族問題》(1913), 1952: 329쪽)라는 스탈린의 정식화이다. 다만 스탈린이 그렇게 말했다고 해도, 언어가 계급 내지 경제적인 토대(하부구조)와의 관계에서 차지하는 위치가 명확했던 것은 아니었다. 이러한 점을 확실히 하고, 토대에 대한 상부구조에 언어를 앉힌 것이 언어학자 니콜라이 마르Nikolaj Â. Marr[2]와 그 학파였다. 마르학파는 스탈린이 최고지도자의 지위에 있던 1930~1940년대에 활약했기 때문에, 이 언어론은 같은

---

[2] (옮긴이 주) 러시아어의 로마자 표기는, 저자와의 협의하에, 'ISO 9:1995' 방식에 따랐다.

시기 소비에트 언어학의 주류가 되었다. 그러나 그렇다고 거기에서 자동적으로 언어정책이 도출되어 나올 리는 없었다. 다시 말해, 어떠한 방향의 언어'혁명'이 마르크스주의적으로 '옳은가'에 대해서는 공유된 자명한 이론적인 전제가 존재하지 않았던 것이다.

그 때문에 이 시기 북한에서의 언어정책과 언어학이 처음부터 '이론'이 있어서 진행된 것도 아니었고, 월북 후 김수경의 조선어학이 단순히 소비에트 언어학을 총론으로 하는 각론으로 구축되었던 것도 아니었다. 무엇보다도 김수경은 마르학파의 논문을 번역 등을 통해 소개한 중심인물이었다. 이를 근거로 김수경이 마르학파에 "심취되어" 있었다고까지 평가하는 연구도 있다(정광, 1999: 146쪽). 확실히 소련의 군대를 '위대한 해방군'이라 부르고 그 학문을 '선진 과학'이라 부르고 있던 당시의 북한에서, 소비에트 언어학의 영향력도 그만큼 컸음은 틀림없다. 그러나 그 수용은 단순한 것도 전면적인 것도 아니었고, 실제로 진행되고 있던 연구와 실천 속에서 취사선택되고 있었다. 마르학파가 비판하고 있던 구조언어학의 사고방식도 필요에 따라 채용되고 있었다.

앞으로의 논의를 전망해 두기 위해 미리 김수경이 정서법, 규범 문법, 사전 편찬이라는 언어 규범화의 여러 사업과 마르학파의 이론을 관련지어 논의한 소론(K1949j)을 보기로 하자.

이 소론은 정서법에 관한 강연회에서의 토론 원고이다. 이 글에서 김수경은 먼저 "우리 민족이 단일 민족으로 구성되어 있으며 또한 단일 언어를 사용하는 민족"이라고 말한다. '민족'이 두 가지 의미로 혼용되고 있어서 이해하기 어렵지만, 주어로 사용되고 있는 '민족'은 근대적인 국가를 형성하고 있는(혹은 형성할 수 있는) 집단으로서의 '국민'(소련에서 말하는 '나치야нация'), 뒤의 두 개의 '민족'이라는 말은 보다 넓은 '에쓰닉 그룹'(소련에서 말하는 '나로드народ'와 '에트노스этнос')이라는 정도의 의미일 것이다(cf. 田中, 1978: v쪽). 이 구분에 따라 김수경의 발언을 달리 표현하면, '우리 국민(나치야)은, 다언어·다민족인 소련과는 달리, 단일한 언어를 사용하는 단일한 '에쓰닉 그룹'으로 구성되어 있다'고 말하려 했던 것으로 생각된다.

이어서 김수경은, 그럼에도 불구하고 조선 인민은 아직 "통일된 언어, 통일된 문자"로 된 "공통어"를 가지지 못하고 있다고 말한다. 바로 그렇기 때문에 문법서와 사전의 편찬 및 정서법의 정비는 반드시 완수해야만 하는 사업이다. 이때 미국의 인류학자의 언어 연구와 같은 "과학적 객관주의"의 태도는 배격하지 않으면 안 된다. 왜냐하면 마르크스가 말한 대로 세계라는 것은 설명하는 것만이 아니라 개조하지 않으면 안 되는 것이기 때문이다. "리론과 실천, 학설과 정책이 반드시 통일되여야 할 것은 다시 말할 필요도 없"다. 마르가 지적했던 것처럼, "서구라파 부르죠아 언어학"은 음성학·음운론에 지나치게 비중을 두고 있었다. 그에 비해 "새로운 쏘베트 언어학"은 의미의 우위를 주장했다. 이 "어음에 대한 의미의 우위성"(방점은 인용자)이야말로 조선의 제반 사업을 관통하는 원칙이 된다.

이처럼 김수경은 정서법, 문법서, 사전의 정비야말로 '공통어'를 가진 '국민=민족(나치야)' 형성의 조건이라고 생각하고 있었다. 그러한 언어 규범화 사업을 수행하는 과정에서 그는 마르 언어학에서 "어음에 대한 의미의 우위성"이라는 논점을 이끌어 내고, 거기에서 사업 전체의 기본 이념을 찾아냈다. 이에 대해서는 뒤에서 상세히 서술하기로 하고, 여기에서는 정서법에서는 표음주의보다 형태주의를 채용하고, 문법체계에서는 의미라는 개념을 중시했다는 점만 미리 서술해 두자. 이 장의 논술은 이러한 약간 수수께끼 같은 논의를 이해하기 위한 긴 주석이라고도 할 수 있다.

통상의 언어론에서라면 일반적으로 이론적 배경을 먼저 논의한 후에 실증 연구와 실천을 분석할 것이다. 그러나 주류 이론으로부터의 연역에 의해 모든 것이 도출되어 나오는 것이 아닌 이상 그것은 이 장에 어울리는 태도가 아니다. 그래서 여기에서는 순서를 역전시켜, 먼저 언어정책에 대해 논의하고 나중에 이론에 대해 검토한다.

우선 언어정책과 관련하여 김수경이 어떤 일을 했는지를 파악하기 위해서는 반드시 검토해야만 하는 존재인 김두봉의 문자사상과 어문개혁에의 관여에 대해 간단히 확인하고 나서(제1절), 1948년 1월에 공표된 〈조선어 신철자법〉(K1948a) 책정 과정에서의 김수경의 역할에 대해 해명한다(제2절). 이어서 《조선어 문법》(K1949k)으로 열매를 맺게 되는 문법체계의 급진적인 재편에 대해 그 근간이 되는 생각을 파악한다(제3절). 이상을 전제로 하여, 마지막으로 마르학파의 언어학 가운데 김수경 등이 어떤 측면을 어떻게 적극 수용했는지를 파악한다(제4절).

1
새로운 문자체계와 김두봉의 문자사상

조선어문연구회가 문자체계에 관여하게 된 세 가지 과제, 즉 한자, 횡서, 철자법은 서로 밀접히 관련되어 있었다. 먼저, '한자 문제'는, 가까운 장래에 한자를 철폐하되, 그것을 어떻게 진행할 것인가, 일어날 수밖에 없는 문제에 어떻게 대처할 것인가 하는 어젠다를 가리키는 것이었다. 다음으로, '철자 문제'는 정서법orthography의 확립과 관계되는 문제인데, 그것에는 한자의 한글화와도 깊이 관련되는 부분이 있었다. 이 책의 〈머리말〉에서 소개한 '勞動'의 두음을 어떻게 철자할 것인가 하는 문제는, 그것을 한자로 표기하는 동안은 아무 문제가 없었다. 순 한글 문장으로 표기하게 됨으로써 비로소 한자어의 표기와 띄어쓰기 등 일련의 규범이 필요하게 된 것이다.

남은 '횡서'에 대해서는 좀 상세하게 설명하기로 한다. 한자의 '횡서'는 고유 조선어로는 '가로쓰기'라고도 불렸다. 말 그대로 직역하면 '옆으로 쓰기'이다. 당시 북한에서 이것은 단순히 문자를 쓰는 방향을 세로에서 가로로 변경하는 것 이상의 의미가 있었다. 한글이라는 문자는 최소의 구성

요소('자모'라고 한다)가 알파벳과 마찬가지로 단음문자이다. 그러나 그 가장 큰 특징은 음절을 단위로 하여 자모를 모아서 사각형으로 조립한다는 점에 있다(아래 상자 안 쪽글 참조). 이것은 훈민정음의 창제 이래 오늘까지 지속된 문자 조립의 기본 원리로, 일반적으로 '모아쓰기'라고 한다. 그에 비해 '횡서' 내지 '가로쓰기'란, 사각형으로 조립하는 것을 그만두고 자모를 모두 해체하여 옆으로 나란히 쓰는 것을 의미했다. 단순히 왼쪽에서 오른쪽으로 한글을 쓰는 것과 혼동하기 쉬우므로, 통상은 '풀어쓰기'라든가 '풀어서 가로쓰기' 혹은 '가로 풀어쓰기' 등으로도 불린다. 이 책에서는 인용문 등에서의 표현을 제외하고는 '풀어쓰기'라고 부르기로 한다.

'풀어쓰기'는 결코 갑자기 등장한 엉뚱한 아이디어가 아니다. 시작은

모아쓰기와 풀어쓰기

예를 들면 '감'이라는 단어를 로마자로 쓰면 kam이 되는데, 이것으로 한 음절이 된다. 한글로 k는 ㄱ, a는 ㅏ, m은 ㅁ이다. 이것을 '감'과 같이 음절을 단위로 해서 사각형 안에 들어가도록 쓰는 것이 '모아쓰기'이다. 반면 '풀어쓰기'는 자모를 모두 옆으로 해체하여 'ㄱㅏㅁ'과 같이 쓰는 것을 의미한다.

모아쓰기

감 | k a m | 낱글자를 음절 단위로 사각형으로 모아 쓴다.

풀어쓰기

ㄱㅏㅁ | k | a | m | 낱글자를 풀어서 모두 왼쪽에서 오른쪽으로 나란히 배열한다.

20세기 초에 근대 조선어학의 창시자인 주시경이 제창한 것으로, 그의 제자인 김두봉도 그것을 "좋을글"이라 부르고 이어받았다(김두봉, 1922). 결과적으로 남에서도 북에서도 함께 풀어쓰기가 실용화되지는 않았지만, 그것은 김두봉만이 아니라 적어도 20세기 전반 무렵까지 남북의 많은 언어학자가 유력시하고 있던 한글의 최종 발전 형태였다.[3]

왜 그러한가? 김수경이 조선어사론(K1949a)에서 설명했던 것처럼(→Ⅰ), 훈민정음은 원래 한자의 조선어 발음을 규범화하기 위해 중국 음운학의 지식과 견문을 바탕으로 창제된 것이었다. 그 때문에 한글이라는 문자는 한자 한 글자가 한글 한 글자에 대응하도록 사각형으로 조립됨과 함께, 한글 한 글자가 조선어음의 일 음절에도 대응하도록 되어 있다. 즉 '한자 한 글자'='조선어 일 음절'='사각형의 한글 한 글자'라는 원칙으로 되어 있다. 그러한 의미에서 조선어의 문자체계가 사각형이 된 것은 역사적 경위의 산물이지, 그러한 필연성이 언어 자체에 내재하고 있었던 것은 아니다. 그러므로 '낡은' 것에서 탈피하여 '과학적'인 것을 지향하는 언어학자일수록 풀어쓰기는 매력적인 존재가 되었던 것이다. 해방 후에는 '문맹 퇴치'운동으로 학습자가 외워야 하는 요소를 줄일 필요성에 타자기 개발 등의 기계화를 추진할 필요성까지 더해져, 풀어쓰기에 대해 더욱 주목하게 되었던 것이다.

이러한 문자체계의 쇄신에 대한 방향성을 책정하는 데에는 김두봉의 존재감이 대단히 컸다. 김두봉은 정치지도자로서 분주한 와중에도 조선어학자로서 문자개혁을 둘러싼 기본 방침을 제시하는 역할도 하고 있었다. 김두봉의 위치를 명확히 하는 것은 이 시기 김수경의 활동 과정을 명

---

[3] 남에서 활약한 언어학자로는 최현배가 대표적인 풀어쓰기론자였다.

확히 보여 주는 것이기도 하다. 이하에서는 정서법과 풀어쓰기 문제를 중심으로 그러한 점을 정리해 두기로 한다.

북한으로서는 마지막 '한글날'이 된 1946년 10월 9일, 김두봉은 《로동신문》에 축사를 기고하여 "국문 창제 500주년 기념을 당하야 우리 국문 장래의 유효한 개혁 발전을 축함"이라고 말했다.[4] 즉 김두봉은 단순히 한글을 되찾는 것만이 아니라, "개혁 발전"의 "장래"까지 바라보고 있었던 것이다.

이 무렵의 김두봉이 단순히 한글개혁에 대한 의욕만이 아니라, 구체적인 계획을 가지고 있었음을 보여 주는 자료가 있다. 11월 18일 서울에서 발행되던 종합잡지 《민성民聲》의 북조선 특파 기자로서 월경越境 중이던 박찬식이 평양의 김일성대학 총장실에서 김두봉과 가진 짧은 회견이 그것이다.[5] 박찬식은 원래 남북 통일 등에 대한 김두봉의 견해를 확인하기 위해 인터뷰를 기획했다. 그런데 회의 직전이었기 때문에 겨우 6분간밖에 말할 시간이 없었다. 마침 건국 사상 총동원 운동과 '문맹 퇴치'운동이 급하게 계획되고 있던 시기라, 다망하기 짝이 없었을 것이다. 기자는 본격적인 화제로 들어가기 전에, 긴장을 풀기 위해 한글과 문자정책에 관해 김두봉에게 간단한 질문을 했다. 그런데 이야기에 불이 붙으면서 "구각口角에 거품까지 소량 띄우시면서 혁명가 김두봉은 완전히 한글학자 《깁더조선말본》의 저자 〈김두봉〉의 면목"으로 변모했다. 결국 기자는 정치 논의는 거의 듣지 못했다. "천하의 혁명가를 만나서 겨우 한글 이야기밖엔 하지 못했다는 건 기자로서 여지없는 낙제"라는 탄식에서 확인할 수 있

---

[4] 《로동신문》 1946. 10. 9.
[5] 〈회견기: 김두봉 선생과의 6분간〉, 《민성》 3-1·2, 1947년 2월.

듯(박찬식, 1947: 18쪽) 기자에게는 불행한 취재였지만, 이 시기 김두봉의 문자개혁 방침을 엿볼 수 있었다는 점에서 이 기사(이하《민성》기사라 부름)는 무척이나 귀중한 자료가 되었다. 이하《민성》기사 등을 참조하면서, 김두봉의 문자사상이 어떻게 '조선어 신철자법'(1948년 1월 공표)으로 열매를 맺었는지에 대해 확인해 두자.

'조선어 신철자법'은 백지상태에서 고안해 낸 것이 아니었다. 1933년 조선어학회가 책정한〈한글 마춤법 통일안〉(이하 '통일안'으로 줄임)의 비판적 발전으로 만들어진 것이다.[6] 《민성》기사에 의하면, 김두봉은 조선어학회의 '통일안'에 대해 "내가 생각하는 것과 같은 데가 많습니다"라고 하면서도, "발전을 앞두고 하였다기보다도 현상에 따라간 것 같습니다", '통일안'은 부분적으로 관습적인 용법에 타협하고 있다, 어느 최종 목표를 향한 '발전'을 염두에 둔 철자 원칙을 정하여 개혁해야 한다는 등 문제점을 총괄적으로 지적했다.

문자개혁의 출발 지점이 '통일안'이라고 할 때, 김두봉에게 목표 지점은 무엇이고 어떠한 단계를 거쳐서 그것을 실현하려고 했던 것일까? 이 점에 대해 김두봉은《민성》기자와 주고받은 말에서, 장래에는 풀어쓰기를 "꼭 해야지요"라고 말하며 우선 한자의 폐지를 단계적으로 실시할 것을 표명했다. 다시 말해, 앞으로 풀어쓰기를 도입할 것을 목표점으로 하면서 그 도상에 한자 철폐와 정서법 개혁을 앉힌 것이다. 이러한 김두봉의 견해는 그 후 나온《조선어 신철자법》의 서문에 거의 그대로 반영된다.[7]

그러면 '조선어 신철자법'의 책정 과정에 김두봉은 어떻게 관여했던 것

---

[6] 〈통일안〉은 1946~1947년에 평양에서도 재간되었고, 해방 후 남북 모두에서 규범이 되어 있었다(고영근, 1994: 169쪽).

일까?《민성》기사가 나올 무렵 김두봉은 "평양에도 한글 연구하는 단체가 있지마는 바빠서 통히 나가진 못합니다"라 말했다. 이는 앞서 발족한 민간단체 시절의 '조선어문연구회'를 가리키는 것으로 생각된다. 1946년의 시점에는 아직 연구회에 언어정책상의 권한도 없었고, 김두봉도 관여하고 있지 않았던 것이다. 반면, 적어도 1947년 2월 조선어문연구회가 공적 조직으로 재출발한 후에는 김두봉은 문자정책의 구체적인 내용에까지 관여하게 되었다. 이 점과 관련해서 김수경의 경성제대 시절 동기로 당시 조선어문연구회의 위원장이었던 신구현이 1947년 10월《로동신문》에서 전하고 있는 경과 보고는, 대단히 중요하기 때문에 길게 인용해 둔다.[8]

> 1947년도 당면 과업으로서 철자 문제 한자 문제 횡서 문제는 소정 기일에 해결하겠금 사업을 추진시키고 있다.
> 횡서 문제는 직접 김두봉 선생 지도 밑에 진행되어 그 인쇄체 원안이 작성되어서 방금 진행과정에 있는 북조선 김일성대학 창립 1주년 기념전람회에 공개하여 여론을 조사하고 있으며 일방 활자를 제작하며 여러 각도로 검토하는 외에 타자기 제작의 준비까지 하고 있다.
> 철자 문제는 주로 김수경 선생이 연구를 거듭하고 있다. 철자 문제는 횡서 문제와 관련이 있는 문제인 만큼 신중한 연구를 필요로 하고 있다.
> 한자 문제는 전몽수 한수암 신구현 세 분이 연구하여 원안 작성에 가

---

[7] 1948년 1월 15일에 공포된 '조선어 신철자법'의 실물은 아직 발견되지 않았다. 현재 볼 수 있는 것은 1950년 4월에 간행된 것으로, 서울대 고영근 교수가 영인한 판본뿐이다 《북한 및 재외교민의 철자법 집성》, 도서출판 역락, 2000 수록).

[8] 신구현, 〈朝鮮語文硏究會에 賦課된 事業〉,《로동신문》1947. 10. 9.

까웠으며 지금 일방 여론을 조사하고 있다(방점은 인용자).

　이처럼 김두봉이 풀어쓰기 문제에 직접 관여하여 이 시점에는 원안이 만들어져 있었고, 김수경이 그 원안과 관련시키면서 정서법을 주도적으로 책정하고 있었음을 알 수 있다. 따라서 정서법에 관해서는 김수경이 체계화의 구체적인 작업을 맡고 있었다고 해도 틀리지 않는다. 다만 그 후에도 보이는 바와 같이 기본 방침은 김두봉이 제시하고 있었다고 생각되며, 공포할 때에는 언제나 김두봉이 전면에 등장하고 있었다.

　김두봉의 생각을 좇아가듯이, 조선어문연구회의 정서법 책정 작업은 우선 '통일안'을 비판적으로 검토하는 데에서 시작했다. 조선어문연구회는 김두봉의 '지도'하에 '통일안'에 대한 비판적인 검토회를 6회에 걸쳐 개최한 후, 1947년 12월에 '조선어 철자법 개혁안'이라는 안을 만들어 냈다.[9]

　김두봉은 그해 12월 26일, 북조선로동당 중앙위원회에서 새로운 정서법에 관한 이론을 발표했다(K1949f: 5쪽). 이어서 해가 바뀐 1948년 1월 9일, 김일성대학 강의실에서 300여 명이 참석한 가운데 '조선어 철자법 개혁안'에 관한 〈김두봉선생 보고회〉가 6시간에 걸쳐 개최되었다. 각계 참가자들의 질문과 토론이 속출하여 장내를 "긴장"시켰다는 《로동신문》의 보도는 새로운 안에 대해 열정적인 논의가 벌어졌음을 보여 준다.[10]

---

[9] 《조선어 철자법 개혁안》 성안/ 조선어문전 편찬도 시작/ 조선어문연구회〉, 《로동신문》 1948. 1. 6. 게다가 이 기사는 1949년에 새로운 정서법안을 공표함과 더불어, 그 개설서의 출판 사업을 진행하고, 강습회를 개최하며, 나아가 2월에는 연구논문집도 발표한다는 계획을 전하고 있다. 그러한 계획들이 그 후 어떻게 되었는지는 아직까지는 확인되지 않았다.

이상의 준비 기간을 거쳐 조선어문연구회가 새로이 훈민정음 기념일로 정한 1948년 1월 15일, 조선어문연구회는 '조선어 신철자법'을 정식으로 공포했다. 당시의 보도에는 우선 선행하여 "각 학교에서 점진적으로 교수를 실시하게 될 것"이라고 되어 있지만,[11] 실제로는 당장 각지에서 완전히 실용화된 흔적은 없고, 그 뒤에 나온 조선어문연구회의 문헌에도 일부에서 사용된 정도였다. 아마도 새로운 자모의 도입으로 인해 교육체제의 정비와 활자의 주조, 그 밖의 문제가 발생하여, 그 모습 그대로 당장 실용화하기 어려웠을 것이다. '조선어 신철자법'은 그만큼 급진적인 정서법 개혁안이었다.

그 급진성은 김두봉이 '본本'이라 부른 원리 원칙에 대한 확집에 따른 것이었다. 발음과 표기의 관례보다 원칙적인 것, 모범이 되는 것을 '본'이라 불러 원칙적으로 어문개혁을 진행해 나가려는 자세는 주시경으로부터 김두봉이 이어받았는데, 《조선말본》(1916)에도 표명되어 있었다.[12] 북한에서 한글 자모의 명칭을 원칙적으로 변경한 것도 《깁더 조선말본》(1922)에서 이미 표명되어 있던 것을 실현한 것이었으며, 다음 절에서 보는 바와 같이 '조선어 신철자법'의 주요 구상은 김두봉에게서 나온 것이었다. 이러한 원칙주의적인 입장은 체제 형성기 북한의 문자정책의 기조

---

[10] 〈김두봉선생 보고회/ 철자법개혁안에 대하여〉, 《로동신문》 1948. 1. 11.

[11] 〈조선어 신철자법 十五日에 正式公布〉, 《朝鮮新聞》 1948. 1. 16. 원 출처는 1948. 1. 15일 자의 《北朝鮮通信》.

[12] 김두봉, 《조선말본》(1916)의 〈알기〉(범례)에는 다음과 같이 적혀 있다(띄어쓰기는 옮긴이).

　ㄱ. 이 글은 이제에 두로 쓰이는 조선말 가온대에 그 바른 본을 말한 것이니라

　ㄷ. 이 글은 서울말을 마루로 잡앗노라 그러나 이도 본에 맞지 아니한 것은 좋지 아니하엿노니 이를터면 〈더우니〉를 아니 좋고 〈덥으니〉를 좋은 따위니라

가 되었다.

그렇기는 하지만 김두봉이 '본'을 언어학적으로 자리매김하는 데에까지 이르렀던 것은 아니다. 그 현대 학문상의 역할을 거의 전적으로 담당한 이가 김수경이었다. 즉 풀어쓰기안의 책정과 정서법의 방향성을 설정한 이가 김두봉이었다면, 이 정서법을 '조선어 신철자법'으로 구체화하고 조선어사 및 언어학 이론을 통해 거기에 근거를 부여하는 작업을 담당한 이가 김수경이었던 것이다. 다음 절에서 그 점을 명확히 살피기로 한다.

2
정서법 개혁과 형태주의

1948년 1월에 공표된 '조선어 신철자법'에는 많은 특징이 있지만, 겉으로 보기에도 '통일안'과 달라진 부분은 ① 두음법칙의 폐기, ② 절음부 ('분리부'라고도 불리는데, 나중에 '사이표'라고 불리게 되는 부호)의 도입, ③ 새로운 6개의 문자 요소(신6자모) 도입이라는 세 가지였다. 순차적으로 설명하겠지만, 이 ①~③ 모두에 김수경이 깊숙이 관여하여 이론적인 근거를 제시했다.

정서법 개혁은 서로 아무런 관련성 없이 진행된 것이 아니라, 형태주의라는 핵심어로 일관성을 가지고 설명되었다. 그러므로 먼저 형태주의라는 사고방식에 대해 김수경이 집필을 담당한 부분이라고 생각되는《조선어 문법》(다음 절 참조)의 기술(K1949k: 76~87쪽)에 따라 설명하고자 한다. 이 글은 정서법(원문에는 '철자법')에는 표음주의, 형태주의, 역사주의라는 세 가지 원칙이 있다고 정리한다. 차례로 정의를 인용하면 다음과 같다.

표음주의 철자법에 있어서는 매개[13]의 문자는 대체로 자모표에서 배정된 음가를 보유하고, 현대어에서 실지 발음되는 대로 표기하며, 표기되는 대로 발음할 것을 주장한다(K1949k: 76쪽).

형태주의 철자법에 있어서는 어語 또는 어語의 부분(형태부)이 어떠한 위치에서나 동일하게 표기되어, 때로는 반드시 발음과 엄밀히 일치하지 않더라도, 다른 모든 경우에 그 어語나 어語의 부분(형태부)이 표기되는 것과 똑 같이 표기된다(K1949k: 76~77쪽).

역사주의 철자법에 있어서는 오늘날 살아 있는 언어의 실제 발음이나 문법적 형태와는 관계 없이 과거 역사 상에서 표기된 방식이 그대로 추종된다(K1949k: 77쪽).

바꿔 말하면, '표음주의'란 발음 쪽을 표기에 맞춘다는 원칙이고, '형태주의'란 실제 발음과는 다르다고 하더라도 같은 어語(및 형태소)는 같은 철자로 표기한다는 원칙이며, '역사주의'란 이론보다도 관습에 따른다는 사고방식이다.

이 책의 앞머리에서 설명했던 '勞'라는 글자를 예로 들어 다시 한번 확인해 보자(〈표 II-1〉). '과로過勞'와 같이 어중에서는 '로'라고 발음되는 '勞'가 '勞動'과 같이 어두에 오면 '노'라고 발음이 변화하는 것은, 원래 남북에 관계없이 일어나고 있던 조선어의 음운 교체 현상으로, 일반적으로 '두음법칙'이라 불린다. 두음을 발음대로 표기하려는 원칙이 '표음주

---

[13] (옮긴이 주) 원문은 每間으로 보이나, 每個의 오자로 보인다. 저자 역시 그렇게 보고 있다.

의', 같은 의미를 가지는 '勞'이므로 같은 한글로 표기하려는 원칙이 '형태주의'이다. 김수경이 주요한 구축 작업을 담당한 북한의 정서법은, 이러한 형태주의 원칙을 두음에 머무르지 않고 다른 철자에도 철저하게 적용한 것이 특징이었다.

앞서 인용된 부분에 '형태부'라는 단어가 보이는 점에 주목하기 바란다. 이것은 "그 언어를 사용하는 사람의 의식에 비추어 일정한 의미의 담당자로서 분할해 낼 수 있는 어음 련속체 중의 최소의 단위"라고 정의된다(K1949k: 70쪽). 말할 필요도 없이, 이것은 구조언어학 등에서 사용되어 온 morpheme의 번역어로, 일본과 한국에서는 일반적으로 '형태소'라고 번역되어 왔다. '로동'이라는 단어라면, '勞'와 '動'이 각각 morpheme에 해당한다(그보다 더 잘게 소리를 나누면 의미를 가지지 않게 된다). 그것의 역어를 '형태소'라고 하는 데 반대하여 전전戰前부터 '형태부'라 하고 있던 사람은 고바야시 히데오이다.[14] 결국 '형태부'라는 용어는 고바야시 히데

〈표 II-1〉 표음주의와 형태주의

표음주의	過勞	과로	*kwa ro* (**kwa**₁**lo**)
	勞動	노동	***no** dong* (**no**₁tong)
형태주의	過勞	과로	*kwa ro* (**kwa**₁**lo**)
	勞動	로동	***ro** dong* (**lo**₁tong)

(비고) 이탤릭은 음성 표기, 괄호 안은 번자飜字이다.

[14] 고바야시 히데오는 원래 방드리에스의 《언어戰前 *Le langage*》(1921)에서의 sémantème / morphème의 구분을 염두에 두고, 의의부意義部/형태부形態部라고 번역하였던 것이다(小林, 1935: 197~198쪽). '형태부'라는 역어는 방드리에스와는 다른 용법을 취하고 있는 트루베츠코이의 형태음운론의 번역에서도 사용되었다(小林, 1935 수록).

오로부터 김수경을 경유하여 북한의 언어학계로 들어간 것이라고 생각된다. 단 그 후 '형태부'는 일본에서도 역어로 정착되지 않은 데다 번거로우므로 이 책에서는 인용 외에는 '형태소'라는 용어로 통일하고자 한다.

이 개념을 이용하여 정서법의 형태주의를 간결하게 정의하면, '동일 형태소의 동일 표기' 원칙이 된다. 그것은 원래 조선어의 특성으로 미루어, "매개의 형태부의 경계가 선명하기 때문에 형태부를 표기의 단위로 삼는 것은 극히 자연스러운 일"(K1949k: 80쪽)임과 동시에, "장래의 한자 철폐와 문자개혁을 앞두고, 조선 어문의 통일과 발전을 위하여 반드시 겪어야 할 철자법 상의 개정"이라고 자리매김되었다(K1949k: 86쪽).

이상을 전제로, 이하 3개의 정서법 개혁에서 김수경이 어떤 역할을 했는지 확인하고(1~3), 그 위에서 형태주의에 대해 새롭게 논의하고자 한다(4).

두음의 고정 표기

두음의 고정 표기는 해방 전 김두봉의 저작, 특히 《깁더 조선말본》에 확실히 나타나 있었다. 그는 그 책에서 한자어를 한글로 표기할 때 일관해서 ㄹ과 ㄴ을 어두에서도 변화시키지 않고 고정적으로 표기하고 있었다. 예를 들어 그는 인명의 '柳氏'를 '류씨'가 아니라 '유씨'라고 발음하는 것을 '버릇소리', 즉 "우리나라 사람들의 버릇으로 결에 맞지 아니하게 내는 소리"(띄어쓰기는 옮긴이)라 부르고 있었다.[15] 따라서 '본'으로 되돌아간다면, 이것은 결에 맞춰 두음도 고정적으로 발음하지 않으면 안 된다는 것이 된다.

분명 김두봉의 이러한 신념이 '로동당'의 명칭에도 반영되었다고 생각된다. 김일성이 이끄는 북조선공산당과 김두봉이 이끄는 조선신민당이 1946년 8월에 합당하여 북조선로동당을 결성할 때(→제2장) 새롭게 정해진 강령에 '勞動黨'은 '로동당', '勞動者'는 '로동자'로, 두음을 변화시키지 않은 채 표기하고 있었다.[16] 9월부터 발간된 《勞動新聞》도 《로동신문》으로 표기되었다. 김두봉이 그렇게 표기하도록 주장했다는 확증은 없으나, 그때까지의 그의 문자론으로 보거나 그의 정치적 지위로 봐도, 그렇게 생각해서 무리는 없다. 단 두음 표기의 원칙이 당명에 의해서 먼저 결론지어지기는 했으나, 그것을 언어학적으로 뒷받침하는 것은 뒤로 미뤄졌다.

두음 표기 원칙의 이론화를 담당한 이는 김수경이다. 김수경은 1947년 6월에 나흘에 걸쳐 《로동신문》에 기사(K1947b)를 연재했다(〈그림 II-1〉). 제목은 〈조선어학회 『한글 맞춤법 통일안』 중에서 개정할 몇 가지—기일한자음 표기에 있어서 두음 ㄴ 급 ㄹ에 대하여〉로, 당 기관지의 기사로서는 이색적이라고 할 정도로 전문적인 것이다. '기일其一'이라고 되어 있으므로 '기이其二' 이후도 준비되어 있었다고 생각되지만, 《로동신문》에 게재된 흔적은 없다. 어쩌면 조선어문연구회가 6회에 걸쳐 '통일안'을 비판적으로 검토한 성과를 기사로서 차례로 공포할 예정이었지만, 2회째 이후는 (지나치게 전문적이어서) 연재하지 못했던 것으로 보인다. 실제로 논

---

[15] 김두봉(1922)(《깁더 조선말본》)에는 두음 ㄹ의 표기로서 '룡비어련가'(龍飛御天歌, 9쪽), '리두'(吏讀, 17쪽) 등의 용례가 있다. 또 64~66쪽에는 '버릇소리'에 대한 기술이 있다.

[16] 〈북조선 로동당의 강령〉, 《근로자》 창간호, 1946. 10. 단 동 강령에는 '이익利益'이라 적어서 두음 ㄹ→×의 변화를 반영하고 있으며, '여자女子'의 두음 ㄴ(n)→×의 변화도 반영하고 있어서 아직 두음법칙의 철폐는 철저하지 않았다.

〈그림 Ⅱ-1〉《로동신문》에 게재된 김수경의 논문(1947년 6월)

(출처)《로동신문》1947. 6. 7.

문의 제1인칭이 "우리"로 되어 있는 것 등으로 미루어 이것은 김수경 개인의 저작이라기보다 조선어문연구회를 대표하여 그가 집필한 것이라봐도 좋을 것이다. 1948년 전반에는 정서법과 관련한 논문집의 발간이계획되어 있다는 보도도 있었던 것으로 미루어 봤을 때,[17] '조선어 신철자법'을 책정하는 과정에서 이러한 분석적인 논고를 축적하고 있었던 것으로 생각된다. 김수경의 이 논문(K1947b)은 첫머리에서 '통일안'을 높이평가하면서도, "그 안案 중에 내포된 몇가지 불충분한 점"을 "리론에만의거하는 과학자적 태도"에 의해서 비판하고 그 대체안을 제시하는 것이라고 취지를 설명하고 있다.

논문의 첫 번째 주제가 두음의 표기였다. 두음법칙에 의거하여 '勞動'을 '로동'이 아니라 '노동'으로, '女子'를 '녀자'가 아니라 '여자'로 표기하는 것이 '통일안'의 한자어에 관한 규정이었다. 이러한 표기를 폐기하고, '로동', '녀자'와 같이 전자의 원칙으로 하는 것이 과학적으로 옳다고 주장하는 것이 이 논문의 주요한 목적이었다.

논문의 제목에 "한자음 표기"가 있는 데에서 알 수 있듯이, 이것은 주로 한자어를 한글로 표기할 때 일어나는 문제였다. 한자로 표기했을 때에는 '勞'가 '로'인가 '노'인가 하는 문제가 애초부터 가시화되지 않는다. 그런데 한자를 철폐하면 이 문제가 현재화顯在化한다. 그래서 그 철자의 원칙을 정한 것이었다. 두음에서도 고정 표기를 함으로써 하나의 한자에 유래하는 음절이 단어의 머리에 있든 중간에 있든 같은 한글로 일관되게 표기되는 것이다. 한자는 일반적으로 한 글자가 한 형태소이기 때문에, 이것이 형태소의 고정 표기를 의미하고 있었음은 말할 필요도 없다. 이 기

---

[17] 《로동신문》 1948. 1. 6의 기사에 의한다.

사에서 제시된 논거는 다음의 네 가지로 정리할 수 있다.

첫째 논거는, 표음주의를 완전히 실현하는 것은 불가능하다는 점이다. 어떠한 문자체계라도 동일한 문자에 복수의 음가가 대응하기도 하고, 역으로 동일한 음에 복수의 문자가 대응하기도 한다. 원래 언어는 음성 그 자체에 무언가의 존재 이유가 있는 것이 아니다. 언어란 의미를 동반한 소리의 연속이므로, 문자에 미세한 소리의 변이까지 하나하나 반영할 필요는 없다. 표의성과 시각성은 한자만의 특성도 아니다. 표음문자라도 공통의 의미를 가지고 있는 부분은 대체로 같은 형태를 유지한다. 역사적으로 봐도 언어의 발음은 부단히 변화하는 데 비해, 문자는 상대적으로 고정적이고 발음에 맞춰 표기를 하나하나 바꿔 나가면 이윽고 문자가 언어를 배반하게 된다.

첫 번째 논거가 문자에 관한 원론적인 고찰이라면, 두 번째 논거는 '통일안'이 비체계적이고 일관성이 없다는 비판이다. 예를 들면 '學理'는 [haŋni]라고 발음하니까, 표음주의에 따르면 '항니'라고 쓰지 않으면 안 될 것이다. 그런데 '통일안'에서는 '학'과 '리'의 원래 표기를 살려서 '학리'라고 표기한다. 두음은 표음주의적으로 표기한다고 하면서, 이 경우에는 발음에 대응시키지 않는다면 일관성이 없다. 언어는 하나의 가치체계를 이루고 있고, 하나의 음운은 다른 음운과의 관련성 아래에서 자리매김되는 것이므로, 표기에도 체계성이 요구된다. 어원이 같고 의미가 같은 음은 언제나 같은 문자의 조합으로 표시하는 편이 체계성과 이해성에서 우월하다. 만일 한자가 완전히 철폐되어 한자를 한 글자도 모르는 사람이 등장했을 때, "같은 어원, 같은 의미의 음은 언제나 같은 문자로써 표시하는 것"이 이해하기 쉽다.

남은 두 개의 논거는 간략히 소개해 둔다. 세 번째 논거는 외래어 표기

와의 모순이다. 예를 들면 'Roma'라는 지명은, 두음법칙에 따르면 '노마'
가 되어야 하는데, 조선어학회의 원칙으로는 '로마'로 적게 되어 있다. 이
것은 일관성이 없다. 네 번째 논거는 예상되는 반론, 즉 조선어 화자는 두
음 ㄴ, ㄹ을 발음할 수 없지 않은가 하는 데 대한 비판이다. 이에 대해 김
수경은 "그 음들은 실지로 발음할수있으며, 발음하고 있으며 또한 발음
시켜야한다"고 일축한다. 이미 외래어에서 발음하고 있을 뿐만 아니라,
'가갸거겨'로 시작하는 한글 초학자의 낭송에서도 두음의 ㄴ, ㄹ을 발음
하고 있다.[18] 조선인만이 이 발음을 할 수 없다고 하는 것 등은 생각할 수
없다.

이상의 논거에 기초하여 김수경은 두음에서도 일관되게 표기하는 것
을 이론적으로 정당화했던 것이다. 특히 전반의 논의에서는 가치의 체계
라고 하는 표현 등 소쉬르에 연원하는 음운론의 사고방식이 명확하게 담
겨 있다(다만 출전은 표시되어 있지 않다). 즉 구조언어학의 개념이 김두봉
의 '본'에 대한 신념과 결합하면서, 문자의 규칙적 표기의 이론이 되어 있
는 것이다. 그것도 단순한 탁상공론이 아니라 실제의 정책과 연동되는 것
이었다. 이 원칙이 당장 철저하게 이행되지는 않았지만, 그 후 1950년대
에 들어서면서는 거의 정착되었다. 김수경의 이 글(K1947b)은 월북 후 최
초의 업적으로, 언어학 이론과 문자정책이 결합한 김수경 언어학의 새로
운 모습을 보여 주는 것이었다.

---

[18] (옮긴이 주) '나냐너녀노뇨누뉴'의 '냐, 녀, 뇨, 뉴'와 '라랴러려로료루류' 등에서 ㄴ,
ㄹ이 발음되는 것을 가리킨다.

절음부의 도입

형태소를 고정적으로 표기한다고 하는 것은 개개의 형태소를 시각적으로 구획하여 식별하기 쉽도록 한다는 것이기도 하다. 이는 "어語가 가지는 조어상의 생산성"(K1949k: 81쪽)과도 관련되어 있다. 형태주의의 원칙에서 보면, 두 개의 어사를 결합하여 새로운 단어를 만들 때에도 원래의 형태소를 변별할 수 있도록 보존하는 것이 요구된다. 그 결합 시에 도입된 것이 '절음부'라 불리는 아포스트로피 부호(['])이다.[19]

이것은 정서법에, 종래에 사이시옷 등으로 불리던 삽입자모(→ I) 대신 음가가 없는 절음부를 삽입하는 방식이었다(아래 상자 안 쪽글 참조). 조선어 신철자법에서는 이것을 "두 형태부 사이에서 일어나는 동화방지, 악센트 현상을 표시하기 위하여"(K1949k: 95쪽) 절음부를 삽입한다고 정식화했다.[20] 일본어를 로마자로 표기할 때에도 'ん(N)' 뒤에 あ(a)행이나 や(ya)행이 올 때 [']로 구획을 나누는 일이 있는데(예: 本屋(혼야)→hon'ya), 이것과 비슷한 기능을 가지는 부호이다.

어사의 결합에서 '동화 방지'라는 논점이 I 에서 본《용비어천가》에 관

---

[19] 이 부호의 명칭은 좀처럼 결정되지 않았다. 1948년 초에 공표되었을 때에는 〈표票〉라고 씌어 있을 뿐, 이 부호를 어떻게 부르는지는 명기되어 있지 않았다(1948년 1월에 공표된 '조선어 신철자법'은 아직 실물을 보지 못했으나, 이 부분에 대한 김수경 논문의 주2(K1949d: 37~38쪽)에 인용되어 있다). 그 후 1949년 9월경까지는 '분리부'라고 불렸는데(조선어문연구회, 〈朝鮮語 綴字法의 基礎 (2)〉,《조선어 연구》1-6, 1949), 1949년 말에 발행된《조선어 문법》과 1950년에 공간된《조선어 신철자법》에서는 '절음부'가 되었다. 뿐만 아니라 1954년에 공포된 새로운 정서법에서는 '사이표'라고 불렸다(K1954h). 이렇게 그 명칭은 여러 번 바뀌었으나, 부호의 모습과 그것의 중핵적인 기능 자체에는 변화가 없었다.

[20] 이 밖에 또 다른 몇몇 경우에도 절음부를 삽입하게 되어 있었으나, 여기에서는 줄인다.

한 해방 직후의 연구(K1947a) 내용과 완전히 합치하는 것은 말할 필요도 없다. 이 논문은 훈민정음 창제시대에 여러 가지 모습으로 나타나던 '삽입자음'이 원래 동화작용을 방지하기 위해 도입된 것이고, 시간이 흐르면서 하나의 자모(사이시옷)로 통일되어 가는 추세를 음운론적인 관점에서 추적한 것이다.

조선어 신철자법의 공표 후, 김수경은 남에 남겨 두고 온《용비어천가》 논문(K1947a)을 고쳐서 조선어문연구회의 잡지에 발표했다(K1949d). 본론의 내용은 이전과 거의 같았지만, 그것은 새로운 정치적·지적 상황 속에 놓였다. 김수경은 앞머리에서 "조선어 철자법의 력사적 변천"에 대한 연구가 "오늘날의 철자법 상의 문제 해결에 커다란 시사를 주"는 것이라고 논하고 있다. 요컨대 그는, 1945년에 한 번 탈고했던 논문을 고쳐 써서, '다양한 삽입자모의 사용'→'부호화한 사이시옷에로의 수렴'→'음가

사이시옷과 절음부

예를 들어 '바닷가'는 사이시옷을 문자 아래쪽의 요소(받침)로 삽입하여 두 형태소를 결합시킨 것이다. 이것을 '바다'가'[pa.ta.ka]와 같이 절음부로 대체함으로써 형태소의 원형, 즉 '바다'와 '가'의 모습이 유지됨과 더불어, 발음할 때 '가'의 두음이 경음화하여 [까]가 된다는 것도 표시했던 것이다(따라서 절음부를 사용할 경우에도, 사이시옷을 사용할 경우에도, 발음은 같다).

	사이시옷 방식	바닷가 pa.tas.ka
바다 + 가 pa.ta　　　ka		
	절음부 방식	바다'가 pa.ta.ka

를 가지지 않는 '[절음부]에로의 통일'이라는 "력사적 발달"을 보임으로써 '조선어 신철자법'의 역사적 필연성을 증명하려 했던 것이다. 그는 논문을 다음과 같은 말로 맺고 있다(K1949d: 36~37쪽).

이 론문은 정음 창제 당시의 철자법 고찰이 오늘날 어떠한 현실성을 가질 수 있는가, 다시 말하면 철자법연구에있어 력사적인것과 론리적인 것이 어떻게 통일될 수 있는가―이것을 증명하려는 하나의 자그마한 시도였다.

여기에 조선어사―이론―정서법 개혁을 관련시키려 했던 김수경의 모습이 잘 나타나 있다.

김두봉에게 절음부라는 생각이 원래 있었는지는 확인되지 않는다. 다만 이것이 장래의 풀어쓰기를 염두에 두고 도입된 것은 명백하다. 모아쓰기를 하고 있을 때에는 사이시옷이 삽입되어도 시각상 식별은 어렵지 않다. 그런데 풀어쓰기가 되면, '바닷가'를 〈pataska〉와 같이 쓰는 순간 유성음화를 방지하기 위해 삽입된 부호가 음가 /s/를 가지게 됨으로써, 발음을 표시하고 있는 것인지 경계를 표시하고 있는 것인지 알기 어렵게 되어 버린다. 그렇다면 차라리 음가가 없는 부호를 삽입하여 〈pataʼka〉로 적는 편이 구별하기 쉽다는 것이 된다.

절음부라는 구상은 어디에서 온 것일까? 그것의 출처와 관련하여 흥미로운 점은 김수경의 논문(K1949d: 31쪽)에 그 부호와 명칭을 러시아 어학에서 빌려 온 것임이 시사되어 있다는 것이다. 러시아어를 표기하는 키릴 문자에는 음가를 가지지 않는 경음부硬音符 ъ가 존재하고 있어서 직전의 문자와 직후의 문자를 분리하는 기능을 한다. 김수경은 소련의 언어학자

쉬체르바[시체르바]L. V. Serba[21]의《로씨야어 문법》등을 참조하면서, "문자 ъ는 오늘날 그것이 '로써 대체될 수 있으며, 또 분리부라 명명되"고 있다고 하고, 주석에서 "조선 어문 연구회《조선어 신철자법》의 규정의 리론적 근거의 일단이 이곳에 있다"고 쓰고 있다(K1949d: 43쪽). 그러나 일본어의 로마자 표기에서도 전전부터 마찬가지의 부호가 사용된 적이 있었음을 고려하면,[22] 절음부의 뿌리가 러시아어라고 단정할 수는 없다. 그러나 러시아어에서의 경음부→분리부라는 부호체계를 참조하고 있다는 점에서 장래의 풀어쓰기 도입을 염두에 두고 한글의 분리부를 도입했음은 틀림없다. 그리고 이 논문에서도 김수경의 역사 - 이론 - 실천을 연결 짓는 자세가 유감없이 발휘되고 있다.

신6자모의 도입

여기에서 다음의 논의와 연결하기 위해 형태음운론morphophonology의 관점을 도입할 필요가 있다. 형태음운론은 동일한 형태소에서의 음소의 교체를 연구하는 분야인데, 김수경도 1945년 이전부터 고바야시 히데오를

---

[21] (옮긴이 주) 앞으로 김수경 등의 글에서 인용된 구 소련 등 서양의 인명은 '쉬체르바[시체르바]L. V. Serba'와 같이 적기로 하겠다. 이 경우 '쉬체르바'는 원문의 표기이고, [시체르바]는 현행 러시아어의 한글 표기법에 따른 것이며, L. V. Serba는 로마자 표기이다. 로마자 표기는 맨 처음에 나올 때에만 적도록 하겠다. 이하 같음.

[22] 전전의 이른바 일본식 로마자에서도 예를 들어 〈本屋(혼야)〉를 〈hon'ya〉라 쓰고, 〈'〉를 '음을 가르는 표시' 등으로 부르고 있었다. 예를 들어 田丸卓郎,《ローマ字模範讀本》, 日本のローマ字社, 1924 등을 참조.

경유하여 잘 알고 있었을 것이다.[23] 예를 들어 일본어로 단위를 나타내는 형태소 '本'(hon, 자루, 개비)은, 하나라면 いっぽん(ippon, 입폰), 둘이라면 にほん(nihon, 니혼), 셋이라면 さんぼん(sambon, 삼본)과 같이 주변 요소와의 관계에 의해 다른 모습으로 나타날 수 있다. 이것들을 동일 형태소의 이형태allomorphs라고 한다. 이러한 변화는 이것을 한자로 '本'이라고 적을 때에는 표기상으로는 보이지 않는다. 한자는 기본적으로 한 글자가 한 형태소를 나타내고 있고, 처음부터 형태소를 고정적으로 표기하도록 되어 있기 때문이다.

'형태주의'를 이러한 형태음운론의 관점에서 바꿔 말하면, 발음(청각)상으로 이형태로 나타날 수 있는 동일한 형태소를 표기(시각)상으로 항상 고정한다는 것이다. 앞에서 두음에 관해 설명한 데에서 보았듯이, 조선어의 경우 하나의 형태소인 한자 한 글자가 일 음절에 대응하고, 나아가서는 사각형인 한글 한 글자에도 대응하도록 만들어져 있다. 그러므로 한자어의 한글 표기에서 발음의 변화가 있어도 원래 동일한 한자였던 동일한 형태소는 고정적으로 표기한다는 원칙은 비교적 알기 쉽다.

이 시기 북한의 정서법 개혁의 가장 큰 특징은 이러한 형태주의 원칙이, 한자어의 두음 표기를 넘어서 좀 더 일반적으로 확장된 데에 있다. 그러한 발상에서 등장한 것이 '신6자모'였다(아래 상자 안 쪽글 참조). 신6자모는 한마디로 하면, 어간이 변칙적으로 발음되는 용언에서 어간을 고정적으로 표기하기 위해 도입된 것이었다.

변칙용언에서는 어미가 어떤 소리로 시작하는지에 따라 어간이 달라

---

[23] 이미 서술한 바와 같이, 고바야시 히데오는 트루베츠코이의 《'형태음운론'에 대하여'形態音韻論'について》를 1932년에 이미 번역 소개하고 있었다(《言語學方法論考》 수록).

진다(=이형태가 나타난다). 같은 의미를 가진 어간이 음운상의 환경에 따라 달리 나타나는 것이다. 발음상 이형태가 나타났다고 해도 표기상으로는 고정함으로써 문자상으로는 어간이 안정된다. 다시 말해, 표기상으로는 변칙용언이 소멸하게 되는 것이다. 조선어에는 다양한 변칙용언이 있다. 한글은 창제 이래 다양한 받침을 구사하여 용언 어간의 음운 교체를 고정적으로 표기해 왔는데, 그럼에도 변칙적으로 표기하는 경우가 많이 있었다. 그래서 새로운 자모를 도입함으로써 그것들도 전부 고정적으로 표기하려 했던 것이다. 말하자면 이것은, 한글을 단순한 음소문자로 파악하

신6자모

예를 들어 '걷다[ket̚.ta]'라는 동사가 있다(굵은 부분이 어간). 이것은 'ㄷ변칙' 등으로 불리어, 어간 '걷-'의 뒤에 모음으로 시작하는 어미가 오면, 어간의 마지막 글자의 밑에 붙어 있는 한글 요소(받침 또는 종성자)가 ㄷ에서 ㄹ로 바뀐다. 예컨대 '-지만'이라는 어미가 왔을 때에는 변화 없이 '걷지만'[ket̚.ci.man]이 되지만, 과거형의 '-었다'가 오면 '걸었다'[kel.ess.ta], 가정형의 '-으면'이 오면 '걸으면'[kel.e.myen]으로 어간 부분이 변화한다.

그래서 어간의 표기를 고정시키기 위하여 새로운 자음자 ㅿ을 도입하고, 발음에 관계없이, 다음과 같이 어간의 표기를 고정한다.

걷다→걼다   걷지만→걼지만   걸었다→걼었다   걸으면→걼으면

이처럼 ㄷ변칙에 ㅿ을, ㄹ변칙에 ㄾ을, ㅂ변칙에 ㅸ을, ㅅ변칙에 ㅎ을, 르변칙에 ㄽ을 도입함으로써, 변칙적인 이형태가 나타나는 어간의 표기를 고정하려고 하는 것이다. 이들 5개의 자모와는 약간 성격이 다른 것이 반모음의 도입이다. 반모음이란 일본어의 〈や〉(ya), 〈ゆ〉(yu), 〈よ〉(yo)의 'y'처럼 그 자체는 자음이 아니지만, 일순 발음되는 것으로 자음처럼 기능하는 것을 말한다. 예를 들어 동사 '모이다'[mo.i.ta]는, 과거형이 되면 '모였다'[mo.yess.ta]가 된다. 이러한 경우, 어간의 최후의 음을 반모음 y라고 생각하여, 거기에 새로운 한글 요소 〈1〉를 할당함으로써, 어간이 되는 형태소 '모이-' (moy-)의 표기를 고정하려 했던 것이다(모이다→모ㅣ다, 모였다→모ㅣ였다).

는 것이 아니라, 형태음소morphophoneme를 나타내는 문자로 파악했다는 뜻이다. 아니, 한글의 그러한 성격을 기술적으로 파악했다는 것만이 아니다. 조선어 신철자법이란, 한글의 형태음운론적 성격의 철저화를 목적으로 한 정서법 개혁인 것이다. 이러한 이유로 도입된 신6자모는 조선어 신철자법 가운데에서도 가장 대담한 개혁안이었다.

신6자모가 김두봉의 구상에 연원하는 것은 틀림없다. 《민성》 기자는, 김두봉이 "훈민정음이 발포되었을 때 28자였던 것을 그 뒤 24자로 줄여 쓰고 있지만 그렇게 아니라 그전에 있던 것도 도로 부활시켜 쓰는 것이 좋다"고 하기도 하고, ㅂ변칙의 예를 들면서 "너무 많은 불규칙 동사를 정리하여 앞으로 허다한 불편이 예상되는 현상추수의 태도에서 지양되어야 하겠다"고 하기도 했음을 전하고 있다. 신6자모의 구체적인 계획까지는 나오지 않았지만, 그 원형이 되는 생각을 김두봉이 가지고 있었음을 알 수 있다. 실제로 김수경 자신이 1949년에 밝혔듯이, 이 시기의 새로운 정서법은 "[김두봉] 선생의 리론을 구체화시킨 것"이었다(K1949f: 7쪽).

다만, 그 아이디어를 실제로 체계적으로 구체화하고, 언어학적으로 정당화하는 작업을 담당했던 이가 김수경이었다고 생각된다. 나중에 김두봉이 정치적으로 비판받았을 때 이 신6자모도 함께 비판의 대상이 되었는데, 그때에는 신6자모를 "김 두봉 동지가 제기했고 김 수경 동무가 그를 리론적으로 체계화하려고 시도한" 것이라고 지적되었다.[24] 앞에 소개한 《로동신문》의 기사에서 "철자문제는 주로 김수경 선생이 연구를 거듭하고 있다"고 씌어 있는 것 등을 함께 고려했을 때, 신6자모 또한 김수경이 "구체화"하고 "체계화"한 것이라고 생각해도 좋을 것이다.

---

[24] 《로동신문》 1958. 1. 19. 또 《조선 어문》 1958-2에도 상세한 내용이 보고되어 있다.

김수경이 신6자모에 대해 설명한 다음의 한 대목은, 15세기의 언어학자들이 조선어의 음운체계 분석에서 새롭게 훈민정음을 만들어 낸 정신을, 현대의 '혁명'적 분위기로 불러들이는 듯한 말투가 되어 있다(K1949f: 8쪽).

> 이것은 오늘날 조선어의 음운 조직 그 자체를 본질적으로 파악한 당연한 귀결이며, 현대 조선어의 음운 체계와 형태구조 설명상 반드시 필요한 자모입니다. [……] 이리하여 현행 조선어의 어음조직에 적합토록 자모를 늘인 것은, "자연을 정지 부동, 일정 불변의 상태로 보는 것이 아니라, 부단의 운동과 변화, 부단의 갱신과 발전의 상태이며, 거기에는 부단히 그 어떤 것이 발생 발전되며 그 어떤 것이 붕괴 쇠멸되어 가는 그러한 것이라고 보"는(쏘련[25] 공산당 [볼쉐비키] 력사, 조선어 역, 평양판, 184페지) 맑스·레닌주의적 변증법적 세계관으로부터 출발하는 것입니다.

대일본제국의 해체, 소련군의 점령, 새로운 주권 형태의 수립 등 눈이 팽팽 돌듯 질서가 변화해 나가는 혁명적 상황 속에서, 민족의 문자라고는 하지만 단순히 지켜져야 하는 데 머무르지 않고, 부단하게 '운동과 변화', '갱신과 발전'해야 하는 과정에 있는 것으로 자리매김한 것이다.

그러나 실제로 인쇄물에서 이 신6자모가 사용된 것은, 확인할 수 있는

---

[25] (옮긴이 주) 초창기 북한에서 나온 문헌들에는 고유명사에 밑줄이 그어져 있는 경우가 적지 않다. 예를 들어 본문의 '쏘련'은 '쏘련', '맑스·레닌주의적'은 '맑스·레닌주의적'과 같이 지명에는 점선의 밑줄이, 그리고 인명에는 실선의 밑줄이 그어져 있다. 그러나 이러한 것들은 모두 생략하기로 한다. 이하 같음.

한에서는, 1949~1950년에 조선어문연구회에서 발행한 몇몇 책자(잡지 《조선어 연구》의 일부 기사와 《조선어 문법》 및 《조선어 신철자법》)뿐이다. 이 점에서 결과적으로 새로운 문자는 이른바 '혁명적 몽상'이라고나 해야 하겠지만, 당시에는 가까운 미래에 실현 가능성을 띤 현실적인 이야기였던 것이다.

형태주의의 두 계보

그렇다고는 하지만, 안 그래도 정치·경제 면에서의 '혁명' 사업에 바쁜 가운데, 언어학자들은 왜 형태주의에 기초한 문자의 개혁에 매달리고 있었던 것일까? 형태주의의 사회적 의의에 대해 1949년의 《조선어 문법》(김수경이 집필을 담당했다고 생각되는 부분)은 독서상의 능률을 높인다, 동음이의어의 표기를 피할 수 있다, 신어의 조성과 이해에 편리하다 등과 함께 "민족어의 완전한 통일을 촉진시킨다"는 이점을 들고 있다(K1949k: 82쪽).

이 마지막 발언을 이해하기 위해 베네딕트 앤더슨의 출판어론出版語論을 보조선補助線으로 도입하는 것이 효과적일 것이다. 앤더슨(アンダーソン, 2007: 38~39, 84쪽)에 따르면, 유럽에서 민족의식 형성의 기초가 된 출판어는, "라틴어의 하위, 구어 속어의 상위에, 교환과 커뮤니케이션의 통일적인 장을 창조했다." 즉 표의문자처럼 기능한 라틴어와 한문은 언어공동체를 넘어 널리 읽혔지만, 그것을 자유롭게 구사한 사람들은 극히 일부에 지나지 않았다. 그렇다고 해서 다양한 구어 속어를 문자로 옮겨 쓰는 것만으로는 커뮤니케이션이 가능한 장이 지나치게 분산되어 버리고 만다. 역사적으로는 '표의적'인 것과 '표음적'인 것의 중간 어딘가의 수준에서 출

판어가 성립하여, 그것이 민족적인 것을 만들어 내는 기초가 되었다.

표의와 표음의 중간점에서 성립하는 민족적인 출판어라는 보조선을 그으면, 형태주의가 어디에 위치하는지 명확하게 눈에 들어온다. 김수경은 한글과 한자를 대조시켜, "조선의 문자는 다행히 표음 문자이기 때문에, 그에게 요구되는 것은 한자와 반대로, 표음성이 아니라 표의성이다"라고 말하고 있다(K1949k: 83쪽). 한글은 개별 발음의 변이를 적어 내는 것도 가능하지만, 그것으로는 문자를 매개로 한 언어공동체가 분산되어 버린다. 그러한 변이를 하나하나 문자체계에 반영하지 않음으로써, 방언 등을 넘어서 좀 더 공통적으로 사용될 수 있는 출판어가 형성될 수 있다. 형태주의가 "민족어의 완전한 통일을 촉진시킨다"는 언술은 그러한 취지라고 해석할 수 있을 것이다.

지금까지의 논의에서 알 수 있듯이, 이러한 형태주의의 체계화와 이론화의 주요한 부분을 담당하고 있던 것이 김수경이었음은 확실하다. 다만 '형태주의'라 총칭할 수 있는 생각 자체는 김수경이 창안해 낸 것이 아니다. 여기에는 적어도 두 개의 계보, 즉 ① 주시경 이래의 조선어학의 계보와 ② 소련의 언어학이라는 두 가지 계보가 있었다고 생각된다. 나는 그것을 합류시킨 것이 김수경이라고 생각한다. 이하에서 차례로 이를 살펴보기로 한다.

20세기 초, 주시경은 이미 형태소라고 해도 좋을 만한 개념을 제시하고 있었다. 그는 《국어문법》에서 '기'라는 용어를, "기는 낫말을 이르는 것으로 씀이니 몬이나 일을 따르어 이르는 말을 각각 부르는 이름으로 씀이라"(띄어쓰기는 옮긴이)고 정의했다(주시경, 1910: 27쪽). 그 예로 '곱다'를 어간 '곱'과 어미 '다'로 나누는 등 명확히 단어보다 작은 의미의 단위를 잘라 내어 분류하고 있었고, 소리에 좌우되지 않고 형태소를 구별할 수

있는 표기법을 지향하고 있었다(나중에 '기'는 '씨'로 바뀌고, '늣씨'라는 개념
도 생겨난다). 이러한 주시경의 지향성은 사제관계를 통해 한편으로는 조
선어학회로, 다른 한편으로는 망명한 김두봉으로 이어졌다.

　김두봉에 대해서는 이미 서술한 바 있으므로 조선어학회에 대해서만
간단히 설명하기로 한다. 1933년의 '통일안'의 작성에는 리극로, 김윤경,
최현배, 이병기, 신명균 등 주시경의 직계 제자들이 관여했고, 형태소를
명기하는 정서법을 확립하고 있었다. 그러나 '형태주의'라는 표현은 이
무렵에는 사용되지 않았고, "어법에 맞도록"(총론) 혹은 "어원의 표시"(제
6절) 등과 같은 표현이 사용되었다. 한편으로 총론의 앞머리에서 "소리대
로" 쓴다고도 말하고 있었다. 바로 그렇기 때문에 조선어문연구회는 '통
일안'에 대해 "주 시경 선생의 형태주의의 사상을 계승"한 것이라 평가하
면서도, "기본 원칙이 무엇인지 명확히 인식하지 못하고 있다"고 비판했
던 것이다(K1949k: 84쪽). '통일안' 제정에 직접 관여했던 위원들 가운데
리극로, 정렬모, 리만규, 리상춘 등은 해방 후 북에서 활동했는데, 그들이
북으로 간 시기로 미루어 '신철자법'의 책정 작업에는 직접 관여하지 않
았을 것으로 생각된다. 그 결과 주시경의 직계 제자로 정치지도자이기도
한 김두봉의 압도적인 영향력 아래, '통일안'의 형태주의를 더욱 급진적
으로 추진한 '신철자법'이 태어났다. 여기에 주시경-통일안(조선어학회)-
신철자법(조선어문연구회/김두봉)이라는 계보가 만들어졌다.

　주시경에서 시작되는 이 같은 형태주의의 계보에 북한에서는 러시아-
소련의 이론적 조류가 합류했다고 생각된다. 원래 '형태소'라는 개념은
소쉬르 이전부터 러시아에서 활약하고 있던 언어학자 보두앵 드 쿠르트
네Baudouin de Courtenay가, '음소' 개념과 함께 제창했던 것이다. 그 뒤 소
쉬르도 매개하면서 형성된 러시아 형식주의가 20세기 사상사에 커다란

흔적을 남긴 구조주의를 낳은 진원지가 되었음은 잘 알려져 있다(桑野, 1979).

여기에서 북한의 형태주의에 흘러 들어간 것으로 주목하고 싶은 것은 모스크바학파이다. 러시아어 연구자 사토 준이치佐藤純一(1991)에 의하면, 모스크바학파가 책정하여 러시아 혁명 후에 채택된 신정서법은, "'말하는 대로 쓴다'는 음성학적 정서법 지지파의 주장을 누르는 한편, 위치에 따라 교체되는 몇몇 음성을 대표적 음성에 대응하는 하나의 문자로 항상 나타낸다는 음운론적 정서법의 원리를 선택"하였다고 한다. 그 후 1930년대 이후에는 아바네소프R. I. Avanesov, 레포르마츠키A. A. Reformatskij 등을 중핵으로 하는 모스크바 음운론 학파가 활약하기 시작했다. 이 학파의 특징은 '형태음운론적 입장', 즉 '동일한 형태소의 이형태로 나타나는 몇몇 음성을 위치에 의한 교체로 파악함으로써 한 음소로서 정립하는 원칙'이었다. 이러한 원칙은 바로 북한의 정서법 개혁과 합치한다.

이러한 모스크바 음운론 학파의 위치를 김수경이 당시 이해하고 있었음은 그가 번역한 까쯔넬손[카츠넬손]S. D. Kacnel'son의 논문 〈쏘베트 일반 언어학 30년〉(K1949b: 118~121쪽)에서도 확인할 수 있다. 이 논문에는 당시의 소비에트 언어학에서의 마르의 이론적 영향하에서도 야꼬블레브[야코블레프]N. F. Âkovlev, 아와네소브[아바네소프], 씨도로브[시도로프]B. N. Sidorov 등의 모스크바 음운론 학파가, 보두앵 드 쿠르트네로부터 시작되는 이론을 계승하여 음운을 형태론적 범주로 파악하기도 하는 등 형태음운론적인 관점을 가지고 있었음이 소개되어 있다.

더욱이 주목되는 것은 김수경이 1949년에 이 모스크바 음운론 학파의 중심인물의 한 사람이었던 레포르마츠키의 언어학 개설서를 대학용 교과서 《언어학》으로 번역 출판했다는 사실이다(K1949h). 이 책에는 음운론

을 포함하여 다양한 내용이 논의되어 있는데, 정서법에 대해서도 정리가
되어 있다(K1949h: 220~225쪽). 러시아어는 악센트의 유무에 의해 모음이
음운 교체를 일으키기도 한다. 레포르마츠키는 변화한 음을 표기에 반영
하는 '표음주의 원칙'을 비판하고, 가령 그러한 변화가 있어도 고정적으
로 쓰는 '음운주의 원칙'을 주도적인 원칙으로 해야 한다고 주장했다(한
자어에 의한 번역어 선정은 김수경에 의한다). 용어법은 다르지만,[26] 표음주
의를 비판한다는 점에서는 북한의 지향성과 공통되는 부분이 있었다.[27]

그런데 조선어학과 러시아–소비에트 언어학의 두 계보의 합류점에 김
수경이 있었다는 것과 관련하여 주목해야 하는 부분은 '형태주의'라는
용어와 그 정의이다. 지금까지 나는 '형태주의'라는 용어가 마치 처음부
터 일관해서 존재하고 있었던 것처럼 서술해 왔지만, 사실 처음부터 이
용어가 사용되고 있었던 것은 아니다. '표음주의'라는 말은 1954년 이전
부터 있었지만, 그 짝이 되는 개념은 정해져 있지 않았다. 나는 '동일 형
태소의 고정 표기'라는 의미에서 '형태주의'라는 말을 정식화한 사람은
김수경이 처음이 아닐까 하고 생각하고 있다.

실제로 김수경이 두음 표기에 대해 논한 《로동신문》에 실린 논문
(K1947b)에는 '표의성', '시각성', '고정성' 혹은 '형상Gestalt' 등의 표현은

---

[26] 레포르마츠키는 '형태주의적 원칙morfologičeskij printcip'이라는 유형도 제시하고 있
는데(K1949h: 222~223쪽), 북한의 '형태주의'처럼 형태소의 고정 표기라는 의미는 없
다.

[27] 모스크바 음운론 학파의 중요 개념으로 파악되는 '강한 위치'와 '약한 위치'라는 관
점(フィシャ=ヨーアンセン, 1978: 제11장)은 레포르마츠키의 교과서에 해설되어 있고
(K1949h: 128~130쪽), 그것이 1949년의 《조선어 문법》에도 흘러들어 '신6자모'의 이론
화에 이용되기도 했다(K1949k: 63~65쪽).

있어도, 아직 '형태주의'라는 표현은 등장하지 않았다. '표음주의'라는 말은 사용되고 있었지만, 그렇지 않은 원칙을 나타내는 용어는 명확하지 않았다. 1948년 1월에 처음으로 공표된 '조선어 신철자법'도 총론에서 "현대 조선 인민의 언어 의식 가운데에 공통적으로 파악할 수 있는 것을 일정한 형태로 표기함으로써 원칙을 삼는다"고 하고 있다.[28] 여기서 말하는 '형태'는, 표기상의 모습이라는 뜻으로 형태소와는 다르다. "언어 의식 가운데에 공통적으로 파악할 수 있는 것"이라는 말은, 배후에 형태소 개념을 상정하고 있는 것처럼 보이는 표현이지만, 아직 명확하게 정식화되어 있지는 않다.

언제부터 '형태주의'라는 표현이 사용되었는지는 확정할 수 없지만, 늦어도 1949년 3월 김수경이 김두봉 탄생 60주년을 기념하여 김일성대학에서 행한 강연(K1949f)에서는 그것이 명확히 등장했다. 이 강연에서 김수경은 의미론을 중시한 마르 이론에 대해 언급하면서, 김두봉의 철자법에 보이는 "형태주의 표기법의 사상"에 대해 언어학에서의 형태소 개념에 대한 해설을 덧붙이면서 평가하고 있다(K1949f: 6~7쪽).

그 언어사용자의 의식에 비추어 일정한 의의의 담당자로서 분할해 낼 수 있는 어음련속체 중의 최소단위―즉 언어학적으로 말하면 "형태부, 일반적으로 말하면 낱말을 그 기초를 삼는 것입니다. 이와 같이 일정한 의미를 가지는 형태부 또는 낱말을 고정적으로 표시하는 형태주의 표기법의 사상은 조선에 있어서는 주 시경 선생에 비롯한 것으로, 종

---

[28] 1948년 발간 시점의 원문은 아직 보지 못했다. 여기에서는 이하에서의 재인용에 의한다. 조선어문연구회, 〈조선어 철자법의 기초〉, 《조선어 연구》 1-5, 1949. 8, 154쪽.

래의 무의미한 성음이나 련발음의 표기만을 위주하는 표음주의 표기법에 대하여 한개의 질적 비약을 이룬 것입니다. 김 두봉 선생은 주 시경 선생의 이 학설을 계승하셨습니다.

그리고 이것이 조선어문연구회의 '조선어 신철자법'으로 열매를 맺었다고 논하고 있다. 이 대목은 형태소(고바야시 히데오의 번역어에 기초한 '형태부'로 되어 있다)의 개념에 기초하여 형태주의를 정의하고, 그것을 주시경→김두봉→조선어문연구회라는 계보 안에 자리매김했다는 점에서, '조선어 신철자법'의 선언Manifest과 같은 문장이 되어 있었다. 이러한 정식화가 가능한 지식과 포지션을 가지고 있었던 사람은 김수경 외에는 달리 없었다. 그 후 형태소론에 기초한 형태주의론과 그 계보를 서술하는 방식은, 《조선어 문법》(K1949k)을 비롯하여 조선어문연구회의 표준이 되었다.

이처럼 김두봉이 제창한 방향으로 '조선어 신철자법'을 실현하는 과정에서 집필을 포함한 구체적인 작업과 이론적인 기초를 확고히 하기 위한 작업을 수행한 김수경은, 주시경 이래의 조선어학과, 구조언어학과도 연속성을 가지는 소련의 언어학 이론의 양쪽의 흐름을 이어받으면서, 정서법 개혁의 원칙으로서 형태주의를 정식화하는 역할을 담당했던 것이다.

3
조선어 문법의 구축

《조선어 문법》의 성립 과정

1949년 말에 간행된 조선어문연구회의 《조선어 문법》(〈그림 II-2〉)은 북한에서 최초로 공간된 규범 문법서이다. 정서법뿐만 아니라, 이 책의 편찬에도 김수경이 중심적인 역할을 담당했다. 우선 그 점을 확인해 두자.

1947년 10월 시점에서 문법서 편찬의 진행 상황은 다음과 같았다.[29]

> 1949년도까지의 과업으로서의 조선문전편찬사업은 음성론 품사론 문장론 3편으로 나누어 음성론은 주로 김수경 선생을 중심으로 연구 도중에 있고 문장론은 신구진[인용자 주—申龜鎭으로 되어 있으나 鎭은 鉉의 오기라고 생각된다] 박종식 두 분에 의하여 연구 진행 중이다. 품사론은 음성론 문장론 연구의 성과를 기다리어 연구 착수할 복안을 세우고 있다.

[29] 《로동신문》 1947. 10. 9.

이때 정서법 책정에 관여하고 있던 김수경이 그 흐름에서 음성론(나중에 '어음론'으로 용어가 바뀌게 된다)의 집필을 일단은 담당했음을 알 수 있다. 아직 1949년 말의 마감까지 시간적 여유가 있었던 탓인지, 정서법 개혁에 비해 천천히 진행하고 있었던 모양이다.

그 후 1948년 10월에 동 연구회를 재편하고 나서, 다음의 12명으로 문법 편수 분과위원회를 조직했다(K1949k: 1쪽).

리극로, 전몽수(위원장), 허익, 명월봉, 김룡성, 신구현, 홍기문, 김병제, 박종식, 박준영, 박상준, 김수경

그리고 1949년 9월 초에 "특히 김일성 종합 대학 조선 어학 강좌를 중심으로 한 위원들의, 노력의 결과, 조선어 문법 초고가 완성"되었다. 위원회에서 검토한 뒤 10월 3일의 최종 토의를 거쳐 1949년 말 날짜로 발행하게 되었다.[30]

당시 공간된 자료에서는 이상의 정보밖에 알 수 없지만, 그 후 명확해진 사실로 미루어 보면, 《조선어 문법》의 초고는 김수경이 집필했다고 생각해도 좋을 것이다. 예를 들면 1996년에 김일성종합대학에서 간행된 《주체의 조선어연구 50년사》에는, "이 시기에 나온 《조선어문법》(1949)은

---

[30] 출판된 책의 간기에는 〈1949년 12월 30일 발행〉이라고 되어 있는데, 실제로 책의 출판은 1950년까지 늦어졌다(《조선어문법 발간》, 《로동신문》 1950. 2. 17). 400쪽이 넘는 데다가 신6자모를 사용했던 것도 인쇄 작업이 늦어지게 된 원인이 아닐까 생각된다. 그렇다고 해도 사전의 편찬은 더욱더 늦어져(김병제, 〈'조선말 사전' 편찬을 마치고〉, 《조선어 연구》 2-1, 1950) 한국전쟁 전에는 출판할 수 없었던 점을 생각하면, 문법서는 법령에서 정해진 기한과 거의 시차 없이 간행된 편이라고 할 수 있다.

김수경이 담당집필한 문법책"이라든가, "《조선어문법》(1949)은 당시 김
일성종합대학 조선어학강좌장 김수경이 주동이 되어 집필하였다"고 하
는 등의 정보가 추가되어 있다(김영황·권승모 편, 1996: 365·403쪽). 김수경
자신도 1957년 고바야시 히데오에게 보낸 서간(→제5장)에서, "나는 주로
현대 조선어의 문법 체계 수립이라는 방면에 전념하여, 1949년에 400페
이지(국판) 정도의 조선어 문법서를 간행했"다고 쓰고 있다. 김수경이 전
부를 집필했다고까지는 말할 수 없지만 적이도 그가 초고 전체를 종합하
는 역할을 했다고 해도 좋을 것이다.

  김수경이 이 작업을 담당한 배경으로 그가 김일성대학에서 이미 조선
어 문법에 관한 교과서를 집필했다는 사실을 들 수 있다. 김일성대학 10
년사에는 1946~1950년 시기의 사항으로서, "조선어문학부 조선어학 강
좌 김수경 부교수는 《조선어 문법 연구》를 완성했는데, 이것은 선진적 언
어학 리론에 기초하여 조선어 문법을 체계화한 새로운 시도였다"고 서술
되어 있다(김일성종합대학, 1956: 57쪽). 또 그의 유족에 의하면, 1948년에
《조선어 문법(대학용)》이라는 저서를 출판했다는 정보가 있다. 현물은 확
인하지 못했지만, 그가 소련 등의 언어학 이론을 바탕으로 대학용의 조선
어 문법 교과서를 집필했다고 봐도 무방할 것이다. 그렇다면 이미 원형이
되는 저서를 가지고 있던 우수한 젊은 연구자에게 공적 기관이 초고의 집
필을 맡기는 것은 충분히 있을 수 있는 일이다. 김수경은 "안해가 특별히
마련해 준 고급 만년필"로 원고를 완성했다.[31]

  이리하여 "선구 학자들의 모든 긍정적인 유산을 계승함과 동시에 선진

---

[31] 이 기술은 제3장에서 상세히 소개할 김수경의 〈조국해방전쟁 참전수기〉(K1994b)에 의
  한다.

〈그림 Ⅱ-2〉《조선어 문법》(1949)

토론토에 거주하는 김수경의 유족이 보유하고 있는 것이다. 한국에 살았을 때에는 북한의 것임을 알 수 없도록 커버를 씌우고, 일부 페이지를 잘라 낸 상태에서 보관하고 있었다. 그 자체가 이산가족의 현실을 말해 준다(제6장 참조).

언어 리론의 도달한 성과를 광범하게 섭취하였"다(K1949k: 2)고 자부하는 《조선어 문법》이 간행되었던 것이다.

《조선어 문법》의 특색

조선어 문법에 관해서는, 정서법에서의 조선어학회의 '통일안'처럼 시안으로 명기된 문헌은 없었다. 그러나 적어도 두 권의 문법서, 즉 김두봉의 《깁더 조선말본》(1922)과 최현배의 대저 《우리말본》(1937)은 염두에 두고 있었다고 생각된다(김두봉, 1922; 최현배, 1937). 실제로 조선어의 '음音'을 다루는 '어음론'에서 시작하여, 품사를 비롯한 '어語' 층위의 논의를 하는 '형태론'이 이어지고, '어語'의 조합으로서의 '문文'에 대해 논하는 '문장론'(통사론)으로 끝나는 《조선어 문법》의 3부 구성은, 이 두 책에도 공통되는 조선어 문법의 '전통적'인 구성이다.

다만, 예를 들면 김두봉과 최현배의 책 모두 주시경 이래의 흐름으로 굳이 한자어가 아닌 고유 조선어를 문법 용어로 채용하고 있던 것과 달리, 1949년의 《조선어 문법》은 유럽의 문법체계와 통약 가능성通約可能性이 높은 용어법을 사용하는 등 오히려 차이점이 두드러진다. 당시 소련의 문법서와 비교한 조의성趙義成(2015: 160쪽)이 "음성학, 음운론을 구별하지 않고 '어음론'으로서 다룬 점, 조어론(단어조성론)을 형태론 안에서 다룬 점, 통사론에서 단어결합을 다룬 점 등은 당시의 소련 언어학과 궤를 같이한다"[32]고 말하고 있는 것처럼, 종래의 조선어학과는 다른 발상에서 문법체계를 구축했다고 보는 편이 적절할 듯하다.

《조선어 문법》의 서문(K1949k: 2쪽)은 이 문법서의 특색에 대해 다음과 같이 쓰고 있다.

　　문법의 내용을 전통적인 방식으로 어음론, 형태론 및 문장론의 세 부
　　문으로 구분하면서도 이 세 부문의 호상 관련성과 문장론이 형태론에
　　대하여, 형태론이 어음론에 대하여, 각기 가지는 우위성을 특히 중요
　　시하였다.
　　그 결과 이 "조선어 문법"은, 문자, 철자법, 품사, 문법적 범주, 문장성
　　분 등의 여러 문제에 있어 종래의 문법서에 비하여 적지 않은 변동을
　　가지여 왔으나, 이는 조선어의 형태 구조와 어음 조직에 대한 심각한
　　성찰의 결과 귀결된 것이며, 이로써 금후 조선어의 모든 현상은 일반
　　언어학적 기초 위에서 고찰될 가능성을 얻게 되었다.

　　정리하면, ① 조선어의 형태 구조와 음운 조직을 근본적으로 재검토한
위에, 어음론, 형태론, 문장론의 세 부문의 상호 관련성을 중시한 새로운
구성을 채택했다, ② 일반언어학적인 기초 위에서 문법을 서술했다고 하
는 두 가지 특성을 여기에서 서술하고 있다. 이하에서는 이들 각각의 함
의를 명확히 함으로써 이 책의 특색을 논의하기로 한다.
　　먼저 ②의 '일반언어학적 기초'라는 점부터 설명하면, 이것은 언어학
이론에 기초하여 다른 언어와도 비교 가능한 분석틀을 이용하여 조선어
학을 새롭게 구성했다는 자부를 나타내고 있다. 실제 이 문법서는, 조선
어학에 한정하지 않고, 일반적으로 언어학에서 사용되어 온 분석 용어를

---

[32] (옮긴이 주) 원문의 인용은 일본어에서 하고 있으나, 여기에서는 도시샤대학의 인문과학
　　연구소에서 간행한 《社會科學》 제44권 제1호에 실린 한국어 번역본의 116페이지에서 가
　　져왔다.

이용하여 조선어를 해부해 나가는 서술 방식을 취하고 있다. 이것을 상징하듯, 이 책은 많은 장과 절의 첫머리의 문장이 조선어학에서가 아닌 다른 언어학에서도 통용되는 논의로부터 시작한다는 특징을 가지고 있다. 대표적이라고 생각되는 부분 한 곳을 인용해 보기로 하는데, 제1편 제7장의 〈어음의 결합적 변화〉는 다음과 같은 말로 시작한다(K1949k: 47쪽).

> 우리의 언어 행위는 결코 개별적 어음의 기계적 결합이 아니다. 어음은 그 자체 련속체를 이루어 호상관련, 호상제약하는 유기적 관계를 맺고 있다. 그 결과 어떠한 모음 또는 자음의 형성을 위한 조건이 그때마다 앞뒤에 있는 어음의 영향을 받아, 조금씩 변하게 된다. 이 것을 어음의 결합적 변화라고 하며, 그 곳에 동화와 이화의 서로 반대되는 현상을 볼 수 있다.

맨 앞의 "우리"는 명확히 조선 민족이 아니라 언어를 말하는 인류 일반을 나타내고 있고, 그러한 견지에서 조선어의 동화와 이화 현상이 해명되어 간다. 또 그것에 이어지는 제8장 〈음운〉은, 구조언어학의 훈도를 받은 김수경답게, 조선어와 러시아어를 소재로 한 음운론의 개론과 같은 텍스트가 되어 있다. 이것은 종래의 조선어학, 나아가 일본의 '국어학'에서 봐도, 커다란 비약이었다고 나는 생각한다.

다음으로, ① 3부문의 상호관계의 중시에 대해 검토하자. 우선 어음론에 관해서 말하면, 형태주의론에서 논의했던 것처럼, 음성학적 또는 표음주의적인 사고방식에 대해 의미를 중시하는 관점이 도입되어 있다. 예를 들어 언어음이 지각적 기능을 가지고 있음을 서술하고 나서, "어음은 그보다 높은 언어의 단위—형태부, 어語, 문文—을 구별할 기능, 즉 의의적 기능을 가진다"고 하고, 이것을 "어음의 의의意義 분화적 기능"이라고 부른다(K1949k: 9~10쪽). 이리하여 형태소와 문장文 등에서 의미를 변별하기 위한 단위로서의 음소라는 논의가 도출된다.

또 제2편의 형태론은 일반적인 문법서에서 다루는 품사 분류(제2부)로 들어가기 전에, 제1부 〈어의 구성과 그 표기〉라는 부문이 설정되어 있는 점이 가장 큰 특징이다. 앞 절에서 서술한 정서법의 형태주의론은 바로 이 제1부에서 전개된다. 정서법이라면 어음론에 넣는 편이 더 나아 보이지만, 굳이 형태론에 넣은 것은 형태소의 고정 표기를 정서법의 원칙으로 했기 때문이다. 여기에 '형태론의 어음론에 대한 우위성'의 일단이 나타나고 있다.

이 제1부의 가장 큰 관심사는 형태론의 기초 단위로서 '어語'를 어떻게 설정할 것인가 하는 문제였다. 여기에서 제시된 대담한 틀은, 북한의 언어학계에서 1960년대까지 지속적으로 논의되는 중요한 문제제기였기 때문에 좀 상세하게 소개하기로 한다.

인도유럽어족의 언어들을 기반으로 구미에서 형성된 일반언어학에 기초하여 조선어의 형태론을 구축하려 할 때 부딪치는 것이 언어 특성상의 상위相違이다. 세계 언어의 형태론적 분류에 따르면, 인도유럽어족의 언어들은 굴절어, 조선어와 일본어는 교착어로 분류된다.

예를 들어 일본어로 '學生(학생)'이라는 명사를, 주어 등으로 사용하려고 할 경우에는 '學生が(학생이)', 소유 등을 나타내려면 '學生の(학생의)', 이 사람에게 무엇인가를 주려고 할 때에는 '學生に(학생에게)' 등으로, 명사의 뒤에 'が' 'の' 'に' 등의 조사를 붙임으로써 격변화를 시킬 수 있다. 명사와 조사는 간단히 분리할 수 있고, 또 필요에 따라 아교[膠]로 붙이듯 접속하기 때문에 이러한 연결법을 '교착膠着'이라고 한다. 조사와 용언의

어미 등 교착하여 사용되는 요소들을 당시 조선의 문법 용어로는 '토'라고 불렀다.

한편, 예를 들어 러시아어의 경우, '學生が(학생이)'는 student(주격), '學生の(학생의)'는 studenta(생격), '學生に(학생에게)'는 studentu(여격)로, '어語' 그 자체의 모습이 '문文' 중에서의 역할에 따라 변화(＝굴절)한다. 현대 인도유럽어족의 언어 중에서도 러시아어는 이러한 굴절어의 성격을 상당히 강하게 유지하고 있다. 이러한 어형 변화 중 변하지 않은 부분 student를 어근이라 부르고, 어근의 뒤에 붙어 있는 -a라든가 -u 등을 접사라 한다.

일본어의 조사와 조선어의 토도 이러한 접사의 일종이라고 생각한다면, 굴절어도 교착어와 공통된 구조를 가지고 있다고도 말할 수 있다. 그러나 굴절어의 경우 접사의 규격이 전혀 일정하지 않으며, 어근과 접사가 융합되어 구분할 수 없는 경우도 많다. 이러한 굴절어와 교착어의 상위점에 대해서는《조선어 문법》(K1949k: 75쪽)에도 명기되어 있다. 그 때문에 굴절어의 문법체계에서는 접사가 '어語'로 독립하는 경우는 전혀 있을 수 없으며, 따라서 그 자체가 다른 품사와 병렬적으로 논의되는 일은 거의 생각할 수 없다. 문법서를 펴면, 접사는 명사의 격변화와 동사의 활용 등 각각의 품사 항목 안에서 다루어지게 된다. 그렇다면 독립성이 강한 조선어의 토는 어떻게 취급하면 좋을까?

김수경이 집필을 담당한《조선어 문법》(K1949k: 69~74쪽)은, 필시 레포르마츠키의《언어학》(K1949h: 136~144쪽)을 실마리로 하여, 먼저 '의미'를 핵심어로 하면서 형태소의 역할을 분류했다(아래 상자 안 쪽글 참조). 그것을 바탕으로 '어語'의 단위를 대담하게 설정했다. 즉 '어간+토'를 합한 것을 하나의 '어語'로 간주한 것이다. 이러한 생각을 일본어에 응용한다

면, 예를 들어 '私は(나는) 學校に(학교에) 行きました(갔습니다)'라는 '문文'
은 밑줄 친 부분을 한 덩어리로 하는 세 개의 '어語'(대명사+명사+동사)로
구성되는 것이다(일본의 학교 문법에서 말하는 '문절'[33]에 가깝다). 물론 '私
は'를 '私'(나)와 'は'(는)라는 형태소로 분해하여 분석할 수는 있지만, 하
나의 '문文' 안에서의 형태를 생각할 때 '어語'는 '어간+토'가 아니면 안

형태소의 의미와 상호관계

예를 들어 조선어로 '헛걸음을'이라는 표현을 분석했을 경우, 이것은 네 개의 형태소
로 분할할 수 있다. 즉 (1) '헛'은 '실속이 없는' '빈'이라는 의미를 가진 접두사, (2) '걸'
은 '歩く'라는 뜻의 동사 '걷다'의 어근(단, 음은 교체를 하고 있다), (3) '음'은 용언을
명사화하는 접미사, (4) '을'은 일본어의 '~を'에 해당하는 토이다.
《조선어 문법》에서는 이들 형태소가 어떠한 '의미'를 담당하고 있는지에 따라 분류했
다. 이 가운데에 어근인 (2)는 그것 단독으로 대응하는 개념을 표현할 수 있다는 점에
서 '실질적 의미'를 담당하고 있다. 또 (1)의 접두사와 (3)의 접미사는 독립적인 것이
아니라, 실질적 의미와 결합하여 별개의 어語('걸음'이라든가 '헛걸음' 등)를 파생시키기
때문에 '파생적 의미'를 담당한다. 그리고 (4)의 토는 "사물과 개념의 표식이 되지 못
하고, 단지 어와 어 사이에, 말하는 사람과 그의 언어 행위 사이에, 설정된 관계를 나
타내는 추상적 의미를 표현"하기 때문에 '관계적 의미'라고 부른다. 파생적 의미를 나
타내는 접사를 '어사 조성의 접사', 관계적 의미를 나타내는 접사를 '형태 조성의 접
사'라 부르고, 양자 모두 '문법적 의미'를 담당한다. 어근과 조성된 어사는 '어휘적 의
미'를 담당하고, 이것들을 아울러서 어간이라고 부른다. 이리하여 모두 의미의 측면
에서 자리매김되는 것이 특징적이다.

어간			토
접두사	어근	접미사	
어사조성		어사조성	형태조성
파생적 의미	실질적 의미	파생적 의미	관계적 의미
헛	걸	음	을

어근 a.실질적 의미 걸 어휘적 의미 a, a+b

접사 { b.파생적 의미 헛, 음 / c.관계적 의미 을 } 문법적 의미 b, c

---

[33] (옮긴이 주) 한자로는 文節이라 쓰는데, 한국어의 어절과 거의 같은 뜻이다.

된다고 했던 것이다.

좀 길지만, 핵심 부분을 인용하기로 한다(K1949k: 73~74쪽).

어語의 개념에 관하여 종래, 체언이나 용언의 어간과 토를 따로 따로
독립한 어語로 보거나, 또는 체언에 있어서는 어간, 용언에 있어서는
어간+토를 한 어語로 보고, 체언의 토만을 독립한 어語로 보는 견해가
있었다. 그러나 언어 행위의 기본적 단위인 문文으로부터 출발할 때,
한 어語라 하면 반드시 어간에 토까지 붙은 것을 보지 않을 수 없다.
이것은 체언에 있어서나, 용언에 있어서나 구별이 없다. [……] 즉 언어
를 개별적 형태부의 루적으로 볼 것이 아니라, 문文으로부터 출발하
여, 이를 과학적으로 반성할 때, 비로소 처음 형태부로 분할되는 것으
로 보아야 한다.

이렇게 하면 명사에 붙는 토는 명사라는 품사에서, 동사에 붙는 토는
동사라는 품사에서 취급되게 된다. 그리고 '문文'에서 토를 붙이지 않고
나타나는 모습을 "토가 없"다고 하는 것이 아니라 "제로[零] 토가 있"다고
보기로 했다. 기발한 용어법으로 보이지 않는 것은 아니나, 이는 소쉬르
(1972: 260쪽)가 "제로 어미"라 부르고, 레포르마츠키가 "제로 접사"
(K1949h: 144쪽)라 불렀던 것에 해당하는 것으로 결코 즉흥적인 개념이
아니다.

다만 기왕에 조선어에서 어근과 접사가 간단히 분리할 수 있게 되었으
므로, 정서법에서는 형태주의 원칙에 따라 어근과 접사를 명확히 나눌 수
있도록 표기한다. 그것으로 교착어의 특성은 눈에 보이는 모습으로 확고
하게 남겨 두면서, 거기에 더해 인도유럽어족 언어들의 문법서의 형태론

과 마찬가지 형식으로 조선어 형태론을 전개할 수 있게 했던 것이다.

지금까지의 설명을 전제로 하고 나서 마침내 형태론의 제2부로서 품사론이 전개된다. 거기에서는 토가 품사로서 독립적으로 취급되는 일은 없고, 각 품사(명사, 형용사, 동사 등)를 논의하는 자리에서 다루어지게 된다. 예를 들면 일본어의 조사 'が'와 비슷한 토 '가/이'는 '명사' 항목 중 '명사의 문법적 범주' 가운데의 '격', 그중에서도 '주격'을 설명하는 자리에 나온다(K1949k: 184쪽). 또 과거형을 만드는 토 '았/었/였'은, '형용사'→'형용사의 문법적 범주'→'시칭'이라는 항목에서 등장하며, 또한 '동사'→'동사의 문법적 범주'→'시칭'에서도 다시 등장하게 된다(K1949k: 226, 246쪽). 이것은 인도유럽어족 언어들의 문법서와 비슷한 구성이라고 할 수 있음과 동시에, 모든 언어에 통용되는 '일반문법'에 대한 지향성이라고도 할 수 있다.[34]

문장론(통사론)에 대해서는, 여기에서 상세히 논의하지는 않겠지만, 이러한 '어간+토'로서의 '어語'가 둘 이상 결합하여 '문文'이 짜여지는 문제(어사 결합)로 다루어졌다. 이것은 '단어결합론'으로 알려진, 소련의 러시아어 문법에서 유래하는 개념이다(趙義成, 2015).

이것으로 서문에서 스스로 서술했던 이 문법서의 특색이 거의 드러났

---

[34] 구조주의의 충격에 입각한 '일반문법'론은 코펜하겐의 옐름슬레브Louis Hjelmslev가 소쉬르 언어학의 연장에서 구상하고 있었는데, 그것도 고바야시 히데오가 한걸음 앞서 일본에 소개했다. 뿐만 아니라 일본어와 조선어를 사례로 섞어 제시하면서 '비판적 해설'을 상세하게 곁들였다(小林, 1932). 옐름슬레브-고바야시 히데오의 '일반문법'론과 김수경의 조선어 문법론과의 관계는 앞으로의 과제로 남기고자 한다. 또한 이와 대조적으로, 근대 일본어 문법론에서 뿌리 깊은 '반反보편문법'의 흐름이 있었던 것에 대해서는 齊木鷲尾(2012)를 참조할 것.

다고 생각한다. 다시 말해《조선어 문법》은, 음성학보다도 음운론을 지향하고, 정서법에서는 개별적인 음운 교체보다도 의미의 단위인 형태소를 중시하고(형태주의), '문文'에서의 '어語'의 기능을 중시한다는 지향성을 가지고 있었다. 여기에 더해 인도유럽어족 언어들의 문법을 암묵적 전제로 만들어진 '일반언어학'의 프레임과 대화 가능한 조선어학을 구축한다는 '일반문법' 지향도 가지고 있었다. 그러한 귀결로서《조선어 문법》은 종래 문법서의 틀을 대담하게 새로 짜게 되었다. 이 같은 조선어 문법 구축에서 김수경이 해낸 역할은 핵심적인 것이었다.

이것이 단순한 학문 분야 내부의 이야기라면, 최신 언어과학에 기초한 참신한 구상이라는 정도의 평가로 끝날지도 모른다. 그러나 잊어서는 안 되는 점은 이것이 내각 결정에 기초한 공적인 사업이었다는 사실이다. 그 때문에《조선어 문법》은 완성되자 곧 "김일성대학을 위시로 하여, 기타 각 처에서 종전의 문법과 비교하여 교수"되기 시작했다(리극로, 1950: 4쪽). 여기에 단순한 일개 학설로는 끝나지 않는 대단히 정치적인 요소가 강하게 끼어들게 되었다. 이에 대해서는 뒤에서 서술하고자 한다.

4
소비에트 언어학 수용의 맥락

지금까지 논의해 온 한국전쟁 전 북한의 언어 규범화와 언어학의 특색을 전제로 하면, 김수경이 당시 소련의 주류 언어학이었던 마르의 '신 언어 리론'의 어느 부분을 어떻게 수용했는가를 이해하기 쉬울 것이다. 우선 마르의 언어학은 어떠한 것이고, 북한에서는 그것이 어떻게 소개되었는 지, 그 과정에서 김수경의 역할은 무엇이었는지를 확인하고 나서 그 수용의 특징을 검토하자.

니콜라이 마르는 스탈린과 같은 조지아(그루지야) 출신으로, 원래는 조지아어를 중심으로 한 캅카스Kавкáз 지방의 언어들에 대한 역사비교언어학 전문가였다.[35] 캅카스 지방의 여러 언어는 언어의 계통이 명확하지 않아서 외딴섬 같은 언어라고 말해지고 있었다. 마르는 구약성서에 나오는 노아의 셋째 아들 야페테[36]의 이름을 빌려, 이 계통의 언어를 '야페티드'

---

[35] 마르 이론에 대해서는 아래 문헌을 참조했다. ブイコフスキー(1946); 쪼께르만(K1949i); 村山(1950); イヴィッチ(1974); 田中(2000).

라 명명했다. 마르는 조사를 좀 더 진행해 야페티드와 전혀 다른 계통의 언어에도 야페티드 고유의 특징이라고 생각했던 요소와 유사한 흔적이 있다는 것을 '발견'했다. 이것이 사실이라면, 근접한 여러 언어의 비교 연구 성과를 축적함으로써 조어(祖語)와 친족관계를 밝히고 있던 서구의 역사언어학의 체계로는 설명할 수 없는 현상이다. 이것은 언어의 계통이라든가 인종에 따른 특징이 아니라, 원시적인 생산양식(토대)에 대응한 언어의 존재 방식이 아닌가? 그것이 캅카스 지방에서는 풍부하게 보전되어 있을 뿐만 아니라, 다른 여러 언어도 역사적으로는 적지 않게 그러한 요소를 가지고 있는 것이 아닐까?

이러한 마르의 생각은 1920~30년대에 '야페트 이론' 혹은 '신 언어 리론'이라 불리는 언어의 통일이론으로 전개되고 있었다. 그는 메이예를 비롯한 구미의 여러 언어 연구를 '부르주아 언어학' 혹은 '부르주아 민족주의'라 비판하고, 그것을 대신하는 '유물론적 언어학'의 체계를 구축했다고 칭했다. 유물론적 언어학의 특징은, 모든 언어가 일원적으로 발생하고 동일한 단계적 변화에 의해 발전한다는, 언어의 일원적 발전단계론에 있었다. 그 기초에는 경제(생산양식)를 토대(하부구조)라 하고, 언어를 그것에 의해 규정되는 상부구조라고 생각하는 사적 유물론이 자리 잡고 있었다. 또 조지아어가 셈어족의 요소도 가지고 있다는 그의 연구 결과를 배경으로, 언어의 변화와 발전이 조어로부터의 분화에 의해서가 아니라 복수의 언어의 '교배'에 의해 생겨난다고 생각했다.

그러한 관점에서 마르는 인도유럽어족 언어들의 역사비교언어학이 복수의 언어 간 규칙적인 음운 규칙을 중시해 온 것을 비판했다. 언어가 교

---

[36] (옮긴이 주) 한국에서 나온 구약성서에는 야벳으로 적혀 있다.

배에 의해 생겨나는 것이라면, 음운의 대응관계만으로는 언어사를 구축할 수 없다. 그래서 그는 역사적 음운론이 아니라 역사적 의미론이야말로 중심에 놓여야 한다고 생각했다. 이 같은 관점은 한걸음 더 나아가, "어떤 언어 현상도, [……] 발생할 때에 의의를 가지지 않았던 것 같은 언어 부분, 사고에 미치는 언어 기능을 가지지 않았던 것 같은 음성 언어의 부분은 없"다든가, "사유와 언어는 분리할 수 없다"는 일반 명제로 이어졌다(ブイコフスキー, 1946: 57~58쪽).

'신 언어 리론'은 배타적인 부르주아 민족주의에 대한 국제주의적인 이론, 서유럽 중심의 언어학에 대한 약소민족의 언어도 포함한 일반언어학 이론이라 자인하고 있었다. 마르의 언어이론은 스탈린의 보증도 얻었기 때문에, 그의 사후 수제자인 메시차니노프Ivan I. Meŝaninov 등에 의해 유지·발전되었고, 진정한 마르크스주의적인 언어학 이론으로 일컬어지며 소비에트 언어학의 중심 이론이 되었다.

'국제주의적'이라는 수식어가 붙은 마르학파의 이론이 식민지에서 갓 독립한 비인도유럽어계의 언어를 가진 민족들에게 매력적이었음은 틀림없다. 바로 그렇기 때문에 김수경은 이 '신 언어 리론'과 관련한 논문을 여러 편 번역했다(K1949b·c·e·g·i; K1950a). 다만 소련에서《마르 선집》이 이미 나와 있었고, 김수경도 그것을 인용하고 있었음에도 불구하고, 정작 마르의 문장은 한 편도 번역하지 않았다. 이것은 마르의 연구가 "실증적인 것이 대부분이고, 자기 자신의 이론을 체계적으로 소개한 적이 없다"[37]는 것도 이유 중 하나였다고 생각된다.

게다가 김수경 문장의 어디를 봐도, 야페트 이론과 같은 단일발전론을

---

[37] 다카기 히로시高木弘의 ブイコフスキー(1946: 12쪽) 해제에 의함.

조선어에 적용하려 한 흔적은 보이지 않는다.[38] 사적 유물론의 틀은 이미 소개한 훈민정음 창제의 역사적 배경으로 등장한다(K1949a). 다만 그것은 훈민정음 창제의 배경에 생산력의 발전과 봉건적 국가 형태의 정비가 있었던 것, 훈민정음이 지배계급의 계급적 제약성을 가지고 있었던 것 등 이른바 문자의 사회성이라는 온당한 범위의 적용에 그치고 있었다.

또 번역에 관해서는, 잡지에는 '신 언어 리론'을 왕성하게 소개하고 있던 김수경이었지만, 이미 서술한 것처럼 대학에서 채택한 것은 레포르마츠키의 교과서 《언어학》이었다(K1949h). 모스크바 음운론 학파의 창시자 중 한 사람이었던 레포르마츠키는, 마르학파와는 일정한 거리를 두고 자주 "나는 마르파도 반마르파도 아니고, 비마르파였다"고 말했다고 전해진다(Алпатов 2004: 138쪽).[39] 실제로 이 교과서는 서론에는 '신 언어 리론'이 전혀 등장하지 않으며, 전체 94과 가운데 마지막에 가까운 제84과에 겨우 간단히 야페트 이론이 소개되어 있는 정도이다.

김수경이 당시 썼던 글들과 소비에트 언어학과의 거리감은 구조언어학과의 관계에서도 나타나고 있다. 마르학파의 언어학에서는, 공시언어학을 중시하는 소쉬르의 언어이론과 구조언어학을 언어 발전 법칙이 없는 비역사적이고 반사회적인 부르주아 언어학이라고 비판하고 있었다. 그러한 견해(K1949b; K1950a)를 번역으로 소개한 것은 다름 아닌 김수경 자신이었다. 그러나 《일반언어학 강의》를 조금이라도 읽어 보면 알 수 있

---

[38] 다른 연구자의 것을 보아도, 릿쿄대학立教大学 사학과 출신의 류창선이 발전단계론과 언어사를 관련지으려는 정도이고《조선어 연구》2-1, 1950), 정면에서 그 문제를 다루려는 흔적은 그다지 보이지 않는다.

[39] 레포르마츠키에 대해서는 Vinogradov(1988)도 참고가 된다.

듯이, 소쉬르는 공시언어학과 통시언어학(역사언어학)을 준별해야 한다고는 했지만, 비판의 칼날은 각 시대 언어의 공시적인 체계를 보지 않고 부분적인 요소만을 추출하여 역사적인 지속과 변화를 논의하는 것 같은 단순한 방법을 겨냥한 것이었지 역사적인 변화라는 관점을 버린 것은 전혀 아니다.

소쉬르에 깊이 통달해 있던 김수경이 마르학파의 비판을 어떻게 해석했는지에 대해서는 알 수 없다. 그러나 명확한 것은, 지금까지 소개한 월북 후의 논문에서도 소쉬르의 공시적인 언어학의 기본 개념을 중요한 부분에서 이용하고 있다는 점이다. 예를 들면 두음 표기에 관한《로동신문》의 논설(K1947b)에서는 "언어는 한 개의 가치이며 그러므로 마치 화폐가치가 화폐체계와의 관련 밑에서만 비로소 리해되듯이 언어 가치도 언어체계 안에서만 리해될 수 있는 것이다"고 말했다(연재 제3회). I에서 서술한 〈훈민정음 성립사고〉(K1949a: 151쪽)에서는 "음운은 시차적요소이기 때문에 (마치 화폐가치와 같이) 동일체계중의 다른음운과의 관계에 의거하지 않고서 이를 정의할수 없다. 즉 음운은 음운체계를떠나서 존재할수는 없다"라고 쓰고 있었다. 어느 쪽도 언어 가치와 화폐 가치를 대치시켜 논의하고 있고, 마르크스의《자본론》에서의 가치형태론에도 접목할 수 있게 되어 있다. 그러나 사실을 말하자면, 이 화폐의 비유도 이미 소쉬르(1972: 166쪽)가 음운론과 관련하여 언어 가치를 설명하면서 제시한 것이었다.[40] 《용비어천가》에 관한 논문(K1949d)은, 전체가 음운론적인 사고방식에 기초한 연구일 뿐만 아니라, 논문의 기본 틀을 제시하는 곳에서 '통합syntagme'이라는 소쉬르의 공시적 언어학의 주요 개념을 인용하고 있

---

[40] 소쉬르의 화폐에 관한 언급에 대해서는 丸山(1981: 209~225쪽)을 참조할 것.

다. 게다가 그것을 앞에서 보았던 레포르마츠키의 교과서와 메시차니노프의 저서(1945)[41]에서의 문법론과 관련 짓고 있다(K1949d: 19~22쪽).

　그렇다면 이 무렵의 김수경은 교조주의적으로 구조언어학을 배척한 것이 아니라, 오히려 모스크바 음운론 학파 등을 경유하면서 북한의 현실에 맞춰 구조언어학과 소비에트 언어학의 가장 바람직한 성과를 받아들이려고 했던 것은 아닐까 짐작해 볼 수 있다.

　그러면 김수경은 마르의 논의를 전혀 받아들이지 않았는가 하면 그렇지는 않다. 지금까지 누누이 설명해 온 것을 전제로 하면, 마르 언어학에서 중시된 것이 '어음에 대한 의미의 우위성'이라는 하나의 테제로 좁혀져 있다는 것이 어떤 함의를 가지는지는 명확할 것이다. 김수경은 정서법에서의 형태주의와 《조선어 문법》의 편찬 방침을 이론적으로 설명하면서, 마르학파의 개념에 의거했던 것이다.

　먼저 형태주의에 대해 보면, 그는 김두봉의 탄생 60주년을 기념하는 강연에서 다음과 같이 말했다(K1949f: 5~6쪽).

　　[김두봉은] 언어 표기에 있어 어음과 의미와의 통일을 가장 중요시하시고, 무의미한 성음만을 위주하는 종래의 그릇된 표음주의 표기법을 단호히 배격하셨습니다. 이러한 사상은 쏘베트의 신 언어리론 창조자인 아까데미야 회원 엔. 야. 마르의 말한바 단 하나의 어라도, 언어 기구 또는 그 자료적 표현인 서법이나 어음조직 중의 어느한 현상이라

---

[41] 메시차니노프는 단순히 마르의 추종자가 아니라, 문법론에서 수많은 업적을 남기고 있다. 비노그라도프는 메시차니노프의 입장에 대해 "마르 학설의 '창조적 발전'이라는 이름에 숨어서, 거기에 근본적인 수정을 가하여, 비교언어학도 아니고 마르 학설도 아닌 불명료한 입장을 구축했다"고 평가하고 있다(村山, 1950: 62쪽).

도, 또한 음성 언어의 어느 한 부분이라도, 그가 발생할 때 의미를 가지게 되지 않은 것, 사유 이전에 어떠한 언어 기능을 이미 얻은 것들은 하나도 없다(마르 선집, 제3권, 111 페지). 또한 "언어는 단순한 음향이 아니라 동시에 사유이며, 또한 그것도 단 하나의 사유가 아니라 사유 교체 세계관 교체의 축적인 것이다"(엔. 야. 마르 언어와 현대, 8페지)라는 사상과 완전히 부합됩니다.

이처럼 정서법에서의 표음주의를 비판하는 맥락에서 마르가 등장하고 있다.

다음으로, 김수경은 이 장의 도입부에서 소개한 《조선어 문법》을 3부로 편성한 데 대한 설명 가운데 마르에 대해 다음과 같이 언급하고 있다 (K1949j: 142쪽).

이곳에 있어 새로운 쏘베트 언어학의 창시자 엔. 야. 마르의 "문장론 —이것은 언어행위의 가장 본질적인 부분입니다. 마치 어음론이 형태론을 위한 기술技術에 지나지 않는 것과 같이 형태론도 또한 문장론을 위한 기술에 지나지 않는다"라는 명제는 가장 중요한 지침으로 되는 것입니다. 종래 서구라파 부르죠아 언어학에서는 인간의 의식, 인간의 사유思惟와 직접적 련관성을 가지지 않는 어음론 만이 커다랗게 비대증에 걸리여, 무의미한 음향을 대상으로 삼는 음향학과도 다름 없이 자연과학의 한 분과로 언어학이 떨어지고 마는 일이 많았습니다. 우리들은 언어 연구에 있어 어음보다도 의미에 그 선차성, 우위성이 있다는 것을 반드시 깨달아야 하며, 피상적인 형식이나 어음의 면에서 문제를 해결할 것이 아니라, 어떻게 하면, 인간의 의사표시 내지 사유와

결부된 의미의 면으로 부터 문제를 해결할 수 있을까—이러한 관점에
서야 하겠습니다.

이처럼 언어에서 '의미'를 중시한다는 기본 원칙을 세울 때 마르 언어
학이 원용된 것이다. 그렇다고는 하나 음운론과 형태론이 통사론을 위한
"기술에 지나지 않는다"는 것을 말 그대로 받아들여 음운론과 형태론을
경시한 흔적은《조선어 문법》에는 없다. 전혀 다른 맥락에서 20세기 중엽
이후 촘스키가 음운론에서 축적된 미국류의 구조주의 언어학에 반기를
들고 통사론을 중심으로 한 언어학을 구축하기 시작한 것을 생각하면, 김
수경이 여기에서 추출해 낸 생각은 의도하지 않았던 동시대성조차 띠고
있다. 그리고 소비에트 언어학과의 거리감이 바로 그 정도밖에 되지 않았
기 때문에, 그 후 얼마 지나지 않아 스탈린이 마르 언어학을 비판했다고
해도, 방향을 바꾸는 데 그다지 저항이 없었다고도 할 수 있다.

실제 1950년대에는 스탈린이 마르학파를 비판했어도, 한국전쟁 전에
김수경 등이 몰두했던 연구가 언어학적인 면에서 부정되는 일은 없었다.
1953년에 소련의 동방 언어학자 페트로바O. P. Petrova는, 1949년의《조
선어 문법》에 대해 "이러한 불충분성[마르학파에 영향을 받았던 것-인용자]
에도 불구하고, 이 문법은 모든 문법서 중에서 가장 상세하고도, 완전한
것이다"라고 높게 평가했다(뻬뜨로와, 1953: 139~140쪽). 소련 유학에서
돌아온 송서룡도 "당시에 조선 언어학자들에 의한 쏘베트 언어학의 섭취
는 우리에게 해를 가져 온 것보다는 결정적으로 많은 점에서 긍정적인 결
과들을 가져 왔음을 강조 아니할 수 없다"고 평가하면서, 그 무렵의 "김
일성 종합 대학 조선 어학 강좌가 남긴 공로"에 대해 특별히 언급하고 있
다(송서룡, 1957: 15쪽). 김수경을 지명하고 있지는 않지만, 그 "공로"의 필

두에 김수경이 있었음은 의심의 여지가 없다.

*

이 장에서는 한국전쟁 이전에 김수경이 관여했던 언어 규범화에 대해 논의해 왔다. 다방면에 걸친 관련 내용을 정리해 두기로 한다.

조선어문연구회가 진행했던 문자정책 사업에서는 김두봉의 존재가 컸다. 주시경에게 직접 가르침을 받은 제자였던 김두봉은 1910년대부터 문법, 정서법, 풀어쓰기에 대해 자신의 견해를 체계화하고 있었으며, 같은 시기인 1910년대에 편찬이 진행되고 있던 《말모이》의 실질적인 집필자였다고도 말해지고 있다(안병희, 2001). 즉 김두봉에게 언어 규범화 사업은 20세기 최초의 시기에 진행되다가 일본제국주의와의 투쟁 때문에 어쩔 수 없이 중단된 미완의 프로젝트였던 것이다.

조선어문연구회가 공표한 《조선어 신철자법》(1948년 1월)은, ① 조선어학회의 '통일안'에 대한 비판적 발전으로 구상된 것, ② 장래의 풀어쓰기의 도입을 염두에 두고 '형태주의' 원칙을 철저화한 것, ③ 자모의 명칭을 원칙적으로 변경한 것, ④ 두음 표기를 고정한 것, ⑤ 절음부를 채용한 것, ⑥ 주로 변칙용언의 어간을 고정적으로 표기하기 위해 신6자모를 도입한 것 등 급진적인 변혁을 특징으로 하고 있었다. 이 가운데 연구회 발족 이전의 김두봉의 조선어론에서 어느 정도 확인이 가능한 것은 ①, ②, ③, ④이고, ⑥에 대해서도 그것을 시사하는 발언이 보인다.

한편, 김수경은 김두봉의 기본 방침과 더불어, 그의 외국어 능력과 언어학에 관한 해박한 지식에 기초하여 정서법의 체계화를 실질적으로 담당했음이 확인된다. 김수경은 정서법 개혁의 원칙을 의미의 최소 단위로서의 형태소라는 개념에 바탕을 두는 '형태주의'로 세련화했다(②). 이 형태주의라는 사고를 가지고 두음의 고정 표기(④)와 신6자모(⑥)를 이론적으로 정당화하는 역할을 실질적으로 해낸 것이 김수경이었다. 절음부(⑤)에 대해서는 김두봉의 발안發案이라기보다는 김수경의 조선어사 논문에 연원을 두고 있고, 마찬가지로 형태주의라는 원칙하에서 규범화되었다. 이처럼 김두봉은 문자개혁에 열의를 가지고 그 기본 구상의 제공과 더불어 그것을 정식 무대에 세우는 역할을 담당했고, '의미'와 '형태주의'를 중심에 놓고 체계화와 이론화를 중점적으로 담당한 것은 김수경이었다고 생각해도 좋을 것이다.

이에 비해, 조선어문연구회의 《조선어 문법》(K1949k)에 김두봉이 미친 영향은 그다지 보이지 않는다. 《조선어 문법》 집필의 중심에 있던 김수경은 김두봉처럼 문법 용어를 고유어화하는 데 힘을 쓰지 않았다. 오히려 유럽의 여러 언어로 번역할 수 있는 가능성이 큰 여러 개념을 적극적으로 이용하면서 조선어 문법을 새로이 구축했다. 이 작업에서 김수경이 몰두한 중요한 과제 중 하나는, 인도유럽어족의 언어들과 같은 이른바 굴절어를 전제로 구축되어 온 '일반언어학'의 여러 개념을 이용하면서 교착어인 조선어 문법에도 동시에 통용되는 체계를 새롭게 만들어 내는 것이었다. 거기에서도 '의미'가 핵심어가 되었다. 김수경은 말을 개별 형태소의 축적으로 보는 것이 아니라 '문文'을 언어 행위의 기본 단위로 보고 거기에서 출발해야 한다고 하고, '문文'을 구성하는 '어語'는 '어간+토'라고 규정했다. 다시 말해, 조선어 문법은 '의미'를 핵심어로 하여, 언어 행위의 기본 단위로서의 '문文', 문법적 형태를 '어語', 의미를 분절화하는 데 도움을 주는 '음音'이라는 모습으로 질서를 부여했던 것이다.

이렇게 봤을 때 마르학파의 '신 언어 리론'에서 조선어의 규범화 사업에 도움이 되었던 것은, 언어의 상부구조론도 언어의 단일구조론도 아닌

"어음에 대한 의미의 우위성"이었다고 하는 것의 함의가 명확해진다. 김수경은 마르학파의 언어학을 '선진적'인 것이라 하여 수많은 번역을 통해 소개했지만, 실제로 적극 활용한 것은 의미의 중시라는 논점뿐이었다. 여기에 소련의 이론적 권위를 인정하면서도 그것을 아무런 비판 없이 전면적으로 수용한 것이 아니라, 당시 언어개혁의 현실과 합치시키면서 한걸음 더 나아가 단순히 정치적 교조로 회수되지 않는 언어학의 독자적인 영역을 짜내려 했던 북한의 한 언어학자의 모습이 떠오른다.

김수경은 1949년 논설에서 조선어의 정서법이 현재 아직 완전히 고정되지 않은 상태에 있다면서 다음과 같이 말하고 있다(K1949j: 144쪽).

> 바로 이 순간을 포착하여 우리들의 리성으로 도달한 그 정연한 론리적 체계를 철자법의 전부면에 걸치여 일관하게 실시한다면 종래의 불합리한 점을 시정할 수 있을 뿐만 아니라 장차에 있어 우리들의 언어와 문자를 진정으로 우수한 물건으로 무한히 발전시킬 수 있을 것입니다.

문자체계가 아직 굳어지지 않았다, 이 변혁의 순간을 놓쳐서는 안 된다, 이것이 그의 현실 인식이었다. 위의 인용에서는 상아탑을 벗어나 언어학적인 '올바름'이 정치적인 '올바름'과 연결되어 조선의 '혁명' 사업으로 이어지고 있는 현장에 몸을 던진 한 언어학자의 조용한 흥분과도 같은 느낌이 전해져 온다. 그러나 이러한 '조선어의 혁명'은, 직후에 일어난 한국전쟁과 정치적 갈등 속에서, 당초 상정조차도 하고 있지 않았던 방향으로 전개되어 가게 된다.

오직 한마음 당을 다하
북당 7천리
(비유우하 수행을 원하며)

-본서버런의 조주혜암경정원천주기-
(1954.8.9~1961.3.3)

김우정

차 례

제3장

배낭 속의 수첩:
한국전쟁과 이산가족

여기에 김수경이 쓴 한국전쟁 수기의 사본이 있다. 표지에는 세 개의 제목이 한글로 나열되어 있다. 위에서부터 "오직 한마음 당을 따라 북남 7천리", "배낭속의 수첩을 펼치며", "한지식인의 조국해방전쟁참전수기(1950. 8. 9~1951. 3. 3)"라고 씌어 있다(〈그림 3-1〉). 이 수기(이하 '회고록'으로 약칭하기도 한다)의 사본은 현재 토론토에 살고 있는 유족의 집에 보관되어 있다. 한국전쟁 발발 이후 몇 개 성상이 지난 뒤에야 이 수기가 평양에서 쓰여 토론토의 이산가족들의 손에 들어가기까지의 과정 자체가 냉전체제하 한반도에서의 남북 분단 상황의 냉엄한 현실을 말해 주고 있다.

한국전쟁은 수많은 이산가족을 낳았다. 김수경 또한 전쟁 상황에서 아내 이남재 및 네 명의 자녀와 헤어지고 말았다. 나중에 자세히 언급하겠지만, 이 수기가 완성된 것은 휴전으로부터 40년 이상이 지난 1994년이었다. 그는 마치 가족과 자신 사이를 가른 시간과 공간을 메우듯이, 400자 원고지로 환산해서 300매에 걸쳐 이산의 원점이 된 한국전쟁의 경험

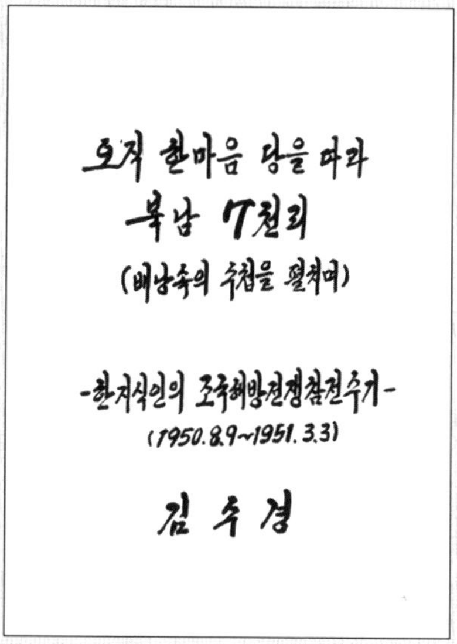

오직 한마음 당을 따라
북남 7천리
(배낭속의 수첩을 펼치며)

-한지식인의 조국해방전쟁참전수기-
(1950.8.9~1951.3.3)

김 수 경

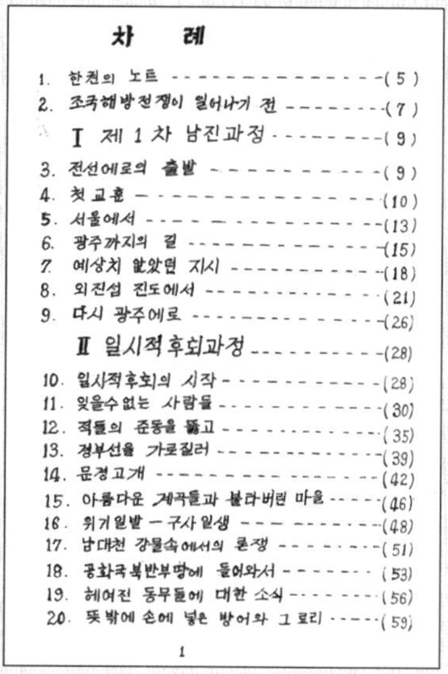

차 례

1

〈그림 3-1〉 김수경의 한국전쟁 수기

표지도 목차도 김수경 자신의 필적이 아니다. 표지 외에는 김수경 딸의 남편이 필사한 것으로 알려져 있다.

을 써 내려갔다. 즉 한국전쟁이 가족의 이산을 낳았고, 그 이산이 한국전쟁 회고록을 낳았던 것이다.

김수경에게 한국전쟁은 가족 이산의 시작이자 언어학 이론에서도(→Ⅲ), 공적인 위치에서도(→제4장) 커다란 전환점이 되었다. 그러한 의미에서 이 수기에 기록된 내용은 한국전쟁 후 김수경의 행보를 이해하기 위해서는 필수적이다. 또 수기에는 김수경 관련 내용 외에도 귀중한 정보가 많이 담겨 있다. 이 때문에 본래라면 텍스트 전체를 공개하는 것이 바람직할 것이다. 그러나 유족들은 아직 전문 공개를 주저하고 있다. 수기가 일차적으로는 가족을 향해 쓰인 사적인 문서라는 점, 그럼에도 불구하고 가족이 아는 김수경과는 이질적인 것이 느껴지는 문체와 내용이라는 점, 수기 공개가 남북의 이산가족에게 악영향을 미치지는 않을까 하는 우려를 불식할 수 없다는 점 등이 그 이유이다. 남북 분단이 극복되지 않은 상황에서 유족이 그렇게 판단하는 것은 충분히 이해할 수 있다. 그래서 이 장에서는 가능한 범위 안에서 이 수기의 내용을 소개하면서, 김수경이 겪었던 한국전쟁과 가족 이산의 경험을 그려 내고자 한다.[1]

회고록은 씌어진 시대 상황과 관계성의 영향을 강하게 받기 때문에, 단순히 한국전쟁의 경험을 기록한 1차 자료라고 할 수만은 없다. 그러나 한편으로 이 수기는 정말로 경험하지 않았으면 쓸 수 없었을 내용이 기록되어 있어서 전체적으로 신빙성은 높다. 그래서 이 장에서는 우선《배낭 속의 수첩을 펼치며》라는 회고록의 성립 과정을 밝힌다(제1절). 성립 과정을 빼 버리면 이 수기의 존재 이유를 이해할 수 없기 때문이기도 하고, 수기의 성립 과정 자체가 김수경 '평전'의 중요한 일부분을 이루기 때문이다. 다음으로 수기의 독특한 문체를 읽어 내는 관점을 김수경 언어학의 틀을 응용하면서 제시한다(제2절). 이를 바탕으로 수기에 적힌 한국전쟁 중의 김수경의 발자취(글자 그대로 걸었던 여정이기도 했다)를 풀어 내고자 한다(제3절).

---

[1] 이 한국전쟁 수기에는 김수경이 전쟁터에서 만난 지식인들에 관한 기술이 곳곳에 보인다. 그러한 기술을 검토한 논문을 별도로 공표했으므로(板垣, 2021) 아울러 참조하기 바란다.

1
회고록의 생성:
가족 이산의 원점을 회상하다

김수경은 어떻게 한국전쟁 수기를 쓰게 되었을까? 이 수기는 어떻게 토론토의 가족들에게 건네졌을까? 이는 단순히 텍스트의 해제가 아니라 그 자체가 냉전 속 이산가족의 역사를 말해 주는 것이다.[2]

한국전쟁 당시 김수경은 김일성종합대학 부교수로 조선어학 강좌장을 맡고 있었고, 아내 이남재와 네 명의 자녀, 어머니, 여동생 등과 함께 이 대학의 관사에서 살고 있었는데, 1950년 6월 25일 한국전쟁이 발발했다. 전쟁 초기 북한의 인민군은 파죽지세로 남한을 점령해 갔다. 김일성대 교수들은 이남의 '해방지구'에서 정치강습 등 조선로동당의 사업에 종사하기 위해 8월 9일 남으로 파견되었다[3](수기, 10쪽. 이하에서는 수기에서 인용할 경우 원 텍스트의 쪽수를 [10]처럼 괄호로 묶어 표시한다). 그가 평양을 출

---

[2] 아래의 가족 이산에 대한 사실관계는 주로 토론토에 사는 김수경의 아내와 자녀들의 증언 및 그의 회고록을 토대로 재구성하였다. 제6장도 함께 참조.

[3] 이 사실은 김일성종합대학 10년사에서 확인된다(김일성종합대학, 1956: 74쪽).

발할 때에는 "전쟁이 오래 끌 것으로 예견되지 않았"다[5]. 이때 마지막으로 가족들과 헤어지게 되었는데, 그 시점에서는 가족과의 이별은 생각조차 하지 못했던 것이다.

이윽고 9월이 되자, 김수경은 멀리 남쪽 진도까지 파견되었다. 그는 그곳에서 심사를 받고 조선로동당 당원이나 후보 당원으로 등록된 사람들에게 한 번에 50명씩 5일간 정치강습을 하는 임무를 맡게 되었다[23~24]. 그러나 미군을 주력으로 하는 유엔군의 인천 상륙(9월 15일)을 계기로 전황은 역전되었다. 3기까지의 강습을 마치고 얼마 안 되어 김수경은 자력으로 평양으로 후퇴하라는 지시를 받았다.

후퇴하는 길에 김수경은, 일기까지는 못 쓰더라도, 통과 지점을 기록하는 일 정도는 해야 한다고 생각하게 되었다. 그렇지만 곧바로 필기도구도 종이도 구할 수 없었기 때문에, 일단 평양을 출발한 후의 날짜와 통과 지점을 모두 떠올리고, 이후부터는 아침에 출발했던 지점, 밤에 도착한 지점을 기억해 두기로 했다. 그러던 어느 날 한 농가에서 작은 수첩 한 권과 몽당연필을 구할 수 있었다. 그 자리에서 기억해 둔 날짜와 지명을 모두 적어 놓은 뒤, 다음 날부터 배낭에 넣은 수첩에 매일의 기록(주로 출발, 통과, 도착 지명)을 남기기로 한 것이다.

우여곡절 끝에 그가 평양에 가까스로 도착한 것은 1951년 3월 3일이었다. 그런데 나중에 언급하겠지만, 이미 거기에 가족은 없었다. 서로 엇갈린 채 남으로 가 버린 것이다.

그에게는 가족이 없어져 버린 상황을 한탄할 여유조차 주어지지 않았다. 당장 김일성종합대학의 교육 연구와 관련한 일이 기다리고 있었기 때문이다. 당시 김일성대학의 캠퍼스는 일시적으로 평양을 떠나 평안남도 중화군 남곶면으로 옮겨져 있었다(김일성종합대학, 1956: 80쪽). 그는 대학교 근처에 있던 시장에서 노트 한 권을 입수했다. 노트 앞 부분에는 당시 그가 학습하던 언어학 이론 도서를 발췌해 써넣거나 했다. 1952년 초에 김수경이 스탈린 논문에 관해 집중적으로 글을 발표했음을 감안하면(→ Ⅲ), 아마도 이 시기에 노트에 적고 있던 언어학 이론은 스탈린 논문과 관련된 것이 아니었을까 생각된다. 그리고 노트 뒷부분에는 전쟁터에서 가져 온 수첩의 내용을 베꼈다. 거기에는 1950년 8월 9일부터 이듬해 3월 3일까지 약 7개월 동안 38선을 오가며 7,000리, 즉 약 2,800킬로미터를 걸었던 날짜와 지점이 10쪽에 걸쳐 나열되어 있었다(板垣, 2021). 대부분은 그런 기록뿐이지만, 군데군데 "《태성이 돎날》, 《남재 생일》, 《혜자 생일》, 《혜영이 생일》" 등과 같이, 아내와 자녀들의 생일만은 확실히 기록되어 있었다. 그는 나중에 노트의 이 부분에 "《조국의 통일 독립을 위하여— 조국해방전쟁 시기에 내가 걸은 길》"이라는 제목을 붙였다.

김수경은 그 후 이따금 이 노트를 꺼내서는 전쟁의 나날을 떠올렸다 [6]. 그러나 그 경험을 이야기할 곳은 없었고, 그러한 생각을 가슴에 품고 살아갔다.[4]

그로부터 30년 이상이나 지난 1985년 11월 말, 갑자기 김수경에게 토

---

[4] 한국전쟁 정전협정에 '실향사민displaced civilians'에 관한 항목이 규정되어 있다(제3조 59항). 조문만 보면 전쟁으로 인해 남에서 북으로, 또는 북에서 남으로 이동하게 된 사람들 중 "귀향하기를 원하는" 자는 돌아갈 수 있도록 규정되어 있다. 그러나 남에서나 북에서나 이 범주에 들어간 것은 의사에 반해 끌려간 사람들이었고(다만 현실에서 송환되지는 않았다), 어떤 처지의 사람들이 '이산가족'으로 간주되는가는 남북관계나 사회 상황을 반영하면서 변화해 갔다(김귀옥, 2004: 제2·4장). 그런 점에서 보면 1946년에 '스스로' 월북한 김수경, 그리고 1950년에 적어도 '연행'된 사람이 아니었던 이남재와 그 가족의 경우 각각 남과 북의 사회에서 오랫동안 이산가족으로서의 경험을 공공연히 말할 수 있는 자리는 없었다고 할 수 있다.

론토에 살고 있는 아내로부터 한 통의 편지가 도착했다[149]. 이남재가 그해 중국 옌벤대학에서 토론토로 강연차 와 있던 역사학자 고영일高永一에게 남편에게 보내는 편지를 부탁했던 것이다(→ 제6장). 그 후 우편 사정 관계로 시간도 걸렸고 북한 당국의 검열도 통과해야 했지만, 김수경과 아내와 자녀 사이에 직접 편지 교환이 가능하게 되었다.

이리하여 1988년 8월, 마침내 딸 김혜영과 김수경의 상봉이 베이징에서 이루어졌다. 두 사람이 베이징대학에서 개최된 제2차 조선학 학술토론회에 맞춰 참가했던 것이다. 대회 기간 중에 주최 측의 배려로 김수경은 호텔 싱글룸에 묵었다. 학회 후 저녁 식사가 끝나면, 밤마다 두 사람은 호텔 방에서 이야기를 나누었다. 방에 들어서면 김수경은 "얘, 또 그 전쟁 일기日記 계속하자"라며 한국전쟁 당시의 이야기를 자꾸 하고 싶어 했다고 한다(제6장). 둘만의 공간에서 재회한 딸에게 이별이 시작되었던 한국전쟁의 경험을 이야기하는데, 여기에 그의 회고록의 원형이 있었다고 할 수 있다.

당시는 김수경이 연구자로 복귀하기 시작한 시기였다. 1968년 소속이 김일성대학 교수에서 국립도서관 사서로 변경된 후, 그는 공적인 연구 활동의 장에서 한동안 벗어나 있었다. 실제로, 약 20년에 걸쳐 그의 연구 업적은 공백으로 남아 있다. 그가 공개적으로 연구 보고 등을 재개한 것은 이산가족과 상봉한 1988년의 일이었다.

그렇게 토론토의 가족과 편지를 주고받으면서, 김수경은 서서히 과거의 기억을 떠올리기 시작했다. 1993년에 그는 아내에게 보낸 서한에 이렇게 썼다. "요지음 언어학에서 말하는 심층구조요 표층구조요 하는것이 내 가슴 속에도 있는것 같습니다. 마음의 심층구조 속에 깊이 파묻어 두고 있는 심정을 혼자서 반추하면서 지나간 나날들을 더듬는 때가 가끔 있습니다.”[5] 여기서 말하는 ‘심층구조’, ‘표층구조’가 미국의 언어학자 노엄 촘스키의 생성문법론(Chomsky, 1965)에서 유래한 용어임은 두말할 나위도 없다. 여기에서 그는 분명히 겉으로 드러내지는 않았지만, 항상 언행을 규정해 온 과거의 기억을 “심층구조”라고 불렀을 것이다. 그러나 그것은 아직 텍스트로 ‘생성’되지는 않았다.

같은 해 7월 한국전쟁 정전 합의 40주년을 기념하여 평양에서는 전국로병대회가 성대하게 개최되었다.[6] 김수경도 이 행사에 참석했는데, 그때 주변의 권유로 한국전쟁 수기를 쓰게 되었다고 한다.[7] 1993년 8월 15일부터 쓰기 시작하여, 1994년 11월 20일에 정서를 완료했다[7]. 제목은 ‘배낭속의 수첩을 펼치며’였다. 정서가 끝나고 얼마 되지 않아 김수경은 토론토에 있는 이남재에게 편지로 이 사실을 알렸다. “만일 당신이 이 글을 읽을 기회가 있다면 갈피 갈피에서 눈물을 흘릴것이예요. 그때 그때 가족들을 그리워 하던 나의 생각도 반영되어 있으니까요.”[8]

하지만 이 수기가 토론토의 가족들에게 곧바로 전달되지는 않았다. 그러는 가운데 1995년 7월에 김수경은 뇌졸중을 앓았다. 목숨은 건졌지만 이후 몸이 마비되는 등 서서히 건강이 악화되었다. 1996년 7월에 토론토에 거주하는 장남 김태정이 처음으로 평양을 방문하여 아버지와 재회했다. 그때 김태정은 이 수기를 건네받았다.

그것은 김수경이 쓴 원고가 아니라 평양에 있던 그의 가족이 필사한

---

[5] 김수경→이남재 서한(1993. 3. 21).

[6] 《로동신문》 1993. 7. 23~7. 26에 그 내용이 보도되어 있다.

[7] 김수경→이남재 서한(1994. 11. 27).

[8] 앞의 편지.

것이었다. 제목이 '오직 한마음 당을 따라 북남 7천리'로 바뀌었고, 원래 제목인 '배낭속의 수첩을 펼치며'는 괄호 안에 넣어져 부제가 되었다. 북한 출판물에는 흔한 제목으로 변경된 것이지만, 어떤 이유에서인지는 불분명하다. 출판할 계획이 있었을 수도 있고, 검열을 받아도 문제가 없을 듯한 표현으로 바꾸었을 수도 있다.

김수경의 한국전쟁 수기는 이렇게 토론토의 가족들 품에 당도했다.

2
문체와 리얼리티

매일 쓰는 일기와 달리 회고록은 집필 시점에서 과거를 돌아보며 재구성한 기억이다. 이 수기가 당시의 기록을 바탕으로 씌어졌다고는 하지만, 날짜나 통과 지점 외에는 기억을 근거로 할 수밖에 없었다. 또한 그것은 파악하고 있는 사실관계를 그저 담담하게 기록한 것이 아니라, 읽는 사람을 상정하여 기술이 조직화되어 있다. 이 수기의 경우, 무엇보다도 가족들에게 한 말이면서, 동시에 검열을 받아도 무방하도록 배려되었다고 생각된다. 회고록을 단순히 진실을 전달한 1차 자료로만 보기는 어렵다.

그러한 측면에도 주목하면서 수기를 읽어 보면, 기술 방식에 특징적인 패턴이 반복되고 있음을 알 수 있다. 극히 드물게 그의 감정이나 흔들리는 생각 같은 이른바 '개인적'인 기술이 이루어진 직후에, 그러한 감정을 뿌리치며 극복하는 기술이 삽입되는 서술상의 특징을 가진 부분이 요소요소에 담겨 있는 것이다.

예를 들어 김수경이 '남진' 작전에 동원되어 전쟁터를 향해 출발한 1950년 11월 28일은 바로 차남의 첫 번째 생일이기도 했다. 이에 대해 김수경은 다음과 같이 말한다[93].

후퇴 과정 매일매일 산발을 오르내리고 하면서 가족 생각을 할 때면 늦어도 태성이 돐날 전에는 내가 가족들을 다시 만날수 있고 그 아이의 생일날을 축하해 줄수 있지 않겠는가고 예상했던 것인데 현실은 이렇게 되었다. 그런데 이 추운 겨울날 집안 식구들은 어디서 어떻게 지나고 있으며 태성이 첫돐날을 어떻게 맞이하고 있을가 하고 생각하니 가슴은 뭉클해질 따름이었다. 그러나 모든 것은 전쟁의 승리를 위하여 조국의 통일 독립을 위하여 바쳐야 하겠다고 마음을 다시 가다듬고 가족들 생각, 태성이 돐날 생각은 안 하기로 결심하고 묵묵히 남흥리 등판을 걸어 내려갔다(방점은 인용자).

이것은 회고록이니 김수경은 과거의 '배낭속 수첩'에 남겨진 기록을 보면서 이를 썼을 것이다. 수첩의 해당 부분에는 다음과 같이 씌어 있었다.

1950. 11. 28. 오후 5시. 남흥리 발. (태성이 돐날) (2사 4련대 정치부 련대장과 함께)

"태성이 돐날"이라는 부분도 원래 전쟁터에서 쓴 기록이다. 김수경은 간단한 수기를 정리하면서 이 간단한 메모를 다시 읽고 이날 가족 생각이 자신의 머리를 스쳤음을 상기하면서 이렇게 정리한 것으로 보인다. 전쟁터에서도 이렇게 가족을 항상 생각하고 있었던 것이다. 그리고 그러한 개인적인 생각을 김수경은 이 수기의 첫 번째 독자인 이산가족에게 전하려고 했던 것으로 보인다.

그러나 그러한 감정을 담은 개인적인 기술은 "그러나"라는 역접의 접속사에 의해 끊어지고, 조국을 위한 전쟁이라는 대의명분이 전면에 등장하면서 전쟁터에서의 걸음을 옮긴다는 서술로 이어진다. 그리고 보다 딱딱하고 공적인 문체로 돌아가 서술이 진행된다(이하에서는 수기를 인용할 때 이 특징적인 역접의 접속사가 나타날 경우 방점을 찍고자 한다).

이러한 서술의 두 측면의 관계는, 언어학자 소쉬르(1972: 26~27쪽)가 말하는 언어의 양면, 즉 집합적이고 체계적인 랑그langue와 개개인의 개별 발화인 파롤parole과 상동적인 관계에 있다. 소쉬르에 의하면, 랑그는 사회적이고 본질적인 것이며, "개인의 외부에 있는 부분으로, 개인은 혼자 힘으로는 그것을 만들어 낼 수도 변경할 수도 없다." 이에 반해, 파롤은 개인적individuel이며 부차적accesoire이고 우연적accidentel인 것이다. 김수경이 수기를 통해 가끔 보였던 '개인적'인 생각은, 그 직후의 '사회적'인 서술에 의해 '부차적'이고 '우연적'인 것으로 해소되고, 다시 담담하게 서술이 진행되는 것이다. 하지만 흔들림을 포함한 '개인적'인 부분에서 있을 수 있는 미래로 상상된 것들을 포함한 김수경의 경험을 엿볼 수 있다고 본다.

내가 여기에서 굳이 소쉬르의 개념을 꺼내는 것은 소쉬르 이론에 김수경이 정통했기 때문(→Ⅰ)만은 아니다. 월북 후에도 김수경은 소쉬르의 변주라 할 수 있는 개념을 이용하여 문체론을 서술한 적이 있다. 원래 문체론은 소쉬르의 제자 바이이Charles Bally도, 경성제대 시절 사실상의 '스승'이었던 고바야시 히데오도, 심지어 소비에트 언어학계의 중진인 비노그라도프Viktor Vinogradov도 참여한 언어학의 한 분야인데, 김수경은 1964년에 북한에서 최초로 조선어 문체론을 체계적인 서적으로 정리한 연구자로 알려져 있다(→Ⅳ).

김수경은 그의 유일한 문학론인 〈작가의 개성과 언어〉(K1964i)에서 작가의 '개성'이란 무엇인가를 고찰했다. 이를 위해 그는 우선 공식 문서나 논설 등에서 사용되는 "기능적 문체"와, 문학 작품 등에서 "작가가 리용하는 언어 수단 구성의 개인적 체계"로서의 "개인적 문체"를 구분했다. 거기에서 기능적 문체와 개인적 문체는 전체와 부분, 일반과 특수, 주와 종의 관계로서 파악되지는 않는다. 오히려 김수경에 따르면, 인간 활동의 모든 분야가 묘사의 대상이 되는 문학 작품에서 볼 수 있는 개인적 문체는 문어체도 구어체도 모두 사용될 수 있고 표준어에서 벗어난 말조차도 사용될 수 있다는 점에서 "포괄성"을 지니고 있다. 그에 비해 기능적 문체는 특정한 사용 분야나 목적에 따른 것이다. 그는 이 개인적 문체야말로 언어의 가능성을 품고 있다고 보았다. 글쓴이가 "사물의 세부에 걸쳐 그 특성을 파악하지 못할 때, 생활에서 출발하는 것이 아니라 이미 있는 표현들을 기계적으로 반복할 때 그 어조가 진부하고 무미건조한 것으로 되고 말 것"이라고 말한다. "로동자와 농민들—평범한 사람들이 말할 때 그들은 결코 판에 박힌 말투로 표현하지 않는" 것이고, "인민들의 생활과 혈연적 련계를 맺으며 그들의 생활 속에 깊이 들어갈 때 비로소 언어에서도 개성이 뚜렷하게 될 수 있다"(K1964i: 23쪽).

실제로 특정 주제에 대해 초점을 맞춰 명확하게 서술하는 언어학 논문과 비교하면, 이 수기는 폭넓은 사물에 대해 다양한 어휘를 구사하여 다루고 있다. 그것이 '개성적'인지 어떤지의 평가는 차치하고, 여기에서는 개인적인 서사를 '부차적'인 것이라고 단순히 잘라 버리는 것이 아니라, 거기에서 오히려 '포괄성'을 읽어 낸 그의 관점을 도입하고자 한다. 객관적이고 사회적인 서술 사이사이에 가끔 끼어드는 개인적인 생각이나 기대, 있을 수도 있었던 미래에 대한 몽상. 김수경은 그러한 글을 쓴 순간 그것을 '부차적'이고 '우연적'인 것으로 처리했는데, 그러한 기술이야말로 가족에게 보낸 또 하나의 현실성reality을 담고 있었다. 그렇다고 '사회적'인 글쓰기에 현실성이 없다거나, 어느 한쪽이 '진실'하다거나, 그러한 문제는 아니다. 양자 모두 다른 맥락에서 각각 현실적인 것이며, 그것들이 합쳐져 '포괄성'을 이루는 것으로 읽어 나가고자 한다.

언어라는 문제에 천착한 인물의 말을 읽는 것. 이 작업은 아무래도 자기 언급적이라고 할 수도 있는 요소를 포함하게 된다. 아래에서는 이 텍스트의 재귀성을 염두에 두면서, 한국전쟁과 가족 이산에 관련된 그의 말을 읽어 나가려고 한다.

3
수기에 새겨진 전쟁터

《배낭속의 수첩을 펼치며》는 거의 시계열로 나열된 45장으로 구성되어 있다. 첫 2장이 서장에 해당하고, 나머지 43장이 1950년 6월 한국전쟁 발발부터 1951년 3월 평양 귀환까지의 기록이다. 43장은 전체가 5부로 나뉘며, 각 부와 장에 제목이 붙어 있다. 부록 1에 당시 배낭 속에 가지고 다녔던 '일기'를 옮겨 적은 것이 실려 있다. 부록 2에는 평양을 출발한 1950년 8월부터 8개월 동안 걸었던 여정을 표시한 손으로 그린 지도 4장이 첨부되어 있다. 이 수기 전체에 쪽수가 1에서 173까지 매겨져 있다. 김수경의 기술에 따라 그가 통과했던 주요 지명을 재구성한 것이 〈표 3-1〉이다.

나는 이 지명들을 1945년 이전에 제작된 5만 분의 1 지도와 한국에서 제작된 신·구 지명이 한자로 표기된 북한 지도와 대조한 후,[9] 구글 어스 Google Earth 위에 표시하는 작업을 했다. 그 결과 지명이 불분명한 일부

---

[9] 《朝鮮半島五万分の一地図集成》, 陸地測量部作製, 学生社復刻版, 1981;《最新北韓地圖》, 佑晋地圖文化社, 1991.

지점을 제외하고는 김수경의 여정을 복원할 수 있었고, 그 기록이 정확하다는 것을 확인할 수 있었다(〈그림 3-2〉). 그는 이남으로 파견되기 직전에 평양시 인근 길가에서 우연히 만난 먼 친척으로부터 기념품이라며 《13도별 주머니용 조선지도첩》을 한 권 받았다. 한쪽에 한 도씩 인쇄되어 접어서 제본한 지도첩인데, 양복 주머니에 넣고 다닐 수 있게 되어 있었다[116]. 아마도 지명이 비교적 정확한 것은 그 때문일 것이다.

〈표 3-1〉 한국전쟁 당시 김수경의 노정

I. 제1차 남진 과정(1950. 8. 9~9. 28)	
1950. 8	평양(8. 9)→신막(8. 11~14)~[8.16]~개성~서울(8. 20~22)~수원~전주(8. 28~30)
1950. 9	광주(9. 1)~진도(9. 4~21)~광주(9. 25~28)
II. 일시적 후퇴 과정(1950. 9. 28~10. 31)	
1950. 9	광주(9. 28 발)~담양~순창~진안~장수(9. 30)
1950. 10	장수(10. 1 발)~영동~상주~문경 조령(10. 9)~단양~영월~평창~[10. 25]~통천(10. 29~30)~회양군 도납리(10. 30~11. 1)
III. 조선인민군에 입대하여(1950. 11. 1~11. 28)	
1950. 11	도납리(11. 1 발)~고원~정평~영흥~영원~장진~전천군 남흥리(11. 15~28)
IV. 제2차 남진 과정(1950. 11. 28 ~1951. 2. 17)	
1950. 12	남흥리(11. 28 발)~영원~영흥~고원~문천~평강~금화~화천(12. 20)~양구~[12. 22]~춘천~홍천(12. 26~1. 1)
1951. 1	횡성(1. 1 발)~영월~단양~영주(1. 17~18)~단양~영월~평창~유포리 사단 정치부 숙영지(1. 31~2. 2)
1951. 2	사단 정치부 숙영지(2. 2 발)~평창~횡성~평창 뇌운리(2. 16~18)
V. 인민군대에서 제대되어(1951. 2. 18~3. 3)	
1951. 2	뇌운리(2. 18 발)~횡성~홍천~춘천(2. 26~28)
1951. 3	춘천(2. 28)→[　]→화천→철원→평양(3. 3 착)

(비고) I~V의 제목은 김수경에 의한다. ~는 도보, →는 철도 또는 차량으로 이동. 38선을 넘은 부분에는 [ ]을 삽입. 날짜를 알 수 있는 경우는 기입했다.

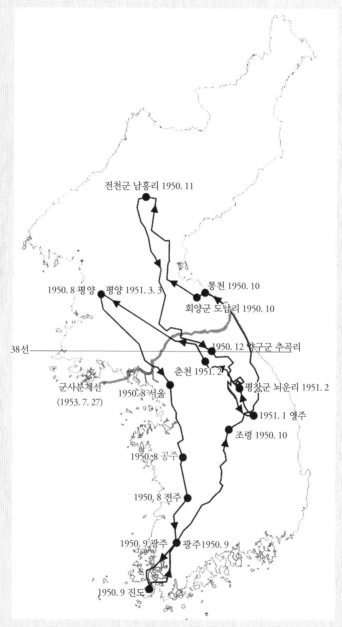

전천군 남흥리 1950. 11

통천 1950. 10

1950. 8 평양 평양 1951. 3. 3

회양군 도납리 1950. 10

38선

1950. 12 양구군 추곡리

춘천 1951. 2

군사분계선
(1953. 7. 27)

1950. 8 서울

평창군 뇌운리 1951. 2

1951. 1 영주

조령 1950. 10

1950. 8 공주

1950. 8 전주

1950. 9 광주 광주 1950. 9

1950. 9 진도

〈그림 3-2〉 한국전쟁 당시 김수경의 노정(1950. 8. 9~1951. 3. 3)
*날짜를 앞에 표기한 것은 남하, 뒤에 표기한 것은 북상.

아래에서는 그의 기술 순서에 따라 여정의 개요를 추적하고, 때때로 주관적인 것, 개인적인 것을 교차시키는 대목에도 주목하면서 그의 경험을 좇아가고자 한다.

남으로

1950년 6월 28일, "서울 해방" 보도를 접한 김일성종합대학의 학생들은 궐기대회를 열고 속속 인민군에 입대를 지원하고 있었다(김일성종합대학, 1956: 73쪽). 그러나 교원은 곧바로 동원된 것은 아니었다. 한국전쟁 전부터 여름방학 기간이 되면, 전국의 대학 교원 강습회가 개최되었다. 그 관례에 따라 1950년에도 7월 1일부터 대학 교원 강습회가 평양역 앞에 있던 평양공업대학(이후의 김책공업대학) 청사에서 시작되었다. 그런데 강습 첫날부터 미군으로 보이는 항공기 폭격이 있었고, 대학 캠퍼스에도 몇 발의 폭탄이 떨어졌다. 그래서 다음 날부터 대학 교원은 기차를 타고 평양 북쪽 순안읍으로 장소를 옮겨 중학교 교사를 빌려 예정되었던 강습을 마쳤다[9].

수기에 따르면 강습회 참가자의 '탄원'에 의해 당중앙위원회는 대학 교원을 남반부 해방 지역의 당·정부 기관 사업에 참여시키기로 결정했다. 순안에 집결한 대학 교원들은 일 주일 정도 정치강습을 받은 후, 당중앙위원회 명의의 남반부 파견 신임장을 받았다[10]. 그중에는 김대 교원이 92명이나 포함되어 있었다. 그들은 "새로이 해방된 남반부 인민들에게 북반부에서 이루어 놓은 민주 건설의 빛나는 성과를 전달하며 조선 민주주의 인민 공화국의 기치하에 조국의 통일 독립의 길을 가르치"는 목적 아래 남파된다(김일성종합대학, 1956: 74쪽).

한국전쟁 개전 후, 남한의 점령 지역에서 북한이 먼저 시행한 것은 당과 사회단체의 조직화 내지 복구였다. 그러나 당원을 확충하려고 해도 이전의 사상적 탄압과 맞물려 인재가 부족했다. 그래서 각지에서 간부와 당원들을 위한 정치강습이 행해졌다(권영진, 1989: 80~82쪽). 대학 교원이 파견되기 직전인 8월 1일에는 문화선전성이 〈남반부 각도(서울시) 문화선전 사업 규정〉을 작성하고 각지에서 법령·결정·지시 등의 제반 시책, 정치 정세 등을 선전, 해설하는 방침을 정하고 있었다(朴明林, 2009).[10] 이것이 대학 교원들의 파견에 직접 관련되어 있는지는 명확하지 않지만, 후술하는 김수경의 강습회 내용과도 부합한다.

1950년 8월 9일, 김수경은 다른 대학 교원들과 함께 평양의 대동강역에서 기차로 출발했다. 그 직전에 그는 평양 근교의 농가 앞을 흐르는 개울 물에서 아이들과 멱을 감고 나서 집을 나섰다. 1980년대에 그는 아이들에게 보낸 편지에서 이 출발이 "이같이 기나긴 리별의 첫시작이 될 줄이야 어떻게 알았겠느냐?"라고 썼다.[11] 그의 입장에서 보면 남반부를 '해방'하고 국토를 '완정'하는 사업에 참가할 생각으로 집을 나섰는데, 이것이 가족 이산의 시작이 되리라고는 예상조차 못했던 것이다. 실제로 대부분의 대학 교원들은 가벼운 여름옷에 갈아입을 속옷을 넣은 배낭을 짊어지는 정도의 차림이었다[10]. 당시 인민군은 파죽지세로 한반도 이남의 점령을 확대해 갔고, 중국 대륙에서는 국공내전 끝에 전년에 중화인민공화국도 성립되었기 때문에, 그들로서는 이남이 '해방'되는 데 그다지 시

---

[10] 문서는 문화선전성, 〈남반부 각도(서울시) 문화선전 사업 규정〉, 1950. 8(NARA, RG242, 190/16/25/3/E.299/Box895).

[11] 김수경→혜자, 태정, 혜영, 태성에게 보낸 편지(1986. 1. 15).

간이 걸리지 않을 것이라 봤을 것이다.

　원래 일정대로라면, 기차는 경의선을 남하해 하룻밤에 서울역까지 도착하여, 거기에서 파견지 지시를 받은 후 8월 15일 해방 5주년에 맞춰 각지에서 기념행사를 조직하기로 되어 있었다. 그런데 날이 밝아도 기차는 평양에서 남쪽으로 30킬로미터 정도 지점인 황해도 황주에 있는 흑교역에 멈춰 서 있었다. 상태가 좋은 기관차는 군용 열차로 동원된 터라 그들이 탄 기차는 낡은 기관차에 많은 객차를 연결한 임시변통으로 편성된 것이었다. 그 바람에 고갯길을 잘 넘지 못하고 우왕좌왕하는 사이에 해가 뜨고 말았던 것이다. 이 상황에 대한 수기의 기술도 아직은 조금 태평스럽다. 열차가 멈춰 서자 파견단은 역 앞에서 팔던 명물인 흑교 흰엿을 사 먹기도 하고,[12] 강으로 가서 목욕이나 빨래를 하기도 하는 등 하루 종일 자유롭게 휴식을 취했다.

　밤이 되자 다시 기차가 움직였지만, 이번에는 신막역(지금의 서흥역)에서 멈춰 버렸다. 그 틈에 미군 항공기가 날아와 기총 소사를 했다. 이로 인해 기관차와 함께 정치 해설문과 강연 요강 등의 정치 교재를 실은 화차도 불타 버렸다. 신막에서 38선까지는 아직 80킬로미터 남았고, 거기에서 서울까지는 다시 60킬로미터 정도 거리였다.

　이 부분에 흥미로운 서술이 있다. 김수경에 따르면 대열 책임자가 신막역 상황을 당중앙위원회에 전화로 보고했을 때 "많은 사람들이(나도 포함하여) 마음속 한 구석에서 생각하기를 [……] 그냥 평양에 돌아와 자기 일들을 계속하라고 [당중앙위원회가] 할지도 모를것"이라는 것이다 [11~12]. "그런데 대렬 책임자는 전화를 걸고 돌아와 말하기를 당중앙위

---

[12] 황주의 엿은 이미 1930년대에는 명물로 알려져 각지에서 팔렸다(《동아일보》 1938. 11. 3).

원회에서는 기차가 없으면 도보로 걸어서 서울로 가라고 지시하였다는 것이었다. 그때에야 우리는 바짝 정신이 들었다"[11]. 주관적인 기대와 실제의 결과가 합치하지 않는 것은 자주 있는 일이지만, 객관적 조건을 경험적으로 파악하는 것이 지극히 곤란한 전쟁터에서는 특히 이 괴리가 격렬하게 나타나기 쉽다. 그러나 그것은 어디까지나 소망의 투영이었고 곧 부정되었다. 김수경의 서술은 역접의 접속사 이후에 교훈의 문체로 바뀌어, 먼 곳에 가려면 무언가를 타야 한다는 습관화된 생각이 부정당하고 "정신이 들었다"[11]라고 반성의 말을 남기고 서술을 이어간다.

일행이 서울에 도착한 것은 8월 20일이었다. 김수경은 먼저 혜화동에 있는 집에 살던 형 김복경을 찾았다. 김복경은 "이렇게 올줄 알고 기다리고 있었다"며 집으로 동생을 맞아들였다. 김수경은 형의 가족들과 이틀 밤 동안 쌓였던 이야기를 나눴다고 한다[14~15]. 대화의 내용까지는 수기에 기록되어 있지 않다.[13]

서울에 도착한 다음 날 김수경은 당시 동숭동에 있던 서울대학교로 향했다. 인민군 점령하의 서울에서는 서울대 본부 청사에 교육성이 설치되어 있었기 때문이다. 거기에서 김수경은 다른 김일성대 어문학부 조선어학 강좌 교원들과 함께 전라남도에서 사업을 하라는 지시를 받았다[15]. 그는 2박 3일의 서울 체류 기간 내내 형과 그 가족 외에는 아무도 만나지 않았다. 전쟁이 끝나면 언제라도 만날 수 있다고 생각했기 때문이다.

8월 22일 김수경 등 조선어학 강좌 교원들은 전라북도로 파견되는 력

---

[13] 김복경의 맏딸 김연식 씨(1939년생, 로스앤젤레스 거주)의 인터뷰(2016년 9월 14일과 18일. 제6장 참조)에 따르면, 1950년 8월에 삼촌이 단기간 서울 혜화동 집에 왔을 때를 분명히 기억하고 있었다. 다만 자고 간 기억은 없고, 아버지와 뭔가 이야기를 했는지는 모르겠지만 했다고 하더라도 그것은 아마 자신이 잠든 후였을 것이라고 했다.

사학부 교원들과 함께 걸어서 남쪽으로 향했다. 그러는 도중에도 "유명한 성환 참외를 안 먹어서야 되겠느냐"며 상점에서 참외를 사 먹는 등 아직은 뭔가 여유 같은 것이 보인다. 전주에서 력사학부 교원들과 헤어져, 9월 1일에 전라남도 도당 본부가 설치된 광주에 도착했다. 처음 도당 본부에 갔을 때는 하룻밤을 쉬고 인근 화순군에 배치된다는 통보를 받았기 때문에, 김수경은 근처에서 수박 등을 먹으며 휴식을 취했다.

이윽고 선전부장으로부터 호출이 왔다. 선전부장은 "남쪽 바다가 섬인 진도가 오늘 아침 해방되었다는 련락이 와서 진도군당에 가서 일할 사람들을 골라 보내지 않으면 안 되게 되었다"고 말했다. 실제로 그 전날인 8월 31일 이른 아침 인민군은 거의 저항도 없이 진도에 상륙하여 같은 날 정오 무렵 진도경찰서에 조선민주주의인민공화국기를 게양했다.[14] 그다음 날 선전부 요원의 파견 요청이 도당 본부에 도착한 것으로 보인다. 김수경은 청진 교원대학 문학 강사, 원산 교원대학 문리학부 교원과 함께 진도로 파견되었다[19~20].

미군제 군용 트럭과 50톤급 발동기선을 타고 진도 동쪽 연안 녹진에 도착한 것은 9월 3일 새벽이었다. 그곳에서 이전에 지주가 살고 있던 집[15]에 설치된 진도군 당청사로 들어갔다. 대학 교원 3명은 군당 선전부 강사로 임명되었고, 숙소 겸 사무실로 방 두 칸짜리 가옥이 배정되었다. 그 후에는 이미 언급한 대로, 심사를 거쳐 당원 또는 후보 당원으로 등록된 사람들에게 한 번에 50명씩 5일간 정치강습을 실시했다. 강의 내용은 "국제

---

[14] 《진도군지 상》, 2007, 270~272쪽.

[15] 진도를 오랫동안 연구해 온 이토 아비토(伊藤亞人)는 한평(韓平教)라는 지주의 옛집이라고 했다. 또한, 진도의 한국전쟁에 대해서는 박찬승(2010: 제1장)도 참조했다.

국내 정세를 비롯해서 공화국 헌법의 본질, 북조선 민주개혁의 성과, 조국해방전쟁의 성격 등"이었다고 한다[23].

미군이 주력인 유엔군이 인천상륙작전을 개시한 것은 1950년 9월 15일이다. 그때부터 형세가 일거에 역전되어, 인민군은 한때 북·중 국경 부근까지 밀리게 된다. 그러나 진도는 전화도 라디오도 통하지 않았고 신문도 닿지 않아 통신이 두절되는 일도 있어, 김수경 등은 그러한 상황을 알 수 없었다.

전시를 살았던 사람들이 매번 정세를 객관적으로 파악하는 일은 있을 수 없다. 알게 된 정보 중에서 판단해 선택하고, 거기에 생사를 건다. 9월 20일에 갑자기 광주의 도당에서 연락이 와서 김수경은 광주의 시당으로 소환되었다[24]. 도당 선전부에 있던 김일성대 교원이 가지고 있던 명단에서 김수경의 이름을 발견하고, 최남단에 있는 것을 불안하게 여겨 도당 간부에게 그의 이동을 요청한 결과였다[25]. 정보로부터 격리된 진도에 있던 김수경 등에게 광주 시당으로의 소환 소식은 아주 잠깐이나마 대안적인 미래의 몽상을 꿈꾸게 했다. 함께 일하던 두 대학 교원은 "이제는 전쟁이 끝난것이 분명하다"고 단정하고, "대학들이 다시 문을 열게 되였으니 김동무를 서울 대학 교원으로 쓰기 위해 우선 광주로 부르는것이 아닌가" 추측했던 것이다. 그리고 서울로 가게 되면 교육성에 가서 자신들도 서울에 갈 수 있도록 애써 달라고 간청했다. 1948년 7월에 제정된 북한의 헌법 제103조에는 "조선 민주주의 인민 공화국의 수부는 서울시다"라고 되어 있었다. 그래서 전쟁이 끝나면 그곳에 최고 학부가 설치될 것이라 생각한 것은 충분히 이해할 수 있다. 진도의 그들에게 그곳은 아직 공화국이었던 셈이다. 하지만 김수경은 이를 "지나친 환상"이라고 기록했다. 결과적으로 보면 그것은 전혀 있을 수 없는 환상에 불과했다. 그렇다고 그가 그러한 '환상'이 갖고 있던 현실성을 완전히 부정했던 것은 아니다. 이는 "그들이 해방된 서울에서 대학 교원이 된다면 얼마나 좋겠는가 그렇게 생각하"면서 이해를 표한 서술[24~25]에서 확인 가능하다.

그러한 생각도 마음 한구석에 품고 김수경은 광주에 도착했다. 그다음 날인 9월 26일은 마침 추석이었다. 광주에 와 있던 김일성대 교원과 학생들은 조촐한 축배를 들었다. 전황은 이미 완전히 역전되어 있었지만, 그것을 모르는 그들의 잠시 동안의 축배에는 위기감 같은 것은 전혀 없었다.

사태가 급진전된 것은 그 이틀 후의 일이었다. 도당 위원장이 호출을 해서 김수경 등이 가자, 어수선한 분위기에서 "평양에서 온 동무들은 빨리 북으로 들어가도록 하라"고만 지시를 했다. 사정을 들어볼 여유도 없이, 그들은 상황도 모른 채, 다른 당 관계자와 함께 걸어서 북으로 향했다[27].

북으로 후퇴

각기 알아서 북으로 돌아가게 된 그들은 담양에서 순창으로 가는 길에 만난 의용군 부상병(남원 출신)의 이야기를 듣고서야 비로소 전황의 심각성을 알게 되었다. 이미 인천상륙작전이 있은 지 2주일이 넘었다. 또한 곧 미군의 전차가 근처로 접근해 오고 있다는 것, 큰길로 가지 못한다는 것도 알게 되었다. 그래서 일행은 평야의 큰길로 곧장 북상하지 않고, 유엔군과 한국군을 피해서 산길을 이용해 북동쪽으로 빠져나가기로 했다[30]. 하지만 숙박 장소와 식량을 확보하기 위해 때때로 민가에 들러야 했다. 어느 한 농가에서 북한 지지자가 강한 '민주부락'과 남한 지지자가 많은 '반동부락'이 있다는 이야기를 듣고 난 다음부터 그들은 민주부락을 골라 다니며 나아갔다[34].

김수경 등은 야간에 전차와 전차 사이를 뚫고 지나가거나, 캄캄한 어둠 속에서 경부선 철로를 달려 가로지르거나, 식량도 없이 가파른 문경새재를 오르내리거나, 외나무다리에서 강물로 추락할 뻔하기도 하면서 서서히 북상했다. 후퇴 중이던 김수경은 38선만 넘으면 북한에 도착할 것으로 생각했다. '후퇴'는 이남으로 파견된 사람들만 할 일이고, 38선 너머에는 이전과 같은 북한 사회가 있다고 상상하며 걸음을 옮겼던 것이다. 그러나 동해안 양양에서 38선을 넘어섰을 때, 그는 그곳이 이미 남한의 연장에 불과하다는 것을 처음 깨닫게 되었다[53].

김수경은 거기에서 더욱 북상했다. 조금만 더 가면 고향 통천이었기 때문이다. 김수경의 사촌형(김부경)이 아직 살고 있을 터이니, 그곳에 가면 겨울옷과 신발 등을 구할 수 있을지도 모른다고 생각했다. 그러나 통천에 도착한 그가 고향 마을에서 본 광경은 기대와 달랐다[61~62].

> 고향 마을을 찾아드니 역전 상점 거리는 파괴될대로 파괴되고 거리 바닥에는 전주대들이 넘어지고 전선줄들이 사방에 흩어져 이리저리 엉키고 있었다. 사람 하나 얼씬 안 하는 이 괴괴한 거리, 어디선가 무엇이 타는 냄새만이 나고 조명탄이 환히 내리비치니 이것은 바로 벨지크의 작가 로당바크가 이름지어 묘사한 《죽음의 도시》였다.[16]
> 나는 너무도 흥분하였다. 가슴이 터지는것만 같았다. 후퇴의 간고한

---

[16] 통천의 광경을 로덴바흐의 《죽음의 도시 브뤼즈Bruges-la-Morte》에 겹쳐 보는 인상은 한국전쟁 당시부터 김수경이 강렬하게 품은 듯하다. 딸 김혜영과의 재회 당시에도 이 비유를 이용해 당시의 일들을 언급했다고 한다(金惠英·金泰成, 2015: 21쪽).

나날에도 동해안에 접어들면서부터 이제 이 길을 따라 북으로 가기만 하면 내가 가장 사랑하는 고향 마을—통천 구읍에 가 닿게 되리라. 오래간만에 찾는 고향 땅에 가서 사촌 형네 식구들을 비롯한 친척들을 만나 보고 겨울나이 준비도 좀 해 가지고 가자—이렇게 생각하고 기대도 컸던것인데 이렇게 참혹하게 파괴되고 불타는 고향 마을을 보니……

사촌형의 집은 저녁 식사를 한 흔적은 있었지만 텅 비어 있었다. 나중에 김수경이 알게 된 바에 따르면, 해안에 있던 통천읍은 밤만 되면 미군 측이 바다에서 함포 사격을 가해 주민들은 그 시간대가 되면 산 쪽으로 갔다가 새벽에 돌아오는 나날을 보내고 있었다. 마침 엇갈렸던 것이다. 김수경은 하는 수 없이 겨울옷을 대신할 담요를 집어 들고, "당중앙위원회의 지시로 남반부로 나갔다가 이제 인민군대를 따라 북으로 후퇴하는 도중 여기에 들렸다가 갑니다. 요 포대기를 하나 가지고 갑니다. 10월 29일 밤. 수경"[63]이라는 쪽지를 남기고 떠났다. 그러나 사촌형 일가가 그 후 이남으로 피신했기 때문에, 이 쪽지도 그 후 공중에 떠버리게 된다.

모든 기대가 사라진 김수경은, 어쨌든 북측의 지배 지역으로 향하는 것을 최우선으로 하고 다시 걷기 시작했다. 험한 산길을 벗어나 10월 31일에 회양 도납리까지 갔을 때, 그는 인민군과 조우했다[67].

일행들에게 말을 건 제2사단 정치부장은 김수경 등 김일성대 교원들과 학생들에게 선전 요원으로 입대할 것을 권유했다. "우리 2사부대는 락동강까지 나갔다가 많은 희생자들이 나서 부대 력량이 약해진 가운데 특히 정치일군들이 부족하다, 당신들은 위대한 수령 김일성장군님의 존함을 모신 대학의 교원, 학생들이니 우리가 믿을수 있다, 어디 우리 부대에 들어와 정치일군으로 일할 생각은 없는가고" 제안해 온 것이다. 김수경은 상담 후 이 요청에 응하여 2사 4연대 1대대의 선전원으로 임명되었다 [68].

11월 1일 부대는 다시 북을 향해 계속 후퇴했다. 평양까지 흐르는 대동강 원류의 옆을 거슬러 올라가다가 한태령의 원천에서 소나무 뿌리로부터 방울져 떨어지는 물방울을 받아 마시기도 했다[74]. 그사이 한국전쟁은 또 다른 전황을 맞고 있었다. '항미원조'(미국에 항거하여 북한을 원조한다)를 내걸고 몰래 입북하던 중국 인민지원군이 10월 25일부터 전투를 개시하여 유엔군을 퇴각시키기 시작했던 것이다. 김수경의 소속 부대가 함경남도 장진까지 북상해 가자, 중국 지원군을 환영하는 벽보가 이미 곳곳에 붙어 있었다. '開水'(중국어로 더운물)라고 표시된 곳에서는 더운물을 끓여 지나가는 군대에 나누어 주는 것이 보였다. 그리고 11월 15일 김수경 등 제2사단 부대는 중국군이 이미 숙영하고 있던 전천의 남흥리에 자리를 잡았다. 그렇다기보다 수많은 부대가 차례로 후퇴하여 각지에 숙영하고 있었기 때문에, 가장 늦게 온 2사부대는 더 이상 북상하지 못하고 그곳에서 다음 지시를 기다리게 되었다[75].

지시는 머지않아 도착했다. 수기에 따르면, 11월 25일 조선인민군 총참모장[17]이 남흥리를 방문하여 김일성 최고사령관의 새로운 명령을 전했다. 그것은 최현을 제2군단장(군단은 사단의 상부 단위)으로 하여, 발길을 돌려 다시 남쪽으로 향해 '적후敵後'(즉 유엔군 측의 점령지)로 들어가 유격전을 전개하면서 제2전선을 형성한다는 작전이었다[77~78]. 이는 미군의

---

[17] 수기에는 조선인민군 총참모장이라고만 되어 있고 이름은 적혀 있지 않다. 당시는 연안계의 김웅이 총참모장이었던 것으로 보인다(和田, 2002: 200쪽).

반격에 맞서 중국 지원군이 11월 25일부터 개시한 '제2차 전역戰役'의 일환(동부 전선)이라고 생각된다. 이 제2차 전역의 주력은 중국 지원군이었지만, 거기에 조선인민군 제1·제2·제5군단 등이 합류했음이 중국 측 기록을 통해 알려져 있다(和田, 1995: 191~195쪽). 중국 지원군 측은 이미 11월 13일 회의에서 조선인민군 제2군단의 11개 사단과 제5군단 소속의 3개 여단을 철원 남북의 광대한 지역에서 유격대 활동을 시키기로 방침을 정하고 있었다(洪学智, 1998: 102쪽). 이런 점에서 볼 때 '제2전선'이라는 이중 전선 구축 전술은 마오쩌둥 인민전쟁의 특징이며, 조선인민군에서 나왔다기보다는 중국 인민지원군 측에서 나온 작전이라는 지적도 있다(朴明林, 2009: 522~523쪽).[18]

어쨌든 '적후'는 말할 것도 없이 최전선을 뚫고 나가야만 들어갈 수 있는 데다, 거기에서 다시 유격전을 전개하는 것은 상당히 위험한 임무였다. 게다가 적절한 객관적 여건이 갖추어져 있다고 할 수 없는 상황이었다. 중국에서 들여온 솜옷과 군모, 체코에서 온 목구두가 부대원들에게 배부되었지만, 소총 등 무기는 턱없이 부족했다. 이 문제에 대해서는 전투를 통해 미군으로부터 무기를 노획하라는 지령이 있을 뿐이었다[76~77]. 항일유격대 전력을 가진 지도자만이 가능한 작전이라고 할 정도로 위험한 임무였다. 이 때문에 대학 교원과 민간인은 작전 수행에서 빠진 채 각자 본래의 자리로 돌아가기로 되어 있었다.

그럼에도 사단 정치부장은 김수경에게 계속 종군할 것을 요구했다. "선생(나)만은 우리 부대와 행동을 같이 해야 할것 같다", 왜냐하면 이 작

---

[18] 이후의 북한의 공식 기록에 의하면, 11월 17일에 제2군단장에게 〈적후투쟁을 강화할데 대하여〉라는 지시를 내린 것으로 되어 있다(김일성 1980).

전에서는 "외국 군대들과 직접 전투를 하게 될것이고 그때에는 아무래도 외국어를 아는 사람이 우리 부대안에 있어야 되겠다"고 간청해 온 것이 다. 종군에 응할지, 거절하고 대학으로 돌아갈지 선택의 여지가 주어지자 김수경은 오히려 크게 당황했다. 수기에서도 그가 상당히 고민한 기색을 엿볼 수 있다[80].

그렇지 우리는 후퇴의 길을 걷는 도중 일시적으로 군대에 들어 행동을 같이 하였을뿐이다. 이제 후퇴는 끝났으니 본래부터의 군대가 아닌 우 리는 그대로 후퇴의 길을 걸어 자기 기관이 있는 곳으로 가면 될 것이 다. [……] 순간 나는 대학의 여러 동무들의 얼굴이 나타났고 그들이 지금 어디에들 있는지 몹시 그리워졌다. 그리고 다음 순간 내 가족들 은 지금 어디에 있는지, 대학 사람들을 만나면 어디에 있는지 알수 있 겠는데, 내가 부대를 떠나 북쪽으로 좀 더 들어가노라면 그런 소식도 들을수 있지 않겠는가?—하는 생각도 들었다.

그러나 다음 순간 이 준험한 시점에서 부대 간부들이 진심으로 요청하 는것을 뿌리칠수 있겠는가?[하고 의문을 갖기 시작했다]

비록 이때 그가 종군을 거절했더라도 가족을 다시 만날 수는 없었겠지 만, 그가 가족과 만나는 시간을 상상하는 상황에 놓였다는 것은 현실성이 있다. 그러나 "준험한 시점"의 논리에 의해 그러한 생각은 묻혔다. 여기 에서 김수경은 "순간"이라는 표현을 세 번이나 쓰며 당시의 흔들리는 심 정을 표현하고 있다.

김수경은 결국 남쪽으로 가는 것을 승낙했다. 그 직후의 상황에 대해 그는 다음과 같이 서술하고 있다[81].

나는 숙소에 돌아오는 길, 밤하늘에 총총한 별들을 바라보면서 대학에
서 함께 일하던 교원들, 학생들의 얼굴 모습이 떠오르는 것을 느꼈고
그리고 다른 한편, 어머님, 안해, 누이동생, 아이들은 모두 어디에서
어떻게 이 추운 겨울을 지내고 있는지, 하는 걱정어린 생각도 들었다.
그러나 오늘 밤 내가 정치부장 동지 앞에서 한 말, 그 결심은 백번 옳
았다. 나는 조금도 동요하지 않는다.

마지막의 "동요하지 않는다"는 현재형으로 되어 있다. 1950년 그 순간
의 감정을 현재에 불러일으켜, 회고록을 쓰고 있는 자신의 마음이 무심코
"동요"해 버리는 것을 "옳았다"고 다시 마음을 다잡고 있는 듯 보이기도
한다.

이리하여 마음속의 흔들림을 봉합한 김수경은 다시 남으로 향하게
된다.

다시 '남진'

부대는 1월 28일부터 남진을 시작했지만, 소총을 가지고 있던 한두 소대
를 제외하면 완전히 맨주먹 부대의 남하였다[92]. 정치부의 김수경에게까
지 미제 소총이 건네진 것은 해가 바뀐 뒤였지만, 결국 마지막까지 총을
쏘는 일은 없었다[114].

남진은 상당히 위험한 길이었다. 전선에 가까워지면서 미군 비행기의

정찰과 행군을 피하기 위해 야간에 행군했다. 낮에 휴식을 취할 때에도 되도록 마을에 들어가지 않고, 인근 산의 수풀에 몸을 숨긴 채 옥수수 껍질이나 짚 등을 깔고 휴식을 취하는 것이 원칙이었다. 그러나 연일 계속된 행군으로 지친 부대는 화천에서는 농가에 들어가 쉬기로 했다. 운 나쁘게도 그때 정찰기가 날아왔다. 그러나 녹초가 된 대원들은 몸이 움직이지 않아 대피하지 못하고, 그대로 바짝 붙어 자고 있었다. 그곳에 비행기가 다시 날아와 기총 소사를 했다. 김수경의 바로 옆에서 잠을 자던 사람은 총알에 맞아 "아이쿠!" 하며 죽고 말았다.

38선까지 도착한 것은 12월 21일 양구군 추곡리(가래골)에서였다. 중국인민지원군과 조선인민군이 38선을 넘어 '제3차 전역'을 개시한 것이 12월 31일이므로, 그보다 이른 시기의 월경이다. 그 후 38선을 넘어 도착한 홍천의 어론리에서 부대는 한국군과 조우했다. 총격전을 벌이는 전투부대를 등지고, 김수경 등 정치부 성원들은 총탄이 난무하는 가운데 산에 올라 대피했다. 해가 바뀌어 횡성에서도 병사들이 미군 비행기의 기총 소사를 맞고 즉사한 장면을 눈앞에서 마주했다. 김수경은 결과적으로 살아남았지만, 언제 총알에 맞아도 이상하지 않은 상황이었다.

38선 이남으로 들어설 무렵, 마침 큰딸의 생일을 맞았다.

1월 6일 새벽 2시에는 횡성군 둔내면 현천리에 도착하여 모두 마을에 내려가지 않고 산우에서 하루 종일 휴식하였다. 짚단을 깔고 그우에 누워 휴식하는 사이 그날이 마침 나의 맏딸 혜자의 생일이란 것이 문득 생각났다. 이제는 만 일곱살이다. 지난해 9월 1일에는 인민학교에 넣자고 해서 그 준비도 시키고 있었는데 전쟁 때문에 학교에도 못 가게 되고 지금은 어디서 어떻게 지내고 있는지, 아니 몸은 어디 앓지나 않고 무사하게 있는지 하는 생각이 깊어지는것이였다. 그러나 그런 생각을 자꾸 해야 아무 쓸데도 없는것이였다. 어느듯 나는 잠이 들어 전날 밤 야간 행군의 피로를 풀고 있었다[111~112].

여기에서는 마음을 다잡는 것이 아니라 잠으로 말미암아 '개인적'인 기술이 중단되었다.

그다음 날 영월의 한 마을에서 휴식을 취하려고 들어간 집에서, 김수경은 바닥에 흩어진 사진을 보고 마음이 아팠다.

그 집에 들어서는 순간 내 가슴을 친 것은 한 방 가운데에 놓인 책장서랍에서 사진첩과 사진들이 무질서하게 흩어져 나와 있는것이였다. 아마 이 집에서 살던 사람들이 갑자기 집을 나서서 어디로 피난가게 되자 미처 책상안을 정리하지 못하고 사진들을 그대로 버리고 간것일 것이다. 그 하나하나의 사진들에는 얼마나 많은 사연들이 깃들어 있는 것일가. 그러나 그 집 식구들이 귀중한 추억들을 말해 주는 그 사진들을 건사해 가지고 가지 못해 이 집에 막 들어선 낯선 사람들인 우리들의 신발 자욱들이 사진우에 찍히게 되였으니 이 사실을 알면 얼마나 그 집 주인들의 가슴이 아프겠는가?

이렇게 생각하는 순간 문득 내 집 생각이 났다. 우리집은 어떻게 되였을가? 우리집 사진첩 그리고 개별적 사진들을 가족들이 잘 건사하고나 있는지? 너무 바빠 미처 거두지 못하고 방바닥에 흘려 놓고 가 미국놈들과 괴뢰군의 군화 밑에 짓밟히고 있지나 않고 있는지—그런 생각을 하니 적개심의 불길이 일어나고 하루빨리 남녘 땅을 해방하고 집으로 다시 돌아가야겠다는 결의를 다시금 다지게 되는것이였다[112~113].

마지막에는 역시 씩씩한 이야기로 바뀌었지만, 남의 집에 흩어진 사진을 자신들의 군화가 밟아 버린 것을 후회하는 데에서 집에 남겨 둔 가족사진을 떠올린다는 흐름은 전체적으로 그의 섬세한 문학적 감각을 잘 보여 주는 서술이다.

여러 위험을 무릅쓰고 가장 남쪽까지 내려간 것은 1월 17일에 도착한 경상북도 영주였다. 그러나 거기에서 아무것도 못하고, 부대는 다음 날 그곳을 떠났다[122]. 전체적으로 이 38선 이남에서의 부대 활동에 대해서는, 일부의 사건을 제외하고는 기술이 희미하다. 지명 확인이 어려웠는지 마을 이름이 불분명하고 오기도 곳곳에서 발견된다. 그저 돌아다니기만 했을 뿐 별다른 전투 행동이 없었는지, 모종의 활동을 했지만 서술을 꺼렸을 뿐인지는 분명치 않다. 어쨌든 부대는 거기에서 또다시 북상하여 평창 주변을 돌아다니게 되었다.

원래 김수경은 통역 요원이었을 터이다. 다만, 항상 통역 일이 있었던 것은 아니었다. 정치부 요원으로 그가 맡았던 업무 중 하나는 이탈하려는 병사들을 설득하여 대열로 복귀시키는 것이었다. 그 때문에 그는 담당 연대의 맨 뒤에 붙어, 길가에 인접한 집들을 조사했다. 만약 그곳에 부대 병사들이 들어가 있으면, 김수경은 그들이 이탈하지 않도록 설득하고 고무시키면서 나아갔다[110].

유일하게 통역에 대한 기술이 있는 것은 1월 22일 부분이다[122~125]. 이날 부대는 영월 전투에서 미군 13명과 한국군 1명을 포로로 잡았다. 심문할 때 한국군의 통역 수준이 좋지 않아 김수경이 사단장의 말을 통역하게 되었다. 미군 병사와의 대화는 의외로 동정적이다. 한 병사는 직업을 갖기도, 면학을 계속하기도 힘들어, "2차 세계대전이 끝났으니 이제는 세계에서 전쟁이 일어나지 않으리라고 생각하고" 군대에 들어왔는데 한국전쟁에 파견되어 버렸고, 첫 전투에서 포로가 되어 버렸다고 했다. 또한 인민군 포로 취급 규정에 따라 병사들이 약탈한 손목시계와 신발 등을 되찾아 돌려준 일화 등도 소개했다.

2월이 되어도 부대는 평창 주변을 맴돌고 있었다. 그러던 중, 2월 16일에 평창의 뇌운리에서 먼저 도착한 제2군단 지휘부와 조우했다. 그때 군단 간부를 맡고 있던 김일성대 력사학부 출신의 젊은 사병에게서 뜻밖의 말을 들었다. 오래전에 김일성 최고사령관이 작가, 예술가, 대학 교원, 대학생들은 제대해서 평양으로 돌아가도록 지령을 내렸다는 것이다.[19] 그런데 제2사단 명단에 김수경 선생님의 이름이 있었다, 제2사단의 정치부장이 최고사령관의 방침을 무시하고 선생님을 놓아 주지 않은 것은 옳지 않으니 바로 전역 절차를 밟고자 한다, 내일 함께 군단장 동지들을 만나러 가자, 그러한 지도원의 말에 따라 김수경은 그날 밤 군단 간부의 숙소에서 쉬게 되었다[127~130].

다음 날 김수경은 같은 시기에 제대하게 된 로동신문사 기자 1명과 함께 최현 군단장을 30분간 면회했다. 최현은 이렇게 말했다.

---

[19] 이 지령이 무엇인지 분명치 않지만, 1950년 12월 21일 조선노동당 중앙위원회 제3회 정기대회 보고에서 김일성은 "복구건설과 인민 생활 개선"을 위한 준비 작업을 위해 "기술자 학자들과 문화인들을 각 부문에로 돌리는" 것을 요청했다(김일성, 1951: 176~177쪽). 또한 이후에 나온 김일성 저작집에 따르면, 1950년 12월 24일 김일성은 작가, 예술가, 과학자들 앞에서 〈우리의 예술은 전쟁승리를 앞당기는데 이바지하여야 한다〉는 담화를 발표했다(김일성, 1980). 작가나 예술가를 주 대상으로 한 담화이지만, 대학 교원들에 대해서도 "빨리 자리를 잡고 대학건물들을 마련하며 교재와 교구 비품들도 준비하고 대학원생생원천도 조사장악하여야 하겠습니다. 특히 모자라는 교원문제를 푸는데 큰 힘을 넣어야 합니다"라고 언급했다(김일성, 1980: 231쪽).

정말, 인민군대란 너무도 무식해서……글쎄 우리 김일성종합대학 선생님이 아직도 부대안에 있다니……최고사령관 동지께서는 대학 선생님들, 대학생들, 작가, 예술인들을 평양으로 올려 보내라고 명령을 내리셨는데, 이것은 분명 무슨 새로운 커다란 사업을 구상하고 계신다는 것을 의미하오. 그런데 우리는 그 명령을 잘 집행하지 못하고 있단 말이요. 바로 어저께도 어느 고급중학교 교장선생님이 우리 부대안에 있다는 것을 알고 곧 제대 수속을 했소. 저걸 좀 보오. 종합대학 선생님이 발싸개도 없이 맨발로 있지 않소! 선생! 정말 미안하오. 이렇게 대학 선생님을 푸대접해서…….

최현은 두 사람에게 평양으로 돌아가는 데 필요한 "생활비"를 현금으로 주는 한편, 군단 후방부에 군복·군화 지급, 군용차 이용 허가의 편의를 제공하도록 지시한 편지를 참모장에게 쓰게 했을 뿐만 아니라, 중국인민지원군에게도 자동차 이용 의뢰서를 중국어로 쓰게 했다[130~136]. 이로써 김수경은 정식으로 제대하게 되었다.

2월 18일 김수경은 뇌운리를 출발했다. 두 사람은 걸어서 제2군단 운수부가 있는 춘천에 도착했다. 2월 28일 김수경은 다른 군인들과 함께 짚이 푹신하게 깔린 차를 타고 전선을 떠났다.

3월 3일 오전 5시, 김수경은 마침내 평양에 도착했다[142]. 김일성종합대학 총장을 겸임하던 허헌이 관사로 쓰던 집에 대학 관계자들이 모인 것 같다는 정보를 접하고, 김수경은 그리로 향했다. 그러나 그 집에도, 그의 원래 집에도 가족의 모습은 보이지 않았다. 그가 겨우 찾은 것은 외숙모, 즉 외삼촌이자 김일성대 교원이었던 리종식의 아내였다. 김수경은 그녀로부터 가족들이 남하했다는 소식을 들었다.

외숙모의 이야기는 다음과 같았다[146~147]. 1950년 10월, 김일성대 교원 가족들은 일제히 북쪽으로 피란하기 시작했다. 유엔군 낙하산 부대가 투입되는 가운데, 더 이상 도망갈 곳이 없다고 판단한 이남재는 중대한 결심을 했다. 10월 20일경 남편을 찾아서 서울로 향했던 것이다. 그녀가 서울에 도착하여 혜화동을 찾았을 때, 그곳에 살고 있던 김복경(김수경의 형)과 그 가족들은 마침 형편이 어려워 집을 내놓고 전라북도 옥구로 피란을 가려던 참이었다. 그래서 그녀는 그들을 따라가 지방에서 피란 생활을 하게 되었다(이것은 김수경이 들은 이야기이고 실제와는 조금 다르다. 자세한 것은 이 책의 제6장 참조). 외숙모는 서울에 남아 있다가, 1951년 1월 4일에 다시 서울이 인민군 통치하에 들어가자 평양으로 돌아왔다고 한다.

가족이 없어졌다는 것을 알았을 때의 심정은 짐작하고도 남음이 있다. 그 심정을 재현한 부분을 인용해 두자[147~149].

내가 남반부에 나가 있는 동안 어느 하루 가족에 대한 생각을 하지 않은 날이 없고 이제 집에 다시 돌아가게 되면 가족들을 더 뜨겁게 사랑해 주고 가족들과 함께 더 재미나게 살도록 하자고 마음먹었던것인데 지금 가족은 저 멀리 남쪽에 나가 있다니 그게 무슨 소리인가?

물론 내 가족이 우리 제도를 반대하여서나 생활에 불만이 있어 그렇게 한것이 아니고 단지 나 한사람을 찾기 위해 나간것만은 사실이나 왜 그런 경솔한 짓을 해서 이렇게 헤여지게 하였는가?

평상시에 가족 교양을 옳게 하지 못한 나 자신의 책임이 크다는것을 느끼면서 자기자신을 나무라기 시작하였다. [……]

한편 주변의 여러 사람들이 겪게 된 이야기들을 들어 보면 미국놈과 그 주구들 때문에 얼마나 많은 사람들이 형언하기 어려운 불행을 겪고 있는가? 내가 당한 불행이야 고작해서 부모, 형제, 처자들과 헤여져 나 혼자 외톨이가 되였다는것인데 이것이야 그 사람들의 불행에 비하면 아무것도 아닌것이다.

나는 그후 나의 가슴아픈 사연은 내 가슴속 안에 깊이 파묻어 두고 매일매일을 명랑하고 락천적으로 살면서 자기에게 맡겨지는 일들을 더 책임적으로 더 열성적으로 해 나가야 하겠다는 결의를 다지고 또 다지였다.

회고록은 이렇게 새로운 결의를 다지며 연구에 다시 몰두했음을 말하면서 갑자기 끝난다. 이 인용은 그 바로 앞부분인데, 거기에서 그는 평양 귀환 때 느꼈던 당혹감을 솔직하게 적고 있다. 가족들을 만나지 못한 슬픔, 다른 김대 가족들과 함께 후퇴하지 않은 데 대한 울분, 이러한 것을 예측할 수 없었던 자신의 한심함, 장래의 불안 등을 그 기술에서 읽을 수 있다. 그러나 그는 다른 사람들의 '불행'과 비교함으로써 자신의 '불행'을 상대화하려 하고 있다. 그것으로 가족에 대한 그리움을 가슴 깊이 봉인하고, 그저 앞을 향해 공적 사업에 임하려고 하고 있다. 그런데 거기서 '다짐'을 두 번 반복한다. 이는 다짐의 강함보다 "가슴아픈 사연"이 그렇게 굳게 다짐하지 않을 수 없을 만큼 깊었음을 말해 준다. 40년 후에 아내에게 보낸 편지에서 그가 "마음의 심층구조 속에 깊이 파묻어 두고 있는 심정"이라고 표현한 것은 바로 이때 가슴속 깊이 담아 두었던 슬픔이리라. 오랫동안 간직했던 그러한 생각들을 군데군데 담으며 쓴 책이 바로 이 한국전쟁 수기였다.

*

　지금까지 서술한 바와 같이, 1950년 8월 남북 통일의 정치공작을 위해 평양에서 남부를 향해 출발한 김수경은 그것이 그의 인생에서 결정적인 기로가 되리라고는 생각조차 하지 않았다. 유엔군의 인천 상륙 이후 형세가 역전된 줄도 모르고, 그는 진도에서 정치강습 사업을 마치고 9월 하순 광주에 갔을 때도 지인들과 추석 잔을 기울일 정도였다. 사태의 심각성을 깨달은 것은 자력으로 평양으로 귀환하라는 명령을 받고 난 후였다. 그래도 북쪽으로 38선만 넘으면 안전할 것이라 여기며 무작정 걸었으니, 아직 상황을 이해하지 못했던 것이다.

　동해안에 있는 고향 통천이 미군의 함포 사격으로 쑥대밭이 된 것을 보고, 김수경은 다시 산길을 넘어 평양으로 향하려고 하지만, 그곳에서 인민군을 만나 입대하게 되었다. 그는 인민군과 함께 북으로 후퇴했다. 원래라면 거기에서 제대하여 연구 교육 사업에 복귀했어야 하지만, 그의 어학 실력이 활용 가치가 있다고 판단한 제2사단 정치부장에 의해 남진 작전에 투입되었다. 그때도 아직 자신의 가족이 다른 동료 가족과 함께 김일성대의 피난처에 있으리라고 믿었던 그가 이 지시를 머뭇거리면서 받아들인 사실은 수기에 생생하게 담겨 있다.

　1월 말부터 시작된 남부에서의 제2전선 형성 작전은 매우 위험한 것이었다. 군단 지휘부가 중앙의 지시에 따라 지식인들을 제대시켜 평양으로 돌려보내는 정책을 실행하지 않았다면, 김수경의 목숨도 어떻게 되었을지 알 수 없다. 그러나 1951년 3월에 평양으로 돌아온 그가 알게 된 것은 가족들이 엇갈려 남으로 가 버렸다는 충격적인 사실이었다. 그는 개인적인 심정을 봉인하듯이, 가족에 대한 그리움을 가슴 깊이 품고 주어진 일에 임한다. 그로부터 이 수기가 쓰이기까지 40여 년의 세월이 흐르게 된다.

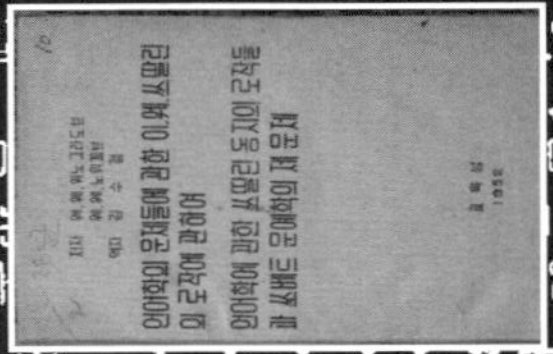

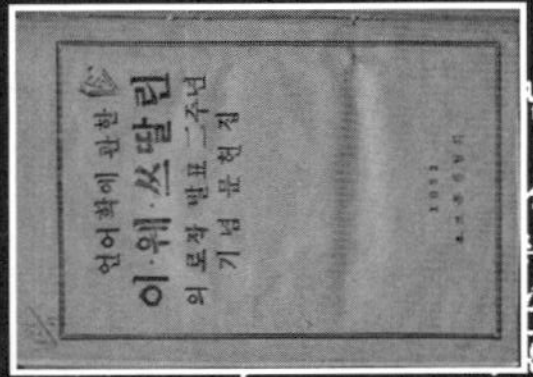

제4장

한국전쟁기
학문체제의 개편

전쟁은 나와 나의 가정에 많은 불행을 초래했지만, 그 대신 모든 간난신고를 견뎌내고 조국의 수호를 위해서는 자기의 모든 것을 바치겠다는 굳은 신념으로 나를 단련시켜 주었습니다.

김수경은 고바야시 히데오에게 보낸 서한(1957)에서 이렇게 썼다. 판에 박힌 표현이기는 하지만, 한국전쟁 중의 가족 이산에 대해 시사하는 한편, 그것을 "간난신고"로 일괄하여 나라를 위해 자신을 바침으로써 그 슬픔이나 고통을 억누르고 있었음을 보여 준다. 김수경의 경우 "조국의 수호"를 위한 사업은, 다름 아닌 조선어학을 구축하여 고등교육에 임하는 것이었다.

전선에서 돌아온 김수경이 가장 먼저 해야 할 조선어학의 과제는 분명했다. 스탈린의 언어학 논문을 바탕으로 조선어학을 재구축하는 것이다. 한국전쟁 발발 직전인 1950년 6월 20일 최고지도자 요시프 스탈린은 소련공산당 기관지 《프라우다》에 〈언어학에 있어서의 맑스주의에 관하여〉

라는 논문을 게재했다. 이는 마르학파의 언어학 이론(→Ⅱ)을 비판한 것으로, 소련 국내뿐만 아니라, 사회주의 국가와 각국의 좌파 지식인들에게까지 폭넓게 영향을 미쳤다. 북한에서도 마찬가지였다. 전쟁터에서 돌아온 언어학자의 크나큰 사명은 그 이론을 수용하는 데 있었다. 특히 김수경은 특유의 어학력과 언어학에 관한 지식을 활용하여, 스탈린 논문과 이후 소련 언어학계의 동향을 북한에 소개하고 그에 따라 조선어학을 재편해 나가는 중심적 역할을 맡았다.

그러나 그 무렵의 북한은 차분히 학문에 몰두할 수 있는 상황이 아니었다. 김수경이 전쟁터에서 돌아온 1951년 3월에 활동 거점이어야 할 김일성종합대학은, 이미 평양 땅에 없었고 각지를 전전하고 있었다. 1952년 말에는 국가의 최고연구기관으로 조선민주주의인민공화국 과학원이 개설되었다. 이러한 전시기 학문체제의 유동적인 상황과 급속한 재편 속에서 스탈린 언어학 논문은 수용되었던 것이다.

아래에서 김수경이 학문을 재개하는 전시하의 상황을 서술한다.

1
전시하의 종합대학

1950년 10월 8일 김일성종합대학에 남아 있거나 전선에서 돌아왔던 교원 61명과 그 가족들은 북을 향해 '후퇴'를 개시했다.[1] 김수경이 아직 남반부에서 도보로 북상하던 때의 일이다. 교원단 행렬은 계속 걷기만 했다. 비래봉을 넘어 자강도 초산에서 다른 대학 교원들과 합류하여(10월 23일), 마침내 압록강을 건너 중국 지안集安에 이르렀다(10월 25일). 중국의 참전에 따라, 교원단은 다시 북한으로 들어가 11월 13일 북·중 접경 지역인 자성에 도착했다. 거기에서 교육성의 지시에 따라 각 대학 교원들은 전공과목별 공동 연구 및 정치교양 사업을 개시했다.

해가 바뀌어 북·중 군대가 서울을 재점령했다는 소식에 1월 중순, 교원단도 다시 평양으로 향했다. 1월 말 평양에 도착한 이들은 복구 작업을 함께 해나갔다. 그러나 유엔군의 공습이 그치지 않아 정상적인 사업 재개는 무리라고 판단한 교육성은 대학을 다시 이전했다.

---

[1] 아래의 기술은 특별히 서술한 경우를 제외하고 김일성종합대학(1956)에 의한다.

2월 23일까지 김대 교직원들은 평안남도 중화군 남곶면 룡포리에 도착했다. 교원들은 각 농가에 나누어 숙박하면서 교육과정안과 교재 작성, 교과서 집필 및 번역 작업에 착수했다. 대학사(김일성종합대학, 1956: 80쪽)는 "이 시기에 군대 및 기타 기관에서 대학으로 돌아온 교원, 연구생[=대학원생]들이 계속 집결하였으며 교원의 가족들이 모여들어 교원단 일행은 수백 명으로 증가하였다"고 말한다. 제대한 김수경이 평양을 거쳐 김대의 재건 사업에 합류한 것은 이 룡포리에서였다. 김수경은 "1951년 봄, 대학교원, 작가, 예술인들을 후방으로 돌려보내라는 최고사령관동지의 명령에따라 나는 당시 중화군에 있던 우리 대학 교원집결소에 돌아오게 되였"다고 쓰고 있다(K1966b: 60쪽).

이후 한국전쟁의 전선은 교착되기 시작했다. 당장 전쟁이 끝날 기미는 없었다. 이에 교원의 생활환경을 개선하기 위해 김대 교직원들은 또다시 이전했다. 우선 거점으로 정한 평안도 정주군 림포면은 바다로부터의 함포 사격도 공습도 잦은 지역이었기 때문에, 내륙부인 평안북도 구성군으로 다시 한번 옮겼다. 1951년 11월 대학 운영이 1년 반 만에 재개되었으나, 구성군에서는 한 곳에 캠퍼스를 집중할 수 없어서 반경 8킬로미터에 걸친 7개 리에 분산 배치되었다. 조선어학부는 법학부·경제학부와 함께 오봉면 양지리를 거점으로 했다.

각 학부가 설치된 마을마다 옛 지주나 '민족 반역자'의 주택 등을 이용하여 교실, 사무실, 식당 등이 마련되었다. 수업 모습은 대학사 집필자가 "옛날 우리 조상들이 실시하던 서당을 방불케 하였다"고 묘사할 정도였고, 당시 대학을 방문한 소련의 기자도 《프라우다》지에 "산상의 종합대학"이라고 형용하고 있었다(김일성종합대학, 1956: 89쪽). 소련의 언어학자 마주르Ûrij Mazur가 다음과 같이 묘사한 것은 아마도 이 무렵 김대의 모습일 것이다(Мазур, 1952: 121쪽).

대학은 산지로 숨었다. 교수, 강사, 대학원생, 학생은 계곡으로 갔다. 적 공군의 강도적인 공습으로부터 몸을 숨겨 주는 산골짜기나 작은 진흙 민가에는 현재 교실, 연구실, 도서관, 실험실, 식당, 기숙사가 자리 잡고 있다. 도시와 시골 일꾼들은 학생들에게 쌀, 종이, 식기, 신발, 옷을 보내고 있다. 소련, 중화인민공화국, 민족적인 민주주의 유럽의 국가에서 과학실험실과 연구실을 위한 기계와 설비, 교과서가 선물로 보내지고 있다.

이처럼 김대는 교직원, 학생과 국내의 조력뿐 아니라 사회주의 국가들의 원조로 대학이 운영되고 있었다.

구성 시절 김일성대학의 경험은 상당히 깊게 김수경의 뇌리에 새겨진 듯한데, 나중에 당시의 모습을 다음과 같이 회고하고 있다(K1966b: 60쪽).

눈보라 휘몰아치는 구성의 산골에서 낮동안 나무하러 갔다온 피로도 풀새없이, 깜박거리는 카바이드등잔불의 두리에 앉아 과정안, 교수요강을 다시 짜고, 교재, 교과서를 집필하며 전공리론서적을 륜독하기에 밤가는줄 모르던 전시하 대학생활의 나날을 결코 나는 잊을수 없다.

그렇다고 이런 환경이 언제까지나 지속될 수는 없었다. 구성에서는 각 학부가 너무 떨어져 있었을 뿐만 아니라 평양과의 거리도 멀어 환경을 개선해야 했다. 마침 그 무렵 평안남도 순천군 풍산면 백전리(이후에 백송리)의 인민군 부대가 이동하면서 그 주둔지가 비게 되었다. 그래서 교직원과

학생이 구성을 떠나 대오를 지어 행군하여 1952년 3월 초까지 백전리로 이전했다. 그 결과 한 곳에 캠퍼스를 집결할 수 있게 되었다. 하지만 교직원과 학생들은 농가에 들어가 자신의 식량을 생산하면서 연구와 교육 사업을 계속해 나가야 했다.

김수경(K1966b: 60쪽)은 "이 과정에서 학습과 생산로동과의 결합이란 창조적인 방침을 내세워 젊은 세대들을 키워내는 우리 당 교육정책의 정당성을 깊이 깨달을수 있었다"고 회고했다. 이 회상기에는 "전쟁시기 백송리 강당"이라는 펜으로 그린 삽화가 실려 있다(《그림 4-1》). 그가 직접 그린 것인지는 알 수 없지만, 밭과 숲 등으로 둘러싸여 '강당' 이미지와는 거리가 먼 목조 건축물에서 대학 사업이 계속되고 있었음을 짐작할 수 있다. 한국전쟁 발발 직후에 전선으로 나간 제자는 35명. 그중 백송리의 학원으로 돌아와 다시 공부를 시작한 제자는 12명에 지나지 않았다(리규춘, 1996: 150쪽).

김대가 순차적으로 평양에 복귀한 것은 한국전쟁의 정전 합의(1953년 7월) 이후였다. 1953년 9월 말에 우선 김수경이 소속되어 있던 어문학부 외에도, 법학부 및 후방 부서가 평양의 기숙사를 수리하여 이전했다. 그리고 1954년 8월, 새로운 교사가 완공되어 대학의 전 학부가 복귀했다.

복귀했다고는 하나 대학에서의 교육과 연구는 전후 복구 사업과 병행해서 이루어졌다. 김수경(K1966b: 60쪽)은 다음과 같이 회고한다.

1953년 9월 전쟁승리의 기쁨을 안고 그리운 평양으로 다시 돌아온 우리들은 《모든것을 전후복구건설을 위하여!》라는 당의 호소를 받들고 평양시민들과 함께 수도복구의 첫삽을 들었다.

모란봉경기장 복구공사, 모택동거리 확장공사, 서평양오수간선공사,

〈그림 4-1〉 백송리의 김일성종합대학

(출처) K1966b: 60.

대성산유원지와 동물원 건설공사 등 어렵고 힘든 일을 우리 대학학생들이 맡아했으며 여기서 우리 교직원들도 함께 땀을 흘렸다.

"산속의 대학"에 있는 동안은 농사에, 평양에 돌아와서는 건설에 종사한 학생과 교직원은 "다면적인 일군"으로 성장했다고 김수경은 말한다.

다음 부분에서는 전시하 김수경의 연구 활동에 대해서도 논하게 되는데, 그것은 이처럼 도저히 침착하게 책상에 앉아 있을 수 없는 환경 속에서 진행되었음을 유념할 필요가 있을 것이다.

2
과학원의 출범

고등교육기관과는 별도로, 북한은 한국전쟁이 한창일 때 국가의 최고연구기관으로 '조선민주주의인민공화국 과학원'을 설치했다. 그 후 과학원 산하 조선어 및 조선문학연구소 또한 1950년대 김수경의 중요한 활약의 장이 되므로, 여기에서 그 연혁을 살펴보고자 한다.

제정시대부터 존속해 온 러시아의 과학아카데미Akademiya nauk는 볼세비키 혁명 후 1925년에 소련과학아카데미Akademiya nauk SSSR로 개칭했다. 원래 절대왕정기의 산물이었던 서구의 과학아카데미는 19세기에 이르러 쇠퇴, 명예직화되면서 연구의 거점이 근대 대학으로 옮겨 갔다. 그러나 러시아에서는 19세기 이후에도 연구에서는 과학아카데미가 주도적인 지위를 유지했고, 이를 계승한 소련도 국가의 학술 연구에서 실질적인 선두기관으로 규정했다(市川, 2016). 1930년대에 들어서자 소련을 구성하는 각 공화국에서도 과학아카데미가 속속 창립되었다. 이 같은 학술 연구관의 소련 모델은 사회주의권 국가들에도 계승되어, 각국의 정상급 연구원을 모은 과학아카데미가 차례로 조직되었다. 중화인민공화국에서는 건국된 지 얼마 지나지 않은 1949년 11월에 중국과학원이 발족했고, 동유럽에서도 폴란드(1951), 체코슬로바키아(1953) 등에서 잇달아 설립되었다. 북한의 경우 그 조직화가 한국전쟁 중에 일거에 진행되었다.[2]

1952년 4월 27일부터 29일에 걸쳐 평양에서 전국과학자대회가 개최되었다. 이 대회에는 사회과학과 자연과학 각 분야의 연구자들뿐 아니라 김일성과 김두봉을 필두로 북한의 주요 지도자들도 모여 주석단에 앉았다.[3] 김일성 수령은 대회 연설에서 과학정책의 과제를 제시했는데, "연구 사업 또는 탐구 사업을 집체적으로 조직 실시하기 위하여 과학원 즉 과학 아까데미야를 조직하도록 할 것"이라고 선언했다.[4] 이 연설에 있는 '과학 아까데미야'라는 러시아어식 표현은 소련의 과학아카데미의 북한판을 조직하려는 의사를 분명히 보여 주고 있다(이후의 저작집에서는 그 기원이 소련임을 보여 주는 "즉 과학 아까데미야'라는 부분이 없어졌다). 또한 과학아카데미를 '과학원'으로 바꿔 부르거나 '집체적'이라는 중국어적 표현을 사용하는 등 '중국과학원'도 의식하고 있었다. 이른바 사회주의 국가들의 국제적인 '과학아카데미즈'(복수)의 계열성을 상상하면서 그 일원으로서 북한의 과학원을 구상했던 것이다.

여기에서 '계열성'이라고 한 것은 베네딕트 앤더슨의 개념을 염두에 둔 것이다. 앤더슨은 '내셔널리스트들', '아나키스트들'과 같은 다양한 '세계로 열린 복수형open-to-the-world plurals'으로 나타나는 사고를 '비한정형

---

[2] 특별히 덧붙이지 않는 한, 아래의 기술은 《조선 민주주의 인민 공화국 과학원의 연혁 (1953~1957)》, 과학원출판사, 1957에 의한다. 또한 이북의 과학원 창설 과정에 대해 이남의 학술원과 대조하면서 추적한 저작으로 김용섭(2005)도 참조.

[3] 《로동신문》 1952. 5. 7.

[4] 김일성(1954: 148쪽) 및 《연혁》, 11쪽.

의 계열성unbound seriality'이라 부르고 있다(Anderson, 1998: 25~45쪽).[5] 북한은 소련을 중핵에 두면서도 한없이 이어지는 사회주의화된 민족들(세계로 열린 복수형)의 하나로서 조선 민족을 상상하고, 무수한 언어 중 하나로서의 조선어의 특질을 해명한다. 그러한 상상력과 그 기초에 깔린 국제적인 유대는 건국 초기 북한의 학문체제에서 큰 구동력이 되었다.

위의 수상의 선언에 근거하여, 5월 7일 자로 내각 결정이 완성되었다.[6] 이 내각 결정은 전쟁으로 인한 파괴와 복구라는 큰 틀 속에서 "공화국의 과학과 기술의 급속한 발전을 보장하며 전체 과학자들의 과학연구 사업을 통일적 및 계획적으로 조직지도하기 위하여" 8월 15일까지 "조선 과학 아까데미야"를 창립한다는 것이었다. 이를 위해 홍명희를 위원장으로 하는 조선 과학 아까데미야 창립준비위원회가 조직되었다.

창립 준비는 예정보다 늦어져, 1952년 10월 9일 자로 내각 결정 〈조선 민주주의 인민 공화국 과학원 조직에 관하여〉가 발표되었다.[7] 명칭을 과학 아까데미야에서 과학원으로 변경한 것도 눈길을 끌지만, 그보다 더 중요한 것은 기관명에 국호를 붙여 '조선 민주주의 인민 공화국 과학원'으로 명명한 일이다. 나라에 하나밖에 없는 최고 연구기관이므로 이른바 정관사가 딸린 '디the 아카데미'라는 의미에서 조직 명칭을 단순하게 '과학원'으로 해도 될 터인데도 굳이 국명을 붙였다. 사회주의 국가의 계열에

---

[5] 일본어 번역(アンダーソン, 2005: 45~76쪽)에서 표현을 조금 바꾸었다.

[6] 내각 결정 1952년 제86호 〈조선 과학 아까데미야 창립에 관하여〉, 《조선중앙년감 1953》, 조선중앙통신사, 1953, 106쪽.

[7] 《연혁》에 전문이 게재되어 있다. 또한 내각 결정 1952년 제183호 〈조선 민주주의 인민 공화국 과학원 조직에 관하여〉, 《조선중앙년감 1953》, 조선중앙통신사, 1953, 108~109쪽도 참조.

연결되려는 사고의 흔적이 엿보이는 부분이다.

이 내각 결정에서 과학원은 "국내의 가장 우수한 학자들을 망라한 최고의 과학 기관"으로서 내각 직속으로 조직되도록 결정되었다. 원장에 홍명희가 임명되었고, 언어학자로는 각 분야 최고연구자인 '원사'로 김두봉이, 그다음 순위인 '후보 원사'로 리극로가 이름을 올렸다. 나아가 11월 5일에 개최된 과학원 창립총회에서, 단위 기관으로서의 연구소와 연구소장이 결정되었다. 사회과학 부문은 경제법학연구소(김광진), 력사학연구소(박시형), 조선어 및 조선문학연구소(리극로), 물질문화사연구소(도유호) 등 4개 연구소로 구성되었다.

이러한 준비를 거쳐 1952년 12월 1일 과학원 개원식이 국립예술극장에서 대대적으로 개최되었다.[8] 여기에는 국가 원수 외에 소련과 중국에서 온 내빈들도 참석했다. 또한 소련, 중국, 폴란드, 헝가리, 체코슬로바키아, 동독, 루마니아, 몽골 등 각국의 과학원(및 그에 상당하는 조직)에서 축전을 보내왔다. 이리하여 북한은 '형제' 국가들 간의 과학 연구 조직 네트워크에 진입하게 되었다.

하지만 이것은 뼈대를 이루는 중앙 조직이 갖추어졌다는 것에 불과하다. 과학원의 실질적인 연구 활동은 산하의 각 연구소가 담당하는 것인데, 연구소의 사업 개시 시기는 제각각이었고 근거지도 각지에 분산되어 있었다. 조선어 및 조선문학연구소는 1952년 11월 5일에 평안남도 승호군에서 사업에 착수했는데, 다른 연구소에 비해 이는 비교적 순조로운 편이었다.[9] 이는 한국전쟁 이전에 조직되었던 조선어문연구회(→제2장)가 모체였기 때문이다. 조선어문연구회는 한국전쟁 중에도 활동을 지속했

---

[8] 《로동신문》 1952. 12. 3.

으며(→Ⅲ), 1952년 3월에는 조선력사편찬위원회와 함께 교육성 소관에서 '정치경제학아까데미야' 산하 조선언어학연구소로 이관되었다.[10] 그해 12월 과학원 창립과 함께 조선언어학연구소를 조선어 및 조선문학연구소로서 산하에 두었다. 1953년 5월의 과학원 총회까지 이 연구소 언어학연구실은 연구사 7명(모두 겸임)과 보조 성원, 사전 편찬실은 상급 편찬원 4명과 보조 성원으로 구성되어 있었다. 이 언어학 연구실의 연구사 중 한 명이 김수경이었고, 그 연구 과제는 〈현대 조선어의 기초적 연구〉[11]로 설정되었다.

소련 모델을 그대로 받아들인다면 과학원은 고도의 연구에 특화된 기관, 대학은 고등교육기관으로서 분업을 해야 했지만, 설립 초기에는 대학 교원 등과의 겸임이 더 많았다. 과학원이 1952~53년도의 연구 사업을 총괄한 바에 따르면, 같은 기간 중에 123명의 연구사를 임명했고 그 가운데 전임은 19명이고 겸임이 86명이라고 보고되었다.[12]

지금까지 일련의 과정에서 김수경이 겸무했던 김일성종합대학은 아직 평양에 돌아오지 않았음을 상기할 필요가 있다. 전장에서 막 돌아온 김수

---

[9] 력사학연구소는 1953년 1월 1일부터 평안남도 순천군에서, 경제법학연구소는 3월 10일에 평안남도 순천군에서 사업을 개시했다. 물질문화사연구소의 경우는 1953년 9월에 일단 사업을 시작했으나 11월에 임시청사를 중앙력사박물관 내에 두는 정도의 상태였다(앞의 《연혁》 참조).

[10] 내각 결정 1952년 제57호 〈조선력사 편찬위원회 및 조선 어문연구회를 정치경제학아까데미야에 이관함에 관하여〉(1952. 3. 27, 《내각공보》 1952년 6호) 및 내각 결정 1949년 제184호 〈정치 경제학 아까데미야 설립에 관한 결정서〉(1949. 12. 8, 《내각공보》 1949년 16호); 《로동신문》 1950. 2. 3. 아울러 정치경제학 아까데미야에 대해서는 김용섭(2005: 82~100쪽) 참조.

[11] 《과학원 학보》 1954-7, 168쪽.

[12] 《과학원 학보》 1954-7, 167쪽. 합계가 맞지 않지만, 자료대로 인용한다.

경은 지방을 전전하며 대학을 재건하면서, 그리고 막 생겨난 과학원의 실질적인 활동의 일익을 담당하면서 언어학 연구를 진행했던 것이다.

3
스탈린 언어학 논문의 충격

스탈린이 소련공산당 기관지 《프라우다》에 〈언어학에 있어서의 맑스주의에 관하여〉라는 Q&A 형식의 논문을 게재한 것은 한국전쟁 발발 닷새 전인 1950년 6월 20일이었다.[13] 일반적으로 그다음에《프라우다》에 실린 두 개의 장을 덧붙여 책자로 묶은 《맑스주의와 언어학의 제 문제》를 '스탈린 언어학 논문'이라고 한다. 스탈린 논문은 갑자기 공표된 것이 아니라,《프라우다》에서 5월 초순부터 진행되던 지상 토론을 매듭짓는 형식으로 발표된 것이었다.[14] 목적은 스탈린의 이름으로 마르와 마르학파의 언어학자에 의한 '신 언어 리론'을 비판하고, 이를 대신하는 마르크스주의 언어이론을 수립하는 데 있었다. 이것이 언어학에 미친 충격에 대해서는 Ⅲ에서 언급하기로 하고, 여기에서는 북한 사회 전체에 미친 커다란 정치적 충격과 그 속에서의 김수경의 역할을 확인해 두고자 한다.

[13] 스탈린의 언어학 논문에 대해서는 여러 논고가 있지만, 이 책에서는 田中(2000)을 참조.
[14] 지상 토론 및 관련 논문에 대해서는 영어로 정리된 것을 읽을 수 있다(Murra, 1951).

스탈린 논문의 핵심은 언어를 계급적인 것으로 규정한 마르학파를 비판하고, 계급을 초월하여 사용되는 전 민족적인 도구로 언어를 다시 규정한 데 있다. 스탈린은 마르학파가 소비에트 언어학에서 비판을 허용하지 않는 존재가 되었다며, 그것을 제정시대의 전제적인 육군대신의 이름을 따서 "아락체예브식 체제"라고 비판했다. 그로 인해 스탈린은 공식주의적인 마르크스주의로부터의 언어학의 '해방자'로 표상되었다. 원래 스탈린은 한때 마르학파의 "아락체예브식 체제"를 조장한 당사자였지만, 이번에는 최고지도자 스스로가 언어학에서의 공식주의를 매장시키는 역할을 하게 되었다.

스탈린 언어학은 사회주의 혁명을 추진하던 국가들과 이를 지향했던 지식인들에게 큰 충격을 주었다. 동독에서는 독일 통일사회당 중앙위원회 주최로 사회과학·자연과학 분야의 연구자와 문예가, 당 지도자들이 모인 종합적인 이론 집회를 열었다(ドイツ統一社会党中央委員会編, 1954). 중국에서는 스탈린 논문이 발표될 무렵 마침 과학원 제1차 확대 원무회의를 열어 곧바로 연구소의 방침에 반영했다. 그것은 중국에서 진행되고 있던 문자개혁의 방침을 둘러싼 논쟁에도 불을 붙이게 되었다(松本, 1952). 일본에서는 또 다른 양상을 보였다. 언어학 분야에서는 계급적 관점을 비판한 스탈린 논문이 언어적 보수주의자에게 힘을 실어 주었다는 평가도 있지만(田中, 2000: 제4장), 일본 사회 전반으로 보면 당시 분열되어 있던 일본공산당에서 당권파의 강령적인 문헌이 되었다는 점이 주목된다. 특히 역사학 분야에서는 이시모다 쇼石母田正 등을 매개로 하여 '민족'론을 가속화시키는 촉매제가 되었다(遠山, 1968: II).

그렇다면 북한은 어떠했는가? 북한에서는 한국전쟁 발발 직후였음에도 불구하고 스탈린 논문이 재빨리 소개되기는 했다. 《프라우다》지에 발표된

지 얼마 지나지 않은 1950년 7월 31일과 8월 15일 자로 로동신문사가 발행하고 있던 잡지 《근로자》에 〈언어학에 있어서의 맑쓰주의에 관하여〉와 이 잡지에 보내진 회답문이 번역 소개되었던 것이다(쓰딸린, 1950a, b).

다만 전쟁이 한창일 때 아무런 해설도 없이 게재된 이 논분이 당시 깊이 있는 고찰의 대상이 되었다고 보기는 어렵다. 제3장에서 언급한 바와 같이 연구자들은 남반부에 파견되었고, 그 후에는 어쩔 수 없이 후퇴하는 등 도저히 학문에 임할 수 있는 상황이 아니었다. 실제로 당시의 사정에 대해 스탈린 논문 발표 2주년을 기념하여 출판된 논문집의 서문에는, 한국전쟁이 "우리들로 부터 이 로작을 안온하게 연구할 가능성을 **빼앗아 갔다**"고 기록되어 있다(조쏘문화협회, 1952: 2쪽). 1951년에도 스탈린 논문이 본격적으로 수용된 흔적은 아직 보이지 않는다. 같은 해 7월에 소련 태생의 조선인(이른바 소련계 정치지도자)으로 당시 문화선전성의 차관 자리에 있던 기석복이 이 이론을 소개하는 논설을 쓰기는 했지만(기석복, 1951), 언어학의 소양이 있는 인물이 아니었기 때문에 내용을 충분히 이해했다고 보기는 어려운 논설이었다.[15] 또한 조쏘문화협회가 스탈린 논문을 접하고 〈쏘베트 문예학의 제 문제〉에 대해 토론한 학술회의(모스크바)의 보고문을 10월 혁명 34주년 기념으로 번역 출판했지만(조쏘문화협회, 1951), 이것도 조선의 현실을 반영한 수용이라고 보기에는 거리가 있는 것이었다.

스탈린 논문의 본격적인 수용이 눈에 띄게 진전된 것은 1952년의 일이었다. 1952년 4월 29일 전국과학자대회 마지막 날에 백남운 교육상은 한국전쟁 발발 후의 연구 성과에 대해 다음과 같이 보고했다.[16]

[15] 기석복의 경력에 대해서는 장학봉(2006: 23~33쪽)을 참조.

특히 사회 과학 부문의 과학자들에 있어서 쓰딸린 대원수의 천재적 로작인《맑쓰주의와 언어학의 제 문제의 연구》는 각자의 과학 연구 사업에서 거대한 전변을 가져오게 되었습니다. 김일성 종합 대학 또는 조쏘 문화 협회를 중심으로 한 보고회, 토론회, 론문집의 간행 등은 언어학, 철학, 경제학, 문예학, 법학, 교육학 및 기타의 과학 분야의 일꾼들에게 창조적 맑쓰주의 방법을 체득케 하였으며 조선의 현실적 문제들을 해결하며 민주 조국을 건설하는 사업에서 앞으로 풍부한 성과를 거둘 광활한 가능성을 열어 주었습니다.

김일성종합대학과 조쏘문화협회를 중심으로 그 내용을 "체득"하기 위해 사회과학의 각 분야에서 여러 연구 사업이 진행되었음을 알 수 있다. 이 대회가 과학원 설립의 계기가 되었으며, 그런 의미에서 보면 북한 과학의 기본 방침에 스탈린 논문이 자리를 잡게 되었다고 할 수 있을 것이다.

나아가 1952년 6월에는 스탈린 논문 발표 2주년을 기념하여 여러 행사가 개최되었다. 문화선전성, 교육성, 조쏘문화협회 및 이후에 과학원으로 결집되는 제 분야의 연구소 등이 각지에서 성대히 보고회를 열었던 것이다(《표 4-1》). 그중에 조선로동당 기관지에서도 특필했던 것이 조쏘문화협회의 학술 보고회이다.[17] 회합에는 리극로를 비롯한 사회과학 각 분야의 저명한 연구자 외에 평양 지구의 "근로 인테리겐챠"가 다수 참석했다. 김수경은 김일성대학의 어문학 강좌장으로서 동 대학의 철학 강좌장인 김효선과 함께 기념 보고를 했고, 그 개요가《로동신문》에도 보도되었다.

[16]《로동신문》1952. 5. 7.
[17]《로동신문》1952. 6. 23.

6~7월에 걸쳐 출판 사업도 진행되었다. '로작' 발표 2주년에 맞추어, 조쏘문화협회의 기념 문헌집(조쏘문화협회, 1952) 및 김수경이 번역한 언어학자 위노그라도브[비노그라도프](Viktor Vinogradov)의 강의와 노위꼬브[노비코프](Vasilij Novikov)의 문예학론(K1952c)이 출판되었다(〈그림 4-2〉). 전자는 거의 모두 소련 문헌의 번역이지만, 유일한 조선인 집필자로 김수경의 언어론이 실렸다(→Ⅲ). 후자(교육성 간행)는 김일성종합대학 강의에서 김수경이 러시아어 문헌을 조선어로 번역하면서 읽고 이를 제자가 받아쓴 텍스트를 바탕으로 출판된 것이라고 한다.[18] 조선로동당도 스탈린의 '로작'을 적극적으로 선전했다. 기본 텍스트(쓰딸린, 1952)를 3만 부 인쇄하는 한편, "자습당원들을 위한 보충적 참고자료"(조선로동당, 1952)도

〈표 4-1〉 스탈린 논문 2주년 행사

개최일	주최	주제	보고자
6월 18일	문화 선전성	문예학의 제 문제	한효
6월 19일	조선 어문 연구소	조선어 력사 문법 연구의 몇 가지 문제	황부영
	조선 력사 과학 연구소	쏘베트 력사 과학	정헌
	교육성	자연 과학에 관하여 생물학	리용택 한영기
6월 20일	조쏘문화협회	조선 언어학의 당면 과업 력사적 유물론	김수경 김효선
6월 20일~21일	물질 문화 유물 조사 보존 위원회		

(출처)《로동신문》1952. 6. 23.

[18] 중국의 조선어학자 최응구(崔應九, 2015)가 평양에서 조선어학자 박용순에게서 들은 이야기에 따르면,《맑스주의와 언어학의 제 문제》도 김수경이 조선어로 읽은 것을 제자가 받아 적어 출간한 것이라고 한다.

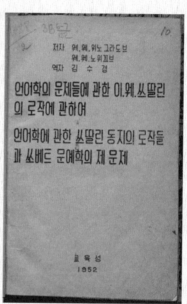

〈그림 4-2〉 스탈린 논문 2주년에 나온 책자(1952)

오른쪽은 K1952a·b가 수록된 논문집, 왼쪽은 김수경이 완역한 K1952c이다.

2만 부 발간했다.[19] 이리하여 스탈린 논문은 연구자의 범위를 넘어 당의 기본 문헌에 추가되었다.

그해 말에 개원한 과학원의 창립 초기에도 스탈린 논문은 깊이 새겨졌다. 홍명희 원장은 개원식에서 스탈린의 언어학 논문을 〈쏘련에서의 사회주의 경제 제 문제〉와 함께 "창조적인 맑쓰–레닌주의의 훌륭한 모범"이라고 논했다.[20] 이듬해인 1953년에 과학원은 잡지 《학보》를 창간하는데, 1호에는 김수경의 〈현대 조선어 연구 서설〉이 실렸다. 같은 해의 제2호에는 김수경의 어휘론을 포함한 5편의 관련 논문이 한꺼번에 실려 이른바 스탈린 언어학 특집과 같은 체제가 되었다.

교육과정에도 스탈린 논문이 반영되었다. 1953년도부터는 고급중학교(고등학교에 상당) 및 사범전문학교에서 스탈린 논문을 교수하기 시작했다. 같은 연도부터 제3학년용 《조선어》의 교수 요강인 《언어에 대한 일반적 지식》에서는 스탈린 논문에 근거하여 '언어의 본질'을 교수하도록 정했다. 국가졸업시험에도 출제되었기 때문에 학생들은 스탈린 논문을 "요약 필기"하거나 "암송"해야 했다.[21]

이처럼 스탈린의 "천재적인 로작"은 한국전쟁 기간과 휴전 직후의 북

---

[19] 그 밖에 논문 발표 2주년 당일에는 김병제의 논문 〈언어학에 관한 쓰딸린의 로작과 조선 어문의 발전에 대하여〉가 《로동신문》(1952. 6. 20)에 게재되었다.

[20] 《로동신문》 1952. 12. 3.

[21] 최완호, 〈고중 조선어 언어에 대한 일반적 지식의 수업에서의 몇 가지 결함〉, 《교원신문》 1954. 7. 26. 다만 이 시점에서는 아직 스탈린 논문이 교과서에 반영되지 않았다. 이 논설의 필자(청진사범전문학교 교무부장)도 "교원의 교재 연구 부족"을 지적했다. 교원들도 스탈린 논문 이전에 나온 조선어문연구회의 《조선어 문법》(1949)을 "전적으로 참고"하고 있고, "이 문법의 내용과 서술 체계를 그대로 복사하여 교수하는 경향들"이 있는 바, 그것도 문제라고 지적했다(최완호, 〈고중 및 사전에서의 조선어 교수〉, 《교원신문》 1954. 12. 6).

한에서 언어학의 범위를 넘어 사회과학 전반, 나아가 로동당의 "근로 인 테리겐챠"들의 필독 문헌으로 제시되었다. 이 과정에서 김수경은 핵심적 인 역할을 했다. 세계의 여러 언어와 언어학에 정통한 김수경의 존재는 사회주의 인터내셔널리즘의 계열적 사고 속에서 소련의 최고지도자가 언어학에 대해 논문을 공표하는 상황에서 새로운 정치적 지위를 차지하 게 되었던 것이다.

그러한 여러 활동의 버팀목이 된 것은 새로운 가족이다. 김수경은 1953 년경 김정순金正順과 재혼했다. 김일성대학에서 여동생(김정아)의 한 학년 아래였던 여성이라고 한다. 확증은 없지만, 대학 교원의 경력이 있었다고 전해지기도 한다.[22] 나중에 토론토의 아내에게 보낸 편지에서는 재혼 이 유에 대해 "혼자 남은 나로서는 일을 하려면 생활상의 방조자가 필요"했 기 때문이라고 주저 없이 설명했다(→제6장). 여기에서 "일을 하려면"이라 는 대목에는 약간의 주석이 필요할 듯하다. 단지 내조가 필요했다는 의미 로 한정되지는 않을 것으로 여겨지기 때문이다. 김수경의 경우 비록 길이 엇갈렸다지만, 집단으로 후퇴한 김대의 다른 가족과 달리 부인 등이 스스 로 남하한 것이 주변에도 알려져 있었다. 재혼하지 않은 채로 있었다면, 남반부와의 밀통을 포함해 여러 가지 혐의를 받을 가능성이 있다. 그래서 공적인 신용이 필요한 과학 사업에 종사하기 위해서는 가족을 새로 구성 할 필요가 있었고, 주위의 권유도 있어 재혼하게 된 것으로 보인다.

그리하여 김수경은 피란과 복구의 도상에 있던 김일성종합대학, 새로 조직된 과학원이라는 두 거점에서 왕성한 언어학 활동을 재개했다.

---

[22] 고영일(옌볜대 교수)이 이남재에게 보낸 서한(1986. 12. 12)에 따르면, 김수경과의 편지 전달 을 맡았던 사람에게서 "수경 선생의 부인은 대학 교원"이라는 말을 들었다고 한다.

ㅈ ㄱ ㄷ ㄹ ㅎ ㅌ ㄴ ㅈ ㅕ ㅅ ㅆ ㄹ ㄲ ㅂ ㅕ

ㄴ지ㅁ모(ㄱ와ㄷ)ㄴ지의 때ㅊ 소정 및 ㄷ초 소ㅊ를 서겨(寒 見) 얻는ㄷ의 소수의 이의ㄹ한와ㅈ 심긴이의회의 상임위인의).

ㅈ gyogyagydrmg ㅂ잉ㅇ~ ㅅㅕㅇㅈㅅㅕㅁ

ㅈ ㄱ ㄷ ㄹ ㅎ ㅌ ㄴ ㅈ ㅕ ㅅ ㅆ ㄹ ㄲ ㅂ ㅕ

ㅈ,ㅕㅆㅎ ㅈ ㄱㅎ ㄲ ㅈ ㄹ ㄲ ㅈ ㅗ ㅕ

1. 쓴 것입니다. 표기서 문법책을 보면 "ㅇ.ㄴ 빛의
지않기는 한다고 하였습니다 "ㅇ.ㄹ 지믐으로 ㅆ
ㅈㄷㅂㅣ ㄱㄴㅁㅣㄴ ㄱㅣㅇㅎㅏ ㅈㅔㅣ ㄱㄴㄷㅏㅣㄴ ㅎㅏㅁㅓ ㅅㅏ ㅇㅏ
[ㄱㅣㅇㅎㅏㅂㅣ]는(ㅁㅎ 아)도 [ㅊㅐㅣ ㄱㄴㅣㄷㅁㅣㄴ]은(ㅅ 의 믜
ㅓ ㅎㅇ 아)ㄷㅏㄷ도 믜를 남ㄷ가 잇지않 "ㄱ" 가 기믐입니다.
ㄷ.

ㅈ ㄱ ㄷ ㄹ ㅎ ㅌ ㄴ ㅈ ㅕ ㅅ ㅆ ㄹ ㄲ ㅂ ㅕ

ㄴ지ㅁ모(ㄱ와ㄷ)ㄴ지의 때ㅊ 소정 및 ㄷ초 소ㅊ를 서겨(寒 見)
얻는ㄷ의 소수의 이의ㄹ한와ㅈ 심긴이의회의 상임위인의).

ㅈ gyogyagydrmg ㅂ잉ㅇ~ ㅅㅕㅇㅈㅅㅕㅁ

1. 쓴 것입니다. 표기서 문법책을 보면 "ㅇ.ㄴ 빛의
지않기는 한다고 하였습니다 "ㅇ.ㄹ 지믐으로 ㅆ
ㅈㄷㅂㅣ ㄱㄴㅁㅣㄴ ㄱㅣㅇㅎㅏ ㅈㅔㅣ ㄱㄴㄷㅏㅣㄴ ㅎㅏㅁㅓ ㅅㅏ ㅇㅏ
[ㄱㅣㅇㅎㅏㅂㅣ]는(ㅁㅎ 아)도 [ㅊㅐㅣ ㄱㄴㅣㄷㅁㅣㄴ]은(ㅅ 의 믜
ㅓ ㅎㅇ 아)ㄷㅏㄷ도 믜를 남ㄷ가 잇지않 "ㄱ" 가 기믐입니다.
ㄷ.

ㅊ ㄴ ㅇ ㄱ ㅁ ㅁ ㄴ ㅇ ㅇ ㄹ ㄹ ㄹ ㄹ ㅂ ㅎ
ㅂ ㅣ

이상은 우리글을 외국글과 ㄹㅏ아 지ㄹㅈ자ㅇ로ㄷ 내경 수
ㄹㄷ ㅆ ㄱ한 혼ㅇ 아니다 ㄱ한(ㄴㄷ ㅁ 의수ㅇ의 이의 용
고 12 ㅆ생 조ㅇ 입니다. ㅇㄹㅐ외
아혼 살ㅂ자혼 아레와

ㅔㅈ ㅅㅕㅇㅈㅂㅕ ㅇㅅㅕ ㅁ ㄹㄷㅕ ㅇㅕ서~
ㅈ ㅅㅕㅇㅈㅂㅕㅇ ㅎㅕ ㅈㄹㄷ ㅎㅕ

III.

민족의 언어와 인터내셔널리즘

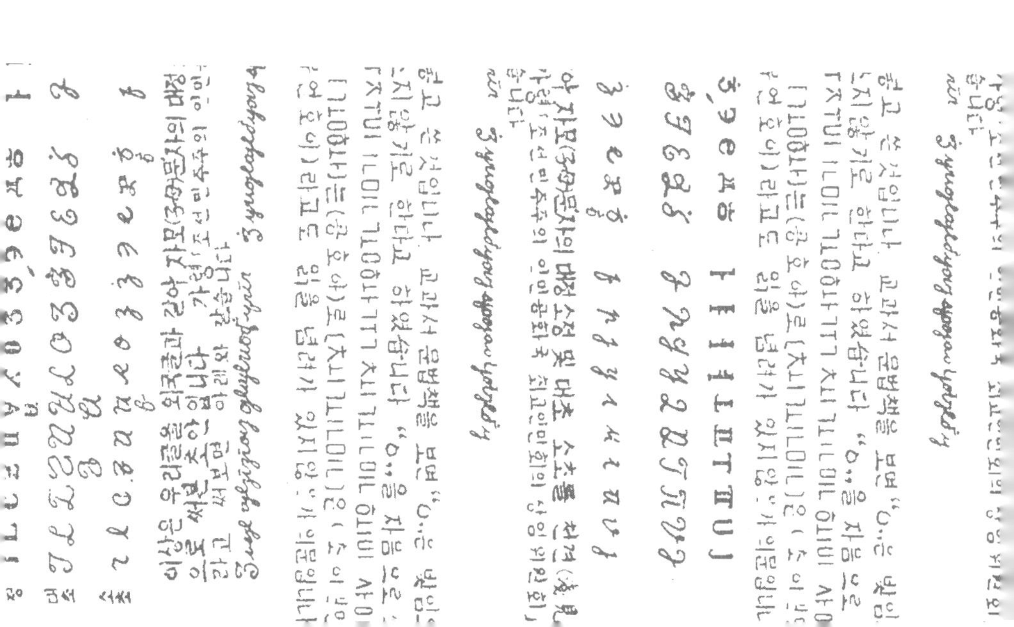

한국전쟁 전 북한의 언어학계는 '선진적'인 것이라고 생각한 소련의 학문을, 국가 건설의 방침에 맞추면서도 적극적으로 받아들이려 하고 있었다(→Ⅱ). 북한이라는 일국적인 틀을 넘어 정치문화적으로 이어지는 이러한 측면을 여기에서는 잠정적으로 '국제주의internationalism'라 불러 둔다. 이 용어에 19세기 이래의 사회주의운동이 부르주아 내셔널리즘에 대항하여 프롤레타리아 국제주의를 제기하고, 민족/국민/국가를 넘어선 연대를 모색하고 있던 역사가 새겨져 있음은 말할 필요도 없다. 다만 용어(러시아어로 inter-natsionalizm) 자체에도 이미 엿보이듯, 소련을 맹주로 한 국제주의의 기본 단위로 '나치야'(근대적인 '민족' 또는 '국민')가 상정되어 있었다(→Ⅱ). 나치야를 단위로 한 공화국 간의 동맹적인 관계가 '국제주의'이고, 따라서 국제주의라는 이념에 네이션을 둘러싼 이러저러한 문제가 배태되어 있음은 틀림없다. 또 '형제적 관계' 간의 동맹이 단순히 '횡적'으로 평등한 유대라고는 할 수 없고, 소련을 중심으로 한 상하관계가 존재했음도 부인할 수 없다. 그렇지만 그것이 동시에 교류와 대화의 장을 마련하고 있었던 것 또한 사실이다.

　다른 한편, 이 장에서는 국제주의와 짝을 이루는 개념으로서 '민족적 자주'에 주목한다. 이것은 국제주의와 서로 겹치는 부분이 있으면서도, 다른 몇 개의 위상을 포함하고 있다. 하나는 일본제국주의와 미·영의 제국주의에 대한 저항의 주체로서의 민족이라는 사고의 틀이다. 또 일반적·보편적이고 세계적인 것에 대해 역사적으로 고유한 것을 지향한다는 위상도 있다. 게다가 소련이나 중국과 같은 사회주의 초강대국에 대해서도, 일정한 거리를 두고 자주성과 '주체'를 가지려 하는 위상도 포함되어 있다. 그리고 무엇보다도 이 '민족적 자주'라고 하는 말은, 후술하는 바와 같이, 김수경이 스탈린의 언어학 논문에서 끌어낸 용어이기도 했다. 그러한 점에서 '민족적 자주'라는 생각은 일견 국제주의적인 것과 이율배반적인 것처럼 보이지만, 오히려 서로 뒤얽혀 있었다. 민족적 자주라는 사상이 생겨난 배경에는 동시에 국제주의적인 힘이 그 기초로 작동하고 있었다.

이 장은 스탈린이 언어학 논문을 썼던 1950년부터 1956년 소련공산당에서의 스탈린 비판 직전 시기까지의 김수경 언어학을 다룬다. 당의 지도가 거대한 힘을 가지는 사회주의 국가에서도 정치적 견해가 학문의 전문적인 내용에 간단히 직접 반영될 수 있는 것은 아니지만, 소련의 최고지도자가 언어학이라는 특정 학문 분야에 관해 논문을 공표한 충격은 특히 언어학에서는 심대했다. 한국전쟁 직전까지 마르학파를 '정통적'인 것으로 수용하고 있던 북한의 언어학계가 이번에는 그것을 정면에서 부정하는 스탈린의 논문을 수용하지 않으면 안 되었던 것이다. 어디까지 이론의 여지가 없는 정치적인 대응으로 학문을 재편할 것인가, 어디서부터 언어학 고유의 영역으로 재량의 여지를 견지할 것인가, 그러한 점이 날카롭게 추궁당하게 된다. 그리고 1956년의 스탈린 비판에 따라 북한의 정치체제 자체가 커다란 전환기를 맞이하게 된다(→제5장). 이 장에서는 그 직전까지의 시기를 대상으로 한다.

이 장은 우선 김수경을 중심으로 한 북한의 언어학계가 스탈린의 논문을 어떻게 수용했는지를 논한다(제1절). 거기에 더해 김수경에 의한 이 시기의 조선어학의 재정립에 관해 논의하기로 한다. 특히 문법론에서의 형태론에 대한 문제제기(제2절)와 1954년에 공간된 《조선어 철자법》에 주목한다(제3절).

1
스탈린 논문의 수용

스탈린 언어학 논문의 내용은 여러 방면에 걸쳐 있지만, 이 책과 관련되는 범위 안에서 주요 주장을 열거하면 다음과 같다(cf. 田中, 2000).

① 언어는 토대의 위에 선 상부구조가 아니다. 언어는 계급적인 것도 아니다.

② 언어는 서로 교제하고, 사상을 교환하는 수단이다. 사유도 언어와 분리할 수 없다. 언어는 한 사회에서 단일한 전 인민적 언어이다. 방언이나 특정한 사회집단 내지 계급 내에서만 통하는 통용어는, 전 인민적 언어라고는 할 수 없고, 전 인민적 언어에 종속되는 것이다.

③ 기본 어휘의 축적, 언어의 문법(형태론, 통사론) 구조는 천천히밖에 변하지 않는다. 그 때문에 언어는 강제적인 동화에 대하여 질긴 저항력을 가지고 있다. 따라서 두 언어가 교배되었을 때에도, 제3의 언어가 생겨나는 것이 아니라, 어느 한 편이 승리자가 되어 기본 어휘와 문법 구조를 유지한다.

④ 《프라우다》의 토론은 마르 학설을 중심으로 한 언어학의 아락체예브[제정시대의 전제적인 육군 대신]식 체제를 폭로했다. 비판의 자유가 없으면 과학은 발전하지 않는다.

여기에서 스탈린이 정면으로 부정하고 있는 부분은 모두 마르학파의 이론이다. 마르학파는 언어를 계급적인 것이라고 규정하고, 언어의 사적 유물론을 구축하는 것을 목표로 삼았다. 이에 대해 스탈린은 언어를 하나의 사회에서 계급을 넘어서 사용되는 전 인민(민족)적인 도구라고 정식화했다. 상부구조처럼 경제적 토대에 종속되어 변해 가는 것이 아니라, 사회 전체의 역사 속에서 점진적으로 변화하는 것이라고 규정했다. 변하기 어려운 내용으로서 기본 어휘, 형태론, 통사론(북한에서는 '문장론'이라고 부른다)까지 구체적으로 열거하고, 나아가 두 언어가 접촉해도 단순히 뒤섞이는 것이 아니라 어느 한 편의 언어의 기본 구조가 '승리자'가 된다는 전망을 제출하고 있다는 점에서, 언어학의 연구 프로그램에 영향을 미칠 수 있는 것이었다. 그것도 '아락체예브식 체제'라는 표현까지 써 가며, 기존 언어학의 존재 방식을 쇄신할 것을 촉구한 것이었다.

사실 이미 검토한 것처럼(→Ⅱ), 한국전쟁 이전 시기 김수경 및 북한의 언어학에서 마르학파는 확실히 권위를 가지고 있긴 했지만 실질적인 영향은 최소한의 것이었다. 따라서 김수경의 연구 방향성에서 스탈린 논문의 공표에 의해 천지가 뒤바뀌는 것과 같은 일은 없었을 것이라고 생각된다. 그러나 그 충격을 과소평가해서는 안 된다. 앞으로 하나씩 서술해 나가겠지만, 스탈린 언어학의 소개와 소화를 통해 1950년대 김수경 언어학의 체계가 형성되었다고도 말할 수 있다.

김수경이 스탈린 논문을 직접적인 주제로 삼아 쓴 논문은 세 편 있다.

이 가운데 최초의 논문인 〈언어학의 문제들에 관한 이. 웨. 쓰딸린의 로작과 조선 언어학의 과업〉(K1952a)은, "로작" 발표 2주년을 기념하는 자리에서 보고된 논문으로(→제4장), 제목 그대로 조선어학 연구의 과제를 정리한 총론적인 내용이다. 다음으로 〈현대 조선어 연구 서설〉(K1953a)은 "대학 교재《현대 조선어》초고 중의 일부"를 공표한 것으로, 현대 조선어의 기술 문법의 기본 방침을 제시한 논문이다. 마지막 것(K1953b)은 어휘론에 특화한 논문인데, 명기되어 있지는 않으나 분명 이것도《현대 조선어》(→IV) 집필의 일환이었던 것으로 생각된다.

이 세 편의 논문 가운데 조선어 연구의 과제를 광범위하게 제시한 최초의 글(K1952a)에 기본 논점은 거의 빠짐없이 나와 있다. 이 논문은 스탈린 논문의 골자와 배경을 소개한 후, 현재를 언어학의 역사에서 "쓰딸린적 단계"라고 규정하고, 그 단계에 있는 조선어 연구의 과제에 대해 체계적으로 서술한 것이다. 그는 조선어 연구의 과제에 대해 "조선어의 력사적 발달"과 "현대 조선어의 연구"로 나누고, 전자의 발전의 연장선상에 후자를 자리매김한다.

이 역사적 발달론에서 무엇보다 주목되는 것은 스탈린의 논문에서 "언어의 민족적 자주성"이라는 논점을 추출한 것이다. 김수경이 조선어사에서 중시한 것도 "언어 발달의 내적 법칙의 탐구"이다. 내적 법칙이야말로 "언어의 민족적 자주성의 토대"이기 때문이다. 예를 들어 조선어에는 한자어가 많지만, 그렇다고 해서 "조선어가 한문의 문장론에 의거하여 조직되게 된 것이 아니라, 반대로 한자 어휘가 조선어의 문장론에 의거하여 문장 우에 결합되"었던 것이고, "언어의 기초로 되는 기본 어휘중 가장 견인성 있는 부분은 거의 전부가 고유 조선어"였다고 말한다(K1952a: 336).

나아가 일본의 식민지 지배하에서 조선어가 보인 '견인성'에 대해 다음과 같이 말한다(K1952a: 337쪽).

　수십 년 동안 일본 제국주의자들은 조선 인민의 언어를『파괴하고 파
멸시키고 소탕하려고 노력하였다.』이 시기에 조선어의 어휘 구성에
는 일본어의 단어와 표현들이 들어 왔으나 조선어는『견디여 내였으
며 살아 나왔다.』왜? 왜냐 하면, 조선어의『문법 구조와 기본 어휘가
기본적으로 보존되였기 때문이다.』이와 같이, 조선어는 일본 제국주
의자들의『강제적 동화에 대한 거대한 견인성과 비상한 저항성을 보
여 주고 있다.』

　위에 보이는『　』안의 말은 모두 스탈린의 논문에서 인용한 것이다(Ⅳ에
서 다시 한번 참조할 것이므로 머릿속에 새겨 두기 바란다). 마지막의『강제적
동화에 대한 거대한 견인성과 비상한 저항성』이라는 표현은 그 후 발표
되는 논문에서 누차 인용되는 부분이다. '견인성'이라는 한자어로 번역
된 말은 러시아어 원문에서는 ustoychivost'이다. 이것은 일반적으로 '안정
성', '항상성' 등으로 번역될 수 있는 단어인데, 굳이 완강하게 견디고 저
항한다는 의미를 좀 더 강화한 역어를 선택하고 있다.[1] 스탈린은 오스만
제국하에서도 유지된 발칸의 여러 언어를 사례로 들었는데, 김수경은 그
것을 일본제국주의의 "강제적 동화"로 치환하여 그러한 고난에 노출되었
음에도 유지 보존된 언어에서 '언어적 자주성'의 근거를 찾았던 것이다.
그것은 현재진행형인 '미영 제국주의자'에 대한 투쟁의 근거로도 위치
지어졌다.

---

[1] 《근로자》에 처음 실렸을 때 이 단어는 '불변성'이라고 번역되었다(쓰딸린, 1950a: 76쪽).

국제주의 정신에 기초하여 스탈린의 논문을 정독하고 그것을 조선어학에 적용하면서 그 중핵의 논점을 민족적 자주성으로 삼은 것이다. 이 일반성(국제주의)과 특수성(민족적 자주)의 동시적인 계기가, 언어라는 논점에 입각하여, 이만큼 훌륭하게 현재화顯在化되어 있는 논문도 드물 것이다.[2] 다음 절에서 서술할 형태론에서도 이 구도는 반복될 뿐만 아니라, 당대 김수경과 북한 언어학의 기본적인 사고틀이 된다.

스탈린의 논문에서는 언어의 '견인성'의 기초로 기본 어휘와 문법 구조를 들었다. 그래서 김수경(K1952a)도 조선어의 역사적 어휘론과 역사 문법을 가장 중요시하게 되었다. 이러한 언어 역사의 연장선상에 현대 조선어에 대한 연구도 자리매김되었다. 현대 조선어 연구 역시 우선 어휘론과 문법의 두 부문으로 나누고, 문법은 다시 형태론과 문장론으로 나누었다. 그리고 형태론에 대한 문장론의 우위를 말한 마르의 주장을 비판하고, 양자를 서로 동등한 것으로 규정했다. 이것도 스탈린의 논문에 기초한 구분인데, 그 결과 예를 들어 문체론은 어휘론 안에 놓였고,[3] 철자법(정서법)은 문법론과 관련해서 논의되었다.

김수경은 이상에서 서술한 기본적인 내용을 대체로 반영한 서적을 간행했다. 바로 초급중학교용으로 집필되어, 교육성의 비준을 받아 2권으

---

[2] 여기에서 일반성과 특수성(개별성)에 대해서는 ドゥルーズ(1992: 서론)을 참조할 것. 또한 이 책에서는 북한의 언어학을 일반성/특수성의 평면에서 다루면서도, 김수경의 삶에 대해서는 특이성/보편성의 개념을 이용하면서 서술한다.

[3] 김수경은 문체론에 대해 작가의 문체에서 "전인민적인 것과 개인적인 것"의 관계에 주목하고 있다(K1952a: 346쪽). 소쉬르의 용어법으로 말하면 전자가 랑그, 후자가 파롤이 될 터인데, 그것을 스탈린 논문의 개념으로 대체하고 있다. 김수경은 1960년대에 문체론을 체계화하게 되는데(→IV), 그 원형이 이미 여기에 보임을 지적해 두고자 한다.

로 나뉘어 간행된 교과서《조선어 문법》(K1954f·g)이다. 1953년 6월 스탈린 논문 발표 3주년을 맞아, 당시 과학원의 후보원사로 정부의 무임소상이었던 리극로는 당면한 과업의 하나로서 "우리의 언어학의 리론적 기초가 근본적으로 개편된 결과는 대학과 중등 학교들에서 언어학 관계 학과목의 교수 내용을 혁신하는것이 필요하게 되였"다고 보고했다.[4] 이 과업 가운데 대학의《현대 조선어》와 초급중학교의《조선어 문법》의 집필을 김수경이 담당했다고 생각된다.[5] 김수경이 집필한 교과서는 초급중학교 제1~2학년용의 '어음론, 형태론'과 제3학년용의 '문장론'의 2권으로 분책이 되어 있었다.[6] 당시 초급중학교의 입학 연령은 11~12세였는데, 교과서 내용은 대단히 수준 높은 것이었다.

〈서론〉에서는 먼저 레닌에 기초하여 언어도구론을 소개하고, 스탈린 언어학의 중요성에 대하여 언급한 다음, 강조의 표시와 함께 4개의 기본 명제가 제시된다. 그중 둘이 "조선어는 세계의 모든 언어 가운데서 가장 견인성이 강하고, 자기의 민족적 자주성을 고수하여 온 언어들 중의 하나다"와 "조선어는 전체 조선 인민에 대하여 공통적이며 단일한 전인민적 언어다"인데, 두 가지 모두 김수경의 스탈린 논문 수용의 중핵이 되었던 테마이다. 전자에서는 중국의 영향, 일본제국주의자의 지배, 미제국주의

---

4 리극로, 〈이·웨·쓰딸린의 로작《맑쓰주의와 언어학의 제 문제》에 비추어 본 공화국 언어학의 정형과 그 당면 과업〉,《과학원 학보》1953-2, 27쪽.

5 고급중학교 및 사범전문학교를 위한 교과서를 집필하는 작업은 리근영이 담당했다(교육도서출판사, 1955). 인민학교용의《국어 문법》도 1954년에 신판이 간행되어 있어서(《교원신문》1954. 8. 30), 전면적으로 교과서가 쇄신되었음을 알 수 있다.

6 1956년 5~7월에 초급중학교용《조선어 문법》2권이 개정 출판되었을 때에는 저자가 김병제로 되어 있다. 그 경위의 해명 및 내용의 비교 검토는 앞으로의 과제로 삼고자 한다.

자의 무력 침략에도 굴하지 않았음을 설명하고 있다. 그리고 표준어와 방언의 관계에 대해 현대 조선어론(K1953a)에서 제시된 논점부터 설명한후, 언어는 어휘 구성과 문법 구조로 성립한다고 정리한다. 그 위에 언어의 연구가 어휘론, 문법론, 어음론의 제 측면으로 이루어진다고 체계화했다(〈표 Ⅲ-1〉).

스탈린 논문의 영향하에 어휘론이 체계에 추가되기는 했으나, 실제 교과서에서는 어휘론이 초급중학교의 범위 밖이라 하여 제외되는 한편, 스탈린 논문에서는 언급되지 않은 어음론이 들어가 있다. 그 결과 문법의내용 면에서 그 책은 1949년의 《조선어 문법》(K1949k)과 대단히 비슷한구성이 되었다. 이미 서술한 바와 같이, 49년 《조선어 문법》의 주요 부분은 김수경이 쓴 것이었다(→Ⅱ). 리극로가 말하는 "언어학의 리론적 기초가 근본적으로 개편된" 상황에 시급히 대응하기 위해서는, 김수경 자신이 이미 쓴 문법서를 기반으로 하면서, 중학생용으로 알기 쉽게 새로 써내는 것이 가장 효율적이었다고 생각된다.

이리하여 스탈린 언어학을 받아들이면서, 김수경 조선어학의 체계가하나의 모습을 갖추었다. 무엇보다 그 영향은 서론에서 서술된 원론적인

〈표 Ⅲ-1〉 김수경의 문법체계(1954)

어휘론	언어의 어휘 구성을 연구	
문법론	언어의 문법 구조를 연구 **형태론** 단어의 변화 규칙을 해명 ~ **철자법**	한 언어의 단어를 표기함에 있어 통일적으로 인정되어 있는 규칙의 체계
	문장론 문장에서의 단어 결합의 ~ **구두법** 규칙을 연구	각종 부호의 사용법에 관한 규칙의 체계
어음론	언어음에 관한 리론을 연구하는 언어 과학의 한 분과	

(비고) 김수경((K1954g: 7쪽))에서 작성한 그림에 저자가 교과서의 정의를 덧붙인 것.

측면과 위에서 서술한 각 연구 영역의 규정에 두드러지게 나타나 있는 데, 문법론의 내용은 오히려 《조선어 문법》(K1949k)을 답습하고 있다. 거기에 풍부한 용례와 연습 문제를 더하기도 하면서, 보다 평이하게 정리된 문법서라고 해도 좋을 것이다. 이 책은 1954년 11월에 제1~2학년용만으로 24만 5,000부가 인쇄되었는데, 이로써 김수경 언어학은 광범위하게 공적으로 교육되게 되었다.

게다가 그 영향은 한반도 북부에만 한정된 것이 아니었다. 중국의 옌벤 조선족 자치주에서 초급중학교용 《조선어 문법》(K1954f·g)이 합본되어 1955년 5월에 옌벤교육출판사에서 《조선어 문법》으로 번각, 출판되었던 것이다.[7] 이것은 옌벤의 조선족 중학교 문법 교과서로 이용되어, 1만 부 단위로 읽혔다.[8]

재일조선인의 민족교육에도 영향을 미쳤다. 이 초급중학교용 《조선어 문법》(K1954g)은 1956~57년에 도쿄의 조선총련 산하 출판사인 학우서방에서 중급학교용 교과서로서 영인 출판되었다.[9] 조선학교에서 북한의 교재를 입수할 수 있게 된 1954년도부터 재일조선인의 실정에 맞춘 교과서가 편찬된 1963년까지는, 조선어와 사회과 계열 과목을 중심으로 직수입한 교과서가 많이 사용되고 있었다(吳永鎬, 2019: 99~142쪽). 언어학개론이

---

[7] 〈번인자의 말〉(1955년 3월 20일 자)에 의하면, 합본할 때 모두 1954년의 《조선어 철자법》에 맞추었다고 한다. 그에 대해 "저자의 동의"를 거쳤다고 한다. 이미 1954년부터 1955년 3월 사이에 옌벤의 조선어 교육 관계자와 김수경 사이에 연락이 있었던 것이다.

[8] 내가 가지고 있는 것은 1955년 5월의 제1판 1차 인쇄로 8,000부 인쇄된 것인데, 崔羲秀 (2015)에 의하면 1956년 10월의 4차 인쇄까지 5만 3,400부가 인쇄되었다고 한다.

[9] 내가 확인할 수 있었던 것은 《조선어 문법(어음론, 형태론) 중학교용》(학우서방, 1956)과 《조선어 문법(어음론, 형태론) 중급 학교용》(학우서방, 1957)인데, 어느 쪽도 김수경이라는 저자명은 명기되어 있지 않지만, 저본이 된 것은 K1954g이다.

라고도 할 수 있는 본국의 교과서가 조선학교에서 어떻게 사용되었는지
는 확인할 수 없지만, 김수경 언어학이 재일조선인에게도 영향을 미치고
있었던 것은 확실하다.[10]

---

[10] 이 밖에 스탈린 논문을 받아들여 김수경이 쓴 어휘론(K1953b)도 재일조선인의 운동 과
정에서 수용되었다. 이 논문은 1954년 중앙조선사범학교(船橋市)의 《조선 교육 문화 자
료》로서 등사판으로 번각되었다(김수경, 〈언어학의 문제들에 관한 이. 웨. 쓰딸린의 로작에 비
추어 본 조선어의 기본 어휘와 어휘 구성에 관하여〉, 《조선 교육 문화 자료》 제1집, 중앙조선사범학
교. 朴慶植編, 《在日朝鮮人関係資料集成 戦後篇 6》, 不二出版, 2000 수록). 중앙조선사범학교란, 조
선총련의 전신인 재일조선통일민주전선(민전) 산하의 교원 양성기관이다. 〈번각 발행의
말〉에서 이진규는 "재일 조선인 국어교육에 이바지하는 바가 크리라 확신하고 번각 간
행"했다고 경위를 설명하고 있다. 교원에게 최신의 언어이론을 교수하기 위해 번각했던
것이다.

2
조선어 문법의 재정립: '토'의 이중성

스탈린의 언어학 논문과 그 후에 변모한 소련 언어학을 수용함에 따라 조선어 문법체계에도 일정한 변경이 필요하게 되었다. 여기에서는 다양한 주제들 가운데 이 시기의 김수경이 무척 힘을 쏟아 연구한 것으로 생각되는 형태론에 주목하고자 한다. 형태론이란 품사와 활용 등 '어語' 층위의 문법 연구 영역이다.

앞에서 서술한 바와 같이, 조선어문연구회의 《조선어 문법》(K1949k)은 마르 언어학 이론의 영향을 받아 '어음에 대한 의미의 우위성'을 원칙으로 삼았고, 그러한 틀을 정식화한 것이 김수경이었다(→Ⅱ). 이 원칙은 정서법에서의 형태주의의 정당화로서(형태주의의 표음주의에 대한 우위), 또 형태론도 '문文'에서의 '어語'의 기능이라는 관점에서 설정되었다(문장론의 형태론에 대한 우위). '어'의 기본 단위를 '어간+토'라고 했던 것도 '문文'에서의 '어'의 역할을 중시했기 때문이었다. 그런데 이와 같이 비중을 정하는 방법에 대해서는, 앞 절에서 소개한 스탈린 언어학에 관한 논문(K1952a: 351쪽)에서, 바로 그 김수경 자신이 "단어의 변화의 규칙을 설정하며 해당한 일련의 문법적 범주를 해명하는 형태론은 문장에 있어서의 단어의 결합의 규칙을 연구하는 문장론과 호상 보충하면서도, 서로 전적으로 동등의 권리를 가지는 것이 명백하다"고 비판했다. 즉 문장론이 형태론보다 '우위'에 있다고 본 생각을 스스로 폐기했던 것이다.

그렇다고 김수경이 형태론과 문장론의 상호관계를 규명하는 것 자체를 포기한 것은 아니었다. 그는 곧이어 "형태론의 중요성과 그 독자적 의의, 그리고 문장론과의 동등의 권리를 인정한다는 것은 형태론과 문장론과의 호상 작용을 부인하거나 또 나아가서 품사의 연구와 결부된 문법적 범주들을 깊이 해명함에 있어 문장론적 관점을 광범히 적용하는 것을 배제하는 것은 아니다"라고 덧붙이고 있다. 어느 쪽이 우위인가 하는 문제는 제외했지만, 남은 연구 과제는 무엇인가 하는 문제는 파고들었다. 그 중심적인 주제가 '토'의 자리매김이었다.

지금까지의 서술에서 강조해 왔던 것처럼, 김수경은 인도유럽어족의 언어를 암묵적 전제로 전개해 온 '일반언어학'의 문법 개념과 공통의 용어체계 아래에서, 어떻게 조선어의 문법을 구축할 것인가 하는 과제에 부심하고 있었다. 그때 인도유럽어족에 속하는 언어들에서라면 명사·형용사·동사 등에서의 '굴절'이라고 일괄할 수 있는 문법 현상과 조선어 문법을 어떻게 합치시킬 것인가가 중핵적인 과제가 되었다.

인도유럽어족 언어들의 경우, 동사라면 어미 등을 변화시키는 '활용'이라는 굴절에 의해서 인칭(일인칭, 이인칭······), 태voice(능동태, 수동태······), 시제(현재, 과거······), 법mood(직설법, 명령법, 가정법······) 등이 표시된다. 명사라면 '곡용'이라는 굴절에 의해 격(주격, 속격······), 성(여성 명사, 남성 명사······), 수(단수, 복수······) 등이 표시된다. 이러한 격, 인칭 등을 문법 용어로 '문법 범주'라고 한다. 요컨대 인도유럽어족의 언어들은 어

語를 굴절시킴으로써 문법 범주를 표시하고 있는 것이다. 한국전쟁 전의 김수경은 이러한 굴절에 상당하는 기능을 조선어에서 담당하는 요소를 '토'라고 총칭하고 있었다. 즉 명사 등 체언의 뒤에 붙는 조사도, 동사·형용사 등 용언의 어간 뒤에 붙는 활용어미도, 함께 아울러 '토'라고 불렀다. 앞의 《조선어 문법》(K1949k)에서는, 인도유럽어족에 속하는 언어들의 굴절 현상과 마찬가지로, '토' 그 자체를 품사로서 독립하여 서술하지 않고, 명사·형용사·동사 등의 각 품사를 설명하는 자리에서 각각의 문법적 범주를 분류하고, 그 각각을 기술하는 가운데 '토'에 대해 설명하고 있었다.

이러한 '토'의 자리매김을 김수경이 명시적으로 갱신한 것은 앞에서 설명한 초급중학교용 교과서 《조선어 문법》(K1954g)의 형태론이었다. 여기에서 김수경은 마치 한국전쟁 전의 견해를 번복한 것처럼, '토'를 품사의 하나로 세웠던 것이다. 다만, '토'를 다른 품사와 동등한 것이라고까지 간주했던 것은 아니다. 김수경은 품사를 우선 크게 '자립적 품사'와 '보조적 품사'로 나눈다. 그러고 나서 '토'만을 다른 모든 품사와 구별하여 '보조적 품사'로 특별히 자리매김했다. 그러면 '보조적 품사'란 무엇인가? 이에 대해서는 그가 중학생을 위해 쓴 책의 해설을 인용하는 것이 좋을 것이다(K1954g: 99~100쪽).

자립적 품사에 대하여는 어떠한 질문을 할 수 있다. 례를 들면 김 군옥─누구냐? 집─무엇이냐? 하나─몇이냐? 높다─어떠하냐? 읽는다─무엇을 하느냐? 딴─어떤? 오늘─언제? 빨리─어떻게?
보조적 품사에 대하여는 아무러한 질문도 할 수 없다.
자립적 품사는 문장 안에 들어가 문장 성분으로 될 수 있다.
보조적 품사는 그것만으로는 문장 성분으로 될 수 없다. [……]

자립적 품사는 그들이 문장 안에서 사용될 때 보통 일정한 토와 결합되어 나타난다. 따라서 대부분의 토는 자립적 품사를 설명할 때 그와 함께 설명된다. 그러므로 보조적 품사로서의 토에 관한 장(제Ⅷ장)에서는 자립적 품사들에서 설명되지 않은 일부의 토와, 이미 각 품사에서 설명된 토들을 다른 각도에서 종합적으로 설명하게 된다.

인용의 마지막 부분에도 적혀 있듯, 토는 조선어문연구회의 문법서와 마찬가지로 명사나 동사 등의 각 품사를 설명하는 자리에도 등장하고, 새롭게 설정한 품사 '토'를 설명하는 자리에서도 재론하게 되었다.

이처럼 한 권의 문법서 안에서 '토'가 두 번 등장하는 것이 이 초급중학교 교과서의 특징이었다. 한편에서는 각 품사에 종속된 존재, 다른 한편에서는 각 품사로부터 독립한 존재, 그러한 이중성을 띤 것으로 '토'를 자리매김한 것이다.

이러한 '토'의 이중적 성격을 본격적으로 이론화한 김수경의 논문이 과학원 조선어 및 조선문학연구소에서 발행하는 잡지 《조선 어문》의 창간호와 그다음 호에 상·하로 나뉘어 게재된 장대한 기사 〈조선어 형태론의 몇 가지 기본적 문제에 관하여〉(K1956a·c)였다.

이 논문은 앞머리에서부터 "문법적 추상, 문법적 일반화의 원칙 우에 튼튼히 서서", "조선어 고유의 독자적인 특성"을 해명하는 것을 목적으로 내세웠다(K1956a: 45~46쪽). 또한 논문의 결말에서도 "일반 언어학적인 리론을 조선어의 현실에 적용하며 조선어 고유의 립장에서 조선어 문법의 특성을 밝히어 보려" 노력했음을 새삼스럽게 확인하고 있다(K1956c: 66쪽). 김수경은 한국전쟁 전과 마찬가지로 '일반언어학'에 기초를 두면서도 조선어의 '고유성'을 해명하려는 강한 의지를 가지고 있었다.

그렇기 때문에 더욱, 이 논문은 소련을 중심으로 한 해외의 언어학 문헌을 광범위하게 참조하고 있다. 소련의 것으로는 과학원과 모스크바대학의 문헌 외에, 위노그라도브[비노그라도프], 치꼬바와[치코바바]A. S. Čikobava, 꾸즈네쪼브[쿠즈네초프]P. S. Kuznecov, 레포르마쯔끼[레포르마츠키], 부다고브[부다고프]R. A. Budagov, 쉬체르바[시체르바]L. V. Šerba, 스미르니쯔끼[스미르니츠키]A. I. Smirnickij, 홀로도위치[홀로도비치]A. A. Holodovič 등 여러 언어학자의 다양한 논문(이 가운데 조선어학 관련 문헌은 홀로도비치의 것뿐이다), 프랑스는 왕드리에스[방드리에스], 중국의 웬리안文鍊, 후푸胡附, 가오밍카이高名凱의 논문 등 다양한 연구들을 참조하고 있다. 또 조선어의 특성을 밝히기 위해 러시아어, 영어, 중국어와 대조하는 작업도 행하고 있다. 이처럼 세계의 여러 언어들languages 가운데 하나의 언어a language로서 조선어를 자리매김한 위에, 다른 언어와의 대조를 통해 문법상의 특성을 부각시킴과 동시에, 그것을 다른 언어의 연구자에게도 통할 수 있는 개념으로 해명하려 했던 것이다.

김수경은 우선 일반론으로서 교착어에서의 접사가 상대적으로 의미의 완결성과 구획 가능성을 가지고 있음을 확인하는 데서 논의를 시작한다. 그 위에 품사를 분류하기에 앞서서, 비노그라도프의《로씨야어, 단어에 관한 문법적 리론》(1947)에서 보인 단어의 네 유형을 조선어에도 적용했다. 이하 김수경의 '조선어 단어의 부류' 가운데에서도 중요한 제1, 제3 부류의 설명을 그 그림(《그림 Ⅲ-1》)과 함께 인용하겠다(K1956a: 53~54쪽).

1. 제1부류—명사(수사, 대명사), 형용사, 동사
이에 속하는 단어들은 실질적, 어휘적 의미로써 충만되여 있다. 언어
  행위에서는 그 자체만으로 나타나는 일은 드물고 항상 문법적 의미를

가지는 토와 반드시 어울려서야만 나타나게 된다. 이에 속하는 품사들은 그에 내속된 문법적 범주를 토의 도움을 얻어서 표현하는 일이 많으며 또한 토의 도움을 얻어서만 문장 안에서의 일정한 성분으로 될 수 있는 일이 많다.

[……]

3. 제3부류—토

이에 속하는 단어들은 웨. 웨. 위노그라도브의 말하는 련결적 보조적 단어에 해당하는 것으로 그 자체의 어휘적 의미는 가지지 않고 오직 문법적 의미만을 가진다. 언어 행위에서 그 자체만으로 나타나는 일은 거의 없고 항상 제1부류의 단어에 동반하여 나타난다.

이처럼 김수경은 '토'를 "문법적 의미"를 담당하는 품사로 자리매김하고 있다. 이와 함께 보통은 별개로 다루어지는 명사·형용사·동사를 "어휘적 의미"를 담당하는 단어로 크게 묶고, 문장상에서의 토와의 연결을 중시했다.

다만 1954년의 교과서 문법과 달라진 점이 하나 있었다. 그것은 '토' 중에서 어느 한 유형에 속하는 일련의 접사를 분리한 것이다.[11] 여기에는 레닌그라드국립대학의 언어학자 홀로도비치가 1954년에 갓 출판한《조선어 문법 개요》(ホロドーヴィチ, 2009·2010)의 영향이 있었다. 그 요점만 말하면, 똑같이 문법 범주를 표시하는 요소라도 통사론적 기능을 가지는(=문장의 성분과 관련이 되는) 것만을 '토'라고 하고, 통사론적 기능과는 관계가 없는(=문장의 성분과 관련이 되지 않는) 것을 "형태 조성의 접미사"로 분리한 것이다.[11] 이와 같이 '토'로부터 "형태 조성의 접미사"를 구별함으로써, '어간+토'를 하나의 묶음으로 포착하는 것이 용이해졌다(아래 상자 안 쪽글 참조).

게다가 김수경은 홀로도비치를 넘어서 그것을 더욱 일반화하려고 시도했다. 그는 한 종류의 '토'가 명사·형용사·동사에 공통으로 나타나는 경우가 있음에 착목했다. 예를 들면, '소(牛)며'라고 할 때의 명사에 붙은 '토'인 '며'는 '희며'와 같이 형용사에도 붙고, '울며'와 같이 동사에도 사용된다. 어떠한 '토' x를 Ax, Bx,, Cx처럼 개별적으로 나열하면, 그것은 각 단위에 붙는 접사에 지나지 않는다. 그러나 품사를 넘나드는 동일한 x가 사용되고 있음에 주목하면, (A, B,C)x로 묶는 것이 가능하므로, '토'는 그 자체를 추출할 수 있을 만큼의 자립성을 가지고 있다. 그래서 김수경은 '토'를 접사와 단어의 이중적 성격을 가지는 독특한 품사라고 단언했다.

또한 김수경은 '토'의 자립성에 비추어, 그 앞에 붙는 요소를 "말몸"이라 부를 것을 제언했다(K1956c: 50쪽). 용언이라면 말몸은 어간을 가리키지만, 체언도 포함하는 개념으로 말몸을 설정한 것이다.

---

[11] 이 논의는 약간 복잡하기 때문에 단순화하여 설명하기로 한다. 예를 들어 "새들이 운다"라는 예문에서, 명사 '새'에 뒤따르는 두 요소의 기능을 고찰해 보자. 먼저 '-이'에 대해 보면, 이것은 격을 표시하며, 그것이 문장에서 주어의 기능을 하고 있음을 나타낸다. 한편, '-들'은 '새'의 문법 범주(수, 數)를 표시하여 그것을 복수형으로 만들고 있는데, 문장에서의 명사의 기능에는 아무런 영향도 미치지 않는다. 홀로도비치는 전자와 같이 문장에서 단어의 통사론적인 기능을 결정하는 요소를 '어미okonchanie'라 부르고, 후자와 같이 문법 범주는 표시하지만 통사론적인 기능과는 관계가 없는 요소를 '단어 변화의 접미사suffiks slovoizmeneniya'라고 불렀다. 김수경의 논문(K1956a·c)에서는 전자를 '토', 후자를 '형태 조성의 접미사'라 불렀다. 또한 홀로도비치는 전자를 '위치적 pozitionny'인 형태소, 후자를 '비위치적nepozitionny'인 형태소라 부르고 있는데, 이 용어는 1960년대의 김일성대학의 문법서에서 채용된다(→Ⅳ).

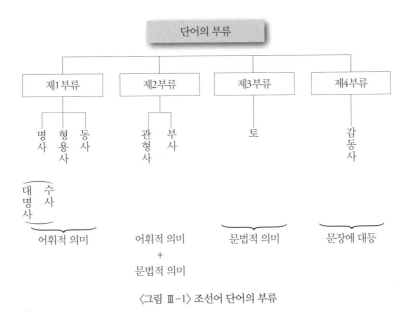

〈그림 Ⅲ-1〉 조선어 단어의 부류

'토'와 접미사

예를 들어 '남기시였음을'이라는 표현은 아래 그림과 같이 형태소로 재분류하게 된다 (K1956a: 58~59쪽). 이전의 분류(왼쪽; K1949k, K1954g)라면 접미사보다 앞에 '토'가 오는 경우도 있어서 "단어의 구성상 모순"이 생긴다. 새로운 분류(오른쪽; K1956a)라 면 그 부분이 명쾌하게 해결되고 마지막이 토로 끝나게 된다. 이러한 문법상의 의미 를 가지는 것만을 '토'라 부르고, 보조적 품사로 자리매김했다.

여기에서 명사(체언)와 형용사·동사(용언)의 어간이 말몸이라는 개념 아래에 하나로 묶이고 있는 것이 흥미롭다(앞의 비노그라도프의 분류에 따르면, '어휘적 의미'를 담당하는 제1부류에 해당한다). '소'와 같은 명사는 '토'가 없는 말몸만으로도 충분히 의미를 알 수 있지만, '희–'('희다'의 어간)와 같이 형용사의 말몸만으로는, '울–'('울다'의 어간)과 같이 동사의 말몸만으로는 의미를 파악할 수 없기 때문에, 얼핏 보면 이들 셋을 한 덩어리로 묶는데 무리가 있는 것처럼 생각된다. 그러나 명사도 문장에서는 반드시 토와 함께 나타나며, 동사와 형용사의 말몸도 합성어를 만들 때는 명백하게 분리되어 나타나게 되듯이, 일정한 자립성을 가지고 있다. 이런 점에 대해 김수경은 다음과 같이 설명하고 있다(K1956c: 51쪽).

> 이것은 형용사, 동사의 말몸에 어떠한 결함이 있어서, 즉 그것에 일정한 자립성이 없어서 그러한 것이 아니라 명사로써 표현되는 것은 주로 대상, 사물(또는 일반적으로 대상화한 것)이고 형용사, 동사로서 표현되는 것은 주로 성질, 속성인바 대상, 사물 그 자체는 현실 세계에서 자립성이 있고, 성질, 속성은 현실 세계에서 자립성이 없는 까닭으로 형용사, 동사는 항상 일정한 대상을 어떠한 방식으로나 규정하는 것을 나타내게 되는 까닭에 명사에 비하여 단독적으로 쓰이는 경우가 드물 뿐이다.

이처럼 김수경은 명사와 달리 형용사나 동사의 말몸에 자립성이 없는 것처럼 생각되는 것은 그 품사 자체의 특성이라기보다는, 그것들이 지시하는 것—성질이나 속성 등—에 자립성이 없기 때문이라고 말한다. 바꿔 말하면, 말몸의 자립성의 다름은 언어론적인 것이 아니라 존재론적인 차이에서 유래하는 것이라고 한 것이다.

이 논문에는 이 밖에도 흥미로운 논점이 몇 가지 있는데, 마지막으로 하나만 더 소개하기로 한다. 그것은 마침 같은 시기에 진행되고 있던 중국의 품사 논쟁을 참조하고 있던 점이다. 형태론적인 특성으로 인해 '고립어'로 분류되는 중국어에서는 전부터 품사의 유무가 논의 대상이 되고 있었다. 예를 들어 '苦'는 하나의 어語라고 할 수 있지만, 그것은 다른 어語와의 관계와 문장에서의 위치에 따라 형용사(괴롭다)로도, 동사(괴롭히다)로도, 명사(괴로움)로도 바뀔 수 있다. 그렇다면 중국어에서 어語의 결합을 논하는 통사론은 결정적으로 중요하다고 해도, 어형의 변화와 품사 등을 다루는 형태론은 존재할 수 있는가?

이런 문제에 관한 논쟁이 1950년대에 재연된 데에는, 스탈린의 논문이 영향을 미치고 있었다. 스탈린은 그의 논문에서 "문법(형태론, 문장론)은 단어의 변화와 문장에 있어서의 단어의 결합에 관한 규칙의 집성이다"라고 일반론적으로 규정했다. 즉 스탈린은 제국 지배에 대한 저항의 기초로도 될 수 있는 것이 언어이고, 그 언어의 '견인성'의 기초를 구성하는 것의 하나가 문법이고, 그 문법을 구성하는 요소의 하나가 형태론이라고 단정해 버렸다. 그렇다면 확실히 중국어에는 인도유럽어족의 언어들과 같은 어형 변화가 없다고 해서 형태와 품사의 구별이 없다고까지 해도 좋은 것인가?

1952년 먼저 소련의 중국학자 콘라드N. I. Konrad가 스탈린의 논문을 이어받아 중국어에도 품사가 있다는 논의를 제기했다. 그해에 이 논의가 중국에 번역 소개되자, 다음 해에 가오밍카이高名凱가 정면으로 반박하며 중국어의 단어는 품사로 분류할 수 없다는 지론을 전개했다(川本, 1956). 이로써 논쟁에 불이 붙었는데, 중국의 언어학자들 대다수는 중국어에 품사가 있다고 주장하면서 가오밍카이를 비판했다. 김수경은 중국 학자들의 여러 논문 가운데 웬리안文鍊과 후푸胡附의 논문을 길게 번역하면서 "넓은 의미에서의 형태"라는 생각, 즉 개개의 단어를 그 자체로 보는 것이 아니라, 구조 안에서, 상호관계 안에서의 형태를 생각해야 한다는 관점을 지지했다. 이러한 "넓은 의미에서의 형태"론은 소쉬르 언어학의 방식을 중국어 문법에 처음으로 체계적으로 도입한 것으로 알려진 팡구앙다오方光燾에 의해 제기되었다.[12] 김수경은 이러한 구조언어학에 유래하는 관점을 러시아어 및 영어에서 논의되고 있던 "분석적 형태"에 관한 논의와 연결 지으면서, 자신의 '말몸-토'론과 접합시켰다.

　이상과 같이, 김수경의 이 논문은 한편에서는 소련과 중국의 문헌을 섭렵하면서 이른바 '국제주의'적인 정신을 가지고 형태론을 전개하고, 다른 한편에서는 교착어로서 조선어의 특성에서 출발하여 '토'와 '말몸'이라는 독자적인 개념을 추출해 보이는 작업을 행하고 있다. 이것은 스탈린 논문과 소련의 여러 문헌의 독해에서 '민족적 자주성'이라는 개념을 추출해 왔던 것과 상동성相同性을 가지고 있다. 그 후 말몸이라는 개념이 북한에서 정착되지는 않았지만, 이처럼 탐욕스럽게 다른 언어의 문헌과 밀접하게 연관 지으면서 '토'의 성격에 대해 대담하게 논의한 글은, 그 후에도 그 이전에도 비슷한 예를 찾기 어렵다. 바로 그렇기 때문에 이 논문은 1950년대 후반에서 1960년대 전반에 걸쳐 북한의 언어학자들이 열중했던 '토' 논쟁에 불을 붙이는 역할을 하게 되었던 것이다(→Ⅳ).

---

[12] 중국의 소쉬르 수용에 대해서는 Romagnoli(2012)를 참조. 팡구앙다오도, 가오밍카이도 프랑스 유학 경험이 있고, 소쉬르 언어학의 틀을 중국어학에 받아들이고 있었다. 사회주의 체제하의 중국과 북한에서 소쉬르가 암묵적으로 공통 참조틀이 되었다는 사실은 대단히 흥미롭다.

3
형태주의의 폴리틱스

조선어문연구회의 '조선어 신철자법'(1948)은, 동 연구회의 몇몇 간행물들과 김일성대학의 일부 강의 등을 제외하고, 규범으로서는 기능하고 있지 않았다. 1952년 1월 조선어문연구회에서 전문위원 및 관계자들의 연석회의를 개최하여, "조선어문의 지도 보급사업을 신 철자법의 대중화와 가로쓰기[=풀어쓰기]의 보급에 중심을 둘것"을 결정하고는 있었지만,[13] 실행에 옮겨진 흔적은 보이지 않는다. 두음법칙의 폐지만은 한자의 철폐에 따라 널리 도입되었는데, 신6자모는 물론 아포스트로피를 덧붙일 뿐인 절음부도 사용되고 있지 않았다. 전시체제하에서 새로운 교재의 작성, 인재 양성, 새 활자의 주조 등 광범위한 준비가 필요한 개혁을 진행하기란 사실상 불가능했을 것이다(절음부에 대해서는 세로쓰기의 경우 삽입하기가 쉽지 않았다는 요인도 있었다고 생각된다).

다만, 내걸고 있던 목표와 실행 과정은 여전히 변경하고 있지 않았다.

---

[13] 《로동신문》 1952. 2. 1.

이는 스탈린 논문의 발표 2주년을 기념해 나온 김수경의 논문(K1952a: 354쪽)에서 확인할 수 있다. 김수경은 형태주의 원칙에 대해, 그것이 원래 조선어의 정서법이 가지는 특징임에도 현행 정서법 그대로는 그 원칙을 일관해서 그대로 실시할 수 없는 상태라고 평가했다. 그럼에도 "조선 문자 체계 발달의 기본 로선을 옳게 계승하고 장차 올 한자 철폐와 풀어서 가로 쓰기를 예견 하면서" 정서법을 제정하지 않으면 안 된다고 주장했던 것이다. 김수경의 이러한 주장은, 한국전쟁 전과 마찬가지로, 형태주의 원칙의 철저화를 조선어의 정서법 발전의 내적 법칙이라 보고, 목표 지점을 주시경과 김두봉이 제기한 '풀어쓰기'로 설정하고서, 현대를 그 도상途上에 있는 것으로 자리매김하고, 그러한 요청에 합치하는 것이《조선어 신철자법》이라고 평가하는 것이었다.

북한에서 정서법 책정이 본격적으로 진행된 것은 1953년부터 1954년에 걸쳐서였다. 과학원의 보고에 의하면, 1953년 6월 4일에 개최된 조선어 및 조선문학연구소의 제1차 평의회에서 '조선어 철자법' 편찬위원회를 조직하고, 김수경을 초안 작성의 책임자로 결정했다.[14] 그 위에 조선어학 연구실의 연구사 전체의 '방조'에 의해 초안 작성이 진행되었다. 이는 결국 김수경이 '조선어 신철자법'의 연장선상에서 초안의 중핵 부분을 집필했다고 해석된다. 실제로 초안이 완성된 것은 1954년 4월의 일이다. 그다음 달에 과학원 내에서 초안 심의회를 열고 기본적인 의견의 일치를 보았다. 6월에는 이틀에 걸쳐 초안의 공개 심사회가 열렸다. 참가자는 과학원 관계자, 작가동맹, 교육성, 대학, 조선로동당출판사, 언론계 인사 등 100여 명에 달했다. 과학원은 이러한 공개 심사에서 제출된 의견을

---

[14] 《조선어 절차법》 완성〉,《과학원 학보》 1954-7, 175~176쪽.

집약한 후 삭제와 보충을 거듭했다. 7월 12일, 과학원은 초안을 최종적으로 검토하는 심사회를 개최했다. 과학원의 과학자들을 비롯하여 수많은 이들이 참가했다. 이 회의에서 마침내 초안이 "현단계에서 사용되는 조선어의 가장 과학적인 철자법이라는 견해"에 이르렀다고 한다. 이상과 같은 논의를 거쳐, 1954년 9월부의 서문을 붙인 《조선어 철자법》(K1954h)이 간행되었다.[15]

1954년 철자법은 앞머리의 총칙에서 "조선어 철자법은 단어에서 일정한 의미를 가지는 매개의 부분을 언제나 동일한 형태로 표기하는 형태주의 원칙을 그 기본으로 삼는다"고 명기했다. 형태소에 기초한 '형태주의'라는 개념으로 정서법의 기본 원리를 명확히 천명한 것이다. 또 이미 실천되고 있던 두음의 고정 표기에 대해서도 규정한 외에 절음부를 '사이표'라는 명칭으로 새로이 도입했다.

그러나 '신6자모'는 도입이 보류되었다. 다만, 이론적으로나 장래적으로는 그러한 요소가 필요하다는 점을 시사하는 기술이 포함되었다. 예를 들면, "어간과 토가 어우를 적에 토의 성질에 따라 어간의 끝소리가 여러 가지로 바뀌여 들리고, 오늘날 쓰이는 조선어 자모로서는 그 어간의 형태를 고정시킬 수 없거나 또는 재래의 표기법상의 관습이 굳어져 있는 경우"로서 7종류의 변칙을 열거했다(제4항). 또 '걷다' 등을 예시하면서 "ㄷ 받침이 적당하지 않음에도 불구하고 오늘날 ㄷ 받침으로 표기되는 단어"

---

[15] 초판의 간기에는 날짜가 명기되어 있지 않기 때문에 《조선어 철자법》의 실제 발행일은 불분명하다. 1956년에 나온 제3판의 간기에는 초판의 발행일이 1954년 9월 20일이라고 적혀 있는데, 실제로 이 날짜대로 간행되었는지는 알 수 없다. 예를 들어 1954년 11월에 김수경 명의로 간행된 교과서(K1954g)에도 아직 1954년 철자법은 반영되어 있지 않다.

라고 표현하는 등(제12항), 현재 사용되고 있는 자모만으로는 불규칙해지기 때문에 장래에는 무엇인가 새로운 자모가 필요하다고 시사하는 문구를 군데군데 삽입했다.

이것은 어디까지나 추측이지만, 김수경이 중심이 되어 최초로 정리한 초안에서는 아직 신6자모가 남아 있었던 것이 아닐까? 그것이 수차에 걸친 심의 과정에서 논의를 부르고, 시기상조라는 결론에 이르렀기 때문에 장래의 도입 가능성을 시사하는 문구를 넣는 것으로 낙착되었던 것이 아닐까 생각된다. 왜냐하면 이 신6자모 문제가 '풀어쓰기' 도입이라는 문제와도 뒤얽혀 그 뒤의 문자개혁의 쟁점으로 비화되었을 뿐만 아니라, 정치적인 문제가 되었을 때 1954년 철자법을 제정할 당시에 논의가 있었음을 연상케 하는 총괄이 이루어졌기 때문이다. 단지 용언 어간의 정서법이라는 정도의 문제가 그러한 정치적인 쟁점이 되어 버릴 것을 예견한 사람은 그때 아무도 없었을 것이다.

오히려 그때 정치적 이슈가 되었던 것은, 신6자모가 아니라 '형태주의' 쪽이었다. 남북 분단 상황을 배경으로 정서법 개혁이 체제 간 경쟁의 한 요소가 된 것이다. 이 시기에 북에서 정서법 책정이 진행된 배경의 하나로, 남에서 일어났던 '한글 간소화 파동'과의 관계가 지적되고 있다(ㄱ 2000). 한글 간소화안은 남의 이승만 정권이 제기한 정서법이다. 남에서는 조선어학회(해방 후의 한글학회)의 한글 맞춤법 통일안이 사실상의 표준이 되어 있었는데, 한글 간소화안이란, 한글이 가지고 있는 형태주의적인 표기 원칙을 버리고, 좀 더 간단한 표음식으로 하자는 개혁안이었다. 이 개혁안에 대해 남에서 일어난 일대 논쟁을 '한글 간소화 파동'이라고 부른다. 한글학회의 정리(한글학회, 1971)에 의하면, 예전부터 한글이 과거보다 퇴보하여 복잡해졌기 때문에 개선하고 싶다고 말해 왔던 이승만은 1952년부터 실제로 그것을 정책으로 추진하기 시작했다. 4월에 국무총리가 우선은 정부용 문서에서 '간이한 구 철자법'을 사용한다는 훈령을 발표했다. 이에 대해 5월에 전국문화단체총연합, 한글학회 등이 잇달아 반대 성명을 발표했다. 10월부터 이 문제와 관련하여 문교부가 조직한 국어심의회의 회합이 열렸지만, 오히려 간소화안을 버리고 풀어쓰기안을 채택한다는 결론에 이르렀다. 전문가들 사이에서는, 남북을 막론하고 풀어쓰기가 최종적인 이상형이 되어 있었던 것이다. 그러나 이승만은 1954년 3월에 대통령 특별담화를 발표하여, 3개월 이내에 현행 철자법을 폐기하고, 구한국 말엽의 성경식 정서법으로 돌아가야 한다고 주장했다. 이것을 받아 6월에 문교부 장관이 '한글 간소화 3원칙'을 정식으로 발표했다. 이에 대해 학계, 교육계, 언론계, 정계 등이 강하게 반발했고, 최종적으로 1955년에 간소화안이 철회되기에 이르렀다.

남에서 진행되고 있던 한글 간소화안을 둘러싼 움직임은 북에서도 보도되고 있었다.[16] 1954년 7월 과학원 조선어 및 조선문학연구소는 '한글 간소화 방안'에 대해 다음과 같은 항의문을 발표했다.[17]

조국의 자유와 독립을 지향하는 전체 조선 인민의 한결같은 념원을 무시하며 조선 인민을 노예화하려고 광분하는 미 제국주의자들과 그의 앞잡이 리 승만 도당들은 유구한 력사적 전통을 가진 조선 인민의 우

---

[16] 현 시점에서 확인할 수 있는 것은 〈한글을 말살하려는 미제와 리승만 역도들의 거듭되는 흉책〉, 《로동신문》 1954. 4. 5; 〈한글을 말살하려는 리승만 도당의 새 연극〉, 《로동신문》 1954. 9. 25인데, 그 밖에도 있을 것이라고 생각된다.

[17] 〈미제와 리승만 도당들의 소위 「한글 간소화 방안」에 대한 어문 학자들의 항의문〉, 《로동신문》 1954. 7. 18.

수한 문화를 말살하려고 소위『한글 간소화 방안』을 공포함으로써 남
반부 동포들에게 이 예속과 굴종의『문화』를 강요하고 있다. [······]
우리들은 멀지 않아 선진적 언어 리론에 립각하면서 선진 조선 어학자
들의 과학적 업적을 토대로 하고 조선 인민의 문화 생활의 발전에 절
대한 공헌을 할『조선 철자법 규정』을 공개하게 될 것이다.

이처럼 북은 남의 한글 간소화안을 미제국주의와의 관계에서 비판함
과 동시에, 그것에 새로운 북의 정서법을 대치시키고 있었다.[18]

흥미롭게도 정서법을 둘러싼 이 같은 정치적 대립의 와중에, 북에서는
주시경 사상의 재평가가 진행되었다. 마침 1954년 7월 27일은 주시경 서
거 40주년이었고, 여기에 맞추어 과학원 조선어 및 조선문학연구소는
〈조선 어학의 탁월한 선구자인 주시경 서거 40주년 보고회〉를 개최했
다.[19] 이 보고회에는 김두봉, 리극로 등 언어학자뿐만 아니라, 과학원의
다른 분야의 원사·후보원사 외에 교육상, 당 선전선동부장 등도 참석했
다. 리극로는 이날 보고에서 "언어의 민족적 자주성에 관한 주시경 선생
의 탁월한 견해"를 설명하면서, "소위『한글 간소화 방안』의 매국적 본질
을 폭로 규탄"하였다. 리극로의 보고에 이어 김두봉도『한글 간소화 방
안』을 비판하면서 "북반부"에서 주시경 학설의 "참된 의의가 옳게 계승
발현되고" 있다고 논했다.

---

[18] 조선중앙통신은 '한글 간소화 방안'이 '미제와 리승만 도당'에 의한 "조선 인민의 고귀
한 민족 문화 유산을 파괴 말살"하려는 정책이라는 항의문을 소개함과 동시에, "공화국
에서는 머지 않아 과학적인 조선어 철자법이 공인된다"는 정보도 흘리고 있다(이는 일본
에서 발행된《解放新聞》1954. 7. 24에 의한다).
[19]《로동신문》1954. 7. 29.

이 와중인 1954년 6월에 김수경이 공표한 논문이 〈주시경 선생의 생애와 학설〉(K1954a)이다. 김수경은 주시경의 업적을 정연히 소개한 뒤 현대로 이어지는 계보를 제시한다. 그는 주시경을, 정서법에서의 "형태주의 원칙을 수립하려는 첫 기도"를 한 선구자로서, 또 풀어쓰기의 창시자로서 높게 평가한다. 뿐만 아니라 문법론에서의 '기' 개념을 《형태부》에 해당하는 것"으로 자리매김한 인물이라 말하며 그러한 사상이 김두봉을 거쳐 "공화국 북반부"에 이어지고 있다고 계보를 작성하고, 그것과 대조시켜 남한의 상황을 비판적으로 설명한다. 김수경은 한글 간소화안에 대해 "미 영 제국주의자들의 조선 침략의 앞잡이로 활동한 기독교 선교사들이 《성경》 번역에서 실시한 표음주의적 표기법에 돌아가자는 것"이라 비판한 후 그것에 "주시경 선생으로부터 기초지어 지고 오래 동안 전체 조선 인민에 의하여 실천되어 온 조선어 철자법의 형태주의적 기본"을 대비시켰다. '형태주의' 대 '표음주의'의 대립을 '과학+민족' 대 '제국주의'의 대립과 결합하여 정치화한 것이다.

이 논문은 전문지에 발표된 것이지만, 김수경은 이것을 바탕으로 주시경 서거 40주년에 맞춰 《로동신문》에 〈조선의 탁월한 언어학자 주시경 서거 40주년에 제하여〉(K1954b)라는 글을 기고했다. 거기에서 김수경은 정서법을 둘러싼 정치적인 함의를 좀 더 명확히 재정리했다. 김수경에 따르면 주시경의 생애와 활동은 "민족적 자주의 정신"으로 일관하고 있다, 그 "학설 중 가장 중요하며 오늘날에 이르기까지 불멸의 가치를 가지는 것은 철자법에 관한 선생의 견해", 즉 "형태주의 원칙"이다, "오늘날 주시경 선생의 생애와 학설은 오직 공화국 북반부에서만 그 참된 의의가 옳게 평가되고 발현되고 있다", 그에 비해 "공화국 남반부에서는 미 제국주의 강탈자들이 민족 문화 발전의 가능성을 전적으로 말살하고 있"다. 김수경은 이상과 같은 논법으로 북한의 새로운 정서법을 주시경의 정통적인 계승자의 자리에 앉힌 것이다.

형태주의는 정서법의 원리에 불과하다. 그런데 이 시점에 이르러서는 전문가의 틀을 넘어 '민족적 자주'의 정치적인 함의와 역사적 정통성을 띤 사상으로 사회적으로 널리 보급되게 되었다. '조선어 철자법'(1954)도, 실용화까지 다소 시간이 걸렸다고는 하나, '조선어 신철자법'(1948)과는 달리 1950년대 후반에는 널리 규범으로서 이용되게 되었다.[20] 이리하여 한국전쟁 전부터 조선어학자들에게 주어졌던 임무의 하나가 마침내 실현되게 되었던 것이다.

*

한국전쟁의 전장에서 돌아온 김수경이 최초로 공적으로 마주한 일은, 스탈린의 언어학 논문을 수용하고 조선어학의 과제를 설정하는 것이었다. 부흥과 건설이 사회주의와 나란히 연이어 진행되는 가운데 1950년대의 김수경은 '일반언어학'을 바탕으로 하면서도 조선어의 '고유성'을 해명하는 연구를 진행했다. 그러한 연구 경향은 소련과 중국의 수많은 논문을 참조하면서 '여러 언어 중의 한 언어'로서 조선어의 한 특성으로서 토의 이중적 성격을 논한 형태론에서 절정에 달했다.

흥미로운 것은 김수경이 국제주의 정신에 기초하여 독해한 스탈린의 언어학으로부터 '민족적 자주성'이라는 논점을 추출해 낸 점이다. 두 번

---

[20] 《로동신문》은 1954년 철자법이 발표된 후에도 얼마간은 세로쓰기로 간행되었다. 《로동신문》(1956. 4. 16)부터 "본보는 오늘 호(1956년 4월 16일부) 신문부터 횡서체로 발간함을 독자들에게 알립니다"라는 보고와 함께, 사이표를 포함하여 1954년의 조선어 철자법으로 조판이 이루어지게 되었다.

의 전쟁에서 살아남은 김수경에게, '강제적 동화'에도 저항한 언어의 '견인성'이라는 스탈린의 표현은 경험의 무게로 받아들여졌다고도 말할 수 있을 것이다. 한편 한국전쟁 이전부터 실천적으로 관여하고 있던 정서법 및 문자개혁에 대해서는, 계속해서 형태주의라는 생각을 중시하고 있었다. 김수경은 이때에도 좀 더 일반적인 언어학 이론에서의 형태소 개념에서 출발하면서, 형태주의의 철저화를 조선의 문자 발달사의 '내적 법칙'으로 추출해 내려고 했다. 바로 이 시기 일어난 '남반부'에서의 '한글 간소화 파동'은, '북반부'에서 형태주의의 민족적인 정통성의 근거로도 간주되었다. 이러한 형태주의를 둘러싼 사상은 주시경─김두봉─북한의 문자개혁으로 이어지는 조선어학의 계보로서 공식화되었다.

김수경이 관여한 이 같은 일련의 프로세스에는 공통된 특성이 있다. 최종적으로 다다른 것은 '민족적 자주'와 '고유성'이지만, 그것이 처음부터 자명한 것으로 있었던 것이 아니라, 다른 언어로 쓰인 텍스트를 참조하고 다른 언어와의 철저한 대조 과정에서 좀 더 '일반적'인 언어학의 개념과 함께 부상되어 나온다는 점이다. 1945년부터 1956년까지 김수경이 발표한 저작은 바로 그러한 동인에 의해 촉발된 것이다.

본격적인 논의에 앞서 미리 말하자면, 1950년대 말 이후의 북한에서 급속히 진행된 주체의 강조에 따라 이러한 '고유성'이 추출되는 기초가 되었던 '일반성'은 점차 소거되고, '민족적 자주'가 그 자체로서 확립되어 가게 되는 것이다.

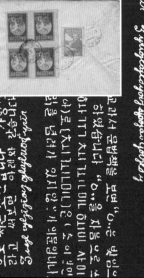

제5장

정치와 언어학

1956년까지 김수경은 김일성종합 대학의 '과학연구부장'이라는 직위에 있었다. 비슷한 시기에 과학연구부장 직위에 있던 철학 강좌 황장엽에 따르면, 이 지위는 "연구원장과 함께 대학에서 가장 권위 있는 직책이었다"고 한다(황장엽, 2010: 136쪽). 김수경은 30대 후반에 그 자리에까지 올라갔던 것이다.

다만 그 궤적에는 살얼음판을 걷는 듯한 위험성이 있었다. 김수경은 조선로동당 제3차 대회(1956년 4월) 직후《대학신문》에 과학연구부장 명의로 〈당의 고무하에 달성된 과학 연구 사업의 성과〉라는 기사를 썼다(K1956d). 기사에서 그는 "문화 전선"에서 이미 숙청된 남조선로동당계의 림화, 리태준, 김남천을 다시 "반동적인 부르죠아 사상"의 소유자로 비판하며 그 "독소"의 제거를 호소했다. 그들은 직전의 당 대회에서 김일성이 "부르죠아 반동 작가들"이라며 비판적으로 언급한 인물이기도 했다. 아울러 이 셋은 모두 김수경이 1946년《조선문화사서설》을 서울에서 출판했을 때 발기인으로 이름을 올린 인물이기도 했다(→제2장). 림화는 경성제대 시절부터 안면이 있던 문학평론가이며(→제1장), 리태준은 아내 이남재가 이화여전 시절 배운 적도 있는 소설가였다. 그렇게 가까운 관계였음에도 불구하고, 아니 오히려 그러한 관계였기에 김수경은 당의 비판 언사를 복창함으로써 자신은 그들과 다른 존재임을 보여 줄 필요가 있었다.

하지만 그로부터 얼마 지나지 않은 1958년 1월, 김두봉의 실각과 함께 김수경도 비판의 격랑에 휩싸이게 된다. 김두봉을 비롯한 연안계(전전에 마오쩌둥의 중국공산당과 함께 옌안에서 항일투쟁을 전개하던 조선독립동맹계 정치지도자) 및 소련계(소련 출신의 조선인으로 소련군과 함께 북한에 들어가 정치지도자가 된 사람들) 숙청(1956~1958)의 소용돌이에 직접적으로 휘말린 것이다. 다만 이 비판으로 활동에 제약을 받기는 했지만, 김수경 자신은 연구와 교육을 계속할 수 있었다. 그러나 1967~68년에 다시 정치적 대변동의 물결에 휘말려, 김수경은 대학을 그만두게 되었다. 형식적으로는 전직이었지만 연구와 교육 일선에서 사실상 물러나야 했으므로, 좌천으로 보는 편이 정확할 것이다. 제5장은 이 1958년의 비판과 1968년의 좌천을 둘러싼 이야기가 중심이 된다.

그렇지만 이 시기의 개인사를 서술하는 것은 쉬운 일이 아니다. 한국전쟁 휴전 이후부터 1968년까지 김수경이 수많은 논문과 공저를 집필한 것은 맞다. 덕분에 이를 토대로 그의 언어학적 업적에 대해서는 충분히 언급할 수 있다(→Ⅳ). 그러나 같은 시기의 개인사적인 측면에서 알 수 있는 자료는 거의 없다. 이런 식으로 개인의 존재가 서서히 보이지 않게 되는 것은 이 시대의 특징이라고 할 수 있다. 그래서 이 장에서는 김수경이 관여한 북한의 언어학과 정치적 변동의 관계를 중점적으로 서술할 것이다. 1958년의 비판과 1968년의 좌천은 각각 '8월 종파 사건'(1956)과 김일성의 유일사상 체계 확립(1966)이라는 정치적 숙청을 수반한 북한 현대사의 커다란 변동과 깊이 관련되어 있다. 그러한 거시적인 '역사'와 개인사 사이에 논의의 축을 두고자 한다.

1
문자개혁과 사회주의 나라의 '형제' 관계

한국전쟁 휴전 후의 유동적인 상황에서 김수경은 김대와 과학원 양쪽을 오가느라 무척이나 분주했다. 1954년의 《조선어 철자법》(K1954h) 책정 시에는 초안 작성을 주도했고, 스탈린 언어학 논문을 반영한 중등학교 교과서(K1954f·g) 집필을 담당했으며, 형태론에 관한 새로운 문법이론 (K1956a·c)도 제기했다(→Ⅲ).

사생활에서는 재혼한 김정순과의 사이에 아들(태균, 1954년)과 딸(혜원, 1955년)이 잇달아 태어났다(게다가 1961년에 아들, 1963년에 딸이 태어났다). 또한 당이 김일성종합대학 교원들에게 전쟁고아를 받아들이도록 지시함에 따라, 1956년 보육원에서 5세의 혜숙(1951년생)을 데려다 시집가는 날까지 다른 아이와 똑같이 길렀다고 한다(《그림 5-1》).[1] 1956년에는 모란대 바로 근처에 방에서 대동강을 조망할 수 있는 벽돌 양옥을 관사로 배당받았다(고바야시 히데오에게 보낸 서한).

---

[1] 김혜원이 김혜영에게 보낸 서한(2018. 10. 1)에 의한다.

이 무렵 김수경이 관여한 활동 가운데 주목해야 할 것은 '문자개혁' 및 그와 관련한 북·중 양국 간의 교류이다. 이 시기에 문자개혁과 관련하여 중국과의 교류가 추진된 데에는 두 가지 배경이 있다. 우선 북한의 전후 복구 과정에서 사회주의 '형제적 국가'와의 관계가 깊어졌다. 전후 복구 과정에서 북은 소련과 중국 외에 동독, 루마니아, 체코슬로바키아와 같은 동유럽 국가들로부터 상당한 원조를 받았다. 1954년에는 무상원조액만으로 정부 총세입의 약 3분의 1을 차지할 정도였는데, 그중에서도 중국의 원조가 가장 많았다.[2] 경제 원조뿐만 아니라 정전된 지 얼마 되지 않은 1953년 11월에 체결된 〈경제 및 문화 합작에 관한 협정〉에 따라 문화 교류 사업도 촉진되었다.

또 하나는 시점 문제이다. 북은 1954년에 정서법을 가까스로 책정했는데(→Ⅲ), 다음 과제로 한국전쟁 이전부터 제기되었던 문자개혁, 즉 풀어쓰기를 실제로 추진하는 단계에 접어들었다. 뒤에서 곧 언급하겠지만,

〈그림 5-1〉 김수경의 평양 가족
(비고) 점선은 전쟁고아를 받아들여 키운 것을 가리킨다.

---

[2] 1954년 자료는 木村(2011: 376~378쪽)가 수집한 소련 문서 〈DPRK의 상태에 관한 참고서류DPRK狀態にかんする參考資料〉(1954. 12. 18)에 따랐다. 또한 중국의 원조액은 소련과 동유럽 원조액의 합계보다 많았다고 한다(沈志華, 2016: 222~224쪽).

당시 중국에서도 문자개혁이 진행되고 있었다. 즉 중국과 북한은 서로 배워야 할 것이 있었으며, 그 결과 문자개혁을 둘러싼 북·중 교류가 진전되었던 것이다.

1955년 11월부터 12월까지 웨이췌韋慤(교육부 부부장)를 단장으로 하는 중국 문화대표단이 북한을 방문했다. 대표단의 주요 임무 중 하나는 조선의 문자개혁 경험을 학습하고 한자 철폐 후의 성과와 과제를 연구하는 것이었다(鄭之東, 1956: 23쪽).[3] 대표단은 11월 30일과 12월 4일에 과학원 조선어 및 조선문학연구소를 방문하여 좌담회를 가졌다. 리극로, 홍기문, 김병제, 최익한 그리고 김수경 등이 참가하여 서로 긴밀하게 정보를 교환했다.[4] 중국 문화대표단은 이와는 별도로 김두봉과도 면담했는데, 공간된 쩡지둥鄭之東의 보고문에서도 조선의 문자개혁에 관한 정보 제공자로서 김두봉과 김수경 2명의 이름을 특기했다(鄭之東, 1956: 29쪽). 중국에서의 오랜 독립운동 경력을 가진 조선어학자(김두봉)와 문자개혁에 대해 전문적으로 이야기할 수 있는 언어학자(김수경)가 과학원의 대중국 교류의 실질적인 대표 역할을 한 셈이다.

중국에서는 건국 선언 직후인 1949년 10월에 마오쩌둥의 지시에 따라 중국문자개혁협회가 결성되었다(藤井, 2003; 田中, 2004~2005). 1952년에는 정무원의 문화교육위원회 산하에 중국문자개혁연구위원회를, 1954년에는 국무원 직속기관으로 중국문자개혁위원회를 설치했다. 문자개혁의 기본 방침은 처음부터 정해진 것은 아니었고, 로마자화, 한자를 기반으

---

[3] 이 논문은 《조선 어문》 1956-6호와 1957-1호에 일부가 생략되어 번역·게재되었다.

[4] 〈조선 방문 중국 문화 대표단과의 좌담회〉, 《조선 어문》 1956-1, 97쪽. 이 호에는 〈(자료)중국의 문자 개혁 운동〉이라는 제목 아래, 아마도 중국 문화대표단이 제공한 것으로 보이는 상세한 자료가 게재되어 있다.

로 한 신 형성자의 제정, 한자의 간략화 등 여러 방향성이 모색되었다. 그 때문에 문자개혁의 초기 단계부터 북한, 베트남, 몽골, 일본 등 한자문화권 국가들의 문자개혁 경험을 참조하게 되었다. 또한 1957년에는 중국문자개혁위원회가 편집하여 베트남, 북한, 일본, 몽골, 중앙아시아 튀르크계 민족, 튀르키예 등 여러 나라의 문자개혁 역사와 현황을 정리한《외국 문자개혁 경험 소개》를 출판하기도 했다.[5] 그러나 이 국가들 중에 대표단까지 파견한 것은 북한뿐이어서, 특별한 관심과 관계가 있었음을 알 수 있다.

이처럼 중국이 급속히 문자개혁을 추진하자 북한도 문자개혁 움직임을 가속화했다. 이 시기 북한에서 '문자개혁'이라고 하면 정서법 개량 차원을 넘어, '풀어쓰기'나 '로마자화'와 같이 문자 자체를 근본적으로 변혁하는 것을 의미했다. 조선과학원의 조선어 및 조선문학연구소는 1956년에 창간한 잡지《조선 어문》의 거의 매호에 문자개혁과 관련한 논문과 자료 등을 게재했다.

중국의 행보를 따르듯이, 1956년 10월 6일에 조선과학원은 언어문학연구소 산하에 '조선문자개혁연구위원회'를 창설했다.[6] 연구소장 김병제는 창설 당시의 보고에서 한글이 자모문자(단음문자)임에도 음절 단위로 글을 철자하게 된 것을 "결함"이라 명언한 후, 주시경과 김두봉이 주장하면서도 달성하지 못한 "순 자모 문자식" 표기를 지향하는 문자개혁 연구

---

[5] 中国文字改革委员会第一研究室(1957)에서는 북한에 대해 쩡지둥의 논문이 가필되어 전제되었을 뿐만 아니라, 〈조선 문자개혁 운동 개술朝鮮文字改革运动概述〉(필자 불명)이라는 글도 실려 있다.

[6] 이하, 이 위원회에 대해서는 〈과학원 언어 문학 연구소에 조선 문자 개혁 연구 위원회 창설〉, 《조선 어문》 1956-6호.

를 제기했다. 회의에는 김두봉도 출석해 "중국, 월남, 몽고 등에서의 문자 개혁 사업에 대하여 말씀하시면서 우리 나라에서도 물론 재래의 이 방면에서의 연구 성과를 계승 종합하여야 하나, 그러나 거기에만 구애됨이 없이 광범한 문제들에 대해 진지하게 연구하여야 한다고 상조" 했다.

사업 추진체계는 강력했다. 31명의 위원과 7명의 상무위원이 선출되었는데, 그중 상무위원은 리상춘, 리만규, 리극로, 송서룡, 박의성, 김병제 그리고 김수경이었다. 사실상 이 위에 김두봉이 있었다. 이 핵심 구성원은 연구자의 틀을 크게 뛰어넘었다. 즉 김두봉이 최고인민회의 상임위원회 위원장이었을 뿐만 아니라, 리극로는 상임위원회 부위원장, 리만규는 상임위원회 위원이었다.[7] 국가 운영의 핵심 인물인 과학원 구성원들이 조선문자개혁연구위원회를 주도했다는 것의 의미는 크다. 이 위원회의 명칭 자체는 분명 중국의 위원회를 본뜬 것이었지만, 중국과 마찬가지로 연구를 넘어 실제 문자개혁을 추진하기 위해서는 국가기관으로서의 지위를 획득할 필요가 있었다. 실제로 이 연구위원회는 과학원에서 분리되어 독립적인 기관을 지향하고 있었다.[8] 그렇게 되기 위해서도 국가 의사 결정의 핵심 구성원이 연구위원회의 수장으로 포함되는 것은 필요한 일이었다. 이러한 움직임은 나중에 뜻하지 않은 정치적 귀결을 초래하게 된다.

---

[7] 1950년대 중반의 최고인민위원회 상임위원회 멤버에 대해서는 윤경섭(2013: 261쪽)에 의한다.

[8] 실제로 1957년 초에 언어문학연구소가 발표한 〈인민 경제 발전 제1차 5개년 계획과 언어 문학 연구소의 발전 전망〉에서는 "앞으로는 […] 〈조선 문자 개혁 연구 위원회〉가 독립적 기관으로서 발전될 것이다"라고 전망하고 있었다(〈인민 경제 발전 제1차 5개년 계획과 언어 문학 연구소의 발전 전망〉, 《조선 어문》 1957-2, 2쪽).

김수경은 이러한 상황에서 조선문자개혁연구위원회가 출범한 직후인 10월 11일부터 12월 4일까지 중국과학원의 초청으로 과학문화 대표로 중국을 단신으로 방문했다.[9] 이것은 큰 틀에서 보면 "조선 민주주의 인민 공화국과 형제적 국가들간의 1956년 문화 교류 계획에 따른 방문"의 일환이었다. 같은 시기에 화학연구소의 김량하와 력사연구소의 김석형은 루마니아에, 의약학연구소의 임록재는 불가리아에, 언어문학연구소의 김병제는 베트남에 파견되었다.[10] 다만 김병제의 베트남 방문이 일반적인 문화 교류로서의 성격이 강했던 데 비해, 김수경의 중국 방문은 문자 개혁 및 언어학과 관련하여 상당히 전문성이 높았다. 그 여정을 가능한 범위에서 복원해 보자.[11]

김수경은 먼저 국제 열차를 타고 베이징에 도착한 뒤, 베이징을 기점으로 상하이, 항저우杭州, 난징南京, 네이멍구內蒙古, 다퉁大同, 옌볜, 창춘長春 등을 방문했다. 베이징, 네이멍구, 옌볜 외의 방문 목적은 불분명하지만, 명소와 유적 관람도 포함되어 있었다고 한다. 여행길은 언어학자 1명과 통역 1명이 수행했다. 베이징에서는 주로 중국과학원 언어연구소, 문자개혁위원회, 베이징대학을 방문했으며, 좌담회와 친선 모임, 거기에

[9] 〈언어학 연구 실장 김 수경 부교수 공화국 과학 문화 대표로서 중국 방문〉, 《조선 어문》 1957-2, 79쪽.

[10] 〈우리 나라 과학자들 형제적 국가들을 방문〉, 《조선 민주주의 인민 공화국 과학원 학보》 1956-4, 93쪽. 그 외에 김일성종합대학 조선어문학부의 리응수가 1956년도 문화합작계획의 일환으로 10월부터 베이징대학에 2년간 파견되었다(《로동신문》 1956. 10. 6). 또한 시기는 다르지만, 1957년 8~9월에는 과학원 언어문학연구소의 홍기문이 문화 대표로 몽골의 문자개혁을 시찰하러 갔다(《조선 어문》 1958-1, 78쪽).

[11] 앞의 《조선 어문》 1957-2의 보고와 함께 김수경이 고바야시 히데오에게 보낸 서한(1957)에도 관련 정보가 있다(→제5장).

강연도 했다. "특히 우리들의 지극한 관심사로 되고 있는 량국 인민들의 문자 개혁 운동에서 제기된 경험과 일련의 리론적 문제들에 대한 의견을 교환하였다"고 한다. 또한 대학이나 기타 교육기관에서는 보통화의 보급 상황과 언어학 교육 관련 의견을 교환했다. 네이멍구에서는 후허하오터 呼和浩特에 가서 소수민족의 문자개혁운동을 시찰했다. 말할 필요도 없이 옌볜에서는 소수민족인 조선족 자치구를 찾았다. 11월 25일, 옌볜대학을 방문하여 '주시경 선생의 학설', '조선의 문자개혁', '조선어의 우수성'에 대해 특강을 했다(崔羲秀, 2015).

이 무렵의 사회주의 인터내셔널리즘 정신에 입각한 교류는, 사회주의 체제로 이행한 국가들 간의 교류뿐만 아니라, 일본 등 자본주의 국가에 사는 사회주의자들에게도 확산되고 있었다. 이는 중국에 체류 중인 김수경에게 생각지도 못했던 기회를 안겨 주었다.

김수경은 베이징 체류 중이던 1956년 10월, 베이징반점에서 일본사회당 시찰단의 일원으로 중국을 방문한 시무라 시게하루志村茂治 의원을 만났다. 김수경은 그때 고바야시 히데오에게 연락해 달라며, 베이징 주재 북한대사관의 주소를 시무라에게 알려 주었다. 귀국 후 시무라는 고바야시에게 엽서를 보냈다.

고바야시에게 김수경은 경성제대 시절 기억에 가장 깊이 남은 제자였다. 고바야시는 모든 것을 김수경에게 맡기고 일본으로 귀환했지만, 이후 직접적인 연락이 완전히 끊겨 버렸다. 고바야시는 김수경을 잊지 못해 전후 학생들을 지도하면서도 "그[김수경]는 머리도 좋고, 공부도 잘했다"며 "말끝마다 김수경 씨의 이름을 언급했다"고 한다(石井, 2000: 775~776쪽). 그리움이 더해지자 근무처의 작은 기관지에 〈제자敎え子〉라는 제목의 수필까지 기고할 정도였다(小林, 2000: 775~776쪽). 그래서 시무라로부터

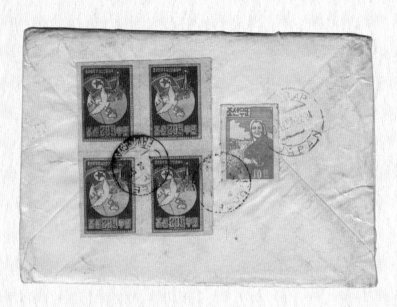

〈그림 5-2〉 김수경이 고바야시 히데오에게 보낸 편지(1957)

(비고) 부착된 우표 디자인에 보이는 하얀 비둘기가 고바야시 히데오의 수필 제목 〈하얀 비둘기〉
가 되었다.

엽서를 받은 고바야시는, 이 수필 〈제자〉를 동봉하여 곧바로 베이징으로 편지를 보냈다. 그러나 김수경은 이미 귀국한 뒤였고, 편지는 평양으로 전송되었다. 그것을 받은 김수경이 이듬해 1월 20일 자로 고바야시에게 일본어로 답신을 보냈다(〈그림 5-2〉). 2월에 그 서한을 받은 고바야시는 〈하얀 비둘기白い八卜〉라는 제목의 수필을 잡지에 기고했다(小林, 1957).[12]

이 서신 교환은 단지 스승과 제자 사이의 우연하고 개인적인 에피소드에 머무는 것이 아니라, 분명히 당시의 북일관계를 반영하는 것이었다. 마침 이 무렵 북한은 북일 간 국교 정상화를 목표로, 사회주의 성향의 사람들 및 유력 인사들과 '인민 외교'를 펼치던 시기였다(朴正鎮, 2012: 제2장). 거기에는 비공식 접촉과 교류의 축적이 국가 간의 공식 외교관계로 이어질 것이라는 기대가 담겨 있었다.

실제로 김수경의 서한에는, 자신이 일본을 방문하고 싶지만 입국사증을 받을 수 없다는 점, 한편으로는 시카타 히로시四方博(전 경성제대 교수) 등 일본의 각계 인사가 속속 방북하고 있다는 점, 선생님도 방북해 주시기 바라니 의사가 있으면 초대할 수 있다는 점 등이 적혀 있다. 또한 이쪽에서도 머지않아 간행물을 보내겠다, 일본의 서적도 참조하고 싶으니 보내달라고 목록을 제시하는 등 연구 교류의 가능성도 시사하고 있었다.

고바야시는 요청에 응해 서적은 보냈지만, 방북에까지는 이르지 못했다. 서신 교환도 아마 더는 이어지지 않았던 것 같다. 김수경을 매개로 한 '인민 외교'는 더이상 전개되지 않았던 것으로 보인다. 하지만 여기에는 의도치 않은 중요한 부산물이 있었다. 이 왕복 서한을 계기로 남쪽에 사는 김수경의 이산가족들이 그의 소식을 처음으로 알게 된 것이다. 이에

---

[12] 고노 로쿠로와도 편지 교환이 있던 것 같지만, 상세한 것은 확인되지 않는다.

대해서는 제6장에서 논하기로 하자.

이 시기는 결과적으로 김수경에게 국제 활동의 절정이 되었다.

2
정치적 비판과 언어학적 비판

1956년은 북한을 포함한 사회주의권에 커다란 전환점이 된 해였다. 2월 25일, 소련의 공산당 제20차 대회에서 흐루쇼프가 스탈린에 대한 개인숭배를 비판하는 보고를 했다. 이 보고는 대외적으로는 비밀이었지만, 각국의 공산당에 전해지면서 사회주의 국가들은 크게 동요했다. 헝가리에서는 민중봉기가 일어나 소련이 군을 출동시켰고, 중국에서는 이 보고를 계기로 이후 소련과 노선 대립을 시작한다.

북한에서도 스탈린 비판을 국내에 기계적으로 적용하면 김일성에 대한 개인숭배를 비판하는 것이 되므로, 이에 대처할 필요성이 있었다. 소련의 당 대회로부터 두 달 후인 1956년 4월에 조선로동당 제3차 대회가 열렸다. 그 첫머리에서 김일성이 행한 중앙위원회 사업 총괄 보고[13]는 북한 수뇌부가 스탈린 비판을 어떻게 소화했는지를 잘 보여 주는 한편, 그로부터 약 2년 뒤에 김두봉과 김수경을 비판하는 논리에도 영향을 미치

---

[13] 《로동신문》 1956. 4. 24.

게 된다는 점에서 중요하다. 김일성은 이 보고에서 남로당계의 박헌영 등 "종파 분자"들의 활동을 비판하면서, 그 분파 내부에 존재했다는 개인의 "우상화"를 "개인 숭배"로 문제 삼았다. 즉 이미 숙청된 분파를 다시 한 번 공격 대상으로 삼아 개인숭배 사상을 분파주의의 폐해 중 하나로 규정한 것이다.

김일성은 스탈린 비판론을 이렇게 재해석하면서 중요한 핵심어를 도입했다. '교조주의'와 '형식주의'이다. 김일성은 사상 사업에서 적잖이 "주체가 없이", "우리 나라 실정에 맞건 아니 맞건 덮어 놓고 남의 것을 기계적으로 따다가 통채로 삼키는 교조적 방법"을 비판한다. 또한 군중의 객관적 현실에 맞지 않음에도 주관적으로 사업을 진행하는 것을 "형식주의"라고 비판한다. 그러면서 마르크스–레닌주의를 "우리 나라의 구체적 현실에 창조적으로 적용"해야 하며, 그렇게 해서 "자기 주체를 엄연히 확립하여야 하겠습니다"라고 말한다. 이후, 이 "주체"라는 말이 김일성주의의 중심적 개념이 되는데, 이 보고의 핵심은 교조주의와 형식주의 비판이었다.

교조주의와 형식주의라는 말은 1955년 말 이후 소련계 정치지도자(박창옥, 기석복 등)에 대한 비판을 통해 핵심어가 되었다(→Ⅳ). 스탈린 비판 이후의 상황에서 이 논리는 소련의 흐루쇼프가 제기한 개인숭배 비판을 북한 현실에 기계적으로 적용하는 것이 아니라, 김일성 중심체제를 유지 강화하기 위해 "창조적으로 적용"하는 길을 열어 주게 되었던 것이다.

당 대회는 이렇게 돌파했지만, 이로써 정치지도자가 모두 납득한 것은 아니었다. 연안계의 최창익 등이 소련계의 박창옥 등을 끌어들여, 김일성 개인숭배를 비판하는 움직임을 물밑에서 진행했다. 이 정치 그룹은 1956년 8월 로동당 중앙위원회 전원회의에서 비판을 시도하지만, 이는 완전한 실패로 끝났다. 이른바 '8월 종파 사건'이다.

연안계의 중심적 존재였던 김두봉은 '8월 종파 사건'의 주모자 그룹에 끼지는 않았다. 그러나 소련 대사관 측에서는 그가 사전에 상담을 받았고 내용에 공명했다고 파악하고 있었다(Lankov, 2005: 94~95쪽). 북한에서 김두봉의 정치 노선에 대해 구 소련 자료를 이용해 밝혀 낸 연구에 따르면, 그는 정부 수립부터 실각까지 일관되게 최고인민회의 상임위원회를 인민민주주의적인 국가 운영의 핵심으로 간주하고, 조선로동당과 국가의 균형적 관계를 유지하면서 통일전선적인 노선을 추구하고 있었다(윤경섭, 2013). 확실히 앞에서 언급한 조선문자개혁연구위원회 계열의 최고인민회의 상임위원들은, 모두 이남 출신일 뿐 아니라 본래의 정치적 입장도 다양한 연구자들이어서, 통일전선의 핵심으로서 상임위원회의 성격을 잘 보여 주는 존재였다. 그러나 조선로동당 및 김일성 측에서 그들의 이 같은 면모는 상임위원회가 통제가 미치지 않는 위치에 있는 것처럼 비쳐졌다.

8월 종파 사건 이후의 정치적 숙청을 북한에서는 '반종파 투쟁'이라고 부르고 있다. 다만, 소련과 중국이 재빨리 개입하면서 사건 직후 관련자의 숙청은 진행되지 않았다. 사태가 크게 움직인 것은 헝가리 혁명을 거쳐 이듬해인 1957년에 들어서면서부터였다. 같은 해 7~8월에 박창옥과 최창익 등 1956년 8월의 김일성 개인숭배 비판에 연루된 것으로 지목된 인사들이 일제히 체포되었다. 김두봉은 이때 체포자 명단에는 포함되지 않았으며, 1957년 8월에 북에서만 실시된 최고인민회의 선거에서도 재선되었다. 그러나 그는 상임위원회의 멤버에서 제외되었다. 당내에서는 김두봉을 학술 사업에 전념시킬 예정도 있었던 것 같지만, 12월 5~6일에 열린 당 전원회의에서 결국 공개적으로 비판을 받게 되었다.[14]

앞에서 언급한 대로 조선문자개혁연구위원회는 1956년 10월에 조직되었는데, 이러한 8월 종파 사건 이후의 불온한 공기를 뚫고 활동을 전개했던 셈이다. 1957년 중반 무렵까지 연구위원회의 활동은 적어도 겉으로는 아무 일도 없었던 것처럼 활발했다. 그것도 상무위원들이 대중에게 직접 다가가면서 조직적으로 진행되고 있었다.

대중의 눈에 띄는 《로동신문》 기사를 꼽아 보면, 근대 조선어학의 시조 주시경에서 이어지는 문자개혁의 정통성이 이 시기에 재차 강조되었음을 알 수 있다. 1956년 10월 23~24일에 과학원 언어문학연구소 주최로 과학 연구 발표회가 개최되었다. 이 모임에는 김두봉 외에 과학원의 백남운 원장, 당 중앙위의 과학부장들도 참석했다. 박의성의 보고 〈조선 문자 개혁에 대한 주 시경 선생의 사상〉에 이어 토론자로 등단한 김두봉은 "주 시경 선생에게서 직접 강의를 받던 지난 날을 회상하면서 오늘 우리 글을 풀어서 가로 쓰도록 함에 있어서 우선 해결해야 할 문제는 우리 말의 소리 수에 적합하게 글자 수를 보충 정리하는 문제라고 주장"하며, "중국이나 월남에서의 문자 개혁들에 대하여 구체적으로 렬거"하면서 연구위원회 사업을 강화해야 한다고 역설했다.[15]

주시경 탄생 80주년인 12월 22일에는 《로동신문》이 〈조선 어문 연구의 탁월한 선각자 주 시경 선생〉이라는 특집 기사를 실었다. 연구위원회의 리상춘 위원장은 〈문자 개혁에 대한 주 시경 선생의 사상〉이라는 긴 글을 기고하여, "주 시경 선생의 뜻을 받들어 [……] 가장 합리적인 가로

---

[14] A. M. 푸자노프 대사 일지, 1957. 9. 28·12. 7(국사편찬위원회 2013b: 244·326쪽); V. I. 펠리첸코 참사관–남일 대담록, 1957. 9. 16(국사편찬위원회 2015: 211쪽).

[15] 《로동신문》 1956. 10. 26.

쓰기를 완성하여야 할 것이다"라고 주장했다.[16] 같은 날 과학원 언어문학 연구소는 모란봉 극장에서 〈주 시경 선생 탄생 80주년 기념 보고회〉를 대대적으로 개최했다. 이 보고회에서 김병제는 "주 시경 선생이 제기한 조선 문'자 개혁"에 대해 "앞으로 조선 인민의 문화 혁명 앞에 제기된 중요한 과업"이라고 논했다.[17]

기관지를 통한 이런 일방적인 선전만 있던 것은 아니었다. 연구위원회는 사업을 대중적으로 추진하기 위해 각지에서 문자개혁 방안을 공모했다(《그림 5-3》). 1956년 10월부터 이듬해 6월까지 22명이 총 32안을 위원회에 접수해, 《조선 어문》 지상에 〈독자들의 문자 개혁안〉으로 게재되었다.[18] 여러 안은 크게 "I. 조선 글'자를 토대로 하여 개혁하자는 것들"과 "II. 외국 글'자를 리용하여 개혁하려는 것들"로 분류되었다. 전자(I)는 한글을 풀어서 가로로 쓰자는 것이며, 후자(II)는 한글을 철폐하고 키릴 문자나 로마자 등으로 전환하자는 안이다. 그중 21명은 거주지를 알 수 있다. I로 분류된 16명은 평양과 평안남도의 각 4명 외에 함경남도, 황해남도, 자강도가 각 1명, 조선인민군과 조선경비대의 군무자軍務者가 각 1명, 김대 학생 1명, 체코슬로바키아에서 온 1명이었다. 또한, II로 분류된 6명은 국내가 평안남도 1명뿐이었고, 중국 3명, 소련과 폴란드가 각 1명이었다. 지방 거주자나 군무자를 포함한 다양한 독자들이 보낸 안들도 게재했다는 것은 확실히 인민민주주의적이다. 실제로 이 기사의 부기에는 "문'자 개혁 연구 사업이 조직-대중적으로 진행되여야" 한다면서 "대중

---

[16] 《로동신문》 1956. 12. 22.
[17] 《로동신문》 1956. 12. 24.
[18] 〈독자들의 문'자 개혁안〉, 《조선 어문》 1957-5. 《조선 어문》 1957-6에도 추가로 2명의 안이 게재되어 있다.

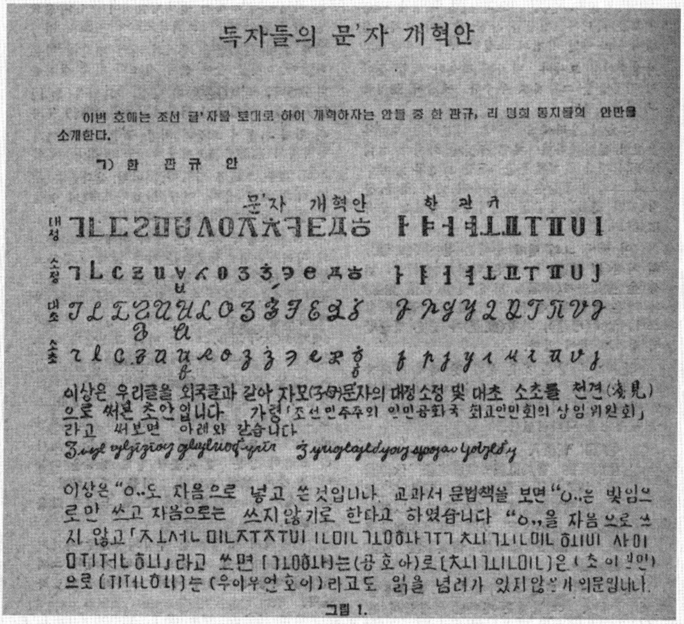

독자들의 문'자 개혁안

이번 호에는 조선 글'자를 토대로 하여 개혁하자는 안들 중 한 관규, 리 명희 동지들의 안만을 소개한다.

ㄱ) 한 관규 안

문'자 개혁안　　한 관 규

이상은 우리글을 외국글과 같이 자모(字母)문자의 대정 소정 및 대초 소초를 천견(淺見)으로 써본 초안입니다　가령 「조선민주주의 인민공화국 최고인민회의 상임위원회」라고 써보면 아래와 같습니다

이상은 "ㅇ"도 자음으로 넣고 쓴것입니다. 교과서 문법책을 보면 "ㅇ"는 받침으로만 쓰고 자음으로는 쓰지 않기로 한다고 하였습니다 "ㅇ"을 자음으로 쓰지 않고 「ㅈㅗㅅㅓㄴ ㅁㅣㄴㅈㅜㅈㅜㅢ ㅣㄴㅁㅣㄴ ㄱㅗㅇㅎㅘㄱㅜㄱ ㅊㅚㄱㅗㅣㄴㅁㅣㄴ ㅎㅚㅢ ㅅㅏㅇㅣㅁ ㅜㅣㅝㄴㅎㅚ」라고 쓰면 [ㄱㅗㅇㅎㅘ]는 (공호아)로 [ㅊㅚㄱㅗㅣㄴㅁㅣㄴ]은 (초이고인민)으로 [ㅜㅣㅝㄴㅎㅚ]는 (우이우언호이)라고도 읽을 념려가 있지 않을가 의문입니다.

그림 1.

〈그림 5-3〉 문자개혁안 공모

(출처) 《조선 어문》 1957년 6호.

속에서 문자 개혁 연구가들이 계속 많이 나오도록 그들에게 많은 방조를 주어야 할 것"이라고도 언급하고 있어, '아래'로부터의 자발성을 촉구하는 대중운동으로 전개되고 있음을 알 수 있다. 나아가 국외의 '형제적 국가'들에게서도 안을 공모한 점에서, 국제주의적 운동으로서의 성격도 가지고 있었다.

이러한 문자개혁 논의의 와중에 한국전쟁 이전에 제안된 채 공중에 떠 있던 6개의 한글 문자 요소 추가안, 즉 '신6자모'(→Ⅱ)도 새롭게 각광을 받게 되었다. 연구위원회 창설 당시의 회의에서 리상춘은 "일부 자모를 증가할 필요가 있"다고 말했다. 박의성도 1957년 논문에서 신6자모에 대하여 "우리의 문자 체계를 보다 완성화함에 있어 긍정적 의의를 가질 것"이라고 평가했다.[19] 또한 이후의 자료에 따르면, 김두봉이 1957년 안으로 신6자모를 포함한 문자개혁안을 공포하려고 서둘렀다거나, 같은 시기에 김두봉과 그 밑에서 움직이던 연구자들이 신6자모를 "보통 교육 부문의 국어 교수 요강에도 집어 넣으려고 하"는 움직임이 있었다고 전해지기도 한다.[20] 실제로, 앞에서 언급한 독자들의 문자개혁안 공모에도 김대 어문학부의 학생과 평안남도에서 신6자모를 사용한 안을 제출하기도 했다.

중국에서 돌아온 후의 김수경이 연구위원회 상임위원으로서 이 같은 움직임에 어떻게 관여했는지는 불분명하다. 1957~1958년에 그가 공간한 논문에서 확인할 수 있는 것은 〈출판물의 언어를 더욱 인민 대중에게 접근시키자〉(K1957)와 〈공화국 북반부에서는 어찌하여 한자를 폐지할 수

[19] 〈과학원 언어 문학 연구소에 조선 문자 개혁 연구 위원회 창설〉, 《조선 어문》 1956-6; 박의성(1957: 50쪽).
[20] 《조선 어문》 1958-3, 12쪽; 류렬(1958: 28쪽).

있었는가?〉(K1958)뿐이다. 전자는 이른바 '언어 정화'와 관련된 문체 비평이고, 후자는 '한자 폐지'를 가능하게 하는 여러 조건을 정리한 계몽적 논문이다. 아마도 '한자 폐지', '문맹 퇴치', 형태주의적 철자법, 더욱더 철저한 문자개혁, 언어 정화의 문제는 김수경의 실천적 활동에서 일련의 계열을 이룬 것으로 여겨지며, 그 단계를 밟고 있었던 것으로 보인다.

그 과정에서 '반종파 투쟁'의 물결이 밀려온 것이다.

언어학계에서 '반종파 투쟁'이 부상한 것은 제2기 최고인민회의 상임위원회에서 김두봉의 제외가 확정된 1957년 가을 이후였다. 그해는 마침 러시아 혁명 40주년으로 과학원 언어문학연구소는 〈위대한 사회주의 10월 혁명과 조선 어문학〉이라는 논설을 11월에 발표했다. 연구소는 논설에서 "종파 분자들이 뿌려 놓은 반당적 리론과의 투쟁이 특히 급선무"라고 역설하면서, "지난날 우리 언어학자들 속에서는 조선어 및 조선 문자 연구에서 제기되는 문제들을 중심으로 자유로운 론쟁이 활발하게 진행되지 못하였다"며, "론쟁의 자유의 기치를 높이 들어야만 한다"고 주장했다.[21] "론쟁의 자유"는 스탈린이 언어학 논문에서 권장한 것인데(→Ⅲ), "종파 분자"와의 투쟁 등 무언가 심상치 않은 분위기가 느껴진다. 실제로 과학원에서는 같은 해 8월부터 11월까지 당의 비공개회의를 통해 "종파 분자"와 관련된 성원들에 대한 검토 작업이 진행 중이었는데,[22] 그것이 반영된 것으로 보인다. 그러나 이 시점에서 누군가가 실명을 통해 공개적으로 비판받은 것은 아니다.

이 논설이 공간되기 얼마 전인 10월 19일에 이 연구소에서 '조선어 형

---

[21] 〈위대한 사회주의 10월 혁명과 조선 어문학〉, 《조선 어문》 1957–6, 4~5쪽. 간행 시기는 1957년 11월이다.

태론의 기본적 특성들에 관한 학술 토론회'가 열렸다.[23] 주로 '토'의 형태론적인 취급을 둘러싼 언어학적 토론회로, 여기에서 김수경도 〈조선어의 〈말몸〉과 토의 특성〉이라는 보고를 했는데(이후 이 보고는 논문으로 게재되지는 않았다), 그 자리에서 황부영이 〈조선어 형태론의 몇 가지 문제〉라는 제목으로 《조선 어문》(1956년 1호, 2호)에 발표된 김수경의 형태론(K1956a, c)을 비판적으로 논했다. 다만, 토를 둘러싼 논의가 여기에서 시작된 것도, 이것으로 끝나는 것도 아니어서(→IV), '반종파 투쟁'의 일환이라고 할 수 있을지는 판단하기 어렵다.

언어학계에서 김두봉과 김수경에 대한 비판이 조직적으로 공공연하게 이루어진 것은 김두봉에 대한 공개 비판을 거친 뒤인 1958년 1월 17~18일에 개최된 학술 토론회에서였다.[24] 이 토론회는 "지난날 우리 언어학계에는 당의 과학 정책과는 아무런 인연도 없는 아락체에브 제도가 김 두봉, 김 수경 동지들을 비롯한 일부 성실치 못한 언어학자들을 중심으로 함으로써, 불건전한 기풍이 오래 동안 지속"되었다는 점에서 개최되었다고 한다. 이 제정시대의 전제적인 지배자의 이름을 딴 "아락체에브 제도"[25]라는 표현은 다름 아닌 스탈린이 언어학의 마르학파를 비판한 논문에서 사용했던 것이다(→제4장). 요컨대 여기에는 두 가지 사항이 중첩되어 있었다.

---

[22] E. L. 티토렌코 2등 서기관과 과학원 장주익 후보원사 대담록(1957. 10. 17)에 의한다(국사편찬위원회, 2015: 280~281쪽).

[23] 〈조선어 형태론의 특성에 관한 학술 토론회: 언어학 연구실에서〉, 《조선 어문》 1958-1, 74~77쪽.

[24] 〈언어학 학술 토론회〉, 《조선 어문》 1958-2, 70~80쪽; 〈언어학 학술 토론회 진행〉, 《조선 과학원 통보》 1958-2, 38~39쪽; 〈조선어 음운 조직과 문자 체계에 대한 언어학 학술 토론회 진행〉, 《로동신문》 1958. 1. 19.

우선 마르의 학설을 제자인 메시차니노프 등이 발전시켜 소비에트 언어학의 주류파를 구축한 것이 김두봉과 김수경의 관계와 겹쳐졌다. 그리고 스탈린이 아닌 김일성(및 조선로동당)이 그 "불건전한 기풍"으로부터 학문을 '해방'한다는 구조로 되어 있었던 것이다. 다만, 스탈린 비판 후의 정세에 따라 일찍이 그토록 연호했던 스탈린이라는 이름은 여기서 언급되지 않아 마치 '스탈린 없는 스탈린 언어학'과 같은 양상을 띠었다.

회의 첫날은 모두 "김 두봉 동지가 제기했고 김 수경 동지가 리론적으로 체계화하려고 시도한 소위 《신자모 6자》" 비판에 할애되었다. 토론에는 과학원의 리극로, 홍기문, 정렬모, 황부영, 리세용 등이 등장했다. 여기에서 자세한 사항은 다루지 않겠지만, 비판의 논점은 주로 신6자모가 비과학적이다(언어학적으로 틀렸다), 비인민적이다(인민의 문자 생활에 혼란을 초래한다)라는 점에 집중되었다.[26] '비과학적'이라는 논거가 언어학적으로 씌어 있었다고는 하나, 신6자모를 묻어 버린다는 결론은 이미 정치적으로 내려져 있었다고 할 수 있다.[27]

이러한 비판에 따라 조선문자개혁연구위원회도 해소되었다. 이후의

---

[25] (옮긴이 주) 조선로동당출판사에서 1952년에 간행한 스탈린의 《맑쓰주의와 언어학의 제문제》에서는 "아락체예브식 체제"라고 번역되어 있다.

[26] 고영근(1994: 189~197쪽)에 비판의 논점이 정리되어 있다. 또한 리극로의 입장은 상당히 곤란했던 것으로 보인다. 고영근(1994: 192쪽)이 지적하는 것처럼, 리극로는 원래 '신6자모'를 평가했다. 게다가 조선문자개혁위원회 상임위원이었고, 제2기 최고인민회의에서도 상임위원회 부위원장을 계속 맡고 있었다. 그래서인지 리극로(1958)는 논문 서두에 "이 글은 1956년 7월 반당 종파 분자 김 두봉의 소위 〈학설〉을 반대하여 그에게 주었던 글을 약간 손질한 것"이라고 주를 달았다. 추측컨대 부분적으로는 그 말이 맞겠지만, 날짜가 1956년 '8월 종파 사건' 이전으로 설정되어 있어서 얼마나 진실된 것인지는 불분명하다.

서술에 따르면, 1958년 1월에 "사업을 더욱 합리적으로 지도하기 위"한다는 명목으로 과학원 언어문학연구소에 통합되었다고 한다(김병제, 1960: 7쪽). 풀어쓰기가 김두봉의 이름과 결부되어 버림으로써, 그 후 문자개혁 움직임도 저조해진다.

다만 이 시점에서 김두봉의 호칭은, 당 기관지의 기사를 포함하여, 아직도 '동지'라는 경칭이 사용되고 있었다. 김두봉의 호칭이 전락하게 되는 것은 1958년 3월 6일 조선로동당 제1차 대표대회의 자리에서였다. 김일성은 이 대회 연설에서 김두봉을 "종파주의자"라고 비난했고, 특히 최고인민회의 상임위원회는 "당의 령도를 거부"했다고 비판했다(김일성, 1960b: 388~389쪽). 김두봉이 최고인민회의 상임위원회를 근거지 삼아 당의 통제 밖에서 사람들을 모아 활동했고, 그것이 분파 활동이라는 논리였다.

이 비판에 따라 4월에 과학원 언어문학연구소는 〈우리 당의 과학 정책에 보다 충실한 조선 언어학을 위하여〉라는 논설을 《조선 어문》의 권두에 게재했다.[28] 이 논설은 15쪽에 이르는 지면 대부분을 "반당 종파 분자 김두봉"과 "그의 추종자 김 수경 동무"에 대한 비판에 할애했다('동무'는 경칭이지만 연장자에게도 쓸 수 있는 '동지'와 달리 동년배나 연하에게만 주로 사용된다). 그 가운데 김수경에 대한 비판의 핵심을 정리하면 다음과 같다.

---

[27] 공교롭게도 비슷한 무렵 홀로도비치가 '신 6자모'를 비판하는 논문을 레닌그라드에서 간행했다(Холодович, 1958). 이 논문은 역사적인 음운 교체를 통일적으로 표기한다는 생각을 비판한 것으로, 북한 내 정치적 갈등과는 아마도 무관할 것이다.

[28] 〈우리 당의 과학 정책에 보다 충실한 조선 언어학을 위하여〉, 《조선 어문》 1958-3. 아울러 이와 동일한 취지의 단축판 논설이 《말과 글》 1958-2호에 게재되었다.

① 김수경은 김두봉의 "개인 우상화를 리론적으로 정당화하려고 시도하였다."

② 김수경은 김두봉을 "마르의 비속 맑스주의적 언어 리론에 충실한《맑스주의적》조선 언어학자의 창시자로 날조"했다.

③ 김수경은 "김 두봉만이 주 시경 선생의 학설을 계승하고, 비약적으로 발전시킨 것"으로 평가했다.

④ 신6자모에 대하여 김수경은 "김 두봉의 직접적 지시에 따라 이것이 과학적으로 정당하다는 것을 론증하기에 광분하였다."

⑤ 김두봉은 《조선어 철자법》(K1954h)에 "김 수경 동무를 사촉하여 용언의 어음 교체와 받침과 관련된 일부 규정 속에 소위 '새 자모 6자'의 앞으로의 사용을 예견하는 듯한 서술을 대다수 언어학자를 기만하는 사기적 방법으로써 감행케 하였다"(→제Ⅲ장).

⑥ 김수경은 "교조주의적 사고의 대표"이며, 특히 그의 조선어 형태론(K1956a·c)은 "외국의 것만 바라보는 참을 수 없는《연구》"이며, "창조가 없는 과학"이며, "현학이나 말 공부에 지나지 않는다."

김수경의 연구 활동을 부정하는 듯한 말이 이어지고 있다. ①~⑤는 김수경이 "반당 종파 분자 김 두봉"을 "추종"했다고 문제 삼고, 분파 활동 내의 개인숭배 비판 논리가 동원되고 있다. ⑥ 역시 김일성의 당 제3차 대회 보고에서 나온 "교조주의"와 "창조" 같은 용어를 써서 비판하고 있다. "말 공부" 같은 표현도 당시 교조주의 비판에 이미 쓰였던 것으로(이종석, 1995: 72쪽), 상투적인 구절 중 하나였던 것으로 보인다.

다만 김두봉에 대해서는 존칭 없이 치명적인 비판을 쏟아 낸 것과 대조적으로, 김수경은 어디까지나 그를 "추종"한 "동무"로 비판하고 있는 데 불과하다. "비겁하고 공명주의와 출세주의에 사로잡히"었다거나 "성실치 못하"다는 등 개인의 자질을 의문시하는 거친 표현들이 사용되긴 했지만, 정치적인 비판까지는 가해지지 않았다. 실제로 정치 생명이 완전히 끊긴 김두봉과 달리, 김수경은 연구자로서의 생명이 끊긴 것은 아니었다.

이유는 분명하지 않다. 김수경이 원래 정치적 야심을 갖고 있었던 것도 아니고, 연안계도 아니었던 데다가, 그저 '학자'에 불과했다는 이유가 먼저 떠오른다. 그렇더라도 이것은 필요조건에 지나지 않는다. 학자라도 역사학자 리청원처럼 정치적 숙청에 휘말린 사람도 있었으므로, 그 설명만으로는 충분하지 않다. 다만, 리청원의 경우는 근현대사 서술에 깊이 관여하고 있었고, 따라서 항일운동 당파를 서술하거나 평가하는 입장에 있었던 데 비해, 김수경은 연구 내용 자체에서 직접 정치적 평가를 할 여지가 거의 없었다는 차이는 있을 것이다. 또한 경성제대의 동기인 역사학자 김석형과 박시형 등이 과학원에서 요직을 차지하고 있었던 것도 모종의 영향을 끼쳤을지 모른다. 김수경에 대한 비판은, 개인 숙청을 위해서라기보다는 조직을 지키기 위해 불가피하게 했을 가능성도 있다. 어쨌든 김수경의 연구·교육 활동 자체는 1960년대 말까지 이어지게 된다.

3
김수경이 학계에서 사라질 때까지

비판을 받았던 김수경의 이름이 활자상에 다시 등장하는 것은 1961년 8월이었다(K1961b). 그러나 그때까지도 그의 언어학 활동은 공백이 아니었다.

소련의 언어학자 마주르는 1958년 1월부터 약 1년간 평양의 과학원에서 연구했다. 그러면서 김수경과 가깝게 지냈다. 마주르의 당시 사진(《그림 5-4》)에는 그와 홍기문 그리고 김수경이 나란히 찍혀 있다. 마주르는 이 기념사진에 다음과 같이 적었다(Концевич, 2001: 253쪽).[29]

> 우리는 그[김수경]와 자주 의견을 나누었다. 넓은 전문 분야의 문법학자로 알려져 있다. 많은 문법서의 공저자이며(대부분은 그가 집단적 저작의 선두에 섰다), 각급 학교의 복수의 교과서를 집필했다. 우리는 자주 김수경을 만났고, 함께 만경대에 가서 다양한 문제에 대해 의견을 나

---

[29] 한국어 번역은 《한국어학》 17(2002)에 실려 있는데, 번역판에는 마주르 자신이 적은 주기와 콘체비치가 적은 보주의 구별이 표시되어 있지 않은 문제가 있다.

넜다. 그 덕분에 우리와 대학교수 그룹은 북한의 여러 지역을 둘러볼 수 있었다.

어쩌면 김수경은 비판받음으로써 시간 여유가 생겨 이 같은 접대 업무를 했을지도 모른다. 그래도 소련 학자와의 학술 교류에서 대표 격으로 활동했던 것이다.

김수경은 아마도 과학원에서 해임되었던 것으로 보인다. 왜냐하면 1960년대에 발표된 논고에는 김일성종합대학의 직함은 있어도 과학원의 직함은 사라졌기 때문이다. 그래도 그는 아직 마주르가 언급하는 "집단적 저작의 선두"에 서 있었고, 과학원의 중요한 임무를 맡고 있었다. 그 무렵 과학원 언어문학연구소는 1949년에 펴낸 《조선어 문법》(K1949k)을 대체할 체계적인 문법서를 간행할 필요에 쫓기고 있었다. 왜냐하면 이 책은 김두봉의 이름과 떼려야 뗄 수 없는 '신6자모'를 사용했기 때문이다.

과학원은 과학원의 위신을 걸고 1960년에 480쪽 분량의 대저 《조선어 문법 1》(K1960)을 발간했다(그 내용에 대해서는 Ⅳ에서 언급한다). 새로 나온 《조선어 문법 1》에는 집필 담당자의 이름이 명시되어 있지 않아 당시에는 과학원의 '집체적' 성과로 되어 있었다. 그러나 주요 집필자 중 한 명이 김수경이었다. 1990년대에 이르러서야 이 책이 "김수경, 리근영이 담당집필한것"이라고 공개적으로 밝혀졌다(김영황·권승모 편, 1996: 369쪽). 김수경이 이 책의 집필을 맡았다는 것은, 당시에도 알 만한 사람들은 다 아는 사실이었던 것 같지만[30] 공식적으로는 묻혀 있었다. 어쨌든 과학원

---

[30] 실제로 내가 가지고 있는 《조선어 문법 1》의 뒤표지 안쪽에 손으로, 1961년에 평양에서 입수한 사실과 함께, "김대 어학부 강좌장 김수경/과학원 언어문학연구소 리근영 작"이라고 적혀 있다.

〈그림 5-4〉 마주르의 평양 체류(1958~59)

(출처) Российское корееведение, 2-й, Москва: Муравей, 2001.

의 위신이 걸린 문법서 집필을 맡도록 했다는 것은, 언어학자들 사이에서 김수경의 능력이 계속 신뢰를 받고 있었음을 의미한다. 이름을 가린 것은 개인의 출세주의나 공명주의에 대한 비판 때문이라는 일반적 이유도 있겠지만, 이름을 밝히면 과학원과 김수경 등에게 의도치 않은 해가 미칠 위험을 피하기 위해서였을 수도 있다.

그렇더라도 아마도 상당한 '비판과 자아비판'을 겪었을 김수경이 이전과 다름없는 활동을 할 수 있었을 리 만무하다. 우선, 정서법에 대해 발언하는 일은 완전히 사라졌다. "말 공부"에 불과하다는 비판을 듣고 나서부터는, 그의 특징이기도 했던 외국어 문헌의 적극적 참조 또한 현저히 감소했다. 1950년대에는 김대의 제자들과 소비에트 언어학을 열심히 소개했으나,[31] 1960년대가 되자 그러한 성과도 나오지 않게 되었다.

그러한 제약 속에서도 김수경이 신뢰를 받으며 김일성종합대학 부교수, 조선어학 강좌의 강좌장으로 왕성하게 활동하고 있었음은 틀림없다. 1961년부터 64년까지 중국에서 김일성종합대학으로 유학을 가 있던 최응구는, 김수경이 강의를 할 때 프랑스어와 중국어로 쓰인 서적을 손에 들고 따라갈 수 없을 정도로 빠르게 조선어로 번역하면서 읽어 내려갔던 것을 경탄하면서 수강했다(인터뷰에 의함)고 한다. 논문에서는 외국어 문헌을 언급하지 않았어도 계속해서 꼼꼼히 참조하고 있었던 것이다.

그뿐만이 아니다. 1964년까지 김수경은 언어학계에서의 지위를 다시 확보했다. 이는 김일성의 '교시'를 해석하는 역할을 담당한 데에서 확인

---

[31] 과학원 조선어 및 조선문학연구소와 김일성종합대학 조선어학 및 일반언어학 강좌는 소비에트 언어학을 소개하기 위한 강좌나 세미나를 활발히 열었다. 김수경과 관련된 것만 해도 K1954c·d·e 및 K1955b가 있다.

된다. 1964년 1월 3일 김일성은 일부 언어학자들을 불러 "우리 당의 언어 정책, 특히 우리 말과 글의 발달 방향과 그 연구 방향 및 그 해결 대책에 대한 강령적인 교시"를 내렸다.[32] 이 교시 내용은 이후에 정리되어 〈조선어를 발전시키기 위한 몇가지 문제〉라는 제목으로 저작집 등에 수록된다(김일성, 1969: 163~176쪽). 거기에서 김일성은 먼저 문자개혁 논의의 숨통을 끊었다. 김일성은 서두에서부터 "어떤 사람들은 문자개혁을 곧 하자고 하였으나 우리는 그것을 결정적으로 반대하였습니다"라고 발언해 과거 김두봉 등의 움직임을 은근히 비판하면서, 그 이유 세 가지를 열거했다. 첫째, "언어는 민족을 특징짓는 공통성가운데서 가장 중요한것의 하나"로 만약 북반부에서만 문자개혁을 추진한다면 민족의 분단을 초래하고 만다, 둘째, 애써 '문맹 퇴치'를 했는데 또 문자를 갑자기 바꾸면 모두 읽고 쓸 수 없게 되어 과학이나 문화의 발전에 지장을 초래한다, 셋째, 전 세계가 공산주의화 되기까지 아직 오랜 시간이 걸리는 현 상황에서 보면 민족적인 것을 살리지 않으면 안 되는데 성급하게 세계 공통적인 것을 지향하는 것은 문제이다. 김일성은 문자개혁 논란에 이와 같이 종지부를 찍은 후 언어학계에 새로운 임무를 부여했다. 불필요한 한자어, 외래어 등을 정리하여 조선어의 고유어화를 추진할 것, 이른바 '말 다듬기'를 중요 과제로 제시했던 것이다. '주체의 확립'이라는 큰 방침과도 관련된 '교시'였다.

그로부터 얼마 지나지 않은 1964년 1월 15일, 즉 '훈민정음 창제 520주년'에 해당하는 날에 김수경은 최고인민회의 상임위원회 및 내각 기관지인《민주조선》에 〈조선 인민의 자랑찬 문자〉를 기고했다(K1964a). 훈민

---

[32] 〈언어학계 일지〉,《조선 어학》 1964-2, 권두.

정음이 갖고 있던 과학성과 인민성이 마침내 1945년 이후의 북반부에서 발휘될 수 있었다는 내용으로, 15년 전 논문(K1949a)의 논지와 크게 차이가 없다. 그 글에서 김수경은 "최근 김 일성 동지는 우리의 언어와 문자의 발달 방향에 대하여 강령적 지침으로 되는 중요한 교시를 주시었다"라고 쓰고 있다. 이 시점에서 교시 자체는 아직 활자화되지 않았으므로, 내용은 단지 "우리 말을 더욱 아름답고 알기 쉽게 발달시킬 데 대한" 것이라는 정도밖에 소개하지 않았다. 중요한 것은 언어학자에 대한 김일성의 교시 직후에 김수경이 국가의 기관지 논설의 집필을 맡을 정도로 지위가 확고했다는 점이다.

김수경은 그해 3월 1일에 《로동신문》에도 김일성의 64년 교시를 받은 기사 〈어떤 한자어를 쓰고 쓰지 말아야 하는가?〉를 기고했다(K1964c). 여기에서 김수경은 한자어를 정리하기 위한 지침을 제안했다. 그는 먼저 한자어를, ① '약藥'이나 '인민人民'처럼 "이미 우리 말로 완전히 되어 버려 누구나 다 알 수 있으며 다른 말로 바꾸어 놓을 수 없는 한자어들"("첫째 부류"), ② '로변路邊'처럼 "현재 널리 쓰이고 있으나 우리 말에 그것과 뜻을 같이하는 고유어가 있거나 또는 쉽게 그것을 찾아 낼 수 있는 한자어들"("둘째 부류"), ③ "옛날식 한문투의 말, 일본식의 한자어, 한자를 되는 대로 맞추어 만든 새로운 한자어, 그리고 중국말을 발음만 고쳐서 그대로 옮겨다 놓은 한자어들"("세째 부류")로 나눈다. 그런 다음, 첫째 부류는 그대로 사용하고, 둘째·셋째 부류의 한자어를 조선 고유어로 바꾸거나 고유어의 어근을 이용하여 새 말을 만들거나 하지 않으면 안 된다고 말한다. 그렇다고 고유어와 한자어의 두 계열이 병존하는 것이 아니라, "고유어를 중심으로 하는 한 개의 체계로 만들어야 한다." 또한 불필요해진 한자어는 조선어 사전에서 삭제하고 한자어 사전에만 올려 함부로 새 말을 만들지 않도록 통제해야 한다고 말한다. 이처럼 김수경은 당 기관지에서도 김일성의 교시를 구체화하는 방침을 집필하는 역할을 맡았다.

또한 1964년 4월에 사회과학원(그해에 과학원에서 분리되었다)의 연구자와 각 대학의 교원들로 '조선언어학회'가 결성되었고, 김수경은 '일반언어학 및 비교언어학 분과위원회'의 위원장이 되었다. 이 학회는 7월에 학술 보고회를 개최했는데, 거기에서 이 분과를 대표하여 김수경은 〈우리나라 언어 문제에 관한 김 일성 동지의 교시와 이 교시가 조선어 발달에서 가지는 의의〉를 보고했다.[33] 얼마 전까지 '일반언어학'이라면 소비에트 언어학을 참조하지 않고서는 불가능했지만, 그 '일반'성의 원천이 김일성이 된 것은 그사이의 이론적 권위의 변화를 잘 나타내고 있다(→Ⅳ). 그와 동시에, 사회과학원의 연구자도 참여한 가운데 김수경이 김일성의 64년 교시를 해석하는 중요한 역할을 맡게 되었다는 것은 역시 그가 언어학계에서 상당한 지위를 차지하고 있었음을 암시하고 있다.

1967년 초반까지는 저술도 활발히 나왔다. 특히 문법론과 문체론에 대해서는 뚜렷한 성과를 내고 있었다. 그러한 언어학적 업적은 Ⅳ에서 논하기로 하고, 여기에서는 김수경 자신의 개인사, 특히 가족 이산에 관한 마음이 배어 나온 것을 두 편 뽑아 읽어 보고자 한다.

〈편지를 어떻게 쓸 것인가?〉라는 잡지를 통한 강의(K1964d·e·g)는 모범적인 편지 작성법을 실례를 들면서 논한 것이다. 일반론의 형태로 쓰인 계몽적인 문장에 불과하지만, 잘 읽어 보면 그 안에는 이산가족에게 나중에 쓴 김수경 자신의 서한(→제6장)에도 적용되는 듯한 내용이 포함되어 있다. 김수경은 "편지란 사람들 사이에 소식이나 사연을 직접 말로써 전

---

[33] 〈조선 언어 학회 결성 모임〉,《조선 어학》1964-4; 〈학계 소식〉,《조선 어학》1964-5.

할 수 없는 경우들이 있음으로 해서 생겨 나온 것"이라고 글을 시작한다. 이어서 그는 "오늘 미제의 강점으로 조국이 량단되어 사람들은 직접 오가지 못할망정 우선 편지 거래의 길이라도 터 놓을 것을 남북의 전체 인민이 애타게 바라고 있는 사실도 편지가 가지고 있는 그 중요성을 잘 말하여 준다"며, 남북 이산의 상황에서 편지가 갖는 의의를 논한다. 편지의 여러 유형을 나열한 후에, 여기에서는 "개인과 개인끼리"의 "사사로운 편지"의 글쓰기에 한정해서 언급하겠다고 말한다. 편지 서두의 예로 처음에 "서로 헤여지게 된 때로부터 일정한 시간이 흘렀다는 이야기"를 들고 있는 것도, 일반론이라지만, 김수경의 처지를 생각하면 감회가 깊다.

나아가 김수경은 평양으로 상경한 아들이 아버지에게 보낸 편지, 식민지기에 옥사한 공산주의자가 옥중에서 아내에게 보낸 편지, 한국전쟁의 전장에서 어머니에게 보낸 편지, 대학 졸업장을 받은 학생이 옛 은사에게 보낸 편지 등을 소개하면서, "어떠한 목적을 가진 편지이건 가장 중요한 것은 편지를 쓰는 사람의 진실한 감정이 흘러 넘쳐 편지를 받는 이에게 정다운 느낌이 통하도록 써야" 하며, "편지에서의 진실성은 글 쓰는 사람의 솔직한 감정이 표현될 때 보장될 수 있으며 이것은 편지를 받는 이로 하여금 실로 많은 것을 느끼게 한다"고 논평했다. 김수경이 실제로 이산가족에게 쓴 편지는, 제6장에서 일부 소개하겠지만, 그 자신의 서간론을 염두에 두고 읽으면 정말로 이러한 글쓰기를 실천하고 있었음을 알 수 있다.

또한 김수경은 잡지 《조국》에 〈남녘땅의 우리 말을 생각하며〉라는 수필을 썼다(K1966a). 1964년에 창간된 《조국》이라는 잡지는 그 자체가 흥미로운 매체이다. 이 잡지는 "민족적 권리 옹호와 반미 구국 투쟁에 궐기하고 있는 재일 동포들에게 어머니 조국의 정을 서로 나누며 소식을 전달"함으로써 "재일 동포들의 애국 사업에 기여"할 것을 목적으로 평양에서 편집되고 도쿄에서 인쇄되었다.[34] 요컨대 이 잡지가 주로 상정하고 있던 독자는 재일조선인이었다. 또한 이것이 대외적으로 발행된 매체라는 점에서 보면 그 내용이 남한에 전달되는 것도 기대하지 않았을까 생각된다.

그러한 잡지에 김수경이 기고한 글의 취지는, 남반부의 말이 영어와 일본어 혹은 어려운 한자어 등으로 넘쳐나는 것을 개탄하면서 통일의 날을 기다린다는 것이었다(《그림 5-5》). 이렇게 요약해 버리면 일반적인 평론 같지만, 거기에 김수경은 자신의 구체적인 경험과 인식을 담고 있다. 그는 서두에서부터 소학교에서 대학까지 남반부에서 보냈고, "지금도 가족, 친척, 친구들 중 내게 가장 귀중한 사람들이 적지 않게 그곳에 살고 있"다고 말한다. 따라서 "남반부"란 결코 추상적이고 일반적인 개념이 아니라, "내가 젊은 꿈을 꾸던 곳, 사회적 의식에 눈떠 가던 곳, 그리고 해방의 기쁨에 목놓아 만세를 부르던 곳이며, 지금은 또 그 곳에 있는 살뜰한 사람들을 생각하며 잠 못이루는 밤을 지새우기도 하는 그러한 고장"이라고 말한다. 김수경에게 "남반부"는, 그러한 과거의 경험과 생이별을 한 사람들을 구체적으로 상기시키는 기억의 장이나 다름없었다.

나아가 남녘의 말에 대한 문제를 논하면서 "우리 말의 운명 문제", "민족과 조국의 장래"까지 생각이 미치는데, 그때 주목되는 것은 김수경이 "남반부의 신문, 잡지 등 출판물을 직접 보면서" 그러한 논의를 하고 있다는 점이다. 그럼에도 남녘의 문헌을 단지 비판 대상으로만 본 것은 아니다. "남반부의 뜻있는 학자들"과 "남반부의 어느 한 언어학자"의 논의

---

[34] 〈창간사〉, 《조국》 1964년 1월호. 평양의 조국사에서 편집·발행되었으며, 창간호는 도쿄 다이토구台東区의 조선상공회의소 회관 내의 시대사에서 번각되어 신주쿠구新宿区의 조선신보사에서 인쇄되었다.

〈그림 5-5〉〈남녘땅의 우리 말을 생각하며〉(K1966a)에 실린 김수경의 모습

를 인용하여(단, 이름은 거론하지 않았다) 평가할 만한 부분은 평가하면서 "남반부의 량심 있는 학자들과 함께 그 곳에서의 우리 말의 발달, 그 장래의 문제"를 생각하는 것을 "중요한 의무"라고까지 언급했다. 그리고 마지막은 다음과 같은 말로 끝을 맺는다.

나는 헤여진 가족, 친척, 친구들과 다시 만나게 되는 그 기쁨의 날을 하루 빨리 앞당기기 위해 오늘도 이 민주의 터전을 굳게굳게 다지고 있다.

이렇게 보면 이 수필에 나오는 "언어와 민족―이것은 뗄래야 뗄수 없는 두개의 개념"이라는 김수경의 말은, 스탈린을 인용했을 뿐인 일반론이 아니라, '남녘땅'의 구체적인 얼굴과 정경을 떠올리면서 발화된 것이라고 할 수 있다.

김수경이 학계에서 사라지기 조금 전의 활동을 보더라도, 비판을 받을 만한 요소는 보이지 않는다. 오히려 1966년에는 훈장도 수여되었다. 같은 해 9월 최고인민회의 상임위원회는 조선로동당의 교육정책 아래 "현대적과학리론과 기술을 소유한 민족간부들을 양성하는 사업"에 대한 공헌을 인정하여 창립 20주년을 맞이하는 김일성종합대학 소속의 교직원 다수에게 훈장과 메달을 수여했다. 로력훈장, 국기훈장 제2급에 이은 국기훈장 제3급의 수여 대상자로 "김수경 김일성종합대학 어문학부 강좌장"의 이름이 보인다.[35]

논문도 1967년 2월까지 확인된다. 그 마지막 논문을 포함하여 김일성의 교시를 바탕으로 한 어휘론과 관련한 글이 이 시기에 세 편 간행되었

---

[35] 조선 민주주의 인민공화국 최고인민회의, 《공보》 9, 1966.

다(K1965a; 1965c; 1967). 〈새말 만들기〉(K1965a)는 시대 변화에 따른 새로운 어휘 만들기에 대한 짧은 글이다. 고유의 어근을 기초로 새로운 말을 만들 때 유의할 점에 대해 언급한 것으로, 특별히 새로운 논의가 전개되고 있지는 않다. 〈새로운 조선말 사전 편찬을 위한 몇 가지 문제〉(K1965c)는 《조선어 사전》 전 6권(1960~62)이 나온 것을 전제로, 그다음으로 필요한 "주체성 있는 조선어 사전"의 유형은 현대 조선어의 "통제 사전"이라고 보고 그 기능과 성격을 논한 것이다. 이 논문의 주장이 어떻게 관련되어 있는지는 알 수 없으나, 1968년에는 그러한 기능을 가진 《현대조선말 사전》이 사회과학원에서 간행되었다.

좌천 전에 확인할 수 있는 마지막 논문인 〈우리 말 학술용어를 주체적으로 다듬기 위한 몇가지 문제〉(K1967)는 과학원 잡지 《어문연구》의 권두 논문으로, 학술용어를 정리하기 위한 방침에 대해 논의했다. 이 논문은 김일성이 1966년 5월 14일 언어학자와의 담화에서 제시한 새로운 교시 〈조선어의 민족적특성을 옳게 살려나갈데 대하여〉(김일성, 1969: 276~293쪽)에 따라 씌었다. 66년 교시는 어휘의 조선 고유어화를 담화의 중심에 두고 있다는 점에서는 64년 교시와 큰 차이가 없다. 다만, 지상 토론을 해야 한다거나, '표준어' 대신 '문화어'라는 명칭이 더 좋다거나, 띄어쓰기의 방침을 변경하는 것(→Ⅳ) 등이 새로 덧붙여진 정도이다. 김수경은 66년 교시의 취지에 따르듯이, 학술용어도 되도록 '고유어'를 사용한다는 방향을 정당화했다. 그렇더라도 조선어학 용어가 원래 주시경과 그 제자 계열이 강한 '고유어' 지향을 가지고 있어서 그다지 새로운 논의는 아니다. 더구나 이러한 업적만 보더라도 김수경이 학계를 떠나야 할 직접적인 이유는 찾을 수 없다.

김수경이 김일성종합대학 문학부의 조선어학 강좌를 그만두고 중앙도서관 사서가 된 것은 1968년 10월로 알려져 있다.[36] 이때 처음으로 고등교육 기능도, 연구 기능도 없는 기관 및 직종으로 전직되었던 것이다. 그 개별적이고 자세한 사정은 명확하지 않지만, 분명한 것은 김수경이 연구와 교육 활동에서 멀어져 갔던 시기에 학문계, 나아가서는 북한 사회 전체에 대변동이 일어났다는 사실이다. 이종석의 표현을 빌리면, 북한 사회는 1967년에 "혁명이나 대규모 반란 없이도 크게 격동하고, 나아가 전혀 다른 모습으로 변모"했던 것이다(이종석, 2011: 45쪽).

1967년 5월에 개최된 당중앙위원회 제4기 제15차 전원회의가 그 커다란 전기 가운데 하나이다(이종석, 1995; 和田, 2012). 이 회의에서는 "유일사상체계"의 철저한 수립을 위해 "부르죠아 사상, 수정주의사상, 봉건유교사상, 교조주의, 사대주의, 종파주의, 지방주의, 가족주의와 같은 온갖 반당반혁명적사상"을 가지고 당의 "혁명 전통을 헐뜯"는 "분자"들이 비판받았다.[37] 즉 김일성이 만주에서 전개한 항일유격대의 역사야말로 유일한 혁명 전통으로 여겨진 결과, 그 정통성 구축에 소극적으로 비친, 이른바 갑산계 정치지도자들과 모스크바에서 귀국한 엘리트들이 숙청 대상이 되었던 것이다. 그 후 7~8월의 《로동신문》에는 전 국민에게 항일유격대원을 모범으로 살아야 한다고 호소하는 기사가 게재되었고, 12월의 최고인민회의에서 발표된 정부의 10대 정강 중 제1조항에 "주체사상을 모든 부문에 걸쳐 훌륭히 구현"하는 것이 내걸렸다.

유일사상 체계가 확립되는 가운데 학문체제도 재편되기 시작했다. 과

---

[36] 〈이름난 언어학자 김수경〉, 《문화어학습》 2004-3.
[37] 이 전원회의 사료는 공개되지 않았지만, 《조선로동당략사》(조선로동당, 1979: 598~599쪽)에서 이렇게 비판 이유가 설명되었다.

학원의 언어학 관련 잡지 《어문연구》, 《말과 글》은 1967년을 마지막으로 모두 폐간되었고, 대신 김일성의 "언어에 관한 위대한 사상으로 독자들을 굳건히 무장시키"는 것을 목적으로 1968년에 《문화어학습》이 창간되었다. 역사학, 고고학, 민속학 분야에서는 《력사과학》, 《고고민속》 같은 잡지 매체 자체가 1967년 말로 발행을 멈췄다.

또한 김일성은 1968년 6월 함경북도에서 "당의 인테리정책"에 대해 연설하면서 "보신주의"와 "리기주의"에 빠지기 쉬운 인텔리의 "소부르죠아적근성"을 사상투쟁으로 바로잡아야 한다고 주장했다. 거기에서 그는 "오랜 인테리들"과 "우리 당이 길러낸 로동자, 농민 출신의 새 인테리들"을 구분하고, 해방 직후의 "오랜 인테리들" 등용정책을 정당화하면서도 다시 유일사상의 관철을 요청했다(김일성, 1969: 528~564쪽). 이러한 교시가 지식인에 대한 당 지도의 강화나 세대교체의 가속화로 귀결되었을 가능성도 있다.

김수경에게 무슨 일이 일어났는지는 모르지만, 그가 이 대변동의 영향을 받았음은 틀림없다.

1970년에 평양에서 김수경의 소식을 물어본 연구자가 있다. 당시 스웨덴 웁살라대학에 재직하던 언어학자 조승복趙承福이다. 그의 자서전(조승복, 2004: 164~165, 500~501쪽)에 따르면, 도쿄제국대학 철학과를 나온 조승복은 김수경과 일면식도 없었지만, 해방 후에 조선에서 귀환한 고노 로쿠로가 김수경을 상찬하는 것을 들었다. 그 후 스웨덴에서 조선어 음운론 연구를 진행하면서 신6자모를 접했고, 그때부터 김수경의 저작을 주목하기 시작했다. 그러한 조승복이 1970년에 평양을 방문하여 몇몇 연구자들과 대화를 나누었다. 토론이 끝난 후, 조승복은 김수경의 애제자였던 최정후에게 스승의 소식을 물었다. 그러자 그때까지 김일성의 언어학 교시에 대해 설명하던 서윤범이 최정후가 답변하는 것을 막듯 "김 교수는 지금 학생들과 함께 촌에 가서 학습지도를 하고 있습니다"라고 말하며 끼어들었다. 조승복이 "학습지도를 하는 곳에 찾아갈 수 없습니까?" 하고 끈질기게 물고 늘어지자, 서윤범은 "한 학습지로부터 다른 학습지로 옮겨 다니며, 학습지도를 하고 있기 때문에 만나기가 밥을[38] 것입니다"라고 답변했다고 한다. 도서관 사서가 농촌을 전전하며 학생들의 학습지도를 한다는 것은 너무 이상한 이야기이며, 만날 수 없다는 것을 얼버무리는 답변일 뿐이라는 것은 누가 봐도 분명하다.

그렇다면 김수경은 정치적으로 숙청당했을까? 사회과학원의 중진으로 계속 남아 있던 김석형이나 박시형 등과 달리, 김수경은 연구에서도 교육에서도 제외되었으므로, 모종의 숙청이 이루어졌음은 분명하다. 한편, 중앙도서관 사서라는 직함을 얻고 평양에 남을 수 있었다는 점에서, 그리 심각한 숙청은 아니었음도 분명하다. 1950년대 중반부터 1960년대 중반에 걸쳐 평양에서 태어난 4명의 자녀도 그 후 금속공학, 기계공학, 의학 등의 자연과학 분야에서 활약했다. 전력이나 발언 등이 다시 문제시되었으나 평양에서 추방될 만한 일은 아니었기 때문에, 한직으로 쫓겨나는 데 그쳤을 가능성도 있다.[39] 혹은 그의 높은 어학 능력을 참작하면, 그

---

[38] (옮긴이 주) 조승복(2004: 501쪽)은 본문의 '밥을'을 설명하면서 '밥부다'는 남쪽의 말로는 '어렵다'는 뜻이라고 주를 붙이고 있으나, 보는 바와 같이 철자가 하나는 '밥을'이고 다른 하나는 '밥부다'이므로, 둘 중 하나는 오자이다. 그런데 《조선말 사전》(1962)의 '바쁘다'를 찾아보면 "③→어렵다"로 되어 있다. 그러므로 이것은 '바쁘다'를 적은 것으로 보인다.

[39] 어디까지나 참고로 말하는 것이지만, 김수경의 경성제대 동기였던 정해진은 1965년과 1967년 두 차례에 걸쳐 남파공작원으로 파견되어, 고향인 보성에서 친족들과 접촉하여 월북 등을 권유했다. 1980년, 이것이 '보성 가족간첩 사건'으로 입건되어 가족들이 무더기로 체포되고 사형을 포함한 무거운 처벌을 받았다(김종군, 2014).

것을 활용한 어떠한 비공개적인 공작 활동을 맡게 되었을 가능성도 있다. 그러나 현재 진상을 알 길은 없다.

확실한 것은 단지 1968년부터 약 20년간, 연령으로는 50대부터 60대라는 연구자로서의 원숙기에, 김수경이라는 이름을 단 공적인 연구 업적이 전무했다는 점뿐이다.[40]

---

[40] 1970년 김일성종합대학 조선어학 강좌가 펴낸 교과서 《조선문화어 1·2》(K1970 a·b)의 집필에 김수경이 참여한 것으로 나온다(제6장에서 언급하는 1994년 TV드라마 〈궁지〉에서 그 표지가 김수경의 업적으로 등장한다). 국립도서관 소속이 된 후에도 교과서 편찬에 관여했는지, 아니면 그 이전에 편찬이나 집필에 관여했던 것이 1970년이 되어 출판된 것인지는 불분명하다. 어느 쪽이든 김수경의 이름을 단 업적은 아니다.

1그 손님입니다. 교과서 문법책을 보면 'ㅇ..'는 받침으로
지 않기로 한다고 하였습니다. 'ㅇ..'을 지음으로 쓰
ㅈㅌㅂ ㅣㄴ ㅁㄷㄱ ㅇㅎㄴ ㅈㄴ ㄱ ㄴㄴㅁㅣ 샤 이
[ㄱ ㅇㅎㄴ]는(ㅎ ㅎ 아)로 [ㅈ ㅣ ㄱㄴㄴㅁ]ㅇ(ㅅ 이 아
ㅇ ㅇ 아)라고도 읽을 넣어가 있지 안..'가 이론합니다.

5,ㅇ ㅆㅎ   ㅏㅏㅣㅑㅗㅛㅠ ㅓ
ㅎㅇ ㅇ ㅇㅇ   ㄱㄴㄹ ㄱ ㅇㅇ ㄱㄱㄹㅇㅇ

3ㅋ ㄷ ㅋㅂ ㅎ   ㅂ ㅅ ㅎ ㅈ ㅅ ㅆ ㅅ ㅂ ㅎ
ㄴ 지모(ㅈㅇ문자의 때ㅎ스정 및 대조 스초를 처겨 (처,빗)
정ㅋ조 ㄷ ㅌ 스규의 아이 한화ㅋ 지ㅇ이 ㅇ한의 상 ㅇ 아 ㅇ한의
니다.

3 ㅋ ㅆㅇ ㅌㄹ ㅇ ㅆㅎ ㅇㅎㄹ ㅂㅎ ㅅ ㄹ ㅛㅑ ㅋ ㅆ ㅌㄹㅇ ㅅ ㅣ

1그 손님입니다. 교과서 문법책을 보면 'ㅇ..'는 받침으로
지 않기로 한다고 하였습니다. 'ㅇ..'을 지음으로 쓰
ㅈㅌㅂ ㅣㄴ ㅁㄷㄱ ㅇㅎㄴ ㅈㄴ ㄱ ㄴㄴㅁㅣ 샤 이
[ㄱ ㅇㅎㄴ]는(ㅎ ㅎ 아)로 [ㅈ ㅣ ㄱㄴㄴㅁ]ㅇ(ㅅ 이 아
ㅇ ㅇ 아)라고도 읽을 넣어가 있지 안..'가 이론합니다.
니다.

3 ㅋ ㅆㅇ ㅌㄹ ㅇ ㅆㅎ ㅇㅎㄹ ㅂㅎ ㅅ ㄹ ㅛㅑ ㅋ ㅆ ㅌㄹㅇ ㅅ ㅣ

3ㅋ ㄷ ㅋㅂ ㅎ   ㅂ ㅅ ㅎ ㅈ ㅅ ㅆ ㅅ ㅂ ㅎ
ㄴ 지모(ㅈㅇ문자의 때ㅎ스정 및 대조 스초를 처겨 (처,빗)
정ㅋ조 ㄷ ㅌ 스규의 아이 한화ㅋ 지ㅇ이 ㅇ한의 상 ㅇ 아 ㅇ한의
니다.

IV.

'주체'의 조선어학

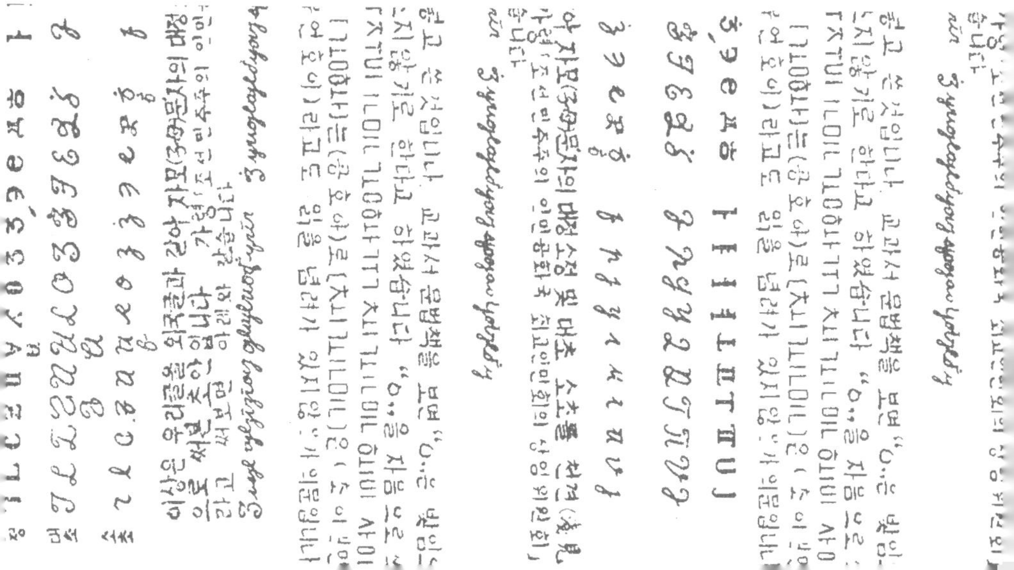

북한에서 주체사상은, 건국 당초부터 존재했던 것도 아니고, 어느 날 돌연 시작된 것도 아니며, 내외의 정세에 호응하면서 서서히 형성되고 체계화된 것이었다. 이종석의 선구적 정리(이종석, 1995: 제1부) 등에 의하면, 주체사상의 형성 과정은 ① 1955년 말 이후의 교조주의 비판과 '주체 확립'이라는 문제제기에서 시작되어, ② 1960년대 초엽 및 중엽에 걸쳐서 중·소 대립의 격화 등에 따르는 외교 면에서의 자주노선 확립을 배경으로 그것이 '주체사상'이라 명명되고 초기 단계의 정식화를 거쳐(1962년에 처음으로 '주체사상'이라는 표현이 등장하고, 1963년에는 소련을 공공연히 비판하기 시작한다), ③ 1960년대 후반 이후 김일성의 혁명 전통에로의 단일화(1967)와 북·중의 갈등을 배경으로 유일 사상 체계로 자리매김되고, 더 나아가 마르크스–레닌주의의 단순한 계승 발전이 아니라 '김일성주의'로 체계화가 진행되고 있었다.

흔히 그 출발점으로 언급되는 것은 1955년 12월 28일에 김일성이 당의 선전 선동 활동가들 앞에서 했다고 하는 연설(이하 '55년 연설')이다.[1] 그 연설에서 김일성은 문학 전선에서 일어난 "사상적 오유"를 염두에 두고, 소련계의 박창옥과 기석복 등을 공격하면서, "문제를 깊이 파고 들어가지 못하고 겉치레만 하며 창조적으로 사업하지 않고 남의 것을 베껴다가 외우기만 하"고, "남의 것만 좋다고 하고 우리 자체의 것을 소홀히 하"며, "쏘련의 형식과 방법을 기계적으로 따르"는 듯한 태도를 "교조주의"

및 "형식주의"라고 비판했다. 당이 수행하고 있는 것은 다름 아닌 조선의 혁명이므로, 더더욱 조선의 역사와 현실을 잘 연구하고, "맑스-레닌주의 원칙을 철저히 고수하면서 그것을 우리 나라의 구체적 조건, 우리의 민족적 특성에 맞게 창조적으로 적용하여야" 한다며, 그것을 '주체의 확립'이라고 담담하게 표현했던 것이다. 그 연설 내용은 공간되지 않았으며, '주체'도 아직 핵심어의 자리를 차지하고 있지는 않았으나, 그러한 방침 자

[1] 이 연설이 〈사상 사업에서 교조주의와 형식주의를 퇴치하고 주체를 확립할 데 대하여〉라는 제목으로 활자화된 것은 1960년에 발간된 《김일성 선집》 제4권(김일성, 1960a: 325~354쪽)이 최초이다. 이것을 가지고 和田春樹(2012: 82~83, 99쪽)는 1960년에 "김일성은 조용히 주체 선언을 행하"였다고 하여, 1955년 12월 연설의 존재를 의심하는 듯이 쓰고 있다. 그러나 저작집에 수록되는 과정에서 표현의 가감과 정리 혹은 역점의 변경은 있었어도, 또 '주체'라는 말이 아직 중심적인 위치를 점하고 있지 않았다고 해도, 여기에서 요약한 것과 같이, 1955년 12월 말에 김일성이 교조주의와 형식주의를 핵심어로 외국 논의의 기계적 적용을 경고하는 연설을 행한 것까지 의심할 필요는 없을 것이다. 소련의 이바노프 대사 일지(1955. 12. 29)를 봐도, 이 시기의 중앙위원회 상무위원회에서 김일성이 박창옥 등을 가리켜 "조선문학을 연구하지 않았"다고 하면서, "반당적 노선"으로 나가게 되었다고 비판하고 있다(국사편찬위원회, 2013a: 365쪽). 또 예를 들어 1956년 1월에 열린 평양시 당 단체 선전원회의에서는 "사상 사업 분야에서 형식주의와 교조주의를 퇴치할 데 대한 수령의 교시"가 언급되고 있다(《로동신문》 1956. 1. 29). 1956년 2월 16일의 당 중앙위·상무위원회 결정에서도 대중 정치사업이 "우리나라 현실에 맞게 창조적으로 적용하도록 진행할 대신에 교조주의적이며 형식적으로 진행되었다"고 비판했다(〈대중 정치사업의 개선 대책에 관하여〉, 국사편찬위원회, 1998: 832쪽).

체는 조선로동당 제3차 대회(1956년 4월)에서의 김일성의 보고를 계기로 연구자를 포함하여 일반에 널리 미치고 있었다(→제5장).[2]

그렇지만 김일성이 외래 사상의 기계적 적용에 대한 비판을 입에 올린 것은 이때가 처음은 아니다. 예를 들어 한국전쟁 중인 1952년 12월 15일에 열린 당 중앙위원회 제5차 전원회의에서도 김일성은 분파 활동을 견제하면서, 과학과 문화의 영역에서 다른 나라의 문헌(염두에 두고 있던 것은 소련)만을 고마워하는 정신을 다음과 같이 비판하고 있었다.[3] 즉 조상이 남긴 여러 분야에서의 "고귀한 유산들"을 버리려고 하는 "아주 용서 못할 엄중한 결함"이 여전히 존재한다, "심한 경우에 있어서는 옛말이나 노래는 남의 것은 다 좋고 자기것은 다 못쓰겠다고 하는 현상들까지도 있"다, 이러한 현상에 대하여 단호히 투쟁하지 않으면 안 된다, "자기의 고유한 과학 문화의 유산을 옳게 섭취하며 그를 발전시키는 기초위에서만이 타국의 선진 과학 문화들을 급히 또는 옳게 섭취할 수 있다", 마르크스-레닌주의 이론은 "창조적 적용"을 해야 하는 것이다. 이처럼 '교조주의'와 '주체' 등의 용어를 사용하지는 않았다고 해도, 적어도 이러한 사

[2] 예를 들어 김일성종합대학의 《대학 신문》(속간 5호, 1956. 5. 25)은 〈교수 사업에서의 교조주의와 형식주의의 근절〉이라는 무서명 논설을 게재하여 교조주의·형식주의를 철저히 비판할 것을 촉구했다.

[3] 이 인용은 김일성(1953: 71쪽)을 원전으로 했다. 또한 김일성(1954: 332쪽)에서는 거의 그대로의 표현이지만, 그 뒤의 김일성(1967: 391쪽)에서는 좀 더 간략하고 정리된 표현으로 되어 있다.

상적인 사대주의 비판의 골자는 55년 연설과 거의 동일하다.

나는 주체사상의 연원이 어디에 있는지를 천착하려는 것이 아니다. 여기에서 주목해야 하는 것은, 이 1952년의 보고, 55년 연설, 56년 당 대회 보고, 그것들 모두에서 과학과 문예의 영역이 '사상사업'이라는 이름의 정치투쟁의 장으로 초점화되어 있었다는 점이다. 당시의 북한은, 마르크스, 레닌, 스탈린이라는, 독일어와 러시아어를 원전으로 하는 외래의 '위대'한 사상을 바탕으로 하여 체제를 형성해 가는 도상이 있던 나라들 가운데 하나였다. 바로 그러한 체제 형성 과정에 있었기 때문에, 과학과 문예라는 해외의 '선진적'인 사상을 받아들여 표현하는, 인재가 모이는 영역에서 '교조주의', '형식주의', '사대주의'에 대한 비판과 '주체의 확립'이 먼저 첨예화한 것이라 볼 수도 있다.

그렇게 생각해 보면, 북한의 학문에서의 변화 과정 자체는 그 자체 독자적으로 검토할 만한 가치가 있다. 특히 언어학 분야는, 이미 서술한 것처럼, 스탈린 논문이 조선로동당의 필독 문헌에도 추가될 정도로 체제에 깊이 관여한 학문이 되어 있었다. 그때 김수경은 스탈린 논문을 소개하는 중심인물이었고, 거기에서 '언어의 민족적 자주성'이라는 논점을 추출해 내기도 했다(→Ⅲ). 또 이 주장은 어디까지나 민족적 자주성의 기초에 언어가 있다는 견해이지, 소련에 대해서도 자주성을 구축하려는 지향성까지 표명하고 있었던 것은 아니다. 오히려 이론적 근거로서는 소련의 언어학을 '선진적'인 것이라 하여 적극적으로 참조하고 있었다.

그런데 1950년대 말에 가까워지면서 점차로, 그리고 1960년대가 되자 명확히, 북한의 학문적 문헌에서 소련의 연구 업적에 대한 참조가 자취를 감추어 가게 된다. 좀 더 부연하면, 이론적 권위의 원천을 민족 '내부'의 지고한 것(=수령)에서 구하고, 차츰 '외부'를 소거해 가게 되는 것이다. 그 과정에서 '사상투쟁'의 일환으로 학문 영역에서의 '주체'의 구축이 모색되고 있었다. 그것은 현상 면에서 보면, 학문의 이론적 정통성의 근거가 모두 김일성의 말로 치환되어 가는 것과 병행하고 있었다. 이 장에서는 그것을 잠정적으로 학문의 '주체화'라 불러 둔다.

언어학만이 아니라, 내가 조사한 바로는, 그 인접 분야인 역사학 및 민속학(문화인류학에 해당)에서도 북한의 학문에서의 '주체화'는, 1956년의 스탈린 비판을 계기로 한 '교조주의' 비판의 고양을 계기로 하여(→제5장), 1960년대 말까지 그러한 전환이 진행되고 있었다.[4] 언어학에서의 일대 전환은 이미 논한 김두봉 비판이었지만, 학문의 제 분야는 각각이 독자의 이론과 방법론을 가지고 있고 국내외에서의 연구 동향도 있기 때문에, 정치가 아무런 매개도 없이 연구의 모든 면에 반영되는 것은 아니다. 따라서 정치 과정만을 좇는 것이 아니라, 학문 내부의 논리에서의 변화도 동시에 포착해 낼 필요가 있다.

---

[4] 역사학에 대해서는 한국역사연구회 북한사학사 연구반(2003), 홍종욱(2014) 등을 참조할 것. 민속학에 대해서는 직접 사료를 들춰 보며 조사하고 있는데, 선구적인 업적으로서 주강현(1991)을 참조할 것.

이 장은 김수경의 발자취를 주축으로 하여, 1956년의 '8월 종파 사건'으로부터 그가 학문의 장에서 완전히 모습을 감추는 1968년 무렵에 이르는 시기까지의 언어학의 변화에 대하여 다룬다. 그의 족적은 정확히 조선어학 나아가서는 북한 전체의 '주체화'와 궤를 같이하고 있었다. 조선어 학계에서 그것은 문법론, 특히 형태론 분야에서의 왕성한 논쟁으로 나타났다. 바로 이 분야야말로 유럽의 언어들을 기반으로 형성된 문법이론과 조선어의 그것과의 사이에 조정해야만 하는 문제가 남아 있었기 때문이다. 1956년에 본격적인 형태론을 전개하고 있던 김수경(→Ⅲ)은 이 논쟁에서 중요한 역할을 담당했다(제1절). 또 하나, 이 시기에 김수경이 힘을 쏟은 연구 분야는 조선어 문체론이었다. 특히 1964년의《조선어 문체론》은 1990년대에 쓰인 학설사에서도 "우리나라에서 처음으로 출판된 문체론저서"라고 평가된 저작이다(김영황·권승모 편, 1996: 212쪽). 유감스럽게도 나는 이 저서를 아직 참조하지 못했지만, 여기에서는 김수경이 당시 발표했던 논문들에서 그의 문체론의 골자를 복원하면서, 그 배경을 탐색한다(제2절). 그러한 바탕 위에서 조선어학의 '주체화'를 새로이 고찰하면서, 김수경이 학계로부터 자취를 감추기까지의 프로세스를, 당시 언어학계를 둘러싼 전체적인 상황 속에서 정립하기로 한다(제3절). 따라서 이 장은 김수경 및 조선어학을 주축으로 한 '주체화' 과정의 사례 연구로 자리매김할 수 있다.

1
문법이론의 '주체' 확립을 둘러싸고

'토'를 둘러싼 논쟁

1960년대 북한의 문법론에 대해 고찰할 때, 북한과 소련 각각의 역대 문법서를 상호 비교한 언어학자 간노 히로오미(간노, 1997)의 논의를 우선 소개하는 것이 유익하다. 스탈린의 언어학 논문이 공표된 이후, 소련과학원의 러시아어연구소가 비노그라도프를 중심으로 새로운 《러시아어 문법》을 편찬했다. 초판은 1950년대에 나왔지만, 재판이 나온 해와 연관 지어서 '60년 문법'이라고 불린다. 간노에 따르면, 1960년대 초에 북한의 과학원이 편찬한 문법서(이하 '60년 과학원 문법')는 소련의 60년 문법의 영향 아래에서 만들어졌다고 한다. 1960년대에 김일성종합대학에서 나온 문법서(이하 '김대 문법'으로 줄인다)는 '60년 과학원 문법'과는 다른 독특한 부분이 보인다. 간노는 이들의 비교를 통해 북한의 문법서에 과학원계와 김대계의 두 계통이 있다는 결론을 이끌어 냈다.

이것은 이들 문법서 자체에서 명확히 추출할 수 있는 특징이다. 그러나 실은 '60년 과학원 문법'과 '김대 문법'의 편찬과 집필 양쪽에 모두 관여한 인물이 김수경이었다. 그렇다면 왜 다름이 발생했던 것일까? 내부 자료를 참조할 수 있었던 것이 아니기 때문에 그 해명은 간단하지 않지만, 이하에서 김수경이 관여한 방법과 문법론의 특징에 주목하면서 논의해 나가기로 한다.

1940년대 후반부터 1960년대에 걸쳐서 김수경이 관여한 문법서와 정서법 관련 간행물은 많다(〈그림 Ⅳ-1〉).[5] 문법서 가운데 김수경이 일관해서 집필에 종사한 것이 형태론이다. 그래서 여기에서는 형태론, 그 가운데에서도 '토'의 성격을 둘러싼 논의에 초첨을 맞춰 김수경의 흔적을 살피겠다.

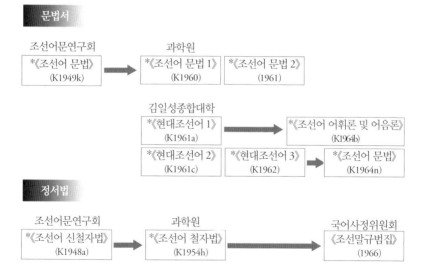

〈그림 Ⅳ-1〉 북한의 문법서·정서법과 김수경의 관여

(비고) *는 김수경이 집필에 깊이 관여했음이 판명된 것을 가리킨다.

김수경이 1956년에 쓴 형태론(K1956a·c; Ⅲ에서 이미 서술)이 불을 붙인 것인지, 이후 각 연구자가 차례차례 '토'에 대해 언급하기 시작했다. 특히 1962~1963년에는 과학원에서 학술 토론회와 지상 토론회까지 열렸다. 이 논쟁에서는 조선어 문법 구조에서 '토'의 자리매김이 '주체의 확립'이라는 과제와 결부되게 되었다.

왜 그렇게 되었는가? 지금까지의 논의를 바탕으로 보건대, 그것은 당연한 귀결이다. 북한에서 말하는 '토'란, 용언의 어간과 체언 등의 뒤에 붙는 형태소의 총칭이다. 이렇게 일정한 형태소를 부가함으로써 문법적인 의미를 나타내는 것은 조선어를 포함한 교착어의 본질적 특성 중 하나이다. 이러한 언어에 인도유럽어족의 언어들과 같은 이른바 굴절어를 중심으로 기반을 다져 온 '일반언어학'의 개념을 '교조주의'적으로 그대로 원용해서는 그 '특수'한 문법 현상을 해명할 수 없다. 이 '일반'과 '특수'의 관계는 소련 중심의 인터내셔널리즘과 각지의 민족-국가와의 관계와도 어딘가 닮은 부분이 있다. '우리'는 '일반'의 일부로서의 '특수'인가,

---

5 《현대 조선어》 제2권(K1961c)의 표지에는 '김수경, 김백련 저'라고 되어 있고, 제3권(K1962)의 표지에는 '김수경, 송서룡 저'라고 명기되어 있다. 제1권(K1961a)만 표지에 저자 표기가 없는데, 나중에 서론과 어휘론은 김수경이 분담 집필됐음이 밝혀졌다(김영황·권승모 편, 1996: 163쪽). 〈현대 조선어 연구 서설〉(K1953a: 161쪽)의 말미에는 "본 론문은 대학 교재 《현대 조선어》 초고 중의 일부"라고 적혀 있는 바, 스탈린의 논문 이후에 써 두었던 원고를 기초로 하여 1960년대에 동료 및 제자들과 함께 간행하게 되었을 것이다. 김일성종합대학의 《조선어 문법》(K1964n)은 《현대 조선어》 2·3(K1961c, 1962)을 대폭 개정한 것으로, 책의 서두에 품사론은 김수경, 형태론은 렴종률·김백련, 문장론은 송서룡·김영황이 담당 집필했음이 밝혀져 있다. 이것과 별개로 《현대 조선어》 1(K1961a)을 수정한 것이 《조선어 어휘론 및 어음론》(K1964b)인 바, 따라서 이것도 김수경이 대표 저자이다.

아니면 '일반'으로 환원할 수 없는 독자적인 것인가? 당시 '주체'라는 이름 아래 북한에서 진행되고 있던 여러 분야에서의 쇄신은 총체로서 후자를 지향하는 운동이었다. 바로 그렇기 때문에 문법체계 안에서 토를 어떻게 자리매김하고, 그것들을 어떠한 용어로 개념화할 것인가가 '주체의 확립'이라는 견지에서 커다란 문제가 되어 있었던 것이다.

논쟁의 축은 두 편의 대조적인 논문을 보면 좀 더 확실해진다. 한 편은 황부영의 논고(황부영, 1958)이다. 이것은 1957년 가을의 과학원 토론회에서의 보고(→제5장)를 기초로 한 것인데, 이 논고에서는 김수경의 형태론(K1956a·c)에 대한 비판이 논의의 중심이 되어 있다. 황부영의 주장은 여러 방면에 걸쳐 있는데, 여기에서는 김수경의 논의와 명백하게 다른 점 하나를 지적하는 것으로 충분하다. 황부영은 조선어의 '토'에 대해 김수경의 주장처럼 단어로서의 성격을 가지고 있다고는 볼 수 없고, 어디까지나 "접사"라고 주장했다. 또 김수경이 용언의 어간과 체언을 아울러서 "말몸"이라고 불러 일정한 자립성을 가진다고 한 데 대해 황부영은 용언의 어간 또한 자립적인 단어라고 볼 수 없다고 주장했다. 즉 '토'이건 용언의 어간이건 자립성을 가지는 것처럼 보인다고 해도, 그 자체가 단어로서의 자립성을 가지는 것은 아니라고 단언한 것이다. 여기에서 황부영이 소련의 쓰미르니쯔끼[스미르니츠키]의 단어론을 참조하고 있는 것이 상징하듯이 그의 입론은 유럽의 일반언어학의 틀을 전제로 한 것이었다.

황부영과 정반대의 대척점에서 논진을 펼친 이는 원로 조선어학자 박상준이었다. 1962년 박상준은 잡지《조선 어학》에 〈조선말 문법의 주체 확립에 대하여〉라는 논문을 게재하여 지상 토론에 불을 붙였다(박상준, 1962). 그는 '토'가 "보조적 단어"도 아니고 단어에 내속內屬된 "접사"도 아니라고 말한다. 요컨대 '토'는 인도유럽어족에 속하는 언어들의 자료를 기초로 만들어진 '일반언어학'의 개념으로는 포착할 수 없는 무언가이다. 바로 그렇기 때문에 "확고한 주체적 립장에 서서" 논의하는 자세가 필요하다. 이러한 박상준의 논의는 결국 '토는 토다'라는 동어반복적인 주장으로 요약되게 된다.

이 두 편의 논의를 양극으로 하는 견해의 스펙트럼은 과학원의 토론회에서 확실하게 표면화했다. 과학원의 언어문학연구소는 1962년 7월과 8월, 두 차례에 걸쳐서 '토'에 대한 문제를 중심으로 '조선어의 문법 구조 연구에서 주체를 튼튼히 확립하기 위하여'라는 주제로 학술 토론회를 개최했다.[6] 토론회 자리에서 논의는 의견의 일치를 보지 못했다. 편집부의 분류에 따르면 의견은 셋('토는 토다', '토는 접사다', '토는 접사이지만 일부 다르다')으로 갈린 양상이었다. 그다음 해인 1963년 7월에도 거의 같은 주제로 토론회를 열었지만, 견해가 일치하기는커녕 역으로 입장이 넷('토는 제3의 존재다', '토는 접사다', '체언 토는 조사이고 용언 토는 접사다', '토는 보조적 단어다')으로 늘어났다.[7]

'주체'적인 입장의 확립이 중요하다는 기본 원칙에서는 이론의 여지가 없었다고 해도 그렇게 간단히 언어학상의 견해가 통일될 수 없을 만큼 이 무렵 북한의 학계는 활발한 논쟁을 주고받으면서 사태를 진척시키고 있었다. 이러한 토론회에도 참가한 적이 있는 최응구에 의하면,[8] 당시 과학원의 논의는 대단히 활발해서 20명쯤 모여 토론회를 가질 때마다 치열하게 논쟁을 펼치고 있었다고 한다.

[6] 〈조선어의 문법 구조 연구에서 주체를 튼튼히 확립하기 위하여〉, 《조선 어학》 1962-4.
[7] 〈(학계 소식) 조선어 문법 연구에서 주체를 철저히 확립할 데 대하여〉, 《조선 어학》 1963-3.
[8] 2017년 3월 10일, 베이징의 대학 내 카페에서의 인터뷰에 의함.

형태론에서의 '주체'

흥미롭게도, 이 모든 토론회에 대해서도 기사를 종합한 편집부가 김수경의 발언을 어느 한쪽의 입장으로 분류하지 않은 것이다. 아니, 분류할 수 없었을 것이다. 1962년의 토론회에서 김수경은 단지 문법 범주의 문제를 둘러싼 형태론과 문장론(통사론)의 관계에 대해서 논했다. 1963년 모임에서는 '토'라는 말조차 사용하지 않고, 문법체계의 큰 틀에 대해서만 이야기했다. 논의를 슬쩍 얼버무리고 있었던 것은 아니다. 이 시기 김수경이 중심이 되어 편찬하고 있던 김일성종합대학의 조선어학 강좌 교재에서 '토'에 대한 자리매김이 조금씩 바뀌고 있었던 것으로 미루어, 논의 도중이었기 때문에 입장을 분명하게 피력하지 않았다고도 생각된다. 이하 지나치게 복잡해지지 않는 범위 안에서 그 변화의 요점을 둘로 좁혀서 살펴보고자 한다.

　'60년 과학원 문법'의 품사에 관한 총론 부분(K1960: 129~130쪽)에서는, 형태론을 둘러싸고 "활발한 연구와 토론들"이 이루어지고 있다고 언급한 후 맨 앞에서 '토'의 문제를 거론하면서 동서同書를 "우선 잠정적으로 합의를 본 일정한 체계"에 따라 서술한 것이라고 자기평가를 하고 있다. 김두봉의 입김이 닿은 '49년 문법'(K1949k)을 봉인하고 서둘러 새로운 과학원 문법을 정리해야 하는데 논의의 종착점을 찾을 여유가 없었기 때문에, 결과적으로 편찬 방침을 지나치게 대담하게 변경할 수 없었다고 생각된다. 실제로 문법서의 구성 자체는 이전의 것과 변함없이 어음론·형태론·문장론의 3부로 구성되었고, 형태론도 명사, 수사 등과 같이 품사별로 편성되었다. '토'의 자리매김도 '49년 문법'(K1949k)과 마찬가지로, 독립된 목차 항목으로 세우지 않고 각 품사 안에서 '토'와 접미사가 논의되었다.

　이 구성 자체가 완전히 새롭게 짜인 것이 김수경이 중심이 되어 편찬한 대학 교과서《현대 조선어》로 간행된 '61년 김대 문법'(K1961c)과 '64년 김대 문법'(K1964n)이다. 나라의 위신을 건 '집체적' 저작인 과학원의 문법서에 비해 대표성이 낮고 필요하면 연도 단위로 갱신할 수 있는 대학 교과서라는 점 때문에, 보다 빠르게 김수경과 그 제자들의 논의 결과를 반영할 수 있었다.

　'김대 문법'의 새로운 점은, 지금까지 '형태론'으로 한 덩어리로 다루어지던 내용을 '품사론'과 '문법적 형태론'의 둘로 분리한 데 있다. 즉 '60년 과학원 문법'(K1960)까지는 '형태론'에서 품사별로 각각 논의되고 있던 여러 항목 중에서 문법 범주와 '토' 등에 관한 공통 부분을 뽑아 내어 '문법적 형태론'이라는 독립한 서술 항목으로 새롭게 정리한 것이다. 이것은 일정한 합리성이 있다. 왜 그런가? 예를 들어 '60년 과학원 문법'(K1960)에서는 '명사' 항목에서도, '대명사' 항목에서도 각각 '격' 범주가 설명되어 있었고, '동사'와 '형용사' 두 항목에서 '종결형', '접속형', '규정형'이 각각 설명되어 있었다. 복수의 품사에 걸쳐서 나타나는 문법 범주와 토가 있는 이상, 품사별로 목차를 세우는 것만으로는 필연적으로 내용에 중복이 생기며, 토의 성격 해명이라는 점에서도 부족함이 있다. 이에 대해 '61년 김대 문법'(K1961c)에서는, '문법적 형태'에 '격'과 '서술적 형태'라는 목차 항목을 세워서 거기에서 종합적으로 설명했다. '토'도 '품사론'에서가 아니라 '문법적 형태론'의 여러 항목 중 하나로 종합하여 설명했다.

　이것은 단순히 구성상의 모색이라는 차원에 머무르는 것이 아니다. 토가 다른 품사와 병렬될 수 있는 그러한 존재는 아닌 반면, 다른 품사로부터 일정한 자립성을 가지고 붙이거나 떼거나 할 수 있는 요소이며, 그것을 부가함으로써 문법 범주를 나타내는 등의 기능을 가지고 있는 점은 앞에서 김수경이 형태론에 관한 논문(K1956a·c)에서 '토'의 "이중적 성격"이라고 강조했던 바로 그것이다. 바로 그렇기 때문에 문법서에서도 목차 항목을 별도로 세울 필요가 있다고 서술했던 것이다. 형태론에 독특한 존재인 '토'를 어딘가에서 종합해 설명하고 싶은데, 그렇다고 다른 품사와 같은 지위를 토에 부여할 수는 없다. 그러한 고민이 품사론과 문법적 형태론을 분리하여 처리하는 것으로 나타난 것이다. 그 후의 문법체계에서도 이러한 구성은 이어지게 된다(간노, 1997: 자료 5). 이 책에 대한 당시의 서평에서는, 이러한 구성 방법에 대해 "조선어의 형태론적 특성들에 비추어 볼 때 교수 방법상 하나의 주체성 있는 처리"(방점은 인용자)라고도 평가되었다(리근영, 1963).

또한 이러한 문법서의 편성 방법은 대학의 전문서에만 한정되지 않았다. 1964년 김수경은 대중지《천리마》에 〈우리말 강좌〉를 연재했다. 거기에서 김수경은, 최초의 3회분을 품사에 할당하고(K1964k·l·m), 그 뒤에 '토'에 대해 1회분을 할애하여 설명했다(K1964o). 이 구성은 바로 품사론과 문법적 형태론에 상당한다. 이 문법체계는 학교 문법에도 반영되었다. 1965년도부터 기술학교(고등교육 단계)에서 좀 더 체계적인 조선어 문법교육을 시행하게 되었는데, 그것에 맞춰 김수경은《기술 교육》지에 교과서 편찬과 교육상의 유의점을 정리하는 한 편의 글을 기고했다(K1965b). 필시 편찬에 관여했기 때문에 그러한 기사를 쓰게 되었을 것이다. 이 글에 따르면, 종래의 문법서가 어음론·형태론·문장론의 3부 구성으로 되어 있음에 비해, 새로운 문법 교과서는 '말소리, 품사, 토, 문장'의 4편으로 구성되었다. 이리하여 '토'의 이중성을 반영한 문법의 설명체계는 계몽 잡지와 학교교육을 통해 보급되기 시작했다.

또 하나는 어디까지 '토'에 포함되는가 하는 문제와 관련된다. '접두사－어근－접미사'의 덩어리를 '어간'이라 부르고 어간(또는 단어)의 뒤에 붙는 것을 '토'라 한 점은, 1940년대 이래 바뀌지 않았다. 조선어의 접미사와 토는 양쪽 모두 뒤에 붙는 교착적인 형태소라는 점에서 동일한데, 그렇다면 그 차이는 어디에 있는 것일까? 최초의 문법서(K1949k) 이래 구분에 조금씩 변화가 생기고 있었다(〈표 Ⅳ-1〉). 김수경의 형태론(K1956a·c)에서는 홀로도비치의 논의를 받아들여 문법 범주를 나타내는 요소 가운데 문장의 성분에 관련되어 있는 경우(=ʻ위치적')는 '토'라 하고, 그렇

문법서	토의 품사성	문법서에서의 토의 위치		개별적 토/접미사의 자리매김(예시)		
		각 품사론에서 설명	독립 항목으로 설명	가 (주격)	시 (존칭)	ㅁ (명사화)
조선어문연구회·조선어문법(K1949k)	×	○	×	토	토	접미사
김수경·조선어문법 (K1954g)	보조적 품사	○	○	토	토	접미사
김수경·형태론 논문 (K1956a·c)	보조적 단어	–	–	토	형태 조성의 접미사	단어 조성의 접미사
과학원·조선어문법 1 (K1960)	×	○	×	토	형태 조성의 접미사	단어 조성의 접미사
김대·현대조선어 2 (K1961c)	×	×	○	토	형태 조성의 접미사	단어 조성의 접미사
김대·조선어문법 (K1964n)	×	×	○	위치토	비위치토	접미사

〈표 Ⅳ-1〉 '토'의 자리매김 일람

지 않은 경우(='비위치적')는 '형태 조성의 접미사'라 불렀다(→Ⅲ). 이러한 생각은 '60년 과학원 문법'(K1960)에서도 채택되었고, '61년 김대 문법' (K1961c)에서도 받아들여졌다.

'64년 김대 문법'(K1964n)에서는 (필시 김백련 등의 의견을 수용하여) '형태 조성의 접미사'가 다시 '토'에 포함되었다. 통사론적인 기능이 있는가의 여부에 따라 '토'인지 아닌지를 판단한다는 기준이 인도유럽어족에 속하는 언어들의 '어미' 개념에서 유래한 잘못된 생각이라고 간주되었기 때문이다. 그러나 '형태 조성의 접미사'는 '비위치토'라고 불리고, 그 이전에 '토'라고만 불리고 있던 것은 '위치토'라고 불렀다(K1964n: 77쪽). 결국 그러한 의미에서 용어의 변화는 있었지만 홀로도비치의 문제제기를 수용한 김수경의 형태론(K1956a, c)의 기본적 틀은 견지되었던 것이다. 이러한 틀 자체는 그 후의 문법서에도 이어지게 된다(최경봉, 2015: 79쪽).

이리하여 1950년대에 김수경이 제기한 문제는, 다양한 논의를 거쳐 1960년대 김대계의 문법서에 반영되었고, 그것이 이후 북한 문법론의 틀을 만들게 되었다. 그 과정에서 '주체' 확립에 대한 논의도 어우러지면서, 조선어의 교착어적 요소들을 자리매김하는 것이 독자적인 방법으로 정리되기에 이르렀다. 인도유럽어족 언어들의 문법 개념을 '교조주의'적으로 적용하는 것이 아니라, '토'라는 독자적인 개념을 중심에 놓고 문법서의 편성도 조선어의 특성에 맞춘 '주체'적인 것이 되었다. 그러나 그 기초에 암묵적으로 존재하고 있던 것은 '반종파 투쟁'에서 '말 공부'에 지나지 않는다(→제5장)고까지 비판받았던 폴리글롯 김수경에 의한 형태론의 기초 작업이었다.

2
조선어 문체론의 구축

김수경이 1960년대에 새롭게 씨름한 영역은 조선어 문체론이다. 이 장의
서두에서 말한 대로, 그것은 북한 최초의 문체론에 관한 저작 《조선어 문
체론》(K1964p)으로 체계화되었다. 유감스럽게도 나는 그 책을 보지는 못
했다. 그 책이 공간된 것은 틀림없겠지만 유통된 적은 거의 없었던 듯하
다. 그 때문에 김수경 문체론의 핵심 문헌을 참조할 수 없는 상태에서 이
절을 쓸 수밖에 없었다. 그래도 김수경은 관련 논문을 몇 편 남겨 놓고 있
으므로, 그것으로 내용을 일부나마 이해하는 것은 가능하다. 이하에서
그 배경을 포함하여 살펴보기로 한다.

문체와 문풍

당의 지도가 학술 연구의 방침에도 관철되는 사회에서는 개개의 연구자
가 연구 주제를 자유롭게 설정할 수 있을 리가 없다. 김수경의 조선어 문

체론 연구도 그의 '개인적' 관심에서 생겨난 것이라고 말하기는 어렵다. 실제 과학원의 언어학 잡지를 살펴보면, 1960년대 들어 갑자기 '문체' 혹은 '문풍'(설명은 후술)을 주제로 하는 논문이 복수의 논자에 의해 발표되기 시작했음을 알 수 있다.

그 배경은 아직 규명되어 있지 않으나, 현상만이라도 확인해 두자. 우선 1960년대에 나온 〈글의 면모를 일신하자〉라는 논설이 문체론에 대해 언급하고 있다. 이 논설에 따르면, 조선로동당은 당시 출판물의 언어 표현을 개선하기 위한 지도를 진행하고 있었다고 한다. 그 안에서 "표현적 가능성들을 다듬고 세련시켜서 더욱더 우리 사회 생활에 필요한 문체들을 발달시켜 나아간다는 것은 아주 중요한 것"이며, 그 점에서 "문체론의 연구는 큰 의의를 가진다"고 주장했다. 또 같은 해의 다른 논설도 "언어학자들은 실천적 문제 해결에 새로운 력량을 집중하면서 당의 언어 문화 정책을 관철시키기 위하여 문풍 개선 사업에 더 많이 참가하는 동시에 여기서 제기되는 리론–실천적 문제들에 대한 연구와 문체론에 대한 일련의 연구 사업을 활발히 진행하여야 한다"(방점은 인용자)고 논하고 있었다.[9] 즉 이 무렵 사회 생활의 각 장면에서 당의 지도를 좀 더 광범위하면서도 철저히 대중에게 침투시키기 위해 효과적인 문체를 이론적으로 연구하는 것이 언어학자의 임무로 부여된 것이다. 여기에서는 먼저, 당시 주목된 것이 개개 작자의 개성으로서의 문체가 아니라 규범으로서의 문체였음을 확인해 두고자 한다.

물론 문장 표현상의 규범적 문제가 1960년대에 처음으로 논의된 것은

---

[9] 〈글의 면모를 일신하자〉, 《조선 어문》 1960-2, 9쪽. 〈8.15 해방 15주년에 제하여〉, 《조선 어문》 1960-4, 4쪽.

아니다. 김일성은 해방 후 얼마 지나지 않은 1946년 5월 24일에 문화·예술 관계자들에게 "대중 속에 들어 가서 대중을 찾아 가서 대중이 알아 들을 말을 하며 대중이 원하는 글을 쓰며 대중의 요구를 표현"해야 한다고 말했다. 이것을 효시로 하여, 그 후 여러 번 이와 유사한 '교시'가 있었다. 1956년 4월의 조선로동당 제3차 대회의 중앙위원회 사업 총괄 보고에서는, 출판 사업에 관해 "문체의 간결성, 정확성, 명료성을 보장"하지 않으면 안 된다고, 김일성 자신이 직접 "문체"라는 용어를 사용하여 방침을 제시했다.[10] 따라서 규범적 문체론은 북한의 정치체제 확립의 기초를 구성하는 일련의 언어 규범화의 일부를 이루는 것이었다고 생각할 수 있다.

다만 '문풍'이라는 용어는 적어도 이 무렵의 김일성의 말에서는 직접 발견되지 않는다.[11] 뿐만 아니라 '문풍'에 대해 김일성이든 다른 누구든, 무언가 권위 있는 전거로서 명기된 것도 없다. 결국 당시 북한의 공간 자료를 추적하는 한 '문풍'은 원전 불명의 용어이다.

그럼에도 여기에 명백한 역사적 사실이 하나 있다. 그것은 그 훨씬 전부터 마오쩌둥이 '문풍'을 정치용어화하고 있었다는 사실이다. 옌안을 근거지로 항일전쟁을 전개했던 마오쩌둥은 1942년부터 당내의 사상 개조 운동으로 '정풍 운동'을 개시했다. 마오쩌둥은 1942년 연설에서 '학풍'(주관주의), '당풍'(섹트주의)과 함께, 말과 문자에 관해 '문풍'을 바로잡을 것

---

[10] 1962년까지의 김일성의 '문풍'에 관한 '교시'는 아래 글에 정리되어 있다. 〈우리 민족 어를 고수하며 문풍을 바로잡을 데 대한 김 일성 동지의 교시 학습 자료〉, 《조선 어학》 1962-3.

[11] 과학원 편찬의 사전을 봐도, 1956년의 《조선어 소사전》에는 '문풍'이라는 표제어가 없었는데 1961년에 간행된 《조선말 사전 (2)》에는 '문풍'이라는 항목이 있는 것으로 보아 1960년을 전후한 시기에 부상한 용어라고 생각된다.

을 역설했다.[12] 이때 '문풍'은 정치적인 문장에서 공연히 어려운 용어나 상투어만 쓰고 내용이 없는 것에 대한 비판의 개념으로 제기되었다. 김일성은 해방 전부터 이 운동과 문헌을 접할 기회가 있었다.[13] 이러한 정풍 운동은 '비판과 자기비판'이라는 방법, 교조주의와 섹트주의Sectarianism 비판, 마르크스-레닌주의와 중국 혁명의 경험을 결합한 '마오쩌둥 사상'의 확립이라는 점에서, 1950년대 후반 이후 북한의 사상 경험으로 흘러 들어갔다.[14] 실제로 1955년 연설에서 김일성은 "우리도 중국 당에서와 같이 정풍을 할 필요가 있습니다. 정풍이라는 것이 다른 것이 아니고 당성 단련이며 사상 교양입니다"(방점은 인용자)라고 말하고 있다. 이 대목이 1955년 단계부터 있었는지, 1960년에 《선집》에 수록된 시점에서 들어간 것인지는 명확하지 않지만, 김일성이 중국공산당의 정풍 운동을 참조하면서 당의 체제를 구축하려고 하고 있었던 것은 명확하다.[15]

8월 종파 사건 이후의 정치 상황을 생각했을 때, 더욱이 '문풍을 바로 잡다'라는 표현도 더해진 것을 고려했을 때, 위에서 본 것과 같은 마오이

---

[12] 여기에서는 毛澤東(1953)에 수록된 〈학풍, 당풍, 문풍을 정돈하라學風, 党風, 文風を整頓せよ〉, 〈'당팔고'에 반대하라'党八股'に反対せよ〉를 참조했다.

[13] 和田春樹(1992: 321쪽)에 의하면, 1940년에 소련에 들어간 김일성이 영장營長으로 근무한 적군 제88 특별저격여단의 야영지(아무르 강변)에서는 정치학습의 일환으로 마오쩌둥의 〈삼풍 정돈의 보고三風整頓の報告〉(1942) 등을 읽었고 정풍위원회도 조직되어 있었다고 한다.

[14] '정풍 운동'에 대해서는 우선 野村(2011)을 참조할 것. 또한 일본에서도 1950년대의 전반에 일본공산당의 주류파(소감파所感派)에 의해 '문풍'론이 소개되어 당내 교육 방침의 일환으로 '문풍의 정돈'이 제창되고 있었다(駿台社編集部, 1955).

[15] 《김일성 선집》(김일성, 1960a: 346쪽)에 의함. 그 후 간행된 선집 등에 수록된 1955년 연설에서는 중국의 정풍 운동에 대해 언급한 이 대목은 삭제되었다. 북중관계의 변화와 자주노선의 강화 등이 영향을 주었을 것이라고 생각된다.

즘에 대한 참조 없이 북한에서 '문풍'에 관한 논의가 전개되었다고는 도저히 생각할 수 없다. 그와 동시에, 이 용어의 원전이 마오쩌둥의 어록에 있는 것임이 적극적으로 표명되지 않았던 것도 연안계 숙청 후의 '주체의 확립'을 진행하는 분위기 때문이 아니었겠는가 하고 추정해 본다. 그 당부는 접어 두고, 조선어학자에게는 이러한 정치적 과제에 대해 과학적으로 답하는 것이 요청되었던 것이다. 그러한 의미에서 문체론 내지는 문풍론은 언어학의 내재적인 관심사로 태어난 것은 아니었다.

여기에서 1961년 9월에 평양에 연구생(=대학원생)으로 유학했던 최응구의 이야기를 들어 보자.[16] 중국의 룽징에서 태어난 최응구는 옌볜대학을 졸업한 후 문체론을 배워 오라는 지시를 받고 김일성종합대학에 파견되었다. 다만, 왜 누가 그러한 주제를 배우도록 결정했는지는 지금은 알 수 없다고 말한다. 유학 전 중국에 '수사학'은 있었지만 그것은 전혀 다른 것이었고, 문체론이란 무엇인가를 아는 학자도 옌볜에는 없었다. 그러한 상태에서 파견된 김대에서의 지도 담당 교원이 김수경이었다. 같은 시기에 이미 김대에서 교편을 잡고 있던 박용순과 조선로동당 중앙당학교의 한정직이 김수경의 문체론 강의에 참가하고 있었다. 김수경도 문체론을 가르치지 않으면 안 되는 상황이 되자, 달리 가르칠 교원이 없어서 어쩔 수 없이 수업을 맡은 형편이었던 모양이다. 강의는 외국어로 쓰인 문헌을 김수경이 그 자리에서 조선어로 번역하면서 읽어 주고, 3명의 연구생이 그것을 받아 적는 형식으로 진행되었다. 처음에는 프랑스어로 쓰인 문체론(최응구는 책의 제목을 기억하고 있지 않았다)이었고, 다음에는 중국 천왕다오陳望道의 《수사학 발범修辭學発凡》(원저 1932년)이었는데, 그러한 동시

---

[16] 이미 서술한 인터뷰 외에 최응구(2015)를 참조할 것.

382

번역적 강독이라고나 해야 할 강의를 했다. 김수경은 7개의 언어로 이러한 강독이 가능했다고 한다.

이들 세 사람은 모두 나중에 조선어 문체론으로 학위 논문을 썼는데, 그들 중 박용순은 1966년에 김수경이 저자로 되어 있는 책과 같은 제목의 《조선어 문체론》(박용순, 1966)이라는 대학 교과서를 출판했다. 이 책은 나중에 "《조선어 문체론》(김수경)의 내용을 토대로 하고 필자의 연구자료에 기초하여 언어학의 독특한 분야인 문체론을 보다 체계화하고 과학화하였다"고 평가되었다(김영황·권승모 편, 1996: 213쪽). 그렇다고 한다면, 김수경은 문체론을 언어학 내의 독립된 한 분과로 성립시키는 데까지 작업한 후에, 그 강좌를 박용순에게 넘겨준 것이라고 생각된다.

김수경의 저술 내용으로 들어가기 전에, 먼저 문체론이라는 연구 영역의 폭넓음을 확인해 두자. "저 그림, 굉장히 좋군!あの絵すっごくいいな", "저 그림 아주 좋다고 생각해あの絵はとてもよいと思う", "저 그림의 뛰어남에 나는 가슴 깊은 곳에서 차오르는 감개를 누를 수 없어あの絵画の秀抜さに私は胸の奥からこみあげてくる感慨をおさえきれない." 이 세 문장 중 어느 것도 어휘나 문법 등의 면에서 규범에서 벗어나지 않고 있으며, 말하는 사람이 지시하고 있는 대상과 전하려고 하는 내용도 나름대로 서로 통하고 있다. 그러나 그 표현의 문체style가 크게 다르다. 그 결과 말이 주는 효과도 크게 다르며, 이용되는 것이 상정되는 상황이나 장면도 달라지게 된다. 이 차이와 공통성 혹은 개성이라고 할 수 있는 것까지 체계적으로 살피는 것이 문체론의 영역이다.

전전부터 문체론의 일인자였던 고바야시 히데오(1966)에 의하면, 문체에 관한 연구의 한편 끝자락에 포슬러Karl Vossler의 언어미학이 있고, 다른 한편의 끝자락에 소쉬르의 제자인 바이이의 문체론이 있었다고 한다.

포슬러는 어떤 효과적인 표현이 어떤 언어 예술가에 의해서 어떻게 창작되었는가 하는 문체의 개성에 관심을 기울였고, 바이이는 작가의 개성적인 문체보다 일반적인 사람들의 감수성에 관여하는 언어 활동의 문제, 즉 파롤(현실태)보다도 랑그(가능태)로서의 표현의 연구에 주력했다. 고바야시 히데오 자신은 문예적인 것에 강한 관심을 보이고 있어서 언어미학에 기울어져 있는 것처럼 보인다. 하지만 문체를 "언적言的(파롤적) 구조의 동일성이 인정되는 문장"이라고도 바꿔 말하는 등 구조주의자를 자칭하고도 있어서(小林, 1943: 8쪽) 양쪽 입장의 소개자이자 실천자였다. 그에게 직접 가르침을 받았던 김수경은 난해한《문체론의 미학적 기초文體論の美學的基礎づけ》(小林, 1944)의 정서를 도운 적도 있어서(→제1장), 이러한 문체론의 스펙트럼에는 충분한 이해가 있었다고 해도 좋을 것이다.[17]

---

[17] 당시 소련을 대표하는 언어학자였던 비노그라도프의 문체론의 영향을 고려에 넣어 둘 필요가 있다. 비노그라도프는 문법론에서도 저명했지만, 문체론에서도 수많은 업적을 남겼다. 그의 체계는 언어yazyk의 문체론, 담화rech'의 문체론, 그리고 문학의 문체론의 셋으로 나뉘어 있었다. 그는 이 세 가지 체계 중 특히 세 번째, 즉 19세기 러시아 문학을 주요한 제재로 하면서 언어학과 문예학을 통합하는 데 주로 관심이 있었다. 비노그라도프 및 소련의 문체론에 대해서는 新谷(1964, 1965), 日本文体論学会(1991)를 참조할 것. 김수경은 적어도 스탈린의 논문이 발표된 후의 문체론을 포함하는 비노그라도프의 논문을 번역 출판한 일도 있으며(K1952b), 그 후에도 비노그라도프가 왕성하게 써 내고 있던 문체론을 참고했음은 틀림없다. 그러나 나의 역량 부족으로 그 내용과 영향 가능성을 충분히 음미하지 못했다.

김수경의 문체론

지금까지의 논의를 전제로 김수경의 문체론을 살펴보기로 한다. 그의 문체론은 1961~1964년 사이에 나온 5편의 논문에서 찾아볼 수 있다(K1961a: 31~34쪽; 1961b; 1963b; K1964i; K1964j). 이들의 요점을 나름대로 정리하면 다음과 같다.

먼저 언어학에서 문체론의 위치부터 말하면(K1961b), 문체론은 언어의 어휘론적·형태론적·통사론적 연구의 연장선상에서 그것들을 완성시킬 사명을 가지고 있다고 김수경은 말한다. 예를 들어 통사론의 연장에서는 글말과 입말의 문장 구조상의 특성, 담화법의 각종 기능적인 변종의 문제 등이 문체론이 담당하는 영역이 된다. 어휘론 분야에서는 단어와 성구 표현이 사용되는 분야를 어떻게 규정할 것인가를 구명하는 언저리에서 문체론으로 이행한다. 형태론에서는 각종 형태의 기능과 사용 범위의 문제, 각종 형태와 단어 조성적 수단의 표현적 색채 연구 등에서 문체론이 등장하게 된다. 이렇게 김수경은 문체론에 대해 언어학의 다른 연구 분과에서 자립한 것으로 봄과 동시에 그것들의 연장선상에 자리매김한 것이다.

다음으로, 언어 행위는 음성(소리와 귀)에 의한 "소리말"과 시각에 의한 "글'자말"로 이루어진다. 그러나 "소리말"에도 일상적으로 주고받는 이야기와 같이 회화어식(구어)만이 아니라, 강연이나 보고와 같은 서사어식(문어)의 이야기도 있다. "글'자말"에도 과학 서적, 신문, 잡지의 문장과 같은 서사어식(문어)뿐만 아니라, 희곡이나 각본 혹은 소설의 대화 부분과 같이 회화어식(구어)도 있다(K1964j; 1963b). 모두 조선어의 표준어이지만, 그중 서사어식에는 몇 가지 문체상의 변종이 있다. 즉 ① 문예 작품의 문체, ② 과학적 저술의 문체, ③ 생산-기술 서적의 문체, ④ 사회-논설적 문체, ⑤ 공식적 문서의 문체인데, 이것들은 어휘와 문법적 형태, 문장 구조 면에서 일정한 차이를 가지고 있다(K1961a).

이 중에서 '문풍의 확립'이라는 목표와 관련하여 중요시되는 것은 ④ 정치적인 논설("정론")의 문체 분석이다. 정론에서 문풍의 모범으로 간주되는 것은 물론 김일성의 말이고, 또 1960년의 《평양신문》에 게재된 〈로동당 시대〉와 같은 논설이었다(K1961b). 이러한 문체 분석에 천착한 논문이 〈최근의 정론들에 나타나고 있는 회화체의 요소〉(K1964j)이다. 이 논문에서 김수경은 "글'자말－서사어－혼자'말"을 "서사체" 계열, "소리말－회화어－대화"를 "회화체" 계열이라고 부르고, 대중에게 이해되기 쉽도록 하기 위해 최근의 정론에 회화체 요소들이 많이 섞여 들어가고 있는 점에 주목했다. 우선 그는 회화체의 일반적인 특징들을 통사론적·형태론적, 어휘론적·어음론적 측면에서 각각 정리했다. 또한 《기자 작품집 2》(1962)를 텍스트로 하여, 많은 구체적인 예문을 들면서 문체를 분석했다. 그 결과 "회화체의 요소 중 가장 뚜렷한 것은 어휘론의 분야와 문장론의 분야"라는 것, 그리고 "회화체의 어휘의 대량적인 사용, 성구, 속담의 리용 등을 비롯해서 단일문과 단순문의 지배적 사용, 서술문, 의문문, 명령문, 권유문, 감탄문 등의 다채로운 배합, 회화체적인 접속어, 접속토의 활용 등 정론의 글들을 간결하고 생동하게 만드는 인민적인 각종 수법들이 자유자재로 구사되고 있다"는 특징을 끌어냈다. 여기에서 추구되고 있는 것은 결코 문체의 개성이 아니다. "대중이 원하는 글"을 어떻게 실현할 것인가 하는 규범적인 관점에서, 이상적인 문체를 만들어 내기 위해 언어학적 지식을 총동원하고자 했던 것이다.

이에 비해 ① 문예 작품의 문체를 다룬 〈작가의 개성과 언어〉(K1964i)는 개성적인 문체를 고찰한 것이다. 이 글에서 김수경은 먼저 공식 문서와 논설 등에서 사용되는 기능적인 문체와 문학 작품 등에서 작가가 사용하는 개인적 문체라는 구분을 도입했다(→제3장). 나아가 소설가 리기영과 극작가 송영이 해방 전에 쓴 단편소설의 문체를 비교 분석했다. 장편소설에서 리기영이 사용한 문체적 특징과, 희곡에서 송영이 이용한 특징을 각각 단편소설에서도 찾아낼 수 있다는 것이 그 결론이었다. 그렇게 정리해 버리면 단순한 이야기이지만, 그것을 분석하는 김수경의 방식은 섬세하다. 예를 들어 그는 말이 반복되는 방법에서 각각의 작가의 개성을 본다. 리기영의 문장은 "어떤 한 초점을 중심으로 한 군데 머물러 원을 거듭 그리고 있는 듯 한 느낌"을 주는데, 그것은 어떤 장면을 묘사할 때 동의어를 반복해서 사용하는 수법을 통해―예를 들면 달밤을 묘사하면서 '어둠', '암흑', '흑암', '어두운 세계'와 같은 '어둠' 계열의 단어들, '광명' 계열의 단어들, '달' 계열의 단어들을 반복적으로 사용함으로써―실현되고 있다. 그에 비해 송영의 문장은 "묘사의 대상은 빠른 속도로 바뀌여 나타나며 렌즈의 초점은 말하자면 련속적으로 자리를 옮겨" 가는 듯 한 극적인 인상을 주는데, 그것은 짧고 단순한 문장을 연속해서 늘어놓으면서 앞 문장에서 쓴 단어를 다음 문장에서 이어받는 듯한 반복적 수법에서 오고 있다. 이러한 개성적인 문체의 창조는 인민의 생활과의 연계에서 생기는 것인데, 그것은 또한 "언어 발달의 법칙과 부합되는 새로운 언어-문체론적 수단들을 창조한다는 것"이 된다고 한다. 다시 말해 김수경은, 작가의 개성을 규범적인 문체의 틀에 끼워 넣어 소거하려 하지 않았다. 그렇다고 그것을 단순히 작가 개인의 위대한 창조성에 귀속시키려 하지도 않았다. 그저 인민적이기 때문에 개성적이 된다고 하는 논리로써 적극 옹호했던 것이다.

이미 지적해 둔 바와 같이, 이러한 김수경의 문체론에는 소쉬르의 랑그와 파롤의 변주라고 할 만한 점이 보인다(→Ⅲ). 그는 1963년에 열린 '토'에 대한 토론회에서 이 점을 좀 더 큰 언어학 체계로서 설명하고 있었다. 그것에 대해서는 김수경 자신이 직접 서술한 문장이 아니라 편집부가 토론회에서의 보고를 요약한 것으로 되어 있을 뿐이지만, 그가 당시 생각하고 있던 체계를 압축적으로 엿볼 수 있기 때문에 전문을 보기로 한다(아래 상자 안 쪽글 참조).

압축된 기술인 데다 주시경과 정렬모 등이 도입한 고유어가 많이 사용

김수경의 언어학 체계(1963)

그[김수경]는 어음을 낱소리(음운)와 말소리(어음)로 나누면서 언어로서의 낱소리는 언어 행위 속에서 위치에 따라 무수한 말소리(례컨대, 말소리,^{1} 말소리,^{2} 말소리^3)로 된다고 하였다. 그는 이 체계를 의미, 단어, 문장에 관통하는 것이라고 하였다. 그것을 도표로 보이면 다음과 같다.

무엇이 \ 어떻게	구체적 단위 (언어 행위)	추상적인 단위 (언어)
문장	말(씀)	월
단어	감말	낱말
어음	말소리	낱소리
의미	말뜻	낱뜻
	*무수	*제한

이에 립각하여 그는 조선어 문법은 의미—낱뜻론(말뜻론), 어음—낱소리론(말소리론), 단어—낱말론(감말론), 문장—월론(말(씀)론)의 체계로 되였으며, 이에 기초하여 문체에도 언어의 문체와 언어 행위의 문체로 구성된다고 하였다.

언어 교육에서는 언어학 개론, 조선어 구조학(어음 구조론, 문법 구조론, 의미 구조론), 문풍학(규범성; 표현성; 문체; 문단, 편, 장)의 체계로 가르쳐야 한다고 주장하였다.

(출처) 〈학계 소식〉, 《조선 어학》 1963년 3호, 56~57쪽.

되고 있어서 이해하기 쉽지 않으나, 이 가운데 "언어"와 "언어 행위"의 관계는, 각각 "음운"과 "어음"에 대응되어 있는 것으로 미루어 보면 명백히 소쉬르의 랑그와 파롤의 관계와 대응하고 있다. 게다가 "소리"뿐만 아니라 "문장", "단어", "의미"도 각각 랑그와 파롤의 층위로 개념 구분을 하고 있다. 정확한 의도는 파악하기 힘들지만, 필시 그는 랑그의 언어학을 중심에 놓고, 교육에서는 그 구조-규범적인 면("구조학"과 "문풍학")을 전면에 내세워 전수하면서도 그것과는 별도의 계열에서 개별적이고 구체적인 파롤의 언어학도 있다고 말하는 것처럼 보인다. 랑그를 언어학의 중심 대상으로 삼은 소쉬르 또한 파롤의 언어학도 별도로 있을 수 있다는 취지의 말을 했는데,[18] 그 변주가 여기에서 전개되고 있다. 따라서 이 가운데 김수경이 말하는 "언어의 문체"는 제한적이고 규범적인 랑그의 문체론, "언어 행위의 문체"는 무수한 구체적인 파롤을 대상으로 한 문체론으로 해석할 수 있다. 이러한 김수경의 견해는 토론회에서의 일회적인 발언으로 끝나지 않고, 1965년 김대에서 출판된 교과서에도 게재되었다(김백련 편, 1965: 45쪽). 그러한 의미에서 당시 일정 정도의 무게감을 가지고 받아들여졌다고 말할 수 있을 것이다.

이처럼 김수경의 문체론은 '문풍'이라는 용어가 나타내고 있듯, 당의 언어 규범화와 관련한 임무의 일환으로 전개되면서도, 개별적이고 구체적인 문체 분석도 포함하는 체계로서 구축되었다. 게다가 소쉬르의 변주라고도 할 수 있는 관점에서 문체론을 언어학의 다른 분야와의 유기적 관

---

[18] 김수경이 정서를 도운 고바야시 히데오의 일본어 번역(ソシュール, 1940: 32쪽)에 〈言の言語學〉(〈言〉은 '파롤'의 역어)에 대해 기술되어 있다. 김수경의 '말소리' 설명 방법은 이 부분에서 소쉬르가 파롤에 대해 설명한 것과 무척 닮았다.

계에서 명확히 설정했던 것이며, 여기에 김수경 언어학은 조용히 체계화를 완성한 것이었다. 형태론이든, 문체론이든, 논의의 제약이 주어진 상황에서 김수경의 언어학적 편력은 뛰어났다고 나는 생각한다.

3
조선어학의 '주체화'

김두봉이 비판받은 이후 김수경 언어학의 전개는 대강 지금까지 설명해
온 대로인데, 그가 직접 쓴 글뿐만 아니라, 그가 쓰지 않은 것도 아울러
보았을 때 비로소 이 시대 언어학의 '주체화'와 김수경의 위치가 눈에 들
어온다. 여기서는 김수경이 관여해 온 영역, 곧 ① 정서법, ② 주시경으로
부터 이어지는 조선어학의 역사적 정통성, ③ 언어학 이론의 세 가지에
대해 그가 학계에서 자취를 감추는 1968년까지의 사이에 무엇이 소멸되
고, 무엇이 어떻게 변질되고, 무엇이 계승되었는지를 추적하기로 한다.

정서법의 재개혁

1954년에 제정된 정서법 《조선어 철자법》(K1954h. 이하 '54년 철자법')은
김두봉의 영향하에서 이루어진 것으로, 1958년에는 비판의 대상이 되어
있었다(→제5장). 그 때문에 정서법을 개혁할 필요가 있었다. 54년 철자법

이 과학원 주도로 진행되었던 데 비해 새로운 언어 규범의 구축은 내각 직속의 '국어사정위원회'에 의해 추진되었다. 국어사정위원회의 사정 결과, 1966년에 《조선말규범집》(이하 '66년 규범집')이 발행되었다. '54년 철자법'의 경우 당 기관지 《로동신문》의 조판에 반영된 것이 1956년 4월 이후였던 것에 비하면(→Ⅲ), '66년 규범집'은 완성된 1966년 7월부터 《로동신문》에 보도되고 즉시 지면에도 반영되었다.[19] 이는 전자의 편찬과 발행이 과학원이라는 연구 조직이었던 데 비해 후자는 내각 직속의 위원회 명의에 의한 발표였다는 차이에 따른 것이라고 생각된다.

국가의 위원회라고는 하지만, 실제의 규범을 작성하는 작업을 담당한 것은 사회과학원 언어학연구소[20]의 소원과 각 대학의 교원들이었다. '66년 규범집'의 완성을 전하는 《로동신문》 기사에서는 초안 작성에 대해서 "[과학원의] 연구소일군들과 대학교원들이 힘을 합쳐 2년여에 걸쳐 진행"하고, 수십 회에 걸친 토의 끝에 완성하여 사정위원회의 심의를 거친 것이라고 보도되었다. 2년여라고 씌어 있지만, 그 이전부터 과학원 내에서는 초안을 검토에 부치는 등 준비를 진행하고 있었다.[21] 이처럼 '66년 규범집'은, 실질적으로는 언어학연구소의 멤버가 주도하여 초안을 작성

---

[19] 〈우리 문화어를 더한층 발달시키기 위하여〉, 《로동신문》 1966. 7. 13.

[20] 1964년부터 과학원 언어문학연구소는 사회과학원의 언어학연구소와 문학연구소로 개편되었다.

[21] 예를 들어 띄어쓰기는, 과학원 언어문학연구소 내에서 일찍이 1959년에 초안이 토론에 회부되었고, 1963년에는 잡지 《조선 어문》 지상에서 '띄여 쓰기 규정 사정 위원회'의 명의로 초안이 공표되어 의견을 집약하고 있었다(〈학계 소식〉, 《조선 어학》 1959-6; 〈조선어 띄여 쓰기(초안)〉, 《조선 어학》 1963-3·4). 또 1964년 11월 7일부터 16일에 걸쳐서, 사회과학원 언어학연구소에서는 정서법, 띄여 쓰기, 문장 부호, 발음법, 외래어 표기법에 관한 규정 초안에 대한 토론을 개최했다(〈학계 소식〉, 《조선 어학》 1965-1).

한 것이고 그 점에서는 '54년 철자법'과 큰 차이가 없다. 다만 김수경이 관여한 흔적은 보이지 않는다.

'66년 규범집'은 내각 수상이면서 수령인 김일성 자신이 그 초안을 정당하다고 인정하고 규범으로서의 정통성과 실효성을 높였다는 점에서, 이전의 규범집과는 전혀 다른 위치를 점하게 되었다. '66년 규범집'의 발간 직전인 5월 14일, 김일성은 언어학자들과의 담화를 진행했다(→제5장). 66년 교시에서 김일성은 "우리 학자들이 만든《조선말규범집》초안은 그대로 내보내는것이 좋을것 같습니다"라고 시원스레 한마디 언급했다. 필시 정서법의 모든 준비가 갖춰진 단계에서 사회과학원 측이 김일성에게 골자를 보이고 확인을 받았을 것이다.

규범집 내용의 변경점에 관한 문제 가운데 이 책의 관점에서 중요한 것은 두 가지, 즉 사이표(')의 소멸과 띄어쓰기 원칙의 변경이다. 확증은 없지만, 이 두 가지는 문자개혁, 다시 말해 풀어쓰기가 실현될 가능성이 없어진 것과 관계되는 것이라고 나는 생각하고 있다.

사이표의 경우 너무 복잡하므로 사용을 제한해야 한다는 논의가 일찍부터 제기되고 있었는데(장장명, 1959),[22] '66년 규범집'에서 마침내 없애게 되었다. 이렇게 변경한 이유에 대해서는, 사이표가 필요한지 여부에 대한 판단이 어렵고, 사용하는 데 불편함이 있었기 때문이라고 공식적으로는 설명하고 있다.[23] 그러나 이유가 그것뿐이라면 사용 범위를 한정하기만 해도 되었을 터이다. 그럼에도 그것을 완전히 없애기로 한 것은 필

---

[22] 각주 21의 초안에 관한 토론회(1964)에서도 정서법에 관해서는 "사이표(')의 사용 범위 문제가 주로 토론되였다"고 보고하고 있다.

[23] 《조선말규범집》 해설》, 사회과학원출판사, 1971, 51~52쪽.

시 원래 사이표가 금후의 풀어쓰기로의 이행을 목표로 도입되었던 것과 관련이 있지 않을까 하고 나는 생각하고 있다(아래 상자 안 쪽글 참조). 합성어(여기서는 파생어도 포함하여)를 풀어쓸 경우, 두 형태소의 경계를 표기하지 않고 이어서 쓰면 의미의 담당자인 원형을 알기 어렵게 되어 버린다. 그래서 합성어임을 보이면서 형태소의 고정 표기를 유지하려고 했던 것이 사이표에 기대된 역할이었다. 그런데 모아쓰기를 유지한다면 원래 문자의 경계가 형태소의 경계이기도 하므로, 양자의 식별은 비교적 쉽다. 그래서 차라리 사이표를 없애고, 그것을 어떻게 발음하는가는 정서법에서가 아니라 표준발음법에서 정하는 방향으로 정리된 것이라고 생각된다. 이렇게 해서 10년 남짓 사용되어 온 부호는 자취를 감추게 되었지만, 음운 변화가 일어나도 형태소를 고정적으로 표기한다는 기본 원칙, 즉 '형태주의'는 유지되었다.

풀어쓰기의 도입을 서두를 필요가 없어짐으로써 또 하나 영향을 받았

사이표(')와 풀어쓰기

'54년 철자법'에서는 '사잇소리' 현상이 일어나는 경우에 사이표를 붙이게 되어 있었다. 예를 들어 '일'과 '군'을 합한 '일군'이라는 말은, 54년 철자법 이전에는, ① '일꾼'이라고 표기하고 있었다. 다시 말해 '사잇소리'를 반영하여 접미사 '군'을 변화시키고 있었다. 그런데 54년 철자법에서는 ② '일군'으로 적게 되었다. 사이표의 삽입으로 접미사 '군'이 고정적으로 표기되게 된 것이다. 그에 비해 '66년 규범집'에서는 "발음교육 등을 목적으로 하는 특수한 경우를 제외하고는 모두 없앤다"로 변경되었다(제18항). 그 결과 66년 규범집에서 앞의 사례는 사이표 없이 ③ '일군'으로 단지 두 개의 어사가 나란히 표기되었다.
이들을 로마자로 단순히 풀어쓰기로 하면, 각각 ① ilkkun(종래의 방식), ② il'kun('54년 철자법'), ③ ilkun('66년 규범집')이 된다. ①과 ③에서는 형태소가 어디에서 구분되는지 알기 어렵지만, ②에서는 그것을 확실히 알 수 있다. 그러나 모아쓰기대로라면 ③에서도 문자의 경계가 형태소의 경계가 된다.

다고 생각되는 것이 띄어쓰기이다. '54년 철자법'에서는 '단어'를 단위로 잘게 띄어쓰기를 하고 있었다. 그 결과 예를 들어 '조선민주주의인민공화국'은 4개 단어로 나뉘어 '조선 민주주의 인민 공화국'으로 표기되었으며, 인명도 예를 들어 '김일성'도 이어서 쓰는 것이 아니라 성과 이름을 나누어서 '김 일성'이라고 표기하는 것이 원칙이었다. 현행 남북의 정서법에 비하면 지나치게 띄어 쓰는 것이지만, 이것은 장래 풀어쓰기의 도입을 염두에 둔 개혁이었다고 생각하면 납득이 간다. 풀어쓰기의 한 덩어리는 모아쓰기보다 가로로 길어지게 되는데, 너무 길게 늘어나면 가독성이 낮아지기 때문이다. 실제로 김수경은 그의 형태론(K1956c: 52~53쪽)에서 풀어쓰기를 했을 때는 읽기 쉽게 하기 위해서라는 관점에서 어간과 토 사이도 띄어 쓰는 편이 낫다고까지 제언했을 정도이다('토'의 자율성과의 관계에서 쓰고 있다). 또 인명을 풀어서 썼을 때에도 성명의 사이에 빈칸이 없으면 성과 이름을 구분하기 어려워지는 것은 말할 필요도 없다.

다만 모아쓰기가 계속되는 동안은 그렇게까지 띄어 쓸 필요는 없다. 실제로 띄어쓰기에 대해 김일성은 언어학자들에게 준 교시(1966)에서, "지금처럼 너무 많이 띄여쓰면 읽기 힘듭니다"라고 비판하면서 "글자들을 좀 붙이는 방향으로 나가야 합니다"라고 말했다(김일성, 1969: 292쪽). 그래서 '66년 규범집'에서는 "단어를 단위로 하여 띄여쓰는것을 원칙"이라고 하면서도, 명사가 '토' 없이 이어지는 경우에는 "하나의 대상으로 묶어지는 덩이를 단위"로 하여 띄어 쓰게 되었다.

지나친 띄어쓰기를 완화하고 부호(사이표)를 없앰으로써 남북 간 언어 규범의 차이는 약간 엷어지게 되었다. 더구나 그것은 김일성의 교시에 의해 견고한 것이 되었다. 그것은 또한 형태주의라는 원칙 자체는 유지하면서도, '54년 철자법'에 남아 있던 김두봉적인 요소("여독"이라고도 말해졌다), 다시 말해 장래의 풀어쓰기를 염두에 두고 도입했던 정서법의 요소를 완전히 제거하는 작업이기도 했다.

조선어학사의 혁명 전통화

근대 조선어학의 창시자로서 주시경의 정통성은 적어도 1960년대 중반까지는 유지되었다. 그도 그럴 것이 김일성 자신이 그러한 과거의 '혁명'과 '유산'의 계승을 권고하고 있었기 때문이다. 55년 연설에서 김일성은 외국의 것만 존중하는 정신을 교조주의라 비판하고, 조선 혁명에 계승되어야만 하는 '민족적 전통'을 옹호했다. 그 후 제3차 당 대회(1956년 4월)에서도 사회과학 분야의 연구자들에게 "선진 과학"의 섭취에 힘씀과 동시에, "과거의 우리 나라 과학 문화의 우수한 유산을 계승하며 일체 과학 연구 자료들을 수집, 정리"할 것을 요청했다.[24] 그래서 그 결과 이듬해인 1957년에는 곧 《주 시경 유고집》이 과학원에서 간행되었다.

　　과학원의 김두봉과 김수경 비판(1958)에서는 "김 두봉만이 주 시경 선생의 학설을 계승"한 계보처럼 서술한 것을 비판했다. 아울러 "《조선어학회》가 주 시경 선생의 기치를 높이 들었"다고 서술했다.[25] 즉 주시경에서 김두봉을 거치지 않고 조선어학회에 모인 연구자(필시 그 필두로서 염두에 두고 있던 사람은 리극로)를 경유하여 조선 북반부의 언어학계로 이어지는 계보를 재구축한 것이다.

---

[24] 《로동신문》 1956. 4. 24.
[25] 〈우리 당의 과학 정책에 보다 충실한 조선 언어학을 위하여〉, 《조선 어문》 1958-3, 8쪽.

그 뒤에도 창시자로서의 주시경의 위치는 주년周年 행사를 통해 반복
적으로 확인되었다. 1961년의 탄생 85주년 행사는 문화회관에서 성대하
게 열렸다.[26] 《로동신문》 기사 가운데 눈에 띄는 것만을 보더라도 서거 50
주년(1964년 7월), 서거 52주년(1966년 7월), 탄생 90주년(1966년 12월)에
즈음하여 각각 특별 기사가 게재되었다.[27] 이 가운데 탄생 90주년의 특별
기사에서는 박의성이 주시경의 사상을 "애국자주사상"이라 불러 평가하
는 논문을 게재하고, 리극로가 〈잊을수 없는 스승〉이라는 글을 한 편 기
고했다. 그런데 1967년 이후가 되자 현창의 대상으로서 주시경의 이름이
당 기관지에서 사라져 간다.

주시경에 대한 이러한 평가의 변화는 다른 분야에 비추어 봄으로써 그
위상을 파악할 수 있다. 주시경 평가와 같은 시기에 역사학 분야 등에서
정약용과 박지원 등 조선시대의 이른바 실학자가 적극적으로 평가되고
있었다. 원래 이들 두 사람은 김일성이 55년 연설에서 "우리 나라의 선진
적 학자, 작가들"의 예로 든 인물이었다. 이러한 흐름이 바뀐 것은 1967
년이었다. 같은 해 5월, 당 전원회의에서 갑산계의 당내 고위직 등에 대
한 비판이 행해졌다. 그때 숙청된 사람 중 한 명인 박금철에게 씌워진 혐
의의 하나는 당 간부들에게 정약용의 《목민심서》를 읽게 하여 '봉건 유교
사상'을 유포했다는 것이었다. 이것을 받아 '혁명 전통'에 반하는 '봉건
유교사상'에 대한 비판이 진행되었고, 실학파에 대해서도 부정적 평가가
내려지게 되었다(이종석, 1995: 303~311쪽).

이와 같은 맥락에서 조선어학의 계보도 '혁명 전통'에 입각하여 더듬

[26] 〈학계 소식〉, 《조선 어학》 1962-1.
[27] 《로동신문》 1964. 7. 28, 1966. 7. 27, 1966. 12. 21.

어 보게 되었고, 결과적으로 주시경이 거당적으로 적극 현창해야 할 존재로서의 지위를 잃게 되었다고 생각된다. 1967년 8월의 《어문연구》에는 〈언어학분야에서 당정책과 혁명전통을 더욱 깊이 연구하자〉라는 논설이 게재되었다.[28] 거기에서 "유일사상체계를 튼튼히 세우기 위하여서", "오늘의 성과의 모든 근원을 [김일성의] 항일무장투쟁의 혁명전통에서 찾는"다고 강하게 촉구했다. 그 결과 주시경에 대한 언급은 주변화되었을 뿐만 아니라 조선어학사를 더듬어 올라간다는 작업 자체가 이후 보이지 않게 된다. 김대가 50년간의 조선어 연구의 성과를 집대성한 문헌 목록을 봐도 언어학사와 관련한 논문·단행본은 1967년부터 1981년까지는 공백이다(김영황·권승모 편, 1996: 549~551쪽). 그만큼 지적 계보의 커다란 재편이었다.

이론적 권위의 일원화

그러면 외국 문헌의 참조는 어떠했을까? 역시 과학원에서 "말 공부"에 불과하다고까지 비판받음으로써(→제5장), 김수경의 외국어 논문에 대한 참조는 거의 사라졌다.[29] 대학의 강의에서는 외국어 서적을 읽고 있긴 했어도 논문에 명기되는 일은 없었다. 그때까지 김수경 언어학의 중요한 특징은 각국의 언어와 언어학과의 관계 안에서 조선어학을 쌓아 올리려 한

---

28 〈언어학분야에서 당정책과 혁명전통을 더욱 깊이 연구하자〉, 《어문연구》 1967-3.
29 1960년대에 김수경이 집필에 관여한 것 가운데 외국 문헌이 언급된 것은 《현대 조선어 1》(K1961a)뿐인데, 그것도 스탈린의 낡은 민족론과 작가 고리키의 문화와 언어에 대한 대목을 인용하는 정도였다.

것이었는데, 그 부분이 '교조주의' 비판의 결과로 무대 뒤편으로 사라지지 않을 수 없게 되어 버렸다. 이는 조선어학계 전체의 경향이기도 했다. 1950년대에는 스탈린의 언어학 논문의 영향도 있어서 왕성하게 소련의 언어학 문헌이 번역 출판되고 있었지만, 1960년대 이후에는 그러한 번역서는 눈에 띄지 않는다. 과학원의 잡지에도, 예외적으로 1964년에 소련의 스미르니츠키와 중국의 뤼수샹呂叔湘의 논문이 각각 번역 게재된 것 외에, 1960년대에는 번역 논문 자체가 없어졌다.

이는 이론적 권위의 원천이 김일성으로 일원화되어 가는 것과 불가분의 관계에 있었다. 그때까지라면 스탈린, 레닌 혹은 소련 언어학자들의 이름이 자주 등장하고 있었는데 모두 김일성의 말로 치환되어 버렸다. 이같은 변화의 선명한 사례가 김수경이 중심적인 집필 담당자였던 대학 교과서 《현대 조선어 1》(K1961a)에 보인다. 그 책의 〈조선어 표준어의 형성 과정과 그 발달의 민족적 자주성〉이라는 절에는 Ⅲ(289쪽)에서 내가 인용한 김수경의 논문이 원형이 된 대목이 있다. 1952년 김수경은 스탈린의 논문에서 '견인성'이라는 핵심어를 추출하면서, 그것을 일본제국주의하의 조선의 언어에 적용했다. 그것을 다시 한번 새롭게 서술하면서, 김수경은 스탈린의 말을 김일성의 것으로 완전히 바꿔 놓았다(K1961a: 40쪽).

또한 수십년 동안 일본 제국주의자들은 조선을 강점하고 조선 인민의 언어와 문자를 파괴하고 말살하려고 광분하였다. 이 시기의 정형에 대하여 김 일성 동지는 다음과 같이 말씀하시었다.

"여러 분도 잘 아시는 바와 같이, 일제 강점자들은 조선에서 얼마나 악독한 압정을 하였습니까? 놈들은 조선 인민을 억누를대로 억누르고, 빼앗을대로 빼앗았으며, 우리 력사와 우리 문화와 우리 말을 파기하려

하였고, 나중에는 조상을 모독하여 성까지 갈게 하였던 것입니다."

그러나 이와 같은 조건 밑에서도 조선 민족과 조선어는 능히 견대여 내였으며 살아 나왔다. "조선 인민은 굴복하지 않았습니다. 자기를 잊지 않았습니다. 자기 력사를 고이 간직하였으며 자기 문화를 비밀히 사랑하였으며 자기 말을 버리지 않았습니다." 이와 같이 조선어는 자기의 문법 구조와 기본 어휘를 고수하여 일본 제국주의자들의 강제적 동화 정책에 항거하여 커다란 견인성과 비할 바 없는 저항력을 보여 주었다.

력사는 조선 인민이 항상 자기의 언어의 민족적 차추성을 고수하여 왔다는 것을 보여 주고 있으며, 조선 민족의 추체성과 그 언어의 견인성을 증명하는 이러한 력사적 사실은 오늘날 조국의 남반부를 강점한 미 제국주의자들이 조선 인민의 유구한 문화와 언어를 말살하고 자기들의 《문화》와 언어를 강요하려는 책동이 얼마나 야수적이며 침략적인가 하는 것을 증시하고도 남음이 있다(방점은 인용자).

위에서 겹따옴표 안의 말은 1948년 1월 김일성이 한 말을 인용한 것이다.[30] 이것을 앞의 인용문(289쪽)과 대조해서 봐 주기 바란다. 이야기의 취지와 기본 정신은 바뀌지 않은 채, 그 근거가 되는 인용문이 스탈린에서 김일성의 것으로 깨끗이 치환되어 있다. 스탈린의 말을 흉내 내서 말한다면, '형식에서의 김일성주의, 내용에서의 스탈린주의'라고 할 수 있을까?

---

[30] 원문에서의 인용 부분은 겹따옴표(" ")가 아니라 겹화살괄호(《 》)로 묶여 있다. 이 인용은 김일성의 〈조국의 통일 독립과 민주화를 위하여〉(1951년 판)에 수록되어 있는 것이라는 정보만이 적혀 있다. 내용으로 미루어 이것은 〈우리는 이 해에 무엇을 할 것이며 어떻게 일할 것인가〉(1948년 1월 12일)에서의 인용이라고 생각된다.

그중에서도 주목해야 할 부분은 언어의 "견인성"과 "민족적 자주성"이라는 스탈린의 논문에서 추출된 핵심적인 키워드를 그대로 살리면서, 그것을 새로이 "주체성"과 병치한 것이다. 실로 이것은 스탈린주의가 주체사상과 접속하면서 바뀌는 지점을 대단히 정확하게 보여 주고 있다.[31]

이상과 같이, 김수경이 월북 후부터 몰두했던 것들 가운데 정서법에서의 형태주의라는 기본 원칙과 '민족적 자주성'이라는 사상은 그 모습을 바꾸면서도 계승되었다. 한편, 풀어쓰기와 사이표, 신6자모, 주시경으로부터의 계보 구축, 외국 문헌의 참조 등의 구체적인 모습은 상당 부분 사라졌다.

*

이 책에서 논의해 온 언어 규범화에 주목하면서 북한에서의 '주체화' 과정을 돌이켜 보면, '주체의 형이상학'이라고나 해야 적절할 것 같은 모습이 떠오른다. 이하에서는 문법론과 문자론에 의거하여 그러한 점을 논의하는 것으로 이 장의 마무리에 갈음하고자 한다.

'토'를 둘러싸고 '주체 확립'이 논의된 것은 그것이 인도유럽어족의 언어들과 같은 이른바 굴절어에는 없는 독특한 문법 요소이기 때문이다. 일본어도 명사 등에 붙는 조사를 보면 비슷한 부분이 많은데, 조선어 문법에서 말하는 '토'와 같이 용언의 활용어미 등도 아울러서 논하는 용어는 없다. 즉 '독자성'이라는 관념이 성립할 수 있는 것은 그것을 다른 것과 비교한다는 계기가 있어야 비로소 가능하게 된다. Ⅲ에서 김수경의 형태

---

[31] 이 인용 부분은 《현대 조선어 1》(K1961a)을 "수정 보충"한 제2판 《조선어 어휘론 및 어음론》(K1964a: 40쪽)에서도 변경은 없다. 단지 소련의 자리매김만이 변경되었다.

론(K1956a·c)에 대해 살펴보았지만, 거기에서 그가 '독자적'으로 '고유'한 것으로서 '토'의 이중성을 논할 수 있었던 것은 다른 언어의 문법서와의 집요하기까지 한 대조 작업에 입각한 것이었다. '독자성'의 성립에는 '외부'가 전제로서 존재하고 있었던 것이다.

1958년에 김수경이 비판받을 때, 김두봉을 '추종'했다는 이유 외에 유일하게 김수경에게만 향해졌던 비판이 바로 이 형태론에서 외국 문헌을 적극적으로 참조한 것이었다. 교조주의적이다, 창조성이 없다, 말 공부에 지나지 않는다는 등의 비난이 김수경에게 퍼부어졌다. 토의 자리매김을 둘러싸고 문법상의 '주체 확립'에 대한 치열한 토론이 진행된 것은 그 후의 일이었다. 1960년대에는 아직 소련의 문법론이 참조는 되고 있었지만 점차 보이지 않게 되었다.

문자를 둘러싼 상황도 이와 비슷한 점이 있다. 김두봉이 숙청됨에 따라 문자개혁의 도달점으로 풀어쓰기를 상정하는 것이 사라졌다. 풀어쓰기 연구의 종언은 1964년에 김일성이 직접 선언했는데, 김일성은 풀어쓰기 대신 외래어와 한자어 등의 어휘 정리를 중시해야 한다는 교시를 내렸다. 풀어쓰기의 오랜 전통을 가지고 있는 것은 인도유럽어족의 언어들이다. 풀어쓰기에 대한 지향성에는 구미의 '문명'에 대한 외경의 염원 같은 것이 있다고 생각되는 만큼, '주체화' 과정에서 그것에 몰두하는 것을 중지한 것은 이치에 맞는다. 그러나 역으로 한글이 네모꼴인 것은 한자와의 역사적 종속성을 시사할 수 있는 것이고, 바로 그렇기 때문에 한국전쟁 전에 풀어쓰기를 강력히 주장했던 어느 학자는 한자를 '방귀方鬼'라고까지 부르며 조롱했다.[32] 네모꼴의 한글이 남아 있다는 바로 그 이유로, 한자에서 유래한 말을 조선의 고유어로 바꾸어 나가는 '말 다듬기'가 그때 이상으로 중요한 과제가 된 것이 아닐까?

이러한 일련의 움직임들은 주체사상의 확립 과정과 상동적이다. 주체
사상을 구축해 나가는 과정에서, 민족의 '외부'에 있는 권위에 대한 참조
를 사대주의와 교조주의라 하여 소거하고, 그것을 가능한 한 '내부'의 것
으로 치환해 가는 작업이 진행되었다. 즉 '외부'의 기원을 소거함으로써
독자적인 것이 부상했던 것이다. 그러한 내셔널한 독아론獨我論이라고나
해야 하는 것을 구축할 때의 키워드가 '주체'였던 것인데, 흥미롭게도 그
용어 자체가 원래 '외부'성을 잉태한 것이었다.[33] 즉 주체라는 개념은 원
래 subject, sujet, Subjekt 같은 단어의 번역어 중 하나로, 일본어 등을 경유
하여 조선어의 어휘가 된 데에서도,[34] 그것이 핵심어가 된 배경에 소련과
중국 등과의 관계 변화가 있었던 데에서도, 김일성이 고집했던 조선어의

---

[32] 리만규(1950: 35쪽)는 "글자 하나 쓰는데 좌우 상하로 붓끝이 왕래하며, 방형으로 구성
하는 글자는 중국인 자신이 이름 지은 방귀方鬼란 한자이다. 세종도 이 방귀에게 홀리
어서 가로 쓰기까지 머리가 돌지 못하였던 것이다"라고 말했다. 한국어로 '방귀'란 'お
なら'라는 뜻이다. 중국에 정말로 이러한 단어가 있는지는 불분명하지만, 루쉰魯迅이
1934년에 쓴 〈신문자에 대하여〉라는 칼럼에서, "방괴方塊의 한자는 진실로 우민정책의
이기利器이다"라고 말하고 있는데(魯迅, 1937: 195쪽), 이 '방괴方塊'는 '네모나다'라는 뜻
에 지나지 않는다. 리만규가 이것을 오해한 것일 수도 있고, 그 나름의 농담이었을지도
모르나, 상세한 것은 알 수 없다.

[33] 이 언저리의 '주체'에 관한 논의는, 酒井直樹(1997: IV장)*의 번역과 주체에 관한 논고에
서 시사를 받았다. 또한 사카이酒井가 '主体(주체)'의 '잡종성'이라 부르고 있는 것을, 이
책에서는 '외부'성으로 치환했다. 그리고 말할 필요도 없이, 쓰여진 것(エクリチュール)
과 소리(声)와의 관계에 주목하여 형이상학 비판을 행한 것은 ジャック デリダ(1976)*이
다.

*(옮긴이 주) 전자의 한국어판은 [사카이 나오키, 후지이 다케시 옮김, 《번역과 주체》, 이
산, 2005]이고, 후자의 한국어판은 [자크 데리다, 김성도 옮김, 《그라마톨로지》, 민음사,
1996]이다.

[34] 일본에서의 번역어로 '主体'에 대해서는 小林(2010)을 참조할 것.

'고유어'가 아니라 한자어였던 데에서도, 처음부터 '외부'성을 가지고 있었다. 한자가 아니라 한글로 씀으로써 그 '외부'성의 일부가 소거되었다고 해도, 풀어쓰기의 검토를 중단함으로써 한자 두 글자와 정확히 대응하는 네모꼴의 두 글자로 쓰인 점에서는, 그 흔적을 문자의 형태로 남기게 되었다. '주체'는 항상 이 '외부'성을 형상으로 남기면서도, 김일성의 독창적인, 혁명 전통에 따른, 타 언어로는 번역 불가능한, 유일무비의 사상으로 체제화되었다.

문체론에서도 소쉬르의 랑그와 파롤의 변주라는 '외부'의 이론적 흔적을 떠올리게 하는 언어학자였던 김수경이라는 이름은, 그러한 '주체'의 확립이라는 상황 속에서, 보이지 않게 되어 간 것이었다.

제6장

재회와 복권

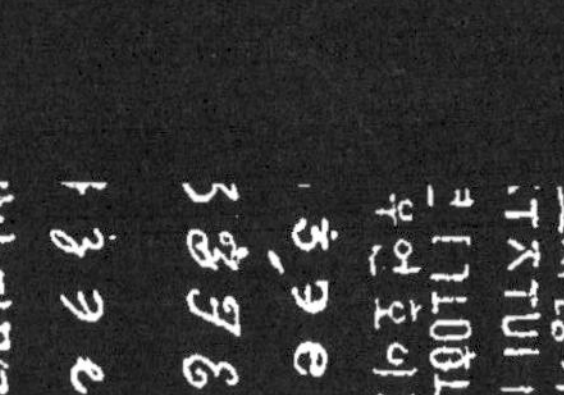

김수경의 인생은 그 혼자만의 것이
아니다. 특히 1950년까지 함께하다가 그 후 어쩔 수 없이 이별할 수밖에
없었던 가족들에게 김수경은 그 부재에도 불구하고, 아니 부재했기 때문
에 계속 커다란 존재로 남아 있었다. 마지막 장인 제6장에서는 주어를 김
수경의 이산가족으로 바꾸어, 그 경험의 연장선에서 그의 만년의 연구 활
동을 그려 나가고자 한다.

　앞 부분에서는 시곗바늘을 다시 돌려, 김수경 가족의 이주와 정주, 이
산과 상봉의 실현까지의 경험을 그린다. 김수경 가족의 역사는, 물론 그
의 발자취와 떼려야 뗄 수 없지만, 한편으로는 그 자체가 독자적인 행보
이기도 하다. 이 군상극의 등장인물 대부분은 여성들이다. 특히 김수경
의 아내 이남재, 어머니 이소옥, 여동생 김정아, 둘째 딸 김혜영 등이 이
야기의 중심이 된다. 김수경 자신은 다양한 삶의 흔적을 활자 자료 등으
로 남겼지만, 가족의 경험은 그러한 것이 거의 없다. 그래서 제6장에서는
인터뷰를 비롯해 전자메일, 김수경이 이남재와 그 자녀들에게 보낸 서
한, 사진 등 각종 개인 자료들로 그 경험을 재구성한다.[1] 이렇게 해서 가
족의 이산에서부터 소식 불통의 시기, 북미 이민을 거쳐 둘째 딸과의 재
회(1988)까지의 과정을 먼저 좇는다. 이는 김수경의 발자취와는 사뭇 다
른 생활–가족사이다.

후반부에서는 이 문맥에 만년의 김수경의 활동과 연구를 중첩시킨다. 이미 언급했듯이, 김수경의 연구 업적도, 그 발자취도 1968년부터 1988년까지는 거의 알 수 없다. 이 기간의 직함은 국립도서관(1982년부터는 인민대학습당)의 사서였지만, 직무 내용도, 그간의 개인적인 경험도 현시점에서는 불분명하다. 1988년 이후 주로 조선어사와 관련된 연구로 학계에 다시 모습을 드러냈는데, 월북 후에는 거의 현대 조선어의 연구에 전념했던 것을 고려하면, 예전의 관심 주제로 돌아간 것처럼 보이기도 한다. 제3장에서 검토한 한국전쟁 수기를 집필한 것도 이 무렵이다. 연구자로서나 개인으로서나 만년의 김수경의 시선은 과거를 향해 있었던 것이다. 이 장의 후반은, 이러한 연구들과 발자취를 자리매김하는 한편, 그것을 둘러싼 가족의 경험을 그린다.

---

[1] 이남재와는 2014년 5월 12일 토론토 외곽의 자택에서 인터뷰를 가졌다. 김정아와는 2016년 9월 14~15일에 로스앤젤레스 교외의 한 레스토랑에서 인터뷰를 했다(15일에는 김수경의 조카에 해당하는 김연아도 동석). 김혜영과는 무수한 전자메일 교환을 통해 다양한 이야기를 들었다. 일일이 출처를 밝히지는 않았지만, 가족에 관한 많은 서술은 그녀로부터 얻은 것이다. 김수경은, 내가 참고할 수 있었던 범위 안에서 1986년부터 1999년까지 이남재에게 29통(병상에서의 대필을 포함), 4명의 자녀들에게 36통의 편지를 보냈다. 이것들은 거의 모두 토론토의 자택에 보관되어 있다. 가족 측이 김수경에게 보낸 편지는 사본이 없어 현재 볼 수 없다.

1
이주와 정주, 이산과 연결

한국전쟁 전의 이주와 가족

이남재는 1919년 12월에 중국 동북부 간도(옌볜) 터우다오구頭道溝에서 태어났다. 그의 할아버지 이준래는 독실한 기독교 신자로 터우다오구에서 제칠일안식일교회 장로를 맡고 있었다. 경기도 광주 출신인데, 독립운동에 협력한 후 일제의 탄압을 피해 간도로 이민한 것으로 전해진다.[2] 이남재는 그 후 1936년에 서울의 이화여자전문학교 문과에 입학했다. 1940년에 졸업한 후, 같은 학교 종교부 예과 학생들과의 성경 강독, 평양여자고등성경학교에서의 영어교육(전시하에 국외로 추방된 외국인 교사의 대용 교원) 등의 경력을 갖고 있다. 여기까지는 확실히 '신여성'이라 부르기에 어울리는 행보이다. 하지만 이남재는 1943년 김수경과 결혼한 후

---

[2] 실제로 안식일교는 1910년대에 산다오구三道溝와 터우다오구를 거점으로 만주 선교를 개시했다(한국기독교역사연구소, 1990: 129~130쪽).

일단 가정 내의 사람이 되었다(《그림 6-1》).

결혼 후 처음에는 도쿄에서 둘이 살았다. 그러나 여름에 서울 혜화동(당시에는 경성부 혜화정)으로 이사했다. 거기에서 김수경, 그의 어머니(이소옥), 당시 배화고등여학교에 다니던 여동생(김정아) 등과 함께 살게 되었다. 김수경에 대한 학도병 압력이 커진 데다(→제1장), 이남재가 이미 임신한 상태였으며, 도쿄의 배급 식량 사정이 좋지 않았던 것도 서울로 이주하게 된 계기의 하나였다. 1944년 1월에 첫째 혜자惠慈[3]가 태어났고, 1945년 5월에는 둘째 태정泰正이 태어났다. 해방 당시에는 여섯 명이 살고 있었던 셈이다.

김수경의 아버지와 형은 고향 통천에 있었다. 아버지 김선득은 둘째 부인 및 그 아이들과 가정을 이루고 있었다.[4] 형(장남) 김복경은 도쿄농업대학에서 공부했고, 졸업(1935) 후에는 서울 명륜동에 아버지가 마련해 준 집에 살면서 총독부의 교과서 관련 하청 일을 하고 있었다. 그 후 이순정과 결혼하여 1939년에 첫 아이를 낳았다(이후 1960년까지 3남 6녀를 두었다). 1944년에 김선득은 장남을 그 가족과 함께 통천으로 불러들였다. 전쟁이 격화되고 서울에도 폭격이 가해진다는 소문이 나돌자 바쁜 일을 도와 달라면서 일종의 비서 역으로 고향에 돌아오게 한 것이다.

가족 간 최초의 분단은 1945년 8월에 찾아왔다. 조선이 해방되면서 38

---

[3] 출생 시에는 일본식으로 '혜자惠子'라는 한자 표기였으나 해방 후 곧바로 '혜자惠慈'로 변경했다고 한다.

[4] 전쟁 전에 김선득이 통천군 제일의 명사로 활동했다는 것은 제1장에서 서술한 바와 같다. 어느 시기 이소옥이 장기 입원해 있는 동안 집안일을 거들어 주고 있던 한 여성이 김선득의 두 번째 부인이 되어 그 자녀까지 태어났다. 그것을 용서하지 못했던 이소옥은, 남편에게 서울의 혜화동에 집을 짓게 하고, 진학한 딸(김정아)과 도쿄에서 돌아온 둘째 아들 부부(김수경과 이남재)와 함께 살게 된 것이었다.

〈그림 6-1〉 김수경과 이남재의 결혼식(1943)

선을 경계로 미소 양군에 의해 남북한이 분할 점령되었다. 이에 따라 이남의 서울(혜화동)에는 김수경과 그 가족이,[5] 이북의 통천에는 김수경의 아버지와 형 및 그 가족이 살게 되었다. 소련군이 북한에 진주해 들어오자 자산가였던 김선득은 '반동분자'로 체포되었다. 김복경과 그의 가족이 월남한 것은 추운 겨울이 지난 1946년 3월의 일이었다.[6] 기차를 타고, 해안에서부터는 증기 기선을 타고 해로를 통해 남쪽에 도착했다. 거기에서 서울로 올라가 그곳에서 살게 되었다. 김선득도 그 후 얼마 지나지 않아 석방되자 월남하여 어머니 황숙인(김수경의 할머니), 둘째 부인 및 그 아들과 함께 옛 거점이었던 군산으로 이사했다.

　이와 같은 월남의 흐름과 정확히 엇갈리듯이 김수경과 이남재 등은 월북했던 것이다. 이미 언급한 대로 1946년 8월에 먼저 김수경이 동지들과 함께 38선을 넘었다. 이남재가 김수경의 결의를 들은 것은 출발 전날 밤이었다. 이남재는 중요한 일을 직전까지 알리지 않은 것에 무척 서운함을 느꼈다고 한다. 남편보다 약 2개월 늦은 10월에 이남재는 38선 월경을 알선하는 브로커가 지정한 날에 두 아이와 월북했다.[7] 조금 더 늦게 이소옥과 김정아도 12월에 합류했다. 그리고 여섯 식구가 평양 룡흥리에 있는 김일성종합대학 관사에서 살게 되었다. 평양에 정착한 후 1948년 3월에 셋째(혜영)가, 1949년 11월에 넷째(태성)가 태어났다.

[5] 이 중에는 김차득(김선득의 쌍둥이 동생)의 막내딸(김수경의 사촌 여동생 중 한 명)인 김순아도 혜화동 집에 함께 거주한 적이 있었다. 1939년에 통천에서 서울의 숙명고등여학교로 진학했는데(《매일신보》 1939. 3. 20), 역시 사촌인 김정아와도 사이가 좋았다고 한다.

[6] 김선득의 어머니(김수경의 할머니) 황숙인은 1949년 군산에서 타계했다(《群山新聞》 1949. 4. 7·4. 8).

[7] 당시 두 살이었던 혜자는, 가는 도중에 "이 도락구[트럭]는 좋은 도락구, 우리 아버지한테 가는 도락구"라는 자신이 만든 노래를 부르며, 아버지가 있는 곳으로 갔다고 한다.

관사는 당시 대학 본청사에 있던 김수경의 연구실에서 바로 보이는 위치에 있었다. 아이들은 연구실을 나와 집으로 돌아오는 아버지를 멀리서 보고는 달려나가 맞이하기도 했다. 가족들에게 이 무렵의 기록은, 큰아들과 큰딸이 나란히 있는 사진과 작은딸의 백일과 돌잔치 사진 정도밖에 남겨져 있지 않다.

장남인 김태정은 이 '건국의 집 4호'와 그곳에서 살던 가족의 모습을 부분적이나마 선명하게 기억하고 있어서, 그것을 건축 설계사답게 솜씨 좋게 도면으로 그려 주었다(《그림 6-2》). 어린 김태정이 그 집으로 이사 가던 날, 닭장에서 기르려고 닭을 사고 부뚜막에 솥을 건 사실에 무척 기뻐하며 "닭 사~았지! 솥 걸어~었지!"라고 몇 번이나 말했던 것은 가족들 사이에서 이야깃거리가 되어 왔다. "닭 사고 솥 걸고 남향 바른 집에서 영구히 살 줄 알았었지요"라고 기록되어 있듯이, 이 도면에는 잠시 함께 살았던 가족 생활의 추억이 담겨 있다. 현관으로 들어오는 아버지의 모습, 거실에서 축음기를 틀고 사교춤 연습을 하는 아버지와 고모(김정아)의 모습, 거의 집안일을 하지 않던 아버지가 부엌 선반을 설치하는 모습, 옆집 여성들과 담소를 나누는 할머니(이소옥)의 모습, 어머니가 조산사를 불러다가 낳은 동생(태성)의 모습, 지금은 세상을 떠난 누나(혜자)와 뛰어놀던 안마당 ……

이 집에서 함께 살던 김정아의 이야기를 들어 보자. 월북 전에 김정아는 중앙여자전문학교(중앙대의 전신) 국문과를 다녔다. 외삼촌(이소옥의 동생)인 리종식이 교편을 잡고 있었기 때문이라고 한다. 리종식은 중앙여전 경제학과장 및 부교장까지 지냈다. 그러나 마르크스주의 경제학을 강의했다는 이유로 교장(임영신)으로부터 탄압을 받자 1946년 8월 말일 자로 사직했다. 그 후 얼마 지나지 않아 리종식은 월북하여 9월 19일 자로 김

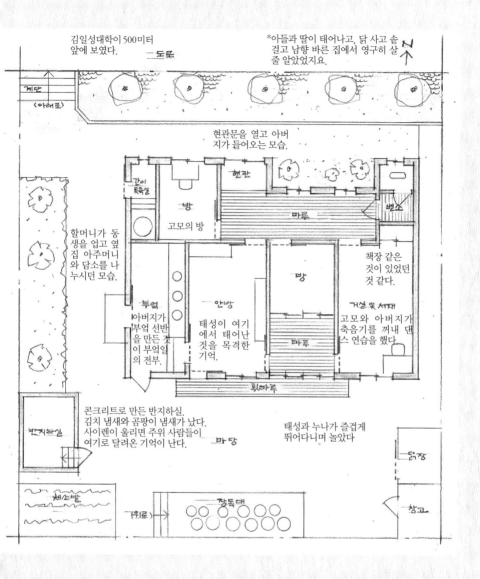

김일성대학이 500미터 앞에 보였다.

도로

*아들과 딸이 태어나고, 닭 사고 솥 걸고 남향 바른 집에서 영구히 살 줄 알았었지요.

N

계단
〈아러로〉

현관문을 열고 아버지가 들어오는 모습.

현관

간이 목욕실

방

고모의 방

마루

변소

할머니가 동생을 업고 옆집 아주머니와 담소를 나누시던 모습.

방

책장 같은 것이 있었던 것 같다.

부엌

아버지가 부엌 선반을 만든 것이 부엌일의 전부.

안방

태성이 여기에서 태어난 것을 목격한 기억.

거실 및 서재

고모와 아버지가 축음기를 꺼내 댄스 연습을 했다.

마루

툇마루

콘크리트로 만든 반지하실. 김치 냄새와 곰팡이 냄새가 났다. 사이렌이 울리면 주위 사람들이 여기로 달려온 기억이 난다.

반지하실

마당

태성과 누나가 즐겁게 뛰어다니며 놀았다

닭장

채소밭

〈위로〉

장독대

창고

〈그림 6-2〉 김일성대학 관사의 평면도(김태정)

김태정(1945~)이 기억을 더듬어 재현한 '건국의 집 4호' 평면도에 기억에 남는 일화를 덧붙인 것이다.

일성대학 법학부 교수가 되었다.[8] 이 외삼촌과의 관계로 중앙여전에 잠시 다녔던 김정아는, 월북 후 김일성대학에 입학하여 러시아 문학을 공부했다. 제1기생이며, 18명 중 여학생은 한 명뿐이었다고 한다.[9] 김정아는 이 무렵 오빠의 언어학 강의를 들은 적이 있었다. 그러나 자세히 기억하는 것은 강의 내용이 아니라 시험에 대한 불만이었다. 김일성대의 시험은 필기가 아니라 구술시험이었다. 오빠가 여동생을 시험한다고 해서 주위에 구경꾼들이 모여들었다. 그녀는 모든 물음에 대답을 잘했다고 생각했다. 그런데 오빠는 5점 만점에 3점밖에 주지 않았다. 다른 과목에서는 이렇게 나쁜 점수를 받은 적이 없는데 오빠만 그렇게 했다. 항의를 했지만 오빠는 끝내 석차를 바꿔 주지 않았다. 화가 나서 그 이후로는 말도 하지 않았다. 김정아는 상당히 억울했는지 인터뷰 도중에 이 이야기를 몇 번이고 되뇌었다. 다만 오빠에 대해서는 "천재요, 천재. 9개국 언어를 했어요"라고 말하며 능력을 칭찬하기도 했다.

"닭 사고 솥 걸고" 영원히 계속될 줄만 알았던 가족 생활은, 그러나 참혹하게도, 1950년에 갑자기 끝을 고하게 된다.

---

[8] NARA의 노획문서(RG242, SA2006/12/32.1)에 있는 1947년도 〈金日成大學發令件〉(北朝人委教育局)에 이력서와 자서전이 포함되어 있다.

[9] 2016년 9월에 만났을 때 푸시킨의 시만큼은 기억한다며, 여러 차례 〈나의 기념비Exegi monumentum〉를 러시아어로 암송한 바 있다. 인터뷰 당시 발음이 좋다고 칭찬해 드렸는데, 실제로도 깔끔한 발음이었다.

한국전쟁과 이산

전쟁 발발 직전 북에는 김수경과 그 가족 8명(평양)이, 남에는 형 김복경과 그 가족 7명(서울) 및 아버지 김선득과 그 가족(군산)이 살고 있었다. 하지만 한국전쟁의 결과 북에는 김수경만 남았고, 김선득은 목숨을 잃었다. 전시하의 김수경의 행보는 제3장에서 자세히 그렸으므로, 여기에서는 다른 이들의 이산 경험에 대해서 서술하고자 한다.

우선 이들 가운데 가장 비참한 운명을 맞은 사람은 김선득이었다. 김선득은 전쟁 발발 직전인 1950년 5월 30일에 실시된 제2대 국회의원 선거에 군산 지구에서 무소속으로 출마했다.[10] 결국 낙선했고, 그 직후에 한국전쟁이 발발했다. 한 달이 채 안 되어 인민군이 군산을 점령했다. 길거리에 붙은 선거 포스터로 얼굴과 이름이 특정되었던 김선득은 바로 붙잡혔다가 9월 중순 유엔군과 한국군의 인천상륙작전 후 처형되었다. 추석(이 해는 9월 26일) 전후 시기에 인민군이 한창 북으로 후퇴하는 중이었다. 이 무렵 인민군 점령하에서 구금되어 있던 정치범(기결, 미결 포함)이 정치보위부 주도하에 즉결처형된 사례는 많다. 유엔군의 상륙과 점령에 대비해 모종의 중앙의 지시가 있었던 것으로 보인다(윤경섭, 2011).[11]

서울에 있던 김복경은 전쟁 발발 당시 혜화동에서 부산으로 출장을 가던 길이었다. 그러나 역까지 갔을 때 폭격기가 날아가는 것이 보여 전쟁

---

[10] 《동아일보》 1950. 5. 9.

[11] 군산에서 가까운 전주형무소에서 일어난 비슷한 사건에 대해서는 진실화해위원회 (2010) 참조. 1952년에 한국 정부가 조사한 바에 따르면, 인민군 점령지에서 살해된 민간인은 군산 지역에서만 515명이었는데, 그중 70퍼센트 이상은 9월 말에서 10월 초에 살해되었다(정병준, 2010b: 493~499쪽).

이 일어났음을 알고 집으로 되돌아갔다. 만약 이때 부산까지 갔더라면 가족은 뿔뿔이 헤어졌을지도 모른다. 이순정(김복경의 아내)은 당시 출산 전이라 밥 먹기도 힘들어하던 처지여서 피란을 포기했다. 얼마 지나지 않아 인민군이 서울을 점령했다. 점령하의 서울은 수송이 중단되어 식량이 부족하기 일쑤였다. 그래서 김복경은 집에서 옷가지 등을 가지고 가서 농민의 농산물과 교환하여 식량을 조달했다. 그러나 인천상륙작전 후 어느 날 총탄이 옆집을 직격하여 유리창 등이 모두 깨졌다. 이대로는 살 수 없다고 판단한 김복경은 서울을 떠나 피란하기로 했다. 바로 그 무렵 평양에서 온 이남재 등과 조우한 것이었다.

그렇다면 평양의 상황은 어땠을까? 이남재는 남편이 8월에 이남으로 파견된 후, 다른 가족들과 함께 평양 근교의 강동군 원흥리에 집단적으로 피란해 있었다. 9월 하순 이후 인민군의 후퇴가 시작되자 서서히 김일성대 교원들도 돌아왔다. 고령인 탓에 원래 이남으로 파견되지 않았던 교원과, 파견은 되었지만 일찍 소환되었던 교원 61명이 교원단을 형성하여 10월 8일에 북쪽을 향해 후퇴를 시작했다(김일성종합대학, 1956: 75쪽). 공식 대학사에서는 일제히 후퇴한 것처럼 기술되어 있지만, 실제로는 그리 매끄럽지 못했다. 피란지에 있던 이남재는 어느 날 문득 밖으로 나와 보니 김일성대 교원 가족들 중 상당수가 이미 어디론가 떠나 버렸음을 깨달았다. "어쩌면 옆 가정에 말도 없이 자기네만 피란 가니⋯⋯." 그녀는 약간의 불신감을 품는 한편, 자기들만 남겨졌을지도 모른다는 생각을 하기 시작했다. 폭격은 더욱 심해지고 있었다. 날은 차츰 추워져 가는데 겨울옷도 변변히 갖고 있지 못했다. 먹을 것도 없었다. 이대로 여기서 기다려도 될지⋯⋯.

그렇게 망설이고 있을 때, 김수경의 경성제대 법문학부 동기였던 김득중이 이남에서 후퇴해 왔다. 그는 자신이 마지막이다, 더는 돌아올 교원은 없다고 했다. 이 말이 결정적이었다. 이남재는 남편이 북으로 돌아오지 못하고, 남쪽 어딘가에 숨어 있을 가능성이 있다고 생각했다. 그렇다면 김대 교원단을 따라 북상해서 돌아올지 어떨지 알 수 없는 남편을 기다리기보다는 자신들 힘으로 남하하여 남편을 찾는 편이 낫겠다고 판단했다. 그래서 마찬가지로 아직 살아 돌아오지 않은 리종식의 처자와 함께 남으로 향했다. 그것이 10월 20일 무렵의 일이었다.

이남재는 김수경의 어머니(이소옥)와 함께 자녀 4명을 데리고 서울까지 걸어가야 했다. 위의 두 아이는 아직 어려도 걸을 수 있었지만, 셋째 혜영은 아직 두 살 반, 막내 태성은 아직 돌도 되지 않았다. 이남재는 더 무거운 혜영을 업으려고 했지만, 이소옥은 "아니다. 태성이는 아직 젖 먹는 아이이니 네가 업어야 한다. 아무리 같이 피란길을 걷는다 해도 사람 일은 알 수 없으니, 내가 젖먹이를 업었다가 너와 잠시라도 헤어지게 되면 이 어린것은 굶을 수밖에 없지 않겠니?"라며 혜영을 업기로 했다고 한다. 이렇게 그들은 다른 피란민들에 섞여 걸어서 남으로 향했다. 황해도까지 걸어가니 짐을 싣지 않은 미군 트럭이 보였다. 이남재는 유창한 영어로 미군에게 말을 걸어 서울역까지 태워다 달라고 부탁했다. 미군은 이를 받아들여 이 피란 가족을 서울까지 짐칸에 태워 주었다.

서울에 도착하자, 먼저 원래 집인 혜화동으로 향했다. 그곳에는 집을 맡았던 김복경의 가족이 아직 살고 있어서, 짧은 기간이나마 함께 지내게 되었다. 그러나 서울은 이미 안주할 수 있는 땅이 아니었다. 물자가 부족해 생활이 어려웠다. 그때 이남재의 꿈에 김수경이 나타나 돈을 건넸다. 이상한 꿈을 꾸었다고 생각했다. 그런데 얼마 안 있어 김복경이 혜화동 집이 팔렸다며, 그 절반의 금액을 이남재에게 건넸다. 그러나 너무 적은 액수였다. 그도 그럴 것이, 김복경이 보증인이 되어 있던 지인의 사업이 실패하여 집이 경매에 나와 저당분을 공제한 금액만이 수중에 남았기 때문이다. 집을 잃고 얼마 안 되는 돈을 들고 서울을 떠날 수밖에 없었다.

남에서의 정착과 북미로의 이민

서울을 떠나서 김복경 가족과 이남재 가족이 향한 곳은 김복경 아내(이순정)의 친정이 있는 전라북도 옥구군 임피면이었다. 김복경의 고향(통천)은 이북에 있고, 이남재 쪽 가족도 도대체 어디에 있는지 당시에는 전혀 알 수가 없었다. 이남재에게는 동서의 친정이라는 상당히 입장이 난처한 곳이었지만, 그곳으로 피란을 가는 것 외에 다른 선택지가 없었다.

이남재의 가족은 이순정의 아버지가 지은 육각형 벽면을 한 '육모정'이라 불리는 별장에서 살게 되었다. 조선에서 '정亭' 자는 정자를 의미하는데, 입지와 건축 양식은 풍류가 있지만 일상 생활을 상정해서 지어진 것은 아니다. 장소도 마을에서 조금 떨어진 곳에 자리 잡고 있었다. 그곳에 거주하게 된 것은, 물론 그곳밖에 살 공간이 없었다는 것이 하나의 이유였겠지만, 그와 함께 '빨갱이 동생의 가족'이라는 사실을 잘 모르도록 마을 사람들로부터 격리시키는 것도 이유의 하나였다고 한다. 거기에서 한동안 피란민용 배급 물자에 의존하며 생활했다.

도쿄농대 출신이었던 김복경은 얼마 지나지 않아 이리농과대학교(1951년부터는 국립전북대학교로 흡수 통합)에서 교편을 잡게 되었다. 김정아도 육모정에서 함께 살았지만, 곧 오빠(김복경)가 소개한 동료 식물병리학자 김종희(마찬가지로 월남자)[12]와 결혼해 육모정을 떠났다.

엉겁결에 가장이 된 이남재는 자녀들을 위해서라도 일자리를 찾아야 했다. 이화여전에서 가르쳤던 경력으로 보면, 당시 교원이 부족했던 한국 사회에서 당장 일자리를 얻을 수 있었을 것이다. 그러나 월북 경험이 있고 공산주의자가 아닌 '양민'임을 증명하는 서류도 없어서, 곧바로 일자리를 구하지는 못했다. 1952년에는 이리로 이사하여, 육모정과 달리 전기가 있는 집에서 살면서, 잡화점을 열어 아이들의 사탕과 학용품을 파는 장사도 했다. 그러나 국민학교에 다니는 위의 두 아이의 교과서를 살 금전적 여유조차 없어, 빌려 온 교과서를 손으로 베껴서 겨우겨우 넘기는 형편이었다. 이남재는 너무나 괴로워 스카프를 머리에 두르고 고개를 숙인 채 길가에서 김수경이 남기고 간 귀중한 장서를 팔기도 했다. 그것이 남편에게 얼마나 소중한 것인지 충분히 알면서도 한 행동이었다.

겨우 안정적인 일자리를 구한 것은 1953년 봄이었다. 김종희의 여동생 소개로 경상남도 밀양군 무안면의 교원으로 채용된 것이다. 이남재가 밖에서 일하고 이소옥이 살림과 육아를 맡아하는 생활이 시작되었다. 1954년에는 밀양 시내의 중학교로 옮겼다가, 이듬해에 진영의 중고등학교에 부임하여 국어와 영어를 가르쳤다. 진영에서는 교장이 나이 많은 시어머니와 살고 있는 이남재를 배려하여 교장용 넓은 관사를 배정해 주었다.

남편이 살아서 평양에서 연구자로 활동하고 있는 것 같다는 소식이 은밀히 이남재에게 전해진 것은 이 진영 시절의 일이었다. 제5장에서 언급한 것처럼, 1956~1957년에 걸쳐 김수경과 고바야시 히데오 사이에 일시적인 편지 왕래가 있었고, 그것을 고바야시가 수필로도 활자화했다. 고

---

[12] 김종희는 함흥 출신으로 도쿄농대를 나와 해방 후에는 원산농업대학에서 가르쳤다. 한국전쟁 중 이른바 '흥남 철수'로 미군의 배를 타고 월남했다.

바야시는 서울대에서 교편을 잡고 있던 옛 제자 이숭녕에게 김수경의 소식을 전했다. 이숭녕은 가족 모두와 친분이 있던 김복경에게 이 소식을 전했다. 그리고 김복경이 경상남도에 있던 이남재를 찾아가 그 사실을 알렸던 것이다.

남편이 이북에 살아 활동하고 있다는 소식에 이남재의 가슴은 틀림없이 뛰었을 것이다. 그러나 반공을 국시로 하는 나라의 일개 교사로 이미 한 가족을 부양하던 형편에서 할 수 있는 일은 아무것도 없었다. 그렇지 않아도 정부의 정보기관에서 심심찮게 찾아와 "남편의 생사를 아느냐", "남편과 어떤 연락을 하느냐"고 이남재에게 따져 묻곤 했다. 그러한 상황이라 남편 소식을 반길 수조차 없어 초조함만 더해 갔다.

이남재와 이소옥은 네 자녀에게 어릴 때부터 김수경 이야기를 많이 했다. 아이들은 고바야시 히데오도, 오구라 신페도 '이웃집 아저씨' 얘기처럼 듣고 있었다. 다만 아버지 얘기는 밖에서 하지 않는 게 낫다고 했고, 아이들도 어느새 알아듣게 되었다. 침묵을 지키기도 했고 모두 공부를 열심히 한 것도 있어서, 아버지 일로 친구들로부터 괴롭힘을 당한 경험은 특별히 없었다고 한다. 김수경이 북에 아직 살아 있다는 이야기에 대해서는 조심스럽게, 천천히, 아이들에게 전했다. 아이들 또한 가족 외에 일체 그 이야기를 하지 않았다.

1961년에 두 가지 커다란 변화가 일어났다. 먼저 이소옥이 세상을 떠났다. 서울, 평양, 옥구에서 생사를 함께하며 손주들을 돌보고 집안일을 도맡아 했던 이소옥. 그녀는 둘째 아들 수경을 "쉬겡이"라는 애칭으로 부르며 끔찍이 사랑했다. 남쪽 땅에서도 생이별한 아들을 자나 깨나 걱정하고 있었다. '쉬겡이'의 환영을 보고 툇마루에서 떨어질 뻔한 적도 있었다. 이따금 이남재에게 "오늘 신문에 뭐 통일된다는 말은 없디?"라고 묻기도 했다. 그런 이소옥이 아들을 보지 못한 채 숨을 거둔 것이었다. 이것은 이 가족들의 마음에 커다란 구멍을 남겼다. 나중에 그 죽음을 알게 된 김수경은 "그 무덤이라도 어루만지고 싶다"며 깊이 슬퍼했다고 한다(金惠英·金泰成, 2015: 17쪽).[13]

또 다른 변화는 이남재가 부산시 교육청에 채용되어 2학기부터 부산시로 옮겨 간 것이다. 이남재는 자녀들이 상급학교로 진학할 것을 생각하며 전부터 부산으로의 이동을 간절히 원했는데, 결국 성사된 것이다(〈그림 6-3〉). 위의 두 아이(혜자와 태정)는 부산의 고교에 진학했고, 아래 아이는 중학부터 부산에서 공부하게 되었다.

맏딸 김혜자는 고등학교를 졸업하고 진로를 결정할 나이가 되었다. 그때 그녀가 선택한 것은 간호학의 길이었다. 당시 박정희 군사정권하에서 개발독재가 진행되던 한국에서 간호사는 여성이 사회 진출의 길을 개척하는 자격의 하나였을 뿐만 아니라, 서독을 필두로 하여 구미로 취업 목적의 이주를 위해서도 유리한 직종이었다(나혜심, 2012; Hong, 2015: chap. 8). 김혜자에게 그것은 이주를 통해 아버지와의 접점을 찾고 싶다는 바람과도 이어져 있었다. 이남재는 음으로 양으로 '아버지 찾기'를 가족적인 과제로 자녀들에게 전하고 있었다. 김혜자는 의식적이든, 무의식적이든 그에 부응할 수 있는 길로 나아갔던 것이다.

당시 부산에는 미국 가톨릭계 메리놀수녀병원의 부속간호학교(현 부산 가톨릭대학교)가 있었다. 영어를 모어로 하는 수녀 교원과 미국 유학에서

---

[13] (옮긴이 주) 원문은 板垣竜太·コ ヨンジン編(2015)에 실린 일본어로 인용하고 있으나, 여기에서는 도시샤대학 인문과학연구소에서 간행한 《社會科學》 제44권 제1호에 실린 한국어 원본에서 가져왔다. 이하 같음.

돌아온 한국인 교원들이 가르치고 있었고, 북미의 간호문화를 배우는 곳이기도 했다. 김혜자는 1963년에 이 학교의 제1기생으로 입학하여 1967년에 졸업했다.

김혜자가 졸업할 무렵, 이남재는 남편의 '호적 정리'를 했다. 호적 정리란 한국전쟁으로 행방불명이 되거나 사망하거나 새로 월남한 사람들에 대해 실태에 맞게 호적을 변경하거나 가호적을 만드는 것을 말한다. 한국 정부는 일본이 식민지 통치를 위해 도입하고 전쟁 동원을 위해 확장한 호적 제도(신분등록)와 기류寄留 제도(주민등록)를 계승했는데, 1961년 쿠데타로 집권한 박정희 정권은 좀 더 정확한 인구 파악을 위해 여러 가지 정책을 도입했다. 공산주의에 대항하는 체제를 정비하는 데 등록 누락과 이중 등록, 허위 등록 등이 항상 정권의 골칫거리가 되었기 때문이다(板垣, 2003). 그 일환으로 1967년부터 한국 정부는 실종 선언을 간편하게 처리할 수 있도록 하는 한편, 새롭게 '부재'라는 범주를 만들어 철저한 인구 파악을 도모했다.[14]

이러한 새로운 제도에도 불구하고 이남재가 선택한 것은 '실종'이나 '부재' 선고가 아닌 '사망' 신고였다. 이전에도 몇 차례 '호적 정리' 기간은 있었지만, 살다 보면 다시 만날 수 있을지도 모를 사람을 '정리'하기가 망설여져 그대로 있었다. 그러나 딸이 해외로 이민을 갈지도 모르는 시점이 되자, 이남재는 남편의 존재 여부를 애매하게 하여 자녀의 출국 허가에 장애가 되어서는 안 된다며 마침내 '정리'하기로 결단했다. 남편이 북에 살고

---

[14] 《동아일보》1966. 8. 20~, 9. 17~, 12. 22;《경향신문》1966. 8. 31. 다만 부재선고제도는 그다지 활용된 것 같지는 않으며, 1967년 1월부터 제도를 개시했지만, 7월에는 거의 실효성을 갖지 못했다고 보도되었다(《경향신문》1967. 4. 21;《매일경제》1967. 7. 11).

〈그림 6-3〉 부산에서 교사로 재직하던 무렵의 이남재

(비고) 1971년 설날에 일직을 하고 있는 모습.

있을 가능성을 법적 서류로 남겨 두었다가, 나중에 뭔가 곤란한 일이 생길지도 모른다는 점을 무겁게 본 것이다. 그래서 아예 '사망'으로 신고하기로 했다. 그렇다 해도 사망신고에는 엄격한 증명이 필요하다. 그 무렵 통천에서 피란 온 법무사가 있어서, 그 사람이 직접 "통천은 전쟁 당시 불바다가 되어 사망한 사람이 부지기수"라는 사실을 증명하는 증인이 되어 주었다. 나아가 그 사람의 도움으로 의사의 사망진단서도 취득했다. 이 절차를 마침으로써 자주 찾아오던 정보기관의 심문은 사라졌다고 한다.

이남재는 남편이 정말로 죽었다고 생각해서 신고한 것이 아니다. 오히려 살아서 어떻게든 재회한다는 신념이 있었기에 사망신고를 한 것이다. 슬픈 일이지만 반공체제하에서 이러한 고뇌의 선택을 한 이산가족은 드물지 않다(김귀옥, 2004: 190~197쪽). 냉전은 이미 곤경에 처한 이산가족의 개개인들을 더욱 몰아붙여 그렇게 잔혹하고 그렇게 모순으로 가득 찬 결단을 강요했던 것이다.

김혜자는 졸업 후 메리놀병원에서 간호사로 일하다가 옛 은사의 소개로 한 남자를 알게 되었다. 두 사람은 1970년에 결혼하여 어렵게 비자를 취득한 후 캐나다로 이주했다. 처음에는 밴쿠버에서 살다가 2년 뒤 토론토로 이사해 그곳에 정주하기로 결심했다.

김혜자의 뒤를 이은 것은 둘째 딸 김혜영이었다. 그녀는 1969년 교육대학을 졸업하고 초등학교 교사로 3년간 일하다가 과로로 그만두고 결혼했다. 경희대의 음악학부 3학년에 편입했으나, 어머니도, 시부모도 캐나다 이민을 권유하여, 1973년에 토론토로 이주했다(경희대는 이민 후에 졸업). 처음에는 공장에서 야근도 하고, 컴퓨터에 자료를 입력하는 단순노동 일도 했다. 1980년에 이런 인생을 보내고 싶지 않다는 생각에 토론토대학 문리학부에 다시 입학했다. 언어학과 언어교육에 관심이 많아서이기도 했지만, 그런 분야를 연구하다 보면 언젠가는 아버지를 만날 수 있을지도 모른다는 기대도 있었다. 1989년에는 토론토대학 동양학과에서 한국어 강사를 시작하게 된다.

장남 김태정은 1972년에 홍익대 건축미술학부를 졸업하고, 설계 사무소 근무를 거쳐 1974년에 가족의 초청으로 캐나다로 가서 건축설계 사무소에서 일하게 되었다. 1979년에는 이남재가 교원 생활을 마치고 퇴직하여 역시 토론토로 이민을 했다. 둘째 아들은 이민을 가지 않고 한국과 독일에서 연구를 계속하여 한국에서 대학 교수가 되었다. 이로써 이남재와 그의 세 자녀가 토론토에서 살게 되었다.

편지 교환과 재회의 실현

당시 토론토는 북한과의 교류에서 중요한 거점이 되어 있었다. 그 상징적인 존재가 토론토한인연합교회에서 장로를 지낸 전충림이다. 1973년《뉴코리아 타임스》라는 신문을 창간한 전충림은, 박정희 군사독재정권에 반대하여 해외에서 민주화운동을 전개하는 언론인이 되었다. 1979년에 평양에서 개최된 세계탁구선수권대회에 언론인으로 참가했다가 생이별한 누나와 재회한 것을 계기로, '해외교민 이산가족 찾기 모임'을 조직했다. 1980년부터 평양에서의 이산가족 상봉을 주선하여, 1988년까지 미국에 거주하는 동포 1,000여 명, 캐나다 동포 300여 명이 북한을 방문했다.[15] 그 교회에 김혜영 부부가 다녔다. 하지만 그것은 어디까지나 토론토의 코

---

[15] 《민중의소리》 2007. 7. 19;《한겨레신문》 1988. 7. 9.

리안 사회에 이산가족 상봉의 가능성이 어느 정도 있었다는 데 불과했고, 전충림의 인맥을 통해 김수경과 연결될 수 있었던 것은 아니었다.

김수경의 희미한 소식은 다시 일본을 거쳐 날아왔다. 1980년 11월에 도호쿠東北대학의 연구원이 고구려 유적지를 답사하는 방북·방중단을 조직했다. 이 방문단에 언어학자 나카무라 다모쓰中村完가 있었다. 나카무라는 도쿄교육대학 재학 시절 고노 로쿠로 밑에서 공부했고 그 관계로 김수경이 "걸출한 조선인 언어학자"라는 말을 자주 들었는데, 이번 방북에서도 꼭 만나 보라는 권유를 받았다. 방문 전부터 나카무라는 김수경과의 면담을 신청했다. 나카무라의 간곡한 부탁에 따라 수용기관인 조선대외문화연락협회는 수십 차례나 국립도서관에 요청했다. 그 요청이 받아들여져 30분뿐이었지만 국립도서관에서 나카무라 다모쓰와 김수경의 만남이 실현되었다. 나카무라는 방북 보고서를 정리한 책에 사진을 싣고 다음과 같이 설명했다(東北大学学者訪朝·訪中団, 1981: 32~33쪽).

> 선생님의 빠른 말투가 예리한 두뇌 회전의 속도를 느끼게 한다. 일찍이 김일성종합대학 언어학 담당이었지만, 위대한 주석의 배려에 의해 현재의 일에 종사하고 있다는 것, 그리고 조만간 완성될 인민학습당(세계적인 규모의 도서관이기도 하다)의 용무를 위하여 지방 출장 중이었음을 설명하신다. 새로운 일에 거는 선생님의 의욕이 샘솟는 듯했다. 한국의 언어학자 중에서는 이희승 선생을 아신다고 한다. 하루빨리 남북 학자 동석하에 공통의 언어 문제를 토의해야 한다고 열심히 주장하셨다.

사실 그 이전부터 나카무라 다모쓰는 김수경의 친족들과 인연이 있었다. 나카무라가 1960년대에 2년간 초빙교수로 근무했던 한국외국어대학교 일본어과에 공교롭게도 김수경의 조카딸 김완식(김수경의 형 김복경의 셋째 딸)이 학생으로 다녔다. 한 수업에서 나카무라가 한 언어학자에 대해 이름을 밝히지 않고 말했다. 김완식은 아무리 생각해도 삼촌의 이야기임에 틀림없는 것 같아, 수업이 끝난 후에 나카무라의 연구실을 찾았다. 나카무라는 김수경의 이야기가 맞다며 기뻐했고, 그 후 도호쿠대학에 취임한 후에도 김완식과 편지를 주고받았다. 나카무라는 이 방북 소식을 김완식에게 전했고 김완식은 연하장으로 이남재에게 전했다.

이 소식을 듣고 1983년 둘째 딸 김혜영이 일본을 방문했다. 국제교류기금 프로그램에 선발되어 15일간 일본어 연수를 하기 위해서였다. 그 기간을 이용해 그녀는 나카무라 다모쓰를 만났다. 센다이仙台의 나카무라는 평양에서 찍어 온 사진을 다섯 세트 준비해 건네주었다《그림 6-4》. 그녀에게는 두 살 때 평양에서 생이별한 이래 30년도 더 흐른 후에 접하는 아버지의 모습이었다. 이어 그는 도쿄의 고노 로쿠로에게 전화를 걸어 '김수경의 딸'이라고 알렸다. 고노는 너무 놀라 말을 잃었다. 고노는 호텔까지 칠기를 들고 찾아왔고, 그래도 믿을 수 없다는 투였다고 한다. 그리고 차분한 어조로 김수경은 조선어학자로서 많은 공헌을 했고, 앞으로도 더 많은 공헌을 할 수 있는 학자라고 말했다.

다만, 이는 어디까지나 간접적으로 전해진 소식일 뿐이다. 오랜 시간이 지나고, 비로소 직접 편지를 주고받을 수 있게 된 것은 1986년이었다. 1985년 옌볜대학교의 역사학자 고영일이 토론토에서 강연을 했다. 이남재는 광고에서 강연 소식을 보고 행사장으로 달려갔다. 강연이 끝난 뒤 이야기를 나누던 중 고영일의 입에서 1950년대에 김수경이 옌볜을 방문했을 때의 이야기가 나왔다. 이에 이남재가 고영일에게 편지를 전해 줄수 없겠느냐고 부탁하자 고영일은 흔쾌히 승낙했다. 고영일은 9장의 사진이 동봉된 그 편지를 옌볜으로 가지고 돌아가서 평양으로 가는 이에게 전해 달라고 부탁했다. 그 답장이 평양에서 옌볜으로 인편으로 왔고, 그 편지를 고영일이 토론토로 우송했다. 그리고 마침내 1986년 봄, 김수경 의 답장이 이남재에게 전해졌던 것이다(《그림 6-5》).

1986년 1월 15일 자로 "남재에게"라는 수신자 이름으로 시작되는 김 수경의 4장짜리 편지[16]는, 아내를 "당신"이라 부르며 전체가 경어체로 씌어 있어, 이남재에 대한 경의와 미안함과 이해해 달라는 뜻으로 가득 차 있다. 편지는 다음과 같이 기쁨과 흥분과 당혹감이 뒤섞인 감정의 토로로 시작된다.

> 당신이 심장으로 써보낸 편지(그리고 사진 9매)를 정확히 받았으며 격동 된 심정을 누르면서 한자한자 읽어내려갔습니다. 남북이 통일되기전 에는 당신과 아이들의 소식을 알길이 없으리라 단념하다싶이 하던 차 에 이렇게 편지를 받으니 커다란 기쁨과 슬픔이 엇갈리는 가운데 오래 동안 망연할뿐이었습니다.

그리고 1950년 8월부터 이 편지를 쓰기까지의 경험을 한 단락으로 일 거에 정리한다. 다음으로 그동안 이남재의 노고에 대한 위로와 감사의 말 을 전한다. 더하여 서로 아는 사람들의 소식을 전하기도 하고 묻기도 한 다. 여기까지 이렇게 쓰고 나서 김수경은, "나는 당신이 리해[해] 주리라 믿으면서 량해를 구해야 할 일이 있습니다"라고 말을 꺼내고는, "[여동

---

[16] 이와 함께 4명의 자녀에게도 2장의 편지를 동봉했다. 이에 대해서는 金惠英·金泰成 (2015: 31~35쪽)에 전문을 전재, 번역했다.

〈그림 6-4〉 나카무라 다모쓰와 김수경(1980)

(비고) 중앙도서관에서 촬영한 사진.

생] 정아보다 한 해 아래 반에서 공부한 김정순이라는 녀성"과 재혼했다는 사실 및 북에서 낳은 4명의 자녀의 존재를 전한다. 이어서 이국땅에 있더라도 조국을 잊지 말라는 당부와 함께 자신은 수령 밑에서 열심히 살고 있으며 건강도 좋다는 일상적인 이야기, 그리고는 "사진을 보면 당신은 도무지 늙지 않았군요"라는 말을 덧붙인다. 마지막으로 평양에 조선해외동포원호위원회가 있으니 앞으로는 인편이 아니더라도 편지는 올 것이고, 상봉의 날이 올 것으로 믿는다면서 김수경은 붓을 놓았다. 안에는 4장의 사진이 동봉되어 있었다.

이남재에게, 기쁨과 함께 그것을 훨씬 뛰어넘는 슬픔이 동시에 찾아왔으리라는 것은 상상하고도 남음이 있다. 그토록 기다리던 남편의 육필 답장이 왔다, 그런데 재혼 사실이 적혀 있다, 36년 동안 혼자서 자녀를 키우며 남편과 재회하기 위한 노력을 계속해 왔고 주위에도 자기 남편에 한해서는 그런 일은 없다, 자신이 잘 안다고 했던 그녀의 믿음이 한순간에 와르르 무너져 내렸다, 이남재에게 이제 김수경은 다른 세상의 다른 사람과 함께 있는 것이다, 가족에게 자살을 암시하는 일도 있었다. 너무나 큰 충격에 도저히 답장을 할 수 없었다.

아무 일도 못하고 있는 사이에 그해(1986) 말 김수경으로부터 고영일을 경유하여 다시 편지가 왔다.[17] 거기에는 "올해 초에 보낸 내 편지를 받았는지요. 우리의 한 차례의 편지 교환 이후 당신의 두 번째 편지가 오기를 몹시 기다리고 있습니다"라고 답신에 대한 기대가 씌어 있었다. 하고 싶은 말이 끝이 없다고 하면서도, 용건은 단 한 가지로 한정했다. 조선해외

---

[17] 김수경의 편지 날짜는 1986년 11월 5일로 되어 있고 그것을 인편으로 받은 고영일이 12월에 토론토로 보냈다.

남 재 에게

　당신이 심장으로 써 보낸 편지 (그리고 사진 9매)를 결황히 받았으며 격동된 심정을 누르면서 한자한자 읽어 내려갔습니다. 남북이 통일 되기전에는 당신와 아이들의 소식을 알길이 없으려라 단념하다 싶이 하던 차에 이렇게 편지를 받으니 커다란 기쁨과 슬픔이 엇갈리는 가운데 오래 동안　망연 할 뿐이 있습니다.

〈그림 6-5〉 김수경이 이남재에게 보낸 서한(1986)

(비고) 위는 편지의 서두 부분. 아래는 동봉된 사진 한 장.

동포원호위원회에 상봉을 신청해 달라, 그러면 이쪽 기관도 움직일 수 있다며 구체적인 제안과 함께 방북을 간청한 것이다. 그래도 이남재는 바로 움직이려 하지는 않았다. 그 후 그녀가 실제로 방북하기까지는 10년 이상의 세월이 더 흐르게 된다.

편지 교환이 시작될 무렵, 베이징대학 조선어학자 최응구가 토론토대의 백응진을 찾았다. 백응진은 김혜영에게 학창 시절부터 강의를 맡긴 일도 있어서 그녀의 경력을 잘 알고 있었는데, 최응구와의 대화 중에 김수경에 관한 것을 물어보았다. 최응구는 "수경 선생이라면 잘 알고 있다"며 부녀가 상봉할 수 있도록 추진해 보겠다고 했다. 최응구는 1986년 북한, 중국, 일본, 북미 등지에서 연구자들이 참가하는 언어학과 문학에 관한 국제학술토론회를 베이징대학에서 개최할 당시의 주최자였는데,[18] 마침 제2회 토론회를 1988년 8월에 베이징에서 열기 위해 준비하던 중이었다. 거기에 김수경과 김혜영을 함께 초청하려 한 것이다.

학회 기간은 일 주일이었는데, 그 기간 동안 최응구의 배려로 북한 참가자 가운데에는 김수경만 싱글룸에 머물렀다. 그 방에서 드디어 김수경과 김혜영의 38년 만의 재회가 이루어졌던 것이다(《그림 6-6》). 그 부분은 김혜영이 추억에 대하여 직접 기술한 내용을 인용하자(金惠英·金泰成, 2015: 21쪽).

아버지 방으로 저를 데리고 간 분이 문을 두드리자, 아버지는 방 안으로 저만 끌어들이고는 문을 '무례할 정도로' 닫고 저를 와락 끌어안으셨는데, 그 38년 만의 포옹이 몇 분 동안 계속되었는지는 지금도 기억

[18] 《조선언어문학 국제토론회 론문집》, 민족출판사, 1988.

〈그림 6-6〉 김수경과 김혜영(둘째 딸)의 재회(1988년, 베이징)

해 내기 어려운, 그저 '영원永遠'이라는 시간이었습니다. 아버지는 이 부녀 상봉에 대해, 괴테Johann Wolfgang von Goethe의 《파우스트Faust》를 인용하여 "멈추어라 이 순간이여!"라는 말로 그 기쁨을 나타내셨습니다. [……] 매일 학회 참가자들과의 저녁 식사가 끝난 후, 제가 아버지 방으로 가서 잠시 아버지와 둘만의 시간을 가졌는데, 아버지는 저희 가족이 어긋난 길을 걸어 서로 헤어지게 된 전쟁 당시의 얘기를 꼭 해주고 싶어하셨습니다. 그래서 저녁이면 저한테 "얘, 또 그 전쟁 일기日記 계속하자"라고 하셨습니다.

김수경 자신은 최선을 다해 가족 곁으로 돌아가려 했다, 기다려 주길 바랐다는 마음으로 딸에게 한국전쟁의 경험담을 계속 들려주었을 것이다. 이후에 이 "전쟁 일기" 이야기가 회고록이 되었다는 것은 제3장에서 언급한 대로이다.

학회 기간 중에 김혜영은 아버지와 토론토 가족이 전화할 기회를 마련했다. 토론토의 이남재는 이때 전화를 받았다. 그 후 김수경이 이남재에게 보낸 서한에는 "당신의 밝은 웃음 소리를 그 날 밤 들은 것은 나에게는 정말 기쁜 추억으로 남을 것입니다"라 적은 것으로 보아,[19] 이남재와는 비교적 부드러운 대화가 오간 것으로 보인다. 첫 편지로부터 2년 이상 지나 그녀가 다소 안정되어 있었을지도 모르겠다.

그러나 같은 전화를 받은 맏딸 김혜자가 아버지에게 강하게 맞섰다고 한다. "같이 살아야 아버지지요"라며 그동안의 슬픔을 토로한 것이다. 어머니를 대신해서 맏딸로서 꼭 한마디 하고 싶었을지도 모르겠다. 사실 당

---

[19] 김수경→이남재, 1988. 8. 31 서한(김혜영 경유로 건넨 것).

시 그녀는 암 투병 중이었다. 김수경에게 첫 아이이자 가장 오래 함께 살았던 딸, 그것도 병석에 누운 딸에게서 수십 년 만에 들은 목소리가 아버지에 대한 강한 비난이었다는 것은 아마도 괴로운 경험이었을 것이다. 그러나 그는 전화를 끊을 때까지 그것을 표정에 드러내지조차 않았다.

학회가 끝난 뒤 김수경은 김혜영에게 평양에 가자, 이미 초청 절차를 마쳤으니 여비도 준비도 필요 없다고 권했다. 그녀는 곧바로 베이징의 조선영사관에서 여행용 단수여권을 만들어 2박 3일로 북한에 가게 되었다. 고려호텔에서 김수경의 이북의 막내딸과 함께 깨끗한 스위트룸에 머물렀다. 벤츠를 타고 평양에서 남포까지 각지를 다녔다. 김수경의 옛 제자라는 사람이 안내원을 맡았는데, 저녁 식사 후에는 굳이 자리를 비워 가족만의 시간을 만들어 주는 등 여러 가지로 배려해 주었다.

을밀대, 애국렬사릉, 만경대(김일성 생가), 인민대학습당, 평양산원 등을 둘러보았는데, 뭐니 뭐니 해도 인상에 남았던 것은 김대 관사 '건국의 집 4호' 터였다(《그림 6-7》). 그곳은 이미 주변에 집도 없고. 드문드문 나무가 자라고, 잡초가 무성한 공터가 되어 있었다. 김수경은 텅 빈 공간을 가리키며 딸에게 "여기가 네가 살던 김대 교원 사택 4호가 있던 자리란다"라고 말한다. 그러자 그녀의 뇌리에는 어릴 때부터 어머니에게서 들었던 아버지와의 일화가 하나둘 주마등처럼 스쳐 갔다. 직장에서 돌아온 아버지가 마루에 드러누워 두 다리로 자신을 비행기처럼 들어올렸을 때 "따~똔~"이라는 의미불명의 말을 했다는 일화, 말 배우기가 비교적 빨랐던 둘째 딸을 보고 김수경이 "요 녀석은 이다음에 내 개인 비서로 삼아야지"라고 했다는 이야기……. 그 수풀이 우거진 평양의 공터는 그녀에게 한때는 일가족이 살았던 '고향'이었던 것이다.

평양에서의 마지막 날 밤, 김혜영은 아버지의 아파트에서 저녁 식사를

〈그림 6-7〉 김혜영의 평양 방문(1988)

(비고) 위는 만경대(김일성 생가)를 방문하는 김수경, 김혜영, 김혜옥(김수경의 넷째 딸). 아래는 옛 김
일성대 관사 터를 가리키는 김수경의 모습. 나무와 잡초만이 무성하다.

함께했다. 맛있는 음식들이 즐비했지만, 다음 날 헤어질 생각을 하니 음식이 제대로 넘어가지 않았다. 아버지는 둘째 딸에게 오랫동안 사용했던 만년필을, 아내에게는 공예가가 만든 옥반지를 선물했다. 이남재에게는 결혼반지가 없었다. 1946년 가을 어린아이들을 데리고 월북할 때 장롱 서랍에 두고 가서 그대로 없어져 버렸다. 이를 김수경이 계속 마음에 두고 있다가 그것 대신으로 지인에게 만들어 달라고 부탁한 것이었다.

식사 후 아버지는 고려호텔까지 바래다주었다. 묵고 있던 숙소 입구까지 바래다준 김수경은, "푹 자라!"고 말한 순간, 얼른 문으로 몸을 숨기더니 딸의 입술에 가볍게 입술을 포갰다. 그리고 속삭이는 목소리로 "이건 네 엄마한테 보내는 것이야"라고 말했다. 너무 뜻밖의 일에 김혜영은 할 말을 잃었다. 넋을 잃고 있는 사이에 아버지는 재빨리 가족들한테로 걸어가 버렸다. 이튿날 김수경은 공항까지 바래다주었는데 결과적으로는 그때의 아버지가 김혜영이 직접 눈으로 본 마지막 모습이었다.

이 무렵, 서울은 마침 9월에 개최되는 올림픽 때문에 한창 들떠 있었다. 북한에서는 올림픽 공동개최 제안이 거부된 후, 서울 개최에 맞서 세계청년학생축전을 유치하여 한창 준비가 진행되던 중이었다. 큰 틀에서는 김혜영의 평양 방문도 이러한 남북체제 간 경쟁의 일환으로 실현된 것일지도 모른다. 그러나 구조적으로는 그랬다 할지라도, 그것은 많은 개인이 애쓴 덕분에 실현된 것이었고, 그곳에서의 재회는 그들에게 둘도 없는 경험이었던 것이다.

2
되찾은 시간

김수경은 이남재의 편지를 받고 나서, 어딘가에 밀쳐 두고 있던 것이 다시 되살아난 듯이, 옛날 가족과의 기억과 연결을 되찾기 시작했다. 그러면서 젊은 시절 몰두했던 조선어사와 관련된 연구 활동을 재개했다. 이미 언급했듯이 그가 한국전쟁 때의 회고록을 작성하려고 마음먹은 것도 이산가족과의 상봉이 계기가 되었다. 마르셀 프루스트는 미완의 장편소설 《잃어버린 시간을 찾아서》의 마지막 권을 '되찾은 시간*Le temps retrouvé*'이라고 명명했다. 프랑스어 'retrouver'는 '다시 찾아내다', '재회하다', '되찾다' 등의 의미를 가지고 있다. 김수경을 둘러싸고 여러 가지 '잃어버린 시간'이 다시 나타나기 시작한 상황과 잘 어울리는 표현이다. 이하에서는 김수경의 만년 '되찾은 시간'에 대해 이야기하기로 한다.

활동 재개와 복권

김수경이 공적인 학술 활동의 장에 재등장하는 것이 확인되는 것은 둘째 딸과 재회한 1988년부터이다. 실로 20년 만의 학계 활동이었다.

첫 번째는 1988년 5월 사회과학원이 주재하여 평양에서 개최한 〈조선 관계 전문학자들의 국제과학토론회〉였다. 이는 역사, 경제, 문학, 언어의 4개 분야에 걸쳐서 "13개 나라에서 온 165명의 학자선생들과 10명의 재일본 조선 사회과학자들"이 참가하여 대대적으로 개최된 국제학회였다.[20] 북한 측에서는 사회과학원 언어학연구소에서 13명, 각 대학에서 8명, 국어사정위원회에서 1명, 그리고 '인민대학습당 사서'로서 김수경이 참석했다.

이 국제학회에서는 김수경이 이례적인 취급을 받았다. 북한에서 김수경을 포함한 5명의 '의장'이 선출되었다. 고등교육 담당자도, 박사도 아닌 '사서'라는 김수경의 직함은 다른 4명의 의장, 즉 최정후(사회과학원 언어학연구소 실장, 교수, 박사), 정순기(사회과학원 언어학연구소 소장, 부교수, 준박사), 류렬(사회과학원 언어학연구소, 교수, 박사), 김영황(김일성종합대학 조선어문학부, 교수, 박사)과 나란히 놓이는 것이 명백히 부적합하다. 도서관에서 근무한 약 20년간 공간된 업적이 없는 사람이 이렇게까지 중용된 이유는, 다언어 화자가 참가하는 국제회의의 장에서 김수경과 같은 박식한 폴리글롯이 필요했기 때문이라고 생각된다. 또 하나 생각할 수 있는 배경은 옛 동료와 제자들이 요직을 차지했다는 점이다. 나머지 의장 4인

---

[20] 《조선관계 전문학자들의 국제과학토론회 토론집(언어학분과) 1988. 5. 11~14. 평양》, 사회과학출판사, 1989, 7쪽.

은 모두 김수경과는 구면의 연구자였다. 김영황은 저서를 함께 집필한 이였고, 최정후는 한국전쟁 전부터 김수경에게 지도를 받던 제자로 서한에서 "최정후군"이라고 부를 정도로 가까운 이였다.[21] 그러한 관계도 작용한 것으로 보인다.

그리고 그해 여름(8월) 베이징에서 제2차 조선학 국제학술토론회가 개최되었고, 그 뒷무대에서 부녀가 재회한 것이다. 이 토론회는 중국의 베이징대학 조선문화연구소와 일본의 오사카경제법과대학 아시아연구소가 공동으로 개최했다(이것이 이후에 국제고려학회로 조직화된다). 12개국에서 300여 명이 참가하여 140여 편의 논문을 발표하는 큰 학회였다. 당시 상황을 아는 사람에 따르면, 김수경은 이 학회에서도 해외 학자들에게 질문을 하는 등 국제적으로 활약하는 역할을 했던 것 같다.[22]

1988년의 학계 복귀로부터 1994년의 마지막 학술 논문에 이르기까지 김수경의 관심은 1945년 이전에 심층적으로 조사했던 주제, 즉《노걸대》를 비롯한 14~19세기 조선의 어학서에 집중되었다. 또한 이와 함께 집필을 진행하여 그것으로 뒤늦게 박사학위를 받은 것이《세나라시기 언어력사에 관한 남조선학계의 견해에 대한 비판적 고찰》(1989년 5월 간행)이었

---

[21] 김수경은 최정후를 총애하여 대학 관사에 자주 데려왔다고 하며, 토론토의 가족에 따르면 최정후는 김정아(김수경의 여동생)를 당시 짝사랑한 것 같기도 하다고 했다.

[22] 하타야마 야스유키畑山康幸가 필자에게 보낸 편지(2017. 8. 25)에 의하면, 이 학회의 언어분과에서 유일한 일본인 발표자였던 하타야마(당시 NHK 직원)는 이때 〈북한에서의 향가 연구〉라는 제목으로 전체적으로 북한의 향가 연구가 주체사상 등장 이후에 정체되었다는 취지의 발표를 했다. 발표가 끝난 후 하타야마의 자리로 김수경이 찾아와, "당신의 결론은 틀렸다. 우리나라에서는 주체사상 덕분에 향가를 비롯해 언어학 연구가 크게 진전되었다"는 취지의 논평을 했다. 다만, 말투는 온화하고 지적도 공손했으며, 저녁 연회에서는 즐겁게 대화했다고 한다.

다(K1989b). 이들 내용에 대해서는 다음 항에서 검토하기로 하고, 우선 이 시기의 활동에 대해 계속 이야기하고자 한다.

이남재의 두 번째 편지가 김수경에게 도착한 것은 《세나라시기 언어력사》를 탈고한 후인 1989년 4월이었다.[23] 그동안 김수경은 이남재의 '침묵'에서도 "섬세한 배려와 고상한 정신 세계"를 느꼈고, 배달된 편지에서도 "글자들 사이, 글 줄들 사이에 무형으로 기록된 심장의 속삭임을 읽고 듣"게 되었다.[24] 봉투에는 13장의 사진이 동봉되어 있었다. 사실 이 편지를 받기 전부터 김수경은 생이별한 가족사진 일부를 몰래 소지하고 있었다. 한국전쟁 후 북한에 있던 친척에게서 할머니, 아버지, 형, 여동생, 둘째 딸 돌날 기념, 해방 전에 아내가 평양에서 교편을 잡던 시절의 사진들, 그리고 결혼식 사진을 받아 가지고 있었던 것이다.

그러나 어머니 및 다른 세 자녀의 사진이 없어 안타까워하고 있었다. 그것이 손에 들어오자, 김수경은 답신을 통해 기쁨을 표현했다. 사진을 봐도 금강산에 가도 당신 생각이 난다, 당신이 앞으로 조국을 방문하여 함께 평양과 금강산을 거닐 날을 고대한다. 70세는 인생의 황혼이라고들 하지만 오히려 여명기다, 앞으로 편지 교환을 정상화하자는 생각을, 4월 15일에 훈장을 받았다는 소식과 함께 전했다.

이남재가 70세를 맞이하는 생일에도 김수경은 편지를 썼다.[25] 되돌아보면, 함께 있을 때 집필, 강습, 강연 등으로 밖에만 나가 있었다, 집안일도 못 하고 당신한테 제대로 된 옷 한 벌 못 사 주고 가족사진도 한 장 못

[23] 이하는 김수경→이남재 서한(1989. 4. 24)에 의한다.
[24] 김수경→이남재 서한(1993. 5. 2)에서 첫 편지를 받은 뒤의 심정을 이렇게 표현하고 있다.
[25] 김수경→이남재 서한(1989. 11. 25).

찍고 당신의 생일을 축하한다는 말도 못 건넸다, 그것을 후회만 하고 있다, 하지만 지난날을 되돌아보며 눈물을 흘리는 대신 앞으로의 일을 생각하고 싶다, 재회의 날을 낙관하며 기다리고 있다라고.

이 무렵 김수경이 베이징에 이어 다음 상봉 장소로 고려하고 있던 것은, 1990년 8월에 오사카에서 열리는 제3차 조선학 국제학술토론회였다. 베이징에서와 마찬가지로 김수경이 발표하고, 그에 맞춰 이번에는 김혜영뿐만 아니라 다른 가족도 올 수 있었으면 하고 기대하고 있었다. 다만, 김혜자(맏딸)의 병세가 악화된 데다가 이남재가 간호를 맡고 있어 출국이 불투명했다. 또한 이남재도 편지는 보냈지만, 아직 만날 마음이 생긴 것은 아니었다. 그럼에도 김수경은 발표 요지를 학회 측에 보내 가족 상봉 계획을 진행하고 있었다. 김혜영도 이 학회에 맞춰 오사카에서 열리는 국제한국언어학회[26]의 참석을 겸해서 갈 예정이었다. 당시 부산대 조교수로 서독 본에서 수개월간 머물던 김태성(둘째 아들)도 일본에 갈 계획으로, 한국 정부로부터 접촉 허가를 받은 상태였다.

이별 후 꼭 40년 만에 가족이 한자리에 모이는 다시없는 기회가 찾아왔던 것이다. 토론회가 열리기 전의 한 보도에서는 북한에서 참가하는 연구자 중 김수경, 김석형, 신구현, 류렬 등 모두 17명이 이남에 사는 가족과의 상봉을 신청했다고 전했다.[27] 즉 이 학회는 단순히 학술 교류만을 목적으로 한 것이 아니라, 분단 상황을 극복하려는 시도이기도 했다.

하지만 결과적으로 김수경의 일본 방문은 이루어지지 않았다. 정확히

---

[26] International Circle of Korean Linguistics(ICKL). 1988년 토론토대회에서 시작되었고 1990년 오사카는 제2회 대회였다.

[27] 《한겨레신문》 1990. 7. 14.

말하면, 북한의 많은 연구자의 방일이 취소되었다. 원래 북한의 연구자는 총 160명이 참가를 신청했고, 일본 정부도 전원에게 비자를 발급했다. 그런데도 개최 약 일주일 전에야 북한이 갑자기 참가 인원을 11명으로 대폭 축소하겠다는 뜻을 통보해 온 것이다. 대회 실행위원 측이 만류했지만 방침은 바뀌지 않았고, 그 이유조차 밝혀지지 않았다.[28]

마침 이 무렵 1989년의 이른바 동유럽 혁명을 계기로 한 냉전 구조 붕괴의 흐름 속에서, 한반도에서도 1990년 9월에는 남북고위급회담이 열리기로 되어 있어서 정세가 상당히 유동적이었다. 그렇게 탈냉전이 태동하고 있었기 때문에 이 학회가 대규모화되고 주목을 받은 것인데, 오히려 그 때문에 북한 측 참가자의 규모 축소로 귀결되고 만 것으로 보인다. 김수경은 결국 "논문 지면 참가자"(주최 측 표현)로만 대회에 참가할 수 있었다.[29] 김수경이 학회 기간이 끝난 뒤 이남재에게 "거의 틀림 없이 될줄로 믿고 있던 일이 급기야 마지막 순간에 파탄 되는 일이 있는것을 몇 차례 경험"했다고 굳이 쓴 것처럼,[30] 그에게도 갑작스런 반전이었다.

김수경은 오지 않았다. 김태성도 오사카행 비행기 표를 직전에 취소했

---

[28] 《朝日新聞》, 1990. 7. 28. 이 기사에 따르면 실행위원회 측은 그 이유에 대해 (1) 남북회담이 급진전되어 참석 예정 요인들이 바빠졌다, (2) 9월 남북고위급회담에서 이산가족 문제가 논의될 가능성이 있는데, 그 전에 외국에서 재회가 실현되는 것은 바람직하지 않다고 판단했다, (3) 한국 측이 이 토론회에 적극적 자세를 보이기 시작하자 일단 물러섰다는 추측을 했다.

[29] 《제3차 조선학국제학술회 론문요지(속편)》(1991. 3) 말미에 수록된 참가자 일람에 따르면 참가자는 '대회 참가자', '본편 논문 지면 참가자', '속편 논문 지면 참가자'로 구분되어 있다. 대회 참가자는 실제 참가자, '본편'은 대회 개최 전에 인쇄한 요지집에 이름이 실린 사람 중 실제로는 오지 않은 사람, '속편'은 마감 이후에 참가 신청을 하고 실제로도 오지 않은 사람을 일컫는 것으로 생각된다.

[30] 김수경→이남재 서한(1990. 9. 8).

다. 그러나 김혜영만은 오사카로 향했다. 그녀는 비록 아버지하고는 만나지 못했지만, 이 일행의 대표 격으로 왔던 김석형과는 출국 전날 호텔에서 만날 수 있었다. 김석형은 대구 출신으로 1946년 많은 가족을 남에 남겨 둔 채 김수경·박시형과 함께 월북했는데 이 회의 때 한국에서 부랴부랴 달려온 동생들과 재회를 하기도 했다.[31] 김혜영을 본 김석형은 "네가 혜영이냐?"라며 끌어안았다. 김수경 집안과 김석형 집안은 김일성대 관사에서 이웃 사이였고, 김석형의 딸과 김혜영은 태어난 것도 하루 차이였다. 그래서 김석형은, 자신의 딸처럼, 그리고 오지 못한 옛 친구를 대신해 김혜영을 끌어안았던 것이다. 그녀는 아버지에게 보내는 편지와 선물을 맡길 수 있었다. 김석형도 준비해 온 커다란 꽃다발을 김혜영에게 건넸다. 그녀는 그것을 비행기로 토론토까지 가지고 돌아갔다. 그 후 드라이플라워로 변한 꽃다발은 지금도 토론토의 집 벽에 걸려 있다.

가족에게는 힘든 나날이 계속되었다. 1991년 2월, 오랜 투병 끝에 김혜자가 숨을 거두었다. 장남으로부터 부고를 받은 김수경은 "울어도 시원치 않고 가슴을 쳐도 진정이 되지 않는 커다란 비통감에 파묻혔"다.[32] 김수경의 편지에는 딸과의 몇 가지 추억이 담겨 있다. 1943년 6월 고이시카와구(小石川区)에 있던 대학병원에서 들은 임신 확정 진단, 오랜 진통, 혜자에게 복이 있기를 바라며 매월 6일에 서울의 보육원에 조금씩 보내던 기부금, 첫돌 잔칫날 악천후와 공습경보, 좀처럼 잠들지 않는 혜자를 이남재가 밤새도록 안고 있던 모습……. 딸을 먼저 떠나 보낸 이남재도

---

[31] 《경향신문》1990. 8. 4; 《한겨레신문》1990. 8. 4.
[32] 김수경→이남재 서한(1991. 6. 23).

그 마음을 〈빈 들〉이라는 제목의 시조에 담았다.[33] 〈빈 들〉이 실린 신문을 읽은 김수경은 "한 마디 한 마디 고르고 고른 그 시어들이 나의 심금을 울리고 폐부를 찔러 줍니다"라고 소감을 솔직하게 적었다. 특히 "너 놀던 동산이야 바람 일던 가시밭길"이라는 구절이 그의 가슴을 도려냈다. 내가 일본제국주의 치하에서 조선어학의 길에 들어섰고, 미군정하에서 지하 활동에 들어갔을 때는 '가시밭길'을 각오하고 있었지만, 그때 당신과 아이들에게는 절대로 '가시밭길'을 걷게 하지 않겠다고 다짐했었다, 그런데 나보다도 당신과 아이들에게 '가시밭길'을 걷게 했다니⋯⋯.

한편 김수경의 복권은 급속히 진행되었다. 1990년에 박사학위를 취득하고, 1991년에는 교수 학직도 받았다.[34] 약관 31세의 나이에 부교수가 되었는데, 73세에 가까스로 교수가 된 것이다. 그렇다고 대학 등에서 교편을 잡은 것은 아니고, 소속은 계속 인민대학습당 그대로였다. 1992년

---

[33] 金惠英·金泰成(2015)에 작품과 일역이 실려 있다. 이 시조는 캐나다 코리안이 간행하는 《민중신문》에 응모하여(이란이라는 필명) 우수상을 획득했다(《민중신문》 1992. 4. 16·4. 24). 원문은 아래와 같다.

빈 들

고요의 저녁 빛이 살며시 내린 빈 들
앙상한 나뭇가지 새 떼마저 가 버리고
갓 잃은 딸 모습 그려 초승달을 안는다.

청초한 너의 모습 초승달로 웃는구나
너 놀던 동산이야 바람 일던 가시밭길
한 맺힌 너의 큰 날개 새 하늘을 날렴.

12월 평양에서 개최되어 6,000명의 지식인들이 모인 조선지식인대회에
도 참가했다. 그는 특별히 김일성의 얼굴이 새겨진 스위스 론진 손목시계
를 받았으며, 행사장 전시장에는 옛 경성제대 학우인 박시형, 김석형, 신
구현 같은 '형'들과 함께 김수경의 얼굴 사진도 걸렸다.[35] 1993년 7월에는
한국전쟁 정전 40년을 기념하여 열린 전국로병대회에도 참가하여 기념
훈장을 수여받았다.[36]

이렇게 급속히 복권되면서 김수경이 과거를 되돌아보는 시간은 점차
늘어갔다. 아내에게 "마음의 심층구조 속에 깊이 파묻어 두고 있는 심정
을 혼자서 반추하면서 지나간 나날들을 더듬는 때가 가끔 있습니다"[37]라
는 편지를 보낸 것은 이 무렵이다(제3장). 그것이 전쟁 수기 《배낭속의 수
첩을 펼치며》의 집필로 이어졌다.

1992년 11월 경성제대 동기였던 박시형, 신구현, 김석형, 정해진 그리
고 김수경은 신구현의 80세 생일을 축하하며 그의 집에 모였다. 1993년
5월 김수경의 75회 생일에도 이 다섯 사람이 그 자택에 모여 축하연을 열
고 옛정을 나누었다. 그때 찍은 사진(《그림 6-8》)의 뒷면에 김수경은 "홍
안의 청년들이였던 반세기 전의 나날들을 회상하며"라고 적었다. 이것은

---

[34] 교수 학직에 대해서는 《문화어학습》 2004-3호에 1992년으로 기재되어 있고, 1990년에
나온 《제3차 조선학국제학술토론회 론문요지》(본편)에는 이미 '교수'라고 적혀 있는데,
여기에서는 '교수증'을 가지고 있는 평양의 유족들의 정보에 따라 1991년을 취했다. 박
사학위가 1989년의 책에 대해서 인정되었지만, TV 프로그램 〈긍지〉(후술)에 비친 '박사
증'에 의하면, 학위 수여는 1990년 11월 22일이다(화질이 나빠 11월은 4월로도 보인다).

[35] 《로동신문》 1992. 12. 10~13; 리규춘(1996: 221~227쪽), 김수경→이남재 서한(1992. 12.
18).

[36] 《로동신문》 1993. 7. 24~26. 김수경→이남재 서한(1994. 11. 27).

[37] 김수경→이남재 서한(1993. 3. 21).

〈그림 6-8〉 김수경과 경성제대 이래의 친구들(1992)

(비고) 1992년 11월 6일 신구현의 팔순 생일 기념. 왼쪽부터 신구현(80세), 김수경(74세), 박시형(82세), 김석형(77세), 정해진(77세). 이면에 "홍안의 청년들이였던 반세기 전의 나날들을 회상하며"라고 씌어 있다.

그 연회 자리에 김수경이, 이남재가 보내 온 경성제대 시절의 사진을 확대해서 들고 나가 "10대, 20대의 홍안의 미소년 시절이 오늘과 대비적으로 회상"되었던 것을 가리킨다.[38] 젊은 나날의 기억을 함께 되살린 것이었다.

그 밖에 다른 회고의 계기도 있었다. 1993년 2월부터 두 달간 김수경은 어떤 책을 공동 편찬하기 위해 매일같이 옛 직장인 김일성종합대학에 드나들었다. 무슨 작업이었는지 정확히는 알 수 없지만,《주체의 조선어연구 50년사》(김영황·권승모 편, 1996)를 위해 과거의 연구사 정리를 돕고 있었던 것이 아닌가 추측된다(후술). 아무튼 그는 25년 만에 옛 직장을 찾으면서, 한때 자신의 사무실이었던 방이 있고 밖에는 풀밭이 되어 버린 자택의 터를 보았다. 그러자 어쩔 수 없이 어머니, 아내, 자녀들의 모습이 떠올랐던 것이다.[39]

연구사의 복원은 해방 후의 조선어학사에만 머무르는 것이 아니었다. 1993년 김수경은 인민대학습당에서 〈최근 새롭게 밝혀진 조선어학회의 성격과 그 반일애국활동〉이라는 강의를 했다(K1993). 강의 녹음 테이프에 따르면, 그때까지 북한에서 조선어학회가 '부르주아 민족단체'로 규정되어 있었기 때문에 주시경이 세상을 떠난 1910년대부터 1945년까지의 조선어학 연구와 어문운동의 역사가 공백으로 남아 있었다. 그러나 김일성이 1992년 회고록《세기와 더불어》를 간행하기 시작한 것이 전기가 되었다. 이 회고록에는 수많은 새로운 사실이 언급된 것으로 알려져 있는데, 조선어학회에 대해서도 김일성의 조국광복회와 리극로와의 관계가

---

[38] 김수경→이남재 서한(1993. 5. 2).
[39] 김수경→이남재 서한(1993. 3. 21).

거론되는 대목에서 등장했다.[40]

그 서술의 진위는 차치하더라도, 중요한 것은 조선어학회의 역사가 '혁명 전통'과 연관된 것으로 규정됨으로써 식민지기 조선어학회의 제반 활동들을 공적인 자리에서 언급할 수 있게 되었다는 점이다. 김수경은 사전 편찬, 표준어 사정, 외래어 표기법 확정, 조선어 강습 등 조선어학회의 다양한 공헌에 대해 논했는데, 특히 '한글 마춤법 통일안'에 대한 해설에 공을 들였다. 그는 주시경에게서 비롯된 형태주의의 의의, 그리고 그 형태주의와 연관지어 봤을 때 해방 후 남한의 한글 간소화 방안이 얼마나 큰 문제인지 등에 대해 언급했다. 그것은 1940~50년대에 김수경이 열과 성을 다해 논했던 것, 그 후의 역사 과정에서 이야기할 수 없게 되었던 것을 새로운 환경 속에서 되찾는 듯한 내용이었다.

TV에서도 김수경의 행보가 다루어졌다. 1994년 4월 김수경을 주인공으로 한 프로그램 〈긍지〉가 방영되었다. 그가 1인칭으로 쓴 수기를 내레이터가 읽고 영상 소재를 겹쳐 보는 '텔레비죤수기'라는 형식을 취한 15분 정도의 짧은 프로그램이었다. 전체적으로는 김일성과 김정일의 인도와 사랑 덕분에 행복하게 살고 있다는 이야기로 구성되어 있지만, 그 속에서 김수경의 식민지기 경험, 월북과 김일성종합대학 부임, 한국전쟁과 가족 이산, 인민대학습당에서의 사업, 박사학위와 교수 학직 취득 등 생

---

[40] 김일성은 《세기와 더불어》 제2권에서 만주의 우자쯔五家子에서 활동했던 최일천을 회상하고 있다. 김일성의 회상에 의하면, 최일천은 서울에 몇 차례 찾아가 조국광복회의 강령을 해설하는 등의 활동을 했는데, "그의 선동에 따라 리극로선생이 지도한 조선어학회와 민속운동도 조국광복회10대강령을 전폭적으로 지지찬동하고 그 정신에 따라 민족문화와 민족의 얼을 고수하기 위한 투쟁을 전개하였다"고 한다(김일성, 1992: 189쪽; 金日成, 1992: 144쪽).

애사를 개괄하고 있으며, 이를 통해 새롭게 밝혀진 사실도 몇 가지 있다.[41] 프로그램 끝부분에서는 평양의 가족이 모두 등장한다. 보기에 따라서는 이산가족에 대한 공식 영상편지라고 할 수 있는 측면도 있었다. 실제로 김수경은 방송을 녹화한 비디오를 이남재에게 보여 주기 위해 1994년 여름 원산시에서 열린 국제청소년야영대회에 캐나다 청소년단의 일원으로 참석한 김혜영의 두 아이에게 그것을 맡겼다.

김수경은 비디오를 전달한 것이 잘한 일인지는 확신하지 못했다. 그는 1994년 11월 이남재의 75번째 생일을 축하하며 보낸 편지에서 이런 마음을 솔직하게 전했다.[42] "나의 생활을 소개하는 비데오를 보낼가 말가 좀 망서렸어요. 특히 마지막 장면 가족 소개에서 응당 당신이 앉아 있어야 하겠는데 그렇게 되지 못한것으로 내 마음 한 구석 서운한것 리해해 주기 바랍니다." 같은 편지에서 김수경은 《배낭속의 수첩을 펼치며》의 집필을 끝냈음을 전했다. 그러면서 해방 50주년을 맞는 이듬해에는 뭔가 새로운 일이 있을지도 모른다, 베이징에 갈 수 있을지도 모르고 평양에서 또 국제학회가 개최될지도 모른다는 등 기대의 말을 남겼다.

그러나 이 편지는 김수경이 건강한 몸으로 직접 이남재에게 보낸 마지막 편지가 되었다. 1995년 7월 21일 밤 김수경은 뇌혈전으로 쓰러졌다. 목숨은 건졌지만 뇌 장애가 남았고 후유증도 점차 심해졌다. 국제학회에

---

[41] 〈긍지〉의 비디오는 유족이 보관하고 있다. 정확한 방송 일자는 불분명하다. 이 프로그램을 통해 1993년 강의(K1993)가 인민대학습당에서 진행되었다는 것, 《조선문화어》 1·2(K1970a·b)의 집필 담당자가 김수경이라는 것, '연구 집단'과 함께 《외국음악사전》 (상·하)을 번역했다는 것, 1990년 '박사증'의 세부 내용 등이 밝혀졌다.

[42] 김수경→이남재 서한(1994. 11. 27).

서 다시 만나고 싶다는 그의 꿈은 사실상 좌절되고 말았다. 그러나 그는 기억과 말까지 잃지는 않았기에 떨리는 손으로 스스로, 때로는 대필로 편지를 계속 보냈다. 이 같은 말년의 이야기는 이 장의 마지막에서 하기로 하고, 그 전에 1988~1994년 사이에 그가 낸 연구 업적의 내용에 대해 검토하기로 한다.

조선어사로의 회귀

이 시기 김수경의 연구 업적은 이미 서술한 바와 같이, 삼국시대의 언어에 관한 문제를 다룬 한 권의 책(K1989b)과 조선시대의 어학서에 관한 일련의 저술(K1989a, 1989c, 1990, 1994a)로, 모두 조선어사와 관련된 것이다. 김수경은 한국전쟁 발발 이후에는 조선어사에 대한 저작이 없었기 때문에, 거의 40년 만에 역사적 연구로 회귀한 것이 된다. 다만, 이 두 주제는 위상이 상당히 다르다. 단행본으로 간행된 전자의 업적은 분명히 정치적인 사명을 띠고 김수경에게 집필이 맡겨진 것이고, 그 밖의 업적은 대학원생 시절부터 관심을 가졌던 영역과 관련된 내용이었다. 이하에서 순서대로 검토하고자 한다.

《세나라시기 언어력사에 관한 남조선학계의 견해에 대한 비판적 고찰》(K1989b)은 제목에서 알 수 있듯이, 이기문 등 한국의 연구자들에 의한 조선어 계통론, 특히 고구려어와 신라어를 상이한 언어라고 주장한 것을 비판한 것이다. 이 책에는 오랜만에 김수경의 다언어 능력이 발휘되어 있는데, 남북한의 문헌은 물론, 일본어(河野六郎, 小倉進平, 服部四郎, 村山七郎 등), 프랑스어(Meillet), 독일어(Poppe, Ramstedt), 러시아어(Polivanov, Kotwicz,

Šerbak), 영어로 쓰인 것들이 참고문헌에 올라 있다.

책은 4부로 구성되어 있다. 여기서는 간단히 요점만 소개해 두겠다. 우선 I에서는 고구려어와 신라어를 서로 다른 언어 계통으로 간주하는 견해, 특히 이기문의 연구를 비판한다. 거기에서 김수경은 문법 구조, 음운 체계, 어휘 구성 등의 여러 가지 점에서 삼국의 각 언어가 다른 계통이라는 견해를 물리친다. 이러한 비교언어학의 방법은 그가 경성제대 시절에 고바야시 히데오와 원어로 읽은 메이예(1977)에서도 볼 수 있는 고전적인 것이다. 다만, 한정적인 고대의 한문 자료에서 그것을 실현하는 것은 쉽지 않아서, 《삼국사기》와 비문에 보이는 지명 등의 표기에서 음가와 의미를 추정해 나갈 수밖에 없다. 김수경은 류렬과 홍기문의 업적 등을 토대로 고구려어, 백제어, 신라어가 문법 구조상의 공통성을 가지며, 음운체계에서는 약간의 "방언적 차이"가 있고 어휘 구성에서는 더 큰 "방언적 차이"가 있지만 다른 언어로 보는 것은 무리가 있다는 결론을 제시한다.

이 책의 II에서는 알타이 제어諸語에 조선어와 일본어가 속한다는 견해에 대해 신중론을 제기한다. 거기에서 김수경은 튀르크어족, 몽골어족, 퉁구스어족의 친족관계를 확립하는 데에는 반대하지 않으며 조선어가 알타이 제어와 공통된 특징을 갖고 있는 점도 이해하지만, 조선어 역시 공통조어에서 분기했다는 것은 가설의 영역을 벗어나지 못한 것이며, 하물며 일본어를 거기에 포함하는 데에는 문제가 있다고 말하면서, 람스테트와 포페의 연구로 거슬러 올라가 논의한다. 그리고 "새로운 방법의 모색"으로서 언어 자료뿐만 아니라 역사와 문화를 아울러 논할 필요가 있다, 지역 언어학적인 관점에서 언어 접촉에 의한 상호 영향을 함께 고려하는 것이 좋다는 주장을 전개한다.

III에서는 고구려어가 후대에 미친 영향 등을 논했고, IV에서는 람스테트 등의 권위에 의존하지 말고 "남북의 언어학자들"이 "민족자주의식"을 가지고 "민족어의 통일적 발달"을 위해 노력해야 한다고 주장한다. 이를 통해 김수경은 "두개 조선"을 정당화할 것이 아니라, "자주통일"을 지향하는 조선어학의 구축을 호소한다.

원래 고대 조선어의 전문가도 아니었던 김수경이 왜 이 시기에 이러한 책을 집필하게 되었을까? 이 책이 나오게 된 배경과 그 영향을 검토한 고영진(2015)은 이 책이 "남한의 독자들에게 민족과 언어의 문제를 좀 더 다방면에서 생각해 보게 하기 위하여 집필된 것"이라고 규정했는데, 나도 거기에 동의한다. 우선 한국 사회의 관점에서 보면, 1987년 '6월항쟁' 이후 민주화운동이 더욱더 진전되었고, '북한 바로 알기 운동' 등을 통해 북한 문헌이 다량으로 유입되었다. 또한 이 책은 형식과 내용에서도 연구자들의 논의를 일일이 세심하게 인용했고, 이남의 연구자들이라고 해서 모두 비판하지도 않았으며, 김일성의 '교시'도 마지막에 한 군데만 나오는 등, 전체적으로 동시대의 다른 북한 문헌에 비해 이남의 연구자들에게 위화감이 적은 짜임새로 되어 있다. 이런 여러 가지 점에서 이 책은 이남의 독자를 상정하여 쓴 것이라고 해도 좋을 것이다.

이 같은 관점을 뒷받침하는 정보를 세 가지 보충하고자 한다. 김수경이 이남재에게 이 책을 보냈을 때 동봉한 메모에서 "이 책은 1988~89의 겨울동안 원산 송도원에서 쓴것입니다"라고 밝히고 있다.[43] 이 책을 쓰려면 당연히 한국의 연구 업적을 집중적으로 읽어야 한다. 그 작업을 강원도의 휴양지인 송도원 어딘가의 격리된 장소에서 했던 것으로 보인다. 이는 이 책 집필이 명백히 인민대학습당의 사업이 아니라, 모종의 계획하에 추진

---

[43] 김수경→이남재 메모(1994.8.15). 金惠英·金泰成(2015)에 전문 게재.

된 것임을 말해 주고 있다. 70세 연구자에게는 가혹한 임무였을 것이다. 실제 김수경은 메모에서 40년 전 이남재의 성원을 상기하며 "이미 70이 넘은때였지만 힘과 용기를 내여 끝까지 쓸수 있었습니다"라고 적었다.

다음으로, 김수경 자신이 이 책이 해외에서도 출간될 것이라는 점을 의식하고 있었다는 점이다. 평양에서 이 책이 간행된 후 3개월 정도 지난 1989년 8월 김수경이 딸에게 보낸 편지에서 "내가 지난 겨울에 쓴 책이 해외의 모 출판사에서 나왔다고 한다"는 어디선가 들은 정보를 전하면서, 책 제목을 《언어사 연구에서의 민족분렬론을 비판함》이라고 전하고 있다. 실제로는 9월에 서울의 한국문화사에서 〈해외 우리어문학 총서〉의 한 권으로 《고구려·백제·신라의 언어 연구》라는 제목으로 출판되었는데, 김수경이 북한 밖에 있는 독자들을 향해 "민족분렬론"을 비판하는 메시지를 전하려고 하고 있었던 것을 확실히 확인할 수 있다.

마지막으로, 같은 시기에 같은 취지의 책이 다른 분야에서도 나왔다는 점이다. 역사학자인 김석형이 같은 출판사에서 《조선민족, 국가와 문화의 시원》이라는 책을 간행한 것이다(김석형, 1990). 이 책의 서두에서 김석형이 비판한 것 역시 '두 개의 조선'론이었다. 내용은 단순한데, 민족·국가·문화 각각의 '시원'에 대해 북한의 고고학과 역사학 등의 성과를 바탕으로 논하고, 각 장에 '일제', '미제' 연구자에 의한 '왜곡'을 비판하는 부분이 붙어 있다. 그리고 마지막에 〈북과 남, 해외의 동학제위들에게 호소한다〉는 표제로 '역사의 주체성' 수호를 호소했다. 김석형은 경성제대 동기인 김수경과 달리 사회과학원의 중진 자리를 중단 없이 유지했으며, 1960년대에는 일본에서도 번역본이 나오는 등 해외에도 알려진 역사학자였다. 그런 인물이 조선 민족사의 단일성에 관한 책을, 통일을 지향하는 외국 동포들을 향해 '호소하는' 형식으로 썼다는 점을 보더라도 김수경의 《세나라시기 언어력사》(K1989b)도 동일한 조국 통일 사업의 맥락에 있었다고 볼 수 있다.

한국의 연구 동향을 비판적으로 논할 뿐이라면, 1970년대부터 이미 김영황 등의 연구가 있었으며, '리두'도 긴 연구사를 가지고 있다.[44] 그럼에도 불구하고 김수경이 이 책의 집필을 맡은 데에는, 단지 이북의 연구 성과를 통해 이남의 연구를 비판함에 그치지 않고, 국외의 비교언어학에 관한 기초적인 소양을 가지고 다언어로 쓰인 조선어 계통론을 원전으로 거슬러 올라가 검토하면서 논박할 수 있는 언어학자가 당시 김수경 정도밖에 없었기 때문이 아닌가 생각된다.

고영진(2015: 149~152쪽)은 그 후 한국에서의 반응을 살펴보았는데, 그에 따르면 이 책은 이남의 학계에 일정한 파문을 불러일으켰다고 할 수 있다. 그렇다고 완전히 이질적인 논의로 받아들여진 것은 아닌 듯하다. 출간 2년 후 한국에서 발간된 논문집에서 이 책을 소개한 김무림은 "삼국의 언어가 방언적 차이의 다소에 있어서는 이견이 있더라도 결국 동질적인 언어였다는 것에는 남한의 국어학계에서도 광범위한 의견의 일치"가 있으며, 조선어의 계통에 대한 실증적 해답이 없는 현 상황에서는 이 책의 견해도 "충분히 이해할 수 있는 수준"이라고 평가했다(김무림, 1991). 이처럼 간행 의도는 차치하더라도, 《세나라시기 언어력사》(K1989b)는 기본적인 학술적 절차를 거친 면도 있어서 결과적으로 남북을 넘어 논평될 수 있는 서적이 되었다.

이 시기에 김수경이 맡은 또 다른 일은 조선시대, 특히 훈민정음 창제

---

[44] 이에 대해서는 최승주, 〈언어사 연구사〉 및 서용국, 〈리두 및 향가 연구사〉(김영황·권승모 편, 1996 수록)를 참조.

이후 조선 지식인들에 의한 동아시아 언어 연구의 역사적 의의를 밝히는 것이었다. 조선왕조는 건국(1392) 초부터 '사역원'을 설치하여 중국어학, 몽골어학, 일본어학, 만주어학을 '4학'이라 칭하고, 전문가들이 인접 국가들의 언어를 연구, 학습, 활용하고 있었다(小倉, 1964: 제2·4~8장; 정광, 2016). 김수경이 1945년 이전에 연구의 일부로 다루었던 텍스트《노걸대》(→I)는 그러한 중국어학, 몽골어학, 만주어학의 성과였다. 당시의 관심사가 반세기 가까운 시간을 뛰어넘어 다시 나타난 것이다.

《세나라시기 언어력사》가 비판적으로 다룬 언어계통론은 '비교언어학 comparative linguistics'이라 불리는 분야와 관련된 것이었다면, 여기서 김수경이 관심을 갖고 있었던 것은 일종의 '대조언어학contrastive linguistics'이었다. 19세기 이래 비교언어학의 주안점이 역사적인 언어 자료의 비교 검토를 통해 여러 언어의 친족관계와 조어祖語 등을 재구하는 것이었음에 비해, 20세기 중반부터 응용언어학의 한 분야로서 확산된 대조언어학은 계통과 유형은 제쳐 두고 어떤 언어를 다른 언어와 대조함으로써 그 특성을 해명하는 것을 목적으로 하는 것이었다(石綿·高田, 1990). 생각해 보면, 1940~1950년대에 러시아어 등과 대조하면서 현대 조선어의 특성을 해명하고 거기에 입각하여 문법의 규범적 체계화를 도모했던 김수경의 작업은, 그렇게 명명되지 않았어도 일종의 대조언어학을 실천하고 있었던 셈이다.

그러나 만년의 김수경이 전념한 것은 그러한 현대 조선어에 대한 대조 연구가 아니라, 최세진 등 조선시대 언어학자들이 전개했던 대조언어학적인 성격을 지닌 문헌의 역사적 의의를 해명하는 것이었다. I에서 검토한 〈훈민정음 성립사고〉(K1949a)는 훈민정음의 고안자들이 중국 음운학을 거울삼아 스스로가 발음하는 조선 한자음을 반성적으로 음운 분석한 것의 의의를 논하고 있는데, 이는 요컨대 15세기의 학자가 중국어와 조선어의 음운을 대조 분석했다는 것이다. 20대 무렵에 진행했던 그러한 주제를 70대가 된 김수경이 새로운 상황에서 재론하게 된 것이다.

1988년에 학술 활동 무대에 재등장하여 발표한 두 편의 보고(K1989a, K1989c)는 조선왕조의 중국어학과 일본어학 등에 관한 역사적 문헌이 가지는 의의를 몇 가지 관점에서 논한 것이다. 조선시대 4학의 어학서는 외국어를 조선어의 발음과 의미와 대조하여 이해하려는 시도인 동시에, 그렇게 함으로써 당대의 조선어를 분석적으로 기술하는 계기가 되기도 했다. 예를 들어 중국어 독본인 《노걸대언해》와 《박통사언해》 등은 문장 중각 한자의 두 종류의 발음(운서 기반과 동시대 중국어 발음 기반)을 한글로 병기한 뒤, 조선어 번역을 다는 작업을 행했다. 일본어 독본인 《첩해신어》는 히라가나에 한글로 토를 단 후 조선어 번역을 달았다. 따라서 그 텍스트들은, 당대 중국어와 일본어의 모습을 기술할 뿐만 아니라 동시대 조선어의 모습도 동시에 반영했다. 더욱이 흥미롭게도 이 독본들은 시대를 넘어 여러 차례 개정판이 나왔다. 즉 공시적인 대조언어학의 작업이 시대를 넘어 이루어졌던 것이다.

이상을 바탕으로 이 여러 텍스트를 대조 분석하는 의의에 대해, 김수경(K1989a: 260)은 "여러 차례의 개정판을 통하여 한편으로는 앞시대의 다른 나라 말과 조선말사이, 뒤시대의 다른 나라 말과 조선말사이의 두가지의 공시적 대비고찰이 가능하게 되며, 다른 한편으로는 앞시대의 다른 나라 말과 뒤시대의 다른 나라 말사이, 앞시대의 조선말과 뒤시대의 조선말사이의 두가지의 통시적 대비고찰이 가능하게 되"는 것이라고 정리했다. 일찍이 소쉬르를 숙독하였기에 가능한 필치이다.

같은 시기에 간행된 《세나라시기 언어력사》와 나란히 놓고 보면 이 연구의 의의가 드러난다. 김수경은 이 책에서 알타이어 제어와 일본어와 조선어의 친족관계 논증에 주력하는 연구 동향을 신랄하게 비판했지만, 그렇다고 조선어를 고립적인 것으로 보고 있었던 것은 전혀 아니다. 오히려 조선말이 "지역적 련속체를 이룬 동아세아대륙"의 언어와 "일의대수一衣帶水의 일본렬도"의 언어들과 "부단한 호상작용, 호상영향, 호상차용의 관계를 맺어왔을것"이라고 논하고, 그 관계의 해명을 오늘날의 과제로 규정했다(K1989b: 165쪽). 조선시대의 어학서도 그러한 조선어와 인근 여러 민족의 언어와의 부단한 상호관계의 역사에 규정된다. 즉 훈민정음과 어학서로 결실을 맺는 언어학적 영위는 인근의 여러 민족과의 접촉과 교류가 초래한 자타의 언어에 대한 대조와 성찰의 산물이었다. 만년의 김수경은 그러한 교류와 대조를 중심축으로 한 언어(학)사를 재구축하는 데 관심을 가졌던 것으로 보인다.

김수경의 생애 마지막 간행 논문(K1994a)은 중국어 학습서의 언어사학적 의의뿐 아니라, '서지학적 문제점'에 대해 조금 더 전문적으로 파헤친 논의를 전개했다. 이 논문의 요점 중 하나는 '번역'을 둘러싼 문제이다. 최세진이 쓴 〈번역 노걸대 박통사 범례翻訳老乞大朴通事凡例〉라는 텍스트가 있다. 제목만 보면《번역노걸대》및《번역박통사》와 같은 책이 출간되었고, 거기에 부쳐진 범례로 보이기도 한다. 실제로《번역노걸대》와《번역박통사》라는 제목의 영인 문헌이 한국에 나와 있어,[45] 그 〈범례〉에 대응하는 서적인 것처럼 오해되어 온 측면이 있다. 이에 대해 김수경은 의문을 제기했다. 우선 현존하는 이 문헌들에는 "노걸대", "박통사"라는 표제

---

[45] 이 책이 이렇게 불리게 된 것은 16세기의 간본이 발견되어 1972년에 영인 출판되었을 때, 남광우(1972)가 그렇게 명명한 데서 비롯된 것으로 추정된다.

만 붙어 있을 뿐 '번역'이라는 말은 한마디도 적혀 있지 않다. 당시의 '번역'이란 '반역反譯'이라고 바꾸어 말하기도 하는데, 중국어 한자의 음을 조선의 문자로 표기하는 작업을 말한다. 즉 '번역'이란 현대어에서 말하는 translation(번역)이 아니라 transcription(음역)을 가리킨다. 당시에는 중국어의 의미를 조선어로 해석하는 작업을 '번역'이 아니라 '언해'라고 했다. '언해'가 붙은《노걸대》,《박통사》에 '번역노걸대', '번역박통사'라는 표제를 붙이는 것은 잘못이다.

나아가 김수경은 원래《번역노걸대》,《번역박통사》라는 책이 간행되었느냐고 문제를 제기한다.〈번역 노걸대 박통사 범례〉를 봐도 책에 붙여진 범례라는 말은 한마디도 없다. 이는《노걸대》,《박통사》에 기록된 중국어를 음역하는 작업에 대한 범례이다. 당시 간행된 책 중에 '번역노걸대'와 같은 제목이 붙은 것은 없으며 간행되었다는 기록도 없다. 현존하는 '언해'(=번역)가 붙은《노걸대》,《박통사》에는 '번역', 즉 음역도 병기되어 있다. 그러한 언해본과 별도로 음역만 붙은 '번역노걸대', '번역박통사'가 따로 간행되었을 가능성은 없으며, 그럴 필요성도 없었다. 김수경은 이 같은 서지학적 고찰을 한 뒤, 다시 그 문헌의 의의에 대해 논했다.

그런데 이러한 서지에 관한 기초적인 견해를 제기하는 것에 어떠한 의의가 있었을까? 한국 학계에서도 안병희가 과거의 '번역'의 의미 등에 비추어〈번역 노걸대 박통사 범례〉가《번역노걸대》,《번역박통사》라는 표제로 알려진 자료의 "범례"가 아니라고 지적했다(안병희, 1996). 이러한 서지학상의 문제를 제기한 것은 한국에서는 이것이 최초라고 한다(장향실, 2013: 285쪽). 여기까지는 김수경 논문의 주장과 일치한다. 김수경의 논문이 2년 전에 나왔지만, 안병희는 그 존재를 몰랐는지 선행 연구로는 언급하지 않았다. 다만, 안병희는 "범례"에 대응하는《번역노걸대》,《번역박통사》라는 책이 현존하지는 않지만 과거에는 존재했다는 입장에 서 있었고, 그 점에서 김수경의 견해와는 다르다.

1990년 오사카에서 열린 제3회 조선학 국제학술토론회에 제출된 김수경의 발표 요지(K1990)를 보면, 이 시점에서 이미 같은 취지로 발표할 예정이었던 것으로 보인다. 이 학회에는 한국에서도 많은 연구자가 참가했다. 그렇게 보면, 아마도 이 무렵 한국의 문헌들을 접한 김수경이, 《노걸대》에 관한 서지상의 기초적인 문제를 깨닫고, 그것을 한국의 연구자에게 직접 전하고 토론하려 했던 것은 아닐까? 그것을 바탕으로 이러한 자료의 대조언어학적인 의의를 주장하고, 국제 공동 연구를 촉구하고자 한 것이 아닐까 생각된다.

이 점과 관련하여 마지막으로 김수경의 만년의 연구에 대한 입장에 대해 논하고자 한다. 그는 조선시대 어학서에 대한 연구를 단지 언어사를 재구축하고 언어학의 내재적 발전을 입증하기 위해 한 것만은 아니다. 그는 이 서적들을 "동아세아 제언어연구의 공동보물고"(K1989a: 263쪽)라고 불렀다. 그는 이러한 언어 자료가 언어학의 국제적 연대의 기초가 될 수 있다고 믿었다. 이 보고에서는 중국과 일본에서 조선 자료의 연구가 진행되고 있음을 언급하면서, 앞으로 "조선어연구의 모든 분야에서 국제적 련대와 협조가 더욱 강화되리라고 굳게 믿는바이다"라 말하고 있다 (K1989a: 263쪽). 또한 다른 발표(K1989c: 25쪽)에서도 이러한 자료의 연구가 "우리 언어학자들 속에서 국제적 친선과 련대의 정을 더욱 두터이 하는데 크게 이바지하리라고 믿는다"고 강조했다. 전자는 평양, 후자는 베이징에서 열린 국제학회 무대에서의 보고였다. 그래서 그는 단순히 역사적 자료를 과거형으로 분석하는 데 그치지 않고, 그것을 통한 현대의 국제 연대를 촉구한 것이다. 탈냉전으로 향하는 동아시아의 유동적인 상황에서, 김수경은 과거 국제 교류의 산물인 언어학 텍스트에 새로운 관계 구축의 희망을 걸었던 것이다.

황혼

1995년 7월 김수경이 쓰러져 인민대학습당을 퇴직한 뒤에도 이산가족과의 상봉은 계속되었다. 장남인 김태정이 1996년 7월에 평양을 방문했다. 김태정은 고려호텔에서 아버지와 재회했다(《그림 6-9》). 또한 자택으로도 초대되어 아버지의 방에서 하룻밤을 같이 묵었다. 비록 몸에 마비는 남아 있었지만, 김수경은 큰아들에게 "너희들에게 연필 한 자루, 과자 한 봉지 사 주지 못했다"고 미안한 듯이 말했다. 《배낭속의 수첩을 펼치며》의 사본을 건네받은 것은 이 방문 때의 일이다. 이때 김수경은 이남재에게 마비된 손으로 "心園속의 不死鳥 한 쌍 당신의 수경"이라고 적어 아들에게 건넸다(《그림 6-10》). '심원心園'은 김수경과 이남재가 친구의 결혼식에 들러리로 참석한 뒤 둘이서 이야기를 나눈 다방의 이름으로, 이른바 첫 만남의 장이다. "심원속의 불사조 한 쌍"이란 수차례의 고난을 뚫고 불사조처럼 살아온 두 사람에게 어울리는 표현이다. 김수경은 큰아들과 만나고 얼마 지나지 않아 이남재에게 떨리는 손으로 편지를 써서 아들과의 재회를 "력사적인 만남의 순간—인생에 다시 없는 가장 행복한 순간"이라고 표현했다.[46]

이 무렵 김수경의 복권이 계속 진행되었다. 1996년은 김일성종합대학

---

[46] 김수경→이남재 서한(1996. 9. 25).

〈그림 6-9〉 김태정(장남)과의 재회(1996)

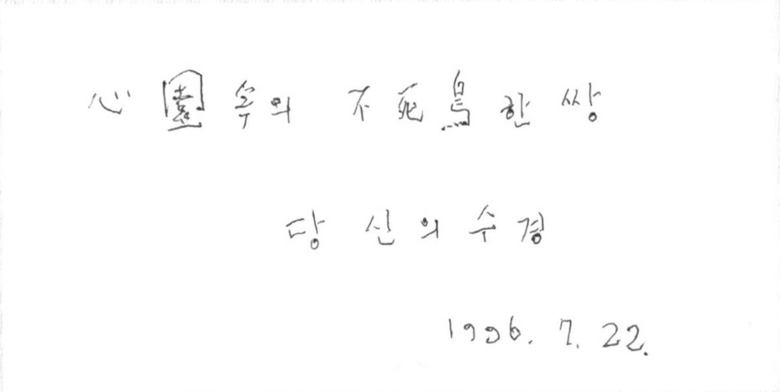

心 園 속의 不死鳥 한 쌍

당 신 의 수 경

1996. 7. 22.

〈그림 6-10〉 김수경이 마비된 손으로 적어 아들에게 건넨 메모(1996)

창립 50주년이었다. 동 대학 조선어학문학부가 《주체의 조선어연구 50년사》(김영황·권승모 편, 1996)를 정리했다. 김수경은 그 '심사'를 맡았다. 아마 쓰러지기 전에 편찬을 도왔을 것이다. 대필로 이남재에게 보낸 편지에서 이 책에 대해 "주로 나의 과학적 활동을 보여 주는 구체적 업적 목록이라는 점에서 나의 일생을 총화[총괄]하여 지나간 나날 들을 회상하게 하여 주었습니다"라고 적었다.[47] 이 책에 의해 월북 후 김수경이 언어학의 다양한 부문에서 이룩한 역할에 대한 평가가 이루어지게 되었다. 서술은 17개 분야로 나뉘어 분담 집필되었는데, 그중 적어도 11개 분야에서 김수경의 연구 업적이 평가되었다(그의 연구 업적이 문헌 목록에 올라 있을 뿐인 분야를 더하면 13개 분야가 된다). 다만 김두봉론 등 언급되지 않은 문헌도 있지만, 간행 당시에는 집필 담당자가 명시되지 않았던 책의 저자가 김수경이었다는 것이 밝혀지는 등 당시 드러나지 않았던 그의 역할이 이 시점에서 재평가된 측면도 있다.

김일성대학 설립 50년과 관련하여 또 하나의 움직임이 있었다. 이 대학 어문학부 문학 창작 강좌 교원이자 작가이기도 한 리규춘은, 대학과 관련된 여러 교수 및 졸업생에 대한 청취 조사를 하면서, 김석형, 박시형, 신구현, 김수경 등 4명을 기본 인물로 하여 월북에서 조선지식인대회 참가(1992)까지를 그리는 '실화소설'을 구상했다. 실제로 완성된 것은, 김수경을 주인공으로 한 《삶의 메부리》(1996)와, 김석형을 주인공으로 한 소설 《신념과 인간》(2001) 두 권이었다.[48]

《삶의 메부리》는 김수경, 아내 남재, 딸 미래(김혜영을 모델로 한 딸의 이름)를 주요 등장인물로 하는 가족의 이산과 상봉의 이야기이다. 한국전쟁

---

[47] 김수경→이남재 서한(1997. 5. 9).

과 관련된 부분은 《배낭속의 수첩을 펼치며》를 주요 소재로 하고, 거기에 더하여 김수경에 대한 청취를 바탕으로 구성된 것으로 보인다. 이런 의미에서 보면 "장편실화"로서의 요소를 다분히 포함하지만, 내용은 대담하게 창작된 것이다. 《배낭속의 수첩을 펼치며》와 대조해 보면 그 차이는 분명하다. 예를 들어 조선인민군과 함께 남으로 다시 들어갈 것을 결의하는 대목에도 망설이는 듯한 모습(→제4장)이 전혀 기술되어 있지 않다(리규춘, 1996: 124~125쪽).

막 인쇄되어 나온 이 책의 견본을 본 김수경은 대필로 토론토의 아내에게 편지를 썼다. 솔직한 감상의 표현은 보이지 않지만, 이 책을 "내용은 혁명적 신념과 의리를 굳게 지키면서 위대한 수령님에 대한 충성의 마음을 지니고 조선어학의 건설과 발전을 위하여 모든 것을 바친 나의 모습을 기본으로 하여 묘사하였습니다"라고 요약했다.[49] 그러한 그의 평가대로, 이 소설은 정말로 회고록의 '개인적'인 것(→제3장)을 잘라 내고 완성된 국가 이야기로 되어 있다.

쓰러지기 전 김수경의 편지에는 거의 매번 이남재와의 재회를 요구하는 말이 적혀 있었다. 그러나 그 후의 편지에서는 그런 말이 사라졌다. 더이상 만날 수 없다고 체념했을지도 모른다. 그런데 1998년 7월 16~24

---

[48] 간기에는 1996년 9월에 금성청년출판사에서 나온 것으로 되어 있는데, 앞의 김수경→이남재 서한(1997. 5. 9)을 보면, 1997년 5월 1일 김수경 생일에 리규춘이 '견본'을 한 권 가져왔다고 하며, "앞으로 대량 인쇄가 되면 그곳에도 한 부 보낼 수 있을 것입니다"라고 적고 있다. 김혜영에게 저자가 기증한 날짜는 1998년 3월 20일로 되어 있다. 그렇다면, 실제 간행은 1997년 혹은 1998년으로 연기되었을 가능성이 있다. 이 무렵 북한은 김일성 사망(1994. 7) 이후 이른바 '고난의 행군'으로 불리는 기근과 경제난을 겪고 있었고, 그로 인해 인쇄가 뒤로 미루어졌을지도 모른다.

[49] 앞의 김수경→이남재 서한(1997. 5. 9).

〈그림 6-11〉 48년 만에 재회한 김수경과 이남재(1998)

일, 이남재의 평양 방문이 마침내 실현되었다(《그림 6-11》). 주위로부터 만나야 한다는 강력한 권유를 받았고, 마침내 그녀는 결단한 것이다. 이남재는 네덜란드에 거주하는 친척과 동행하여 베이징을 거쳐 방문했다. 김수경은 혼자서 걷기가 상당히 힘들었고 부축을 위해 김태균(재혼 후의 자녀로 김수경의 셋째 아들)이 동행하여 셋이서 고려호텔에 묵었다. 만수대, 만경대, 을밀대, 주체사상탑, 단군릉, 성불사 등을 함께 갔다. 안타깝게도 48년 만의 재회를 두 사람이 어떤 감회로 맞이했으며 어떤 대화를 나누었는지 지금으로서는 알 수 없다.

김수경으로부터 이남재에게 온 마지막 편지는 1999년 2월이었다. 그는 "나는 당신에게 편지를 쓸 때가 제일 기쁘고 바로 편지를 쓸 때 내가 바로 당신과 함께 앉아서 글을 쓰고 이야기하고 있는 심정입니다. 집에 있으면서 당신에게 글을 쓰고 있으니 얼마나 기쁜지 모르겠습니다"라고 썼다. 생각이 정리되지 않고, 말도 더듬거리는 것을 스스로 답답하게 여기는 모습이 불안한 필치로 써 내려간 문면에서 배어 나온다. "나의 생각을 언제나 정확히 리해하고 참작하여 주세요." 이것이 이산가족에게 직접 전달된 김수경의 마지막 말이 되었다.

2000년 3월 1일 오전 8시 20분, 김수경은 81년 10개월의 생애를 마감했다. 유해는 화장되어 평양시 평천구역 유골 보관소에 안치되었다. 부고는 김정순(김수경의 평양에서의 아내)과 김태균이 곧바로 각각 편지 두 장에 적어 이남재에게 전달했다.[50] 봉서가 토론토에 도착한 것은 3월 하순의 일이었다. 편지에는 유발이 동봉되어 있었다. 이남재는 그것을 읽고 함께 살고 있던 김혜영에게 그 내용을 간단히 전했다. 한동안 두 사람

---

[50] 김정순→이남재 서한, 김태균→이남재 서한(2000. 3. 4).

은 말없이 그저 유리창 너머 뒷마당을 조용히 바라보고 있었다. 김혜영은 스스로도 이상하게도 슬픔과 함께, 무언가 가슴에 막혔던 것이 사라진 듯한 감각을 느꼈다. 이것으로 남이 물어도 그저 "아버지는 이미 돌아가셨습니다"라고 말할 수 있게 되었다고 한숨 돌리는 자신을 깨달았다. 한반도를 떠난 지 사반세기가 지나도록 분단의 상흔이 가슴 속에 남아 있었던 것이다. 이산가족끼리 다시 새삼스럽게 장례식을 치를 일도 없이, 각자 스스로의 마음에 매듭을 지었다.

타계한 뒤에도 김수경은 유족을 넘어서 계속 기억되었다. 한국에서는 같은 해 8월에 김수경의 부고가 "20세기 남북한을 통틀어 최고의 국어학자 중 한 명"이라는 식자의 언급과 함께 신문에 보도되었다.[51] 마침 그해 6월에 열린 김대중 대통령과 김정일 국방위원장의 첫 남북정상회담을 계기로 남북 공동 사업이 진행되어 가는 시기였다. 언어학 부문에서도《겨레말큰사전》의 공동편찬 사업 등이 시작되었는데, 그 편찬위원회의 자리 (2006년)에서 남북의 정서법에서 차이를 보이는 두음법칙에 대해 북측의 견해로 1947년에 김수경이《로동신문》에 기고한 논문이 제출되기도 했다.[52] 머리말에서도 언급했듯이, 2006년에는 한국에서 '동숭학술재단이 선정한 언어학자'로 김수경이 선정되어 평가가 진행되었다. 북한에서도

---

[51] 《한국경제》 2000. 8. 18. 다만, 이때는 81세를 일기로 별세했다는 소식만 있어서인지 1999년에 사망한 것으로 되어 있다.

[52] 《겨레말큰사전》 편찬위원회에 참가한 연구자들에 따르면, 제7차(2006년 9월)에서 북측 공동편찬위원회가 두음에 관한 김수경의 논문(K1947b)을 발췌 소개했다.

[53] 김정순→이남재 서한(2006. 9. 25)에 의한다. 실제로 어떻게 전시되었는지는 알 수 없다. 아울러 평양의 유족들로부터 온 서한(김정순→김혜영, 2013. 6. 28)에 따르면, 2010년 8월 에는 TV에서 〈태양의 품에서 조선어가 빛난다〉가 방영되어 김수경이 소개되었다고 한다. 또한 이 서한에 따르면 김수경은 평생 총 17명의 학사와 박사를 양성했다고 한다.

2004년에 〈유명한 언어학자〉로 언어학 잡지에 게재되었다. 2006년 김일성종합대학 창립 60주년에 즈음해서는 전람회를 준비한다며, 대학 측이 김수경의 사진과 생전 활동에 대한 기록을 조사해 갔다고 한다.[53]

　2010년 3월 김혜영은 조사를 위해 토론토를 방문한 한 일본인 연구자와 저녁 식사 자리에서 만난다. 차 안에서 김수경과 그 가족의 이산과 상봉 이야기를 그녀로부터 들은 그 연구자는 나중에 도시샤대학에서 국제 심포지엄을 기획하고, 이윽고 김수경의 '평전' 집필을 개시한다. ……

맺음말

김수경의 이야기는 여기까지이다. 이야기를 다시 정리하지는 않겠다. 대신 애초에 내가 이 책을 쓰려고 했던 문제의식에 대해 설명해 두고 싶다.

조선민주주의인민공화국(북한)을 정면으로 연구하겠다고 생각하게 된 계기는 2002년 9월 평양에서 열린 북일정상회담이었다. 이 회담을 계기로 일본 언론 등에서는 '북한'이 활발히 다루어졌는데, 내 눈에는 일부 화제와 관점에 치우친 평론적인 이야기밖에 없는 것으로 보였다. 거기에 표출된 한반도 사람들과 사회에 대한 무시와 편견은 식민주의와 냉전의 연장선에 있는 것으로밖에 보이지 않았다.

학문 영역에서도 일본에서는 북한에 관한 실증적 연구가 결코 활발하다고는 할 수 없다. 정치외교사, 북일관계사, 경제사 등의 분야에서 흥미로운 연구가 나오고 있기는 하다.[1] 그러나 연구의 관심은 대체로 정치지도자층이나 정치경제 체제에 집중되어 있고, 결과적으로 국가 중심적인 관점에서 일면적인 사회상이 재생산되어 온 점을 부정할 수 없다.[2] 이 책은 그러한 상황을 지켜보면서 어떻게든 문화사, 사회사, 민중사 등의 관점에서 북한 연구를 할 수 없을까 모색해 온 과정에서 탄생한 것이다.

조금 더 대담하게 말하자면, 나는 오늘날의 학문 상황, 나아가 언론 상황에 대해 대단히 큰 불만을 가지고 있으며, 이 '평전' 프로젝트는 그에 대한 일종의 대안적 서술을 지향하는 것이다. 다음은 내가 불만을 품고 극복하고자 하는 학문 상황의 일단을 열거한 것이다(무작위).

① 북한에 대한 지극히 편향된 지적 관심.

② 식민지사에는 관심이 있어도 해방 후의 역사에는 관심이 없거나, 그 반대로 해방 후의 역사를 식민지사에서 떼어내 파악하려는 연구의 시간적 범위.

③ 일본(인)이 식민지기에 행한 것과 해방 후 남겨진 '유산'에만 관심을 두고, 반성적이라고 할 수 있긴 하지만 어딘지 모르게 제국주의와 맞닿아 있는 연구 태도.

④ 식민지기와 냉전기의 억압과 제약 아래 놓인 사람들의 행위자성 agency과 한계 안에서의 창조적인 사고를 도외시하거나, 반대로 그 주체성을 무전제로 찬미하는 '위'로부터의 시점.

⑤ 조선사를 서술할 때 그 국내적인 상황만 보거나, 반대로 강대국에 휘둘린 존재로만 보는 일방적 관점.

⑥ 사회주의와 소련이라는 존재를 단지 또 하나의 억압체제 내지 제국

---

1 정치사에 대해서는 和田(1998; 2012), 북일관계사에 대해서는 朴正鎭(2012), 경제사에 대해서는 中川(2011), 木村(1999) 등이 있다. 역사 연구는 아니지만, 인류학의 실증 연구로는 伊藤(2017)가 있다. 문화사에 대해서는 영화사 분야에서 門間(2012) 등이 있으나, 대체로 저조하다.
2 이 경향은 영어권의 연구 동향도 마찬가지이다. 이 점에 대해서는 Schmid(2018)를 참조.

주의에 지나지 않는다고 규정하거나, 혹은 그 반대로 위대한 해방
자로 취급하는 듯한 이데올로기적 자세.

⑦ 연구자가 속한 학문 분야의 틀에 얽매여 특정 부분만 잘라 내려는
지적 제약.

⑧ 민족주의적인 틀을 사고의 전제로 역사를 서술하거나, 반대로 민족
이나 민족주의에 대한 내재적 이해 없이 역사를 말하려는 비역사적
사고.

⑨ 결말에서 거슬러 올라가 그에 이르는 과정의 설명으로만 사물을 서
술하는 결과론적인 역사 서술.

단적으로 말하면, 인간이 살아 있는 역사를 그리고 싶었다는 것인데,
이 책에서 내가 이 모든 문제를 극복했는지는 자신이 없다. 다만, 이 책
을 정리하는 과정에서 이러한 것들을 염두에 두었다는 것만은 밝혀 두고
싶다.

이 책은 일종의 학문사이다. 학문사는 학설사(혹은 연구사)와는 다르다.
학설사란 전문 영역의 존재를 전제로 그 내부에서의 선행 연구를 정리한
서술이며, 연구상의 절차로서 누구나 반드시 통과해야 하는 작업이다. 그
에 비해 학문사는 학문 그 자체의 역사화를 추구한다. 그것은 학문을 사회
적인 것과의 관계 속에서 재인식하는 태도를 필요로 할 뿐만 아니라, 스스
로의 발판이 되는 지적인 틀도 문제 삼는 반성적 사고가 요구된다.

월러스틴(1996)이 독자적인 관점에서 역사화하고 있듯이, 이 책과 깊이
관련된 언어학, 역사학, 인류학, 사회학, 정치학 등의 학문 영역은 지구상
의 전 지역을 주권국가와 그 식민지로 구획화했던 19세기의 세계체제 안
에서 그 기초가 되는 틀이 마련되었다. 나아가 제2차 세계대전부터 냉전

기에 걸쳐 그것들이 재편되면서 지역 연구Area studies가 형성되었다. 즉 이 책의 토대를 이루는 학문 자체가 식민주의, 냉전의 역학에 어쩔 수 없이 편입되어 있다. 그래서 더더욱 나는 식민주의적 사고, 냉전적 사고를 대체하는 비판적 지역 연구 내지 '비판적 코리아 연구'의 시도로 이 책을 집필했다(이타가키, 2020). 월러스틴은 학문의 근대 세계체제를 극복하기 위해 지역도 학문 영역도 뛰어넘은 '커다란' 역사를 서술하는 방향으로 향했지만, 나는 그것이 유일한 답이라고는 생각하지 않는다. 이 책은 오히려 한 개인이라는 '작은' 경험의 서술을 통해 식민주의와 냉전이 쌓아 올린 학문의 벽을 극복해 보고자 한 것이다.

이상과 같은 생각과 문제의식이 명백히 나의 역량을 초월한 대위법적 평전의 시도를 구상하고 써 내려가게 만든 것이다. 그것의 성공 여부는 독자들이 판단할 일이다.

*

이렇게 쓰면 내가 항상 비장한 각오로 이 책을 준비해 온 것처럼 보일지도 모르지만, 실은 일하는 사이사이에 틈틈이 손을 대는 식으로 조사와 집필을 진행해 왔다. "왠지 즐거워 보이네"라는 말을 여러 연구자로부터 들었을 정도이다. 그런 여세를 몰아서 쓰다 보니 그만 원고가 너무 길어져 울며 겨자 먹기로 싹둑 잘라 냈다. 이런 방식으로 연구할 수 있었던 것은 많은 분과의 만남과 협력 덕분이다. 마지막으로 신세를 진 분들께 감사의 인사를 전하고자 한다.

가장 먼저 감사를 드리고 싶은 분은 도시샤대학의 고영진 씨(이하 경칭은 모두 '씨'로 통일)이다. 〈머리말〉에서도 말했지만 그의 한마디가 없었다면 이 책은 존재할 수 없었다. 이 책의 집필 과정에서도 아낌없이 조언과 자료를 제공해 주었을 뿐만 아니라, 영광스럽고 또 송구스럽게도 임경화 씨(중앙대)와 함께 한국어 번역도 맡아 주셨다. 뭐라고 감사를 드려야 할 지 모르겠다.

토론토에서 인터뷰를 하게 된 계기를 만들어 준 이는 하버드대의 김선 주 씨였다. 그의 소개로 처음 인터뷰한 분은 함흥 출신의 한경섭 씨였는 데, 김혜영 씨를 만난 것은 그의 이야기를 들은 후 저녁 식사 자리에서였 다. 한경섭 씨는 놀라운 기억력으로 옛 함흥의 모습을 재현해 주셨다. 오 래오래 건강하실 줄 알았는데, 안타깝게도 2018년에 90세로 세상을 떠나 셨다. 삼가 고인의 명복을 빈다. 그 밖에도 한성대 김귀옥 씨의 소개로 많 은 실향민들의 사연을 들을 수 있었다. 책에는 등장하지 않지만 그때 들 었던 수많은 월남, 월북, 가족 이산의 경험은 이 책의 서술에 절실함을 가 져다주었다고 믿는다.

2013년 도시샤대학에서 개최한 심포지엄에서도 많은 분의 도움을 받 았다. 심포지엄 발표자들(김하수 씨, 최경봉 씨, 조의성 씨, 최희수 씨), 그중 에서도 최경봉 씨에게는 그 후에도 관련 인물의 소개와 자료 제공 등으로 신세를 졌다. 또한 도시샤대학 인문과학연구소의 연구원과 여러 직원분 은 여러 가지 무리한 부탁을 들어 주셨다.

이에 더해, 여기에서 특별히 두 분의 성함을 들어 두고 싶다(신세를 진 또 다른 분들에 대해서는 뒤에서 정리하여 다시 말씀드리겠다). 한 분은 고바야 시 히데오의 아드님인 고바야시 미쓰오小林光夫 씨이다. 나는 그와 아무런 연고가 없음에도, 그의 예전 근무처인 전기통신대학電氣通信大學으로 편지 를 보냈다. 1950년대에 김수경이 고바야시 히데오에게 보낸 서한을 보여 달라는, 지금 생각해도 뻔뻔스러운 내용의 편지였다. 그런데 너무 감사 하게도 3주 정도 지나자 전자메일로 답신이 왔고, 가족분이 기요세清瀬에 있는 집에서 김수경의 서한을 찾았다면서 스캔까지 해서 보내 주셨다. 그는 그 메일에서 어릴 적 아버지(히데오)로부터 "김 선생이라는 아주 뛰어난 제자가 경성의 공원에서 너를 번쩍 안아 올리며 놀아 주곤 했다"는 이야기를 들은 적이 있다는 일화를 소개해 주기도 하셨다. 그런데 그런 대화를 주고받은 지 한 달도 지나지 않았을 무렵 너무나 뜻밖에도 고바야시 미쓰오 씨의 부고가 전해졌다. 전자우편으로 대화를 나눴을 뿐이었지만, 나는 새삼스럽게 그것이 단 한 번뿐인 기회였음을 실감했다. 그 후 고인의 부인께서 김수경 서한의 실물을 내게 보내 주셨고, 나는 그것을 다시 김혜영 씨에게 전달해 지금은 토론토의 김혜영 씨 집에 보관되어 있다.

다른 한 분은 간노 히로오미菅野裕臣 씨(도쿄외국어대 명예교수)이다. 그는 일면식도 없고 언어학계에 속해 있지도 않은 내가 느닷없이 갑자기 보낸 메일에 친절하고 정중히 답해 주셨다. 그 후에도 몇 차례나 메일을 교환했을 뿐만 아니라, 이 책의 토대가 된 논문의 원고를 읽어 주시기도 했다. 그로부터 가르침을 받지 않았다면 알 수 없었던 것, 착각하고 있던 것도 적지 않다.

간노 씨의 소개로 만나뵐 수 있었던 분이 러시아과학원의 원로 언어학자 콘체비치Lev Rafailovič Koncevič 씨이다(당시에는 모스크바 교외 거주). 그와의 의사소통에는 텐 베냐민 씨(교토대 대학원)의 훌륭한 통역에 크게 신세를 졌다. 콘체비치 씨는 상세히 추억을 들려주며 요리와 보드카를 대접해 주셨을 뿐만 아니라, 미국으로 이주하기 전에 수백 권의 북한 발행 서적과 잡지(그 대부분이 1940~1960년대의 것)를 도시샤 코리아연구센터에 기증해 주셨다. 그 컬렉션에서 처음 실물을 본 자료도 적지 않다.

모스크바 조사에서는 토론토대 안드레 슈미트Andre Schmid 씨의 소개로 구 레닌도서관 나탈리야 안 씨의 도움을 받았으며, 상트페테르부르크

에서는 그곳(레닌그라드) 출신으로 오슬로대에 근무하는 박노자 씨(러시아 명 블라디미르 티호노프)의 주선으로 조사를 할 수 있었다. 옌볜 조사에서도 여러 분의 도움을 받았다. 이신철 씨(성균관대)를 비롯하여, 옌볜대 언어연구소의 김광수 씨, 도서관의 장호철 씨께도 신세를 졌다. 서울대학교 상과대학 총동창회는 경성경제전문학교 시절의 김수경에 관해 조사하러 갔을 때 갑작스러운 방문임에도 불구하고 친절하게 대해 주셨으며, 특히 윤제철 씨께서는 귀중한 자료도 제공해 주셨다.[3] 서울에서의 심포지엄에 초대해 주신 김성수 씨(성균관대)도 그 후 아낌없이 자료를 제공해 주셨다. 일본 시가현립대의 박경식문고를 조사할 때는 같은 대학의 가와 가오루河かおる 씨의 조언이 도움이 되었다.[4]

다양한 장소에서 발표의 기회가 주어진 것도 이 책이 만들어지는 과정에서 중요한 역할을 했다. 신주백 씨(전 한국독립운동사연구소 소장)는 연세대의 학술사 프로젝트에 초대해 주셨고, 논문집 기획에 졸고를 넣어 주셨다.[5] 2015년도 가을학기에는 도시샤대학 대학원 글로벌스터디즈 연구과의 강의 과목을 한 시간 빌려 당시 중간까지 씌어 있던 이 책의 초고를 대학원생들에게 읽어 주고 의견과 질문을 받는 수업을 했다. 2016년 말에

---

[3] 이 방문 당시 김수경의 유족이 소장하고 있는 경성경전 관련 사진을 총동창회에 제공했다. 이후 윤제철 씨는 동창회보《향상의 탑》162·163호(2018년 5·7월)의 〈이 한 장의 사진〉 코너에 두 차례에 걸쳐 해설과 함께 사진을 게재했다.

[4] 일본 국내외 조사에 대해서는 JSPS 과학연구비 JP16K02019, JP20H01330의 도움을 받은 것 외에, 도시샤 코리아연구센터의 사업으로 실시한 국제 공동 연구 〈한반도와 일본을 월경하는 식민주의와 냉전의 문화〉(두뇌 순환을 가속화하는 신진 연구자 전략적 해외 파견 프로그램, 2013~15년도)를 통해서도 기초적인 자료를 수집할 수 있었다.

[5] (옮긴이 주) 신주백 편(2014), 《한국 근현대 인문학의 제도화: 1910~1959》(서울: 혜안, 359~421쪽)에 실린 저자의 〈월북학자 김수경 언어학의 국제성과 민족성〉을 말한다.

는 신창순 씨(전 정신문화연구원)의 추천으로 인천에서 열린 국어학회에서 전문가들 앞에서 발표할 기회를 얻었다. 코넬대 사카이 나오키酒井直樹 씨의 권유로, 2017년에 타이완 국립교통대학에서 코리아 학자가 한 명도 없이 다른 나라 문화 연구자들 앞에서 발표할 수 있었던 것도 자극이 되었다. 고려대의 정병욱 씨, 튀빙겐대의 이유재 씨 등과 인연도 있어서 튀빙겐대-도시샤대-고려대 삼각 교류TuDoKu 워크숍이 2015년부터 실시되었는데, 거기에서도 연재처럼 발표를 했다. 이 연구 교류가 독일학술교류회DAAD의 프로그램PAJAKO에 채택된 덕분에(대표는 모니카 쉬림프 씨) 2017년에 튀빙겐에서 3주간 머무를 수 있었고, 여유롭게 이 책 제6장의 초고를 완성할 수 있었다. 이러한 국제학회의 장에서 영어로 보고를 할 때는 마이클 샤피로 씨의 조력이 필수적이었다. 그 밖에 서강대 CGSI(임지현 씨)의 콜로키엄, 인하대 한국학연구소(정종현 씨)의 집중강의, 서울대 동아시아 비교인문학(홍종욱 씨)의 세미나 등 한국의 여러 자리에서 이야기하며 청중의 느낌과 반응을 들은 것도 유익했다.

도시샤 코리아연구센터, 교토의 4개 대학 조직 간 연계인 교토 코리아학 컨소시엄, 나아가 2012년의 방북을 계기로 시작된 일조日朝학술연구회 등 교토를 거점으로 한 다양한 연구 연계의 틀은 내게 큰 자극이 되었다. 교토 코리아학 컨소시엄이 개설하는 학부 교양과목(도시샤대에서 개강), 도시샤 코리아문화연구회의 자주강좌自主講座[6]인 '북일관계사 강좌', NPO 법인 교토 자유대학 등 배경이 서로 다른 사람들 앞에서 이 연구의 내용을 선보일 수 있었던 것도 이야기의 감각을 얻는 데 유용했다. 동료인 미즈타

---

[6] (옮긴이 주) 학교 당국에서 정식으로 개설한 과목이 아니라, 학생들이 자주적으로 개설하고 강사를 초빙하여 강의를 듣고 질의응답을 하는 형식의 강좌이다. 당연한 이야기지만 학점은 물론 없다.

니 사토시水谷智 씨 등과 계속 이어온 도시샤 식민주의 연구회DOSC에서의 발표에서는 나가부치 야스유키永渕康之 씨와 도베 히데아키戸邉秀明 씨 등으로부터 중요한 의견을 들을 수 있었다. 교토에서 꾸준히 이어온 '포치의 모임ポチの会'에서 여러 차례 발표한 것도 집필의 양식이 되었다.

이 밖에도 초기의 자료 수집에서 집필 단계에 이르기까지 수많은 분이 도움을 주셨다. 여기에 이름을 적어 두고자 한다(가나다순). 강성은, 고용수, 구마타니 아키야스熊谷明泰, 권혁태, 기타 에미코喜多恵美子, 김여경, 김은애, 김창록, 김한나, 니시무라 나오토西村直登, 다니가와 류이치谷川竜一, 류미사, 미즈노 나오키水野直樹, 박한용, 배영미, 사카이 히로미酒井裕美, 쓰도 아유미通堂あゆみ, 쓰지 야마토辻大和, 양핑嚴平, 오타 오사무太田修, 오인제, 오카모토 마키코岡本真希子, 와타나베 나오키渡辺直紀, 이상록, 정근식, 정아영, 파벨 스미르노프, 하시모토 시게루橋本繁, 허지향, 후지이 다케시藤井たけし, 후쿠이 레福井玲.

초기의 초고 전체를 읽고 의견을 주신 분도 있다. 고지마 기요시小島潔 씨는 퇴직 후 청경우독晴耕雨讀의 생활을 나로 인해 방해받으면서 긴 초고를 읽어 주셨는데, 그의 의견 덕분에 이 책이 독자들에게 다가가기 쉬운 형태로 될 수 있었다고 생각한다. 와다 하루키 씨께는 입식 파티장에서 읽어 주십사 부탁드렸는데 흔쾌히 승낙해 주시고, 역사가로서 자세한 의견을 들려주셨다. 진분서원人文書院의 마쓰오카 다카히로松岡隆浩 씨는, 이 책 원고를 읽고 곧바로 그 의미를 이해하고 간행까지 힘써 주셨다. 한 젊은 편집자(사정상 이름을 밝힐 수는 없다)가 원고를 정독한 후 이 책의 특색 있는 구성을 제안해 준 것도 여기에 감사의 뜻을 담아 밝혀 두고자 한다.

그리고 누구보다도 김수경의 유족들께 최대의 감사를 드리고 싶다. 로스앤젤레스에서는 김정아 씨와 그 아들 부부(김교호 씨, 김중현 씨), 그리고 김연식 씨의 환대를 받았다. 로스앤젤레스를 안내해 주셨을 뿐만 아니라, 맛있는 요리를 대접해 주시면서 옛날이야기도 천천히 들려주셨다. 한국에서는 부산대를 퇴직하신 김태성 씨를 여러 번 만나 뵈었다. 인천에서는 학회 발표에 오셨고, 그 후 한국이민사박물관을 함께 관람하기도 했다. 가장 인상 깊었던 것은 군산과 옥구, 나아가 서울의 혜화동, 경성제대 예과 터, 경성경전 터 등 김수경의 연고지를 함께 둘러본 것이었다. 초고를 완성한 뒤에 갔기 때문에 내게는 김태성 씨와는 또 다른 의미가 있는 '추억' 여행이 되었다. 토론토에 거주하는 김태정 씨는, 이 책에도 부분적으로 게재한 가족 앨범 사진과 아버지 김수경에게서 온 편지를 모두 스캔하고 정리하는 등 여러모로 도와주셨다. 오랜 고생 속에 체화된 것이었을까, 항상 타자를 배려하는 그 모습이 감동적이기까지 했다. 이 책에 헤아릴 수 없이 많은 핵심적인 도움을 주신 것은 김혜영 씨이다. 나의 무수한 질문에 열심히 답해 주셨고, 김수경의 편지와 수기도 모두 입력해 주셨다. 받은 메일 수가 300통을 넘는데, 어떤 메일에도 섬세한 서술과 배려가 넘친다. 특히 이 책 제6장의 가족사 부분은 그녀와의 공저라 해도 과언이 아니다. 김정순 씨(2016년 타계)를 비롯한 평양의 유족들께도 이 책은 신세를 지고 있다. 나 자신이 직접 주고받지는 못했지만, 토론토와 평양의 유족들 사이에서 천천히, 하지만 상호 신뢰 속에 오간 편지를 통해 귀중한 정보를 얻을 수 있었다.

유족 가운데 마지막으로 이남재 씨께 감사의 인사를 드리고 싶다. 그녀와는 2014년과 18년 두 번 만났다. 일본에서 온 손님이라면서 내가 조선어로 질문해도 그에 대해 "일본어를 몇십 년이나 안 써서 서툴러요"라며 품위 있는 일본어로 답을 하셨다. 남편을 '허즈번드'라 부르며 상냥하게 과거를 들려주셨다. 그녀는, 일본인 이상으로 능숙하게 일본어를 구

〈7-1〉 이남재 씨(2014년 토론토 자택에서)

사했고 러시아어로 된 신문을 읽고는 "재미있다"고 말하는 '허즈번드'의 모습을 회상하며, 전시하의 가족 이별을 "운명이죠"라고 정리하고는, 남편의 재혼에 대해서도 "남자는 혼자 살 수 없으니까"라고 꿋꿋하게 말했다. 인지장애가 진행되고 있기는 했지만 제2차 세계대전과 한국전쟁의 공습 경험이 자주 뒤섞이면서 떠오르는지 "왜 전쟁을 하는지"라며 누구에게랄 것도 없이 여러 차례 되묻곤 했는데 오히려 그 자체가 역사의 리얼리티를 느끼게 했다.

2013년의 심포지엄 개최로부터 본서가 나오기까지 생각보다 시간이 많이 걸렸다. 김수경 탄생 100주년인 2018년 초에 초고가 완성되었으나, 그 후 내용을 줄이고 구성을 대위법적인 것으로 바꾸는 사이에 3년여의 세월이 흘러 버렸다. 그사이 생각지도 않은 일들이 계속 일어났다. 2018년에는 평창동계올림픽을 계기로 세 차례나 남북정상회담이 열렸고, 사상 최초로 북미정상회담이 열리는 등 한반도의 정세가 급속히 전개되었다. 그 분위기가 계속되는 가운데 2019년 2월 20일 이남재 씨가 토론토 자택에서 세상을 떠났다. 인쇄된 책을 보여 드리지 못한 것이 참으로 아쉽다. 그 직후에 열린 북미 하노이 회담이 사실상 결렬되면서, 그때부터 한반도를 둘러싼 정세가 다시 정체되기 시작했다. 2020년에는 신종 코로나 바이러스 감염증이 팬데믹화되면서 세계가 완전히 달라졌다. 사실 나는 그해 8월부터 한 해 동안 토론토에서 가족과 함께 재외연구 기간을 보내고 거기에서 책을 마무리하려고 했었는데, 그 계획도 무산되었다. 원래대로라면 내가 토론토 공항에 도착할 예정이던 그날, 로스앤젤레스의 김정아 씨가 조용히 숨을 거두었다. 그 일 주일쯤 전에도 의자에 앉아 푸시킨의 시를 러시아어로 암송할 정도로 건강했는데 갑작스러운 일이었다고 한다.

이 책에 등장한 사람들뿐만 아니라 무수한 가족의 분단이 아직도 계속되고 있으며, 많은 분이 혈육과 만나기도 쉽지 않은 나날을 보내다가 세상을 떠나고 있다. 한국전쟁의 종결과 평화체제 구축을 향한 길은 현시점(2021년 4월)에도 정체 국면에 빠져 있고, 새롭게 출현한 감염증이 사람들의 왕래와 교류를 더욱 방해하고 있다. 그러나 한번 움직이기 시작한 분단 극복의 거대한 흐름을 끊어 버리면 안 된다. 책을 마무리한 지금, 나는 다시금 온몸으로 평화 프로세스의 실현을 간절히 바란다.

부기

이 책의 일본어판 간행 후인 2021년 9월 1일에 도시샤 코리아연구센터 DOCKS의 코리아 문헌 데이터베이스를 공개했다(kbdb.info). 힘들여 수집한 문헌(콘체비치 문고 등)과 서지 사항을 데이터베이스화한 것으로, 앞으로도 계속 갱신할 예정이다. 김수경의 저작 중 몇 가지(K1949d, K1952a, K1956a·c)는 이미 일본어로 번역되어 있으며 도시샤 코리아연구센터의 웹사이트(do-cks.net)에서 공개했다. 이 책과 관련한 이 최신 정보는 페이스북으로 발신되고 있으므로, 팔로우해 주시면 고맙겠다(일본어는 kimsookyung1918, 우리말은 kimsugyong1918korean).

이 책은 인류학자이자 코리아 근현대사 연구자인 이타가키 류타 교수의 《北に渡った言語学者金壽卿1918~2000》(京都: 人文書院, 2021)을 우리말로 옮긴 것이다. 이미 저자의 박사논문이 토대가 된 연구서인 《朝鮮近代の歴史民族誌》(2008)가 홍종욱·이대화 교수에 의해 한국어로 번역되어 있으며(《한국 근대의 역사민족지》(혜안, 2015), 이 책은 그의 두 번째 단독 저서에 해당한다. 이외에도 저자의 공저나 논문들이 다수 한국에 소개되어 있어, 개인사나 지방사를 통해 '전체사'를 펼쳐 보이거나 다양한 학문 분야를 횡단하며 동아시아 근현대사를 종횡하는 그의 연구방법론이 독자들의 관심을 끌어왔다. 뿐만 아니라 국가주의, 식민주의, 인종주의 등에 반대하여 사회운동에도 적극적으로 참여하는 이타가키 교수의 모습은 그의 연구에도 인간의 심장 소리를 더해 주었다. 김수경이라는 천재 언어학자를 다룬 이 책은 비판적 지식인으로서의 저자의 코리아 근현대사 연구의 일단의 귀결이라고 할 만한 모든 요소를 담고 있다.

이 책을 읽어 보신 분들은 이미 잘 아시겠지만 김수경은, 해방 직후부터 1960년대 중반 무렵까지 북한 언어학의 모든 분야에서 활약한 언어학자이자 언어정책의 설계자였다. 그리하여 그 무렵의 북한 언어학은 김수경이라는 이름 석 자를 빼놓고는 논의할 수 없다고 해도 결코 지나친 말이 아니다. 남북의 표기 차이로 종종 거론되는 '이론/리론, 논리/론리' 등에서 보는 이른바 두음법칙을 적용할 것인지 말 것인지에 대하여, 그것은 폐지하는 것이 훨씬 더 언어 생활에 유익하다는 것을 이론적으로 명백히 한 사람이 바로 김수경이었다. 게다가 그는, 비록 실행에까지는 이르지 않았지만 해방 후 북한에서 최초로 제정된 《조선어 신철자법》(1948)의 집필자였으며, 현행 북의 철자법의 기초가 된 《조선어 철자법》(1954)의 초안 작성 담당자이기도 했다. 뿐만 아니라, 해방 직후 북에서 최초로 공간된 《조선어 문법》(1949)을 비롯하여, 1954년에 간행되어 북에서는 물론 중국과 일본의 동포들에게까지 널리 교육된 《조선어 문법》 역시 김수경이 집필한 것이었다. 게다가 그는 1960년의 '과학원 문법'과 1960년대에 간행된 여러 '김대 문법'의 주요한 저자 가운데 한 사람이었다. 그는 김일성종합대학의 창립 무렵 김일성대학 문학부 소속의 유일한 언어학 전공 교수였던 것도 있어서, 언어 혹은 언어학에 관한 것이라면 분야를 가리지 않고 그의 손길이 미치고 있었던 것이다.

이처럼 김수경은 초창기 북한에서 언어와 관련된 거의 모든 분야에서 핵심적인 역할을 한 대단히 중요한 학자였음에도 불구하고, 그에 대한 연구는 단편적인 것들을 제외하고는, 한국에서도 일본에서도, 심지어는 북한에서도 그다지 활발한 편이었다고는 할 수 없다. 그러던 중, 2013년에 도시샤대학 인문과학연구소에서 주최한 심포지엄 《북으로 간 언어학자 김수경의 재조명北に渡った言語学者金壽卿の再照明》을 계기로, 그에 대한 연구는 새로운 전기를 맞게 된다. 이 심포지엄이 중요한 이유는, 김수경에

관한 새로운 사실들이 밝혀졌다는 것과 더불어, 저자가 '머리말'에서도 명확히 하고 있듯이, 김수경에 관한 가장 본격적인 연구라 할 수 있는 이 책이 나오게 된 직접적인 계기가 되었기 때문이다.

그 후 정확히 10년이 지난 2023년 11월에는 연세대학교 근대한국학연구소 주최로 《북으로 간 언어학자 김수경과 '조선어학'의 재조명》이란 심포지엄이 개최되었는데, 이 심포지엄의 목표 가운데 하나가 바로 "식민과 냉전의 틀에 긴박되어 있던 조선어학/한국어학의 새로운 전망을 모색하는 계기"로 삼고자 하는 것이었다. 이처럼 한 인물에 관하여, 일본에서 시작된 심포지엄이 한국에서의 심포지엄으로 이어지고, 일본에서 일본어로 간행된 그의 평전이 우리말로 번역되어 서울에서 간행되는 것은, 그다지 흔히 볼 수 있는 일이 아니다. 저자의 바람대로, 이 책이 북의 김수경 유족들에게도 읽히고, 남의 유족들이 "나의 아버지 김수경"을 도시샤 심포지엄에서 발표했듯이, 이번에는 북의 유족들이 "나의 아버지 김수경"을, 언제가 될지는 모르지만, 어디에선가 발표하는 심포지엄이 열리는 날을 꿈꿔 본다. 이러한 작은 일들이 하나씩 쌓여서 현재 우리가 처한 분단 상황의 극복에 조금이라도 도움이 되었으면 한다. 어쨌든 이제 이 책이 나옴으로써 우리는 김수경 연구, 나아가 북한 연구, 더 나아가서는 저자의 표현을 빌리면 '비판적 코리아 연구'의 무척 귀중한 자산 하나를 더할 수 있게 되었다.

저자는 이 책을 '학설사'가 아닌 '학문사'라 규정하고 있다. 저자는 언어학, 역사학, 인류학, 사회학, 정치학 등 "이 책의 토대를 이루는 학문 자체가 식민주의, 냉전의 역학에 어쩔 수 없이 편입되어 있"음을 인식한 위에, "비판적 지역 연구 내지 '비판적 코리아 연구'의 시도로 이 책을 집필"했다고 말하고 있다. 그가 말하는 "학문 그 자체의 역사화를 추구"하는 학문사가, "학문을 사회적인 것과의 관계 속에서 재인식하는 태도를 필요로 할 뿐만 아니라, 스스로의 발판이 되는 지적인 틀도 문제 삼는 반성적 사고"의 결과임은 말할 것도 없다. 이에 대한 평가는 물론 독자들의 몫이겠지만, 옮긴이들은 이러한 그의 시도가 대단히 훌륭하게 이 책에 구현되어 있다고 믿는다. 하여 옮긴이들은 독자들께서 이 책을 읽으면서 '비판적 코리아 연구'라는 저자의 문제의식을 찾아내고 공감할 수 있었으면 하고 바란다. 이를 위하여 이 책에 대한 김병문 교수의 서평 〈식민과 냉전의 틀을 넘어서는 '비판적 코리아 연구'에 공명하며〉(《동방학지》 제199집, 2022년 6월, 연세대학교 국학연구원)를 길잡이 삼아 읽는 것도 한 방법일 것이다.

이 책의 번역과 관련해서는, 임경화가 개인사와 시대의 전체상과 관련된 역사 부분(제1장~제6장)을, 고영진이 언어학 부분(Ⅰ~Ⅳ)을 일단 담당했는데, 일차적으로 번역을 마치고 난 다음에는 서로 돌려 보면서 문체와 용어의 통일 등을 꾀하였다. 그러나 개성이 서로 다른 두 사람의 공역이므로 아무래도 각자의 성격이 드러나는 표현들이 군데군데 있을 것이다. 이에 대해서는 독자 분들께서 널리 양해해 주시기를 바란다.

이 책을 번역하면서 우리는 저자인 이타가키 교수께 너무나 큰 신세를 졌다. 내용에 대한 질문에는, 때로는 이메일로, 때로는 대면으로 시간을 아끼지 않고 답해 주셨고, 대단히 힘들여 구했을 터인 인용된 원문들은 옮긴이들이 부탁할 때마다 망설이지 않고 기꺼이 보여 주셨다. 어떻게 감사드려야 할지 모르겠다. 유족이신 김혜영 선생님과 김태성 선생님께서 번역 원고의 초고를 읽어 주신 것도 커다란 도움이 되었다. 가족으로서 불편한 표현들이 제법 있었을 터인데도, 아무런 내색을 않으시고 꼼꼼히 읽으시고는 오자·탈자는 물론 오역까지도 잡아 주셨다. 하여 두 분께도 깊이 감사드리지 않으면 안 된다. 이 역서의 초교 단계에서 새로이 추가하게 된 리명선의 결혼식 사진의 게재를 허락해 주신 이승연 여사 및 그 사진의 소재를 알려 주신 부산교육대학교의 김준형 교수께도 크나큰 신세를 졌다. 이 사진에 나오는 면면을 전부 알 수는 없지만, 적어도 신부 옆의 이남재와 신랑 옆의 김수경, 그리고 신랑 신부 사이에 주례로 서 있는 리극로의 모습은 해방 후 김수경의 행적과 관련해서도 많은 것을 생각하게 한다. 마지막으로 푸른역사의 박혜숙 대표와 편집부의 여러분들이 구석구석 살펴 준 덕분에 번역 단계에서는 보지 못했던 수많은 잘못들을 바로잡을 수 있었다. 그럼에도 불구하고 이 책에서 발견되는 오역을 비롯한 모든 문제들의 책임이 옮긴이들에게 있음은 물론이다.

이와 함께 옮긴이들의 여러 가지 사정으로 말미암아 이 책의 간행이 예정보다 많이 늦어지고 말아 죄송스럽기 짝이 없다. 이에 대하여 저자 이타가키 교수와 유족분들, 그리고 이 책의 간행을 기다려 오신 모든 분들께 심심한 사죄의 말씀을 올린다.

식민주의와 냉전의 폭력 속에 연구의 제약과 가족 이산을 경험한 김수경뿐만 아니라 그 가족들은 운명의 덫에 갇혀 몸을 맡기고 있지만은 않았다. 그들은 항상 좁은 틈 속에서 움직이며 목소리를 냈다. 그들의 기동성과 창조성은 실천하는 비판적 지식인 이타가키 류타 교수와의 조우를 가능하게 했고, 그가 짜낸 이 압도적인 저서를 우리말로 번역하도록 우리를 이끌었다. 이 우연하면서도 필연적인 만남의 연쇄에 독자분들을 초대하고 싶다.

2024년 1월

옮긴이들

연월일	연령	사항	비고
1918. 5. 1	0	김선득(1896~1950. 경주 김씨. 짧은 판사 생활 후, 변호사 개업)과 이소옥(1893~1961)의 3남매 중의 차남으로 태어남. 본적은 강원도 통천군 통천면 서리 13번지. 형은 김복경(1913~1974), 여동생은 김정아(1926~2020).	유족 정보
1921. 9	3	아버지가 전라남도 광주지방법원 군산지청 판사로 부임. 가족이 고향 통천을 떠나 군산으로 이주.	《朝鮮總督府及所属官署職員錄》. 유족 정보.
1923. 10	5	아버지가 평안북도 신의주 지방법원 판사로 부임. 가족이 신의주로 이주.	《朝鮮總督府及所属官署職員錄》. 유족 정보.
1924. 4. 1	5	신의주에서 보통학교에 입학(학교명은 미상).	유족 정보
1925. 6	7	아버지가 신의주 지방법원 판사직 사임.	《時代日報》(1925. 7. 17)
1925. 8	7	아버지가 군산에서 변호사 개업. 가족의 군산 이주에 따라 군산 공립보통학교로 전학.	《時代日報》(1925. 7. 17) 유족 정보.
1930. 3. 31	11	군산 제일공립보통학교(1929년에 군산 제2공립보통학교가 설립됨에 따라 개칭) 졸업.	유족 정보 (졸업증서 보유)
1930. 4. 1	11	군산중학교 입학.	유족 정보(통지서 보유)
1934. 3. 31	15	군산중학교 과정을 4년 만에 졸업. 졸업 전에 경성제국대학 예과에 입학하기 위한 전문학교 입학 검정고시에 합격.	김수경이 1946년 12월 28일에 작성하여 김일성대학에 제출한 이력서(이하 〈이력서〉). 유족 정보.
1934. 4. 1	15	경성제국대학 예과 문과 갑류에 입학(제11기 입학생). 동기 입학자로 김석형, 신구현, 리명선, 정해진, 홍진기 등이 있음.	《朝鮮總督府官報》(1934. 3. 30). 합격자 명부. 이해 입학생부터 예과가 2년제에서 3년제로 변경되었다(《紺碧遥か に》).
1937. 3. 31	18	경성제국대학 예과 수료.	《朝鮮總督府官報》(1934. 4. 7). 수료자 명부. 유족 정보(수료증서 보유).

1937. 4. 1	18	경성제국대학 법문학부 철학과 입학(김석형은 사학과, 신구현과 리명선은 문학과, 정해진은 철학과, 홍진기는 법학과 진학. 같은 해 박시형이 사학과 선과생으로 입학).	《朝鮮総督府官報》(1934. 5. 11). 입학자 명부.
		헤겔 등의 철학을 연구하고 고바야시 히데오 (1903~1978)의 지도하에 언어학을 연구.	小林英夫,〈教え子〉(1951). 유족 정보.
		러시아어는 법문학부 강사였던 치르킨C. B. Чиркин (1879~1943)에게서 배웠다고 함.	이충우, 《경성제국대학》(1980). 유족 정보(교실 사진 보유).
1939	21	림화와 신구현의 권유로 모리스 쿠랑Maurice Courant(1865~1935), 《Bibliographie Coréenne(조선 서지)》의 조선어 번역을 개시.	《조선문화사서설》(범장각, 1946).
1940. 3. 31	21	경성제국대학 법문학부 철학과를 졸업(철학과 제12회 졸업생).	《朝鮮総督府官報》(1940. 4. 9)에 학사시험 합격자 명부. 유족 정보(졸업증서 보유).
1940. 4. 40	21	도쿄제국대학 문학부 대학원(언어학 강좌)에 입학. 연구 과제는 〈조선어의 비교언어학적 연구朝鮮語ノ比較言語學的研究〉. 지도 교관은 오구라 신페이小倉進平(1882~1944) 교수(언어학 강좌 담임). 후에 지도 교관을 이어받은 핫토리 시로服部四郎 (1908~1995)는 당시 강사로 재직.	도쿄제국대학 문학부의 기록.《東京帝國大學一覽》1940~42년판. 유족 정보(1942년 12월 당시 촬영한 사진 존재).
		당시 1년간의 연수를 위해 도쿄제국대학에 있던 이화여자전문학교 교수 이희승과 교류. 당시 도쿄제국대학의 학부 유학생으로 조승복 등이 있었음.	이희승 자서전 《다시 태어나도 이 길을》 (1977), 조승복 자서전 《분단의 한恨》(2004).
1942. 2. 28	23	경성제국대학 철학연구실에서 열린 철학담화회 제30회 예회에서 〈언어의 본질: 마르티에 따라서言語の本質—マルテイに從ひて〉를 발표.	〈研究室通信〉, 《學叢》 1, 京城帝國大學文學會, 1943.
1942	24	봄방학에 서울에서 리명선(경성제대 동기)과 김금자(이화여전 음악과 졸업)의 결혼식에 참석, 이남재를 만남. 이남재는 광주 이씨 이용복李容復 (1895~1966)과 선인석宣仁錫(1895~1928)의 4남매 중 외동딸로, 1919년 12월 18일 만주 간도에서 출생하여 이화여자전문학교 문과를 졸업.	유족 정보

날짜	나이	내용	출처
1943. 3. 17	24	봄방학 중에 서울에서 이남재와 결혼. 그 후, 도쿄의 도시마구豊島区 가나메정要町에서 신혼 생활.	유족 정보 및 도쿄대학 기록.
1943. 3	24	오구라 신페가 도쿄제국대학을 정년퇴직. 이때 지도 교관이 핫토리 시로(조교수로 승진)로 바뀐 것으로 추정됨.	도쿄대학 문학부 구제 대학원 학적부의 지도 교관란에는 오구라가 삭제되고 핫토리가 기입되어 있다.
1943	24	여름에 아내와 서울로 돌아와, 혜화정 74번지에 거주.	유족 정보
1944. 1. 6	25	장녀 김혜자가 서울에서 출생.	유족 정보
1944. 3. 15	25	도쿄제국대학 문학부 대학원을 자퇴.	도쿄대학의 기록. 도쿄대학 문학부 구제 대학원 학적부에 "일신상의 이유로 퇴학"이라고 기입되어 있다.
1944. 4. 15	25	경성제국대학 법문학부 조선어학연구실 촉탁, 경성제국대학 부속도서관 촉탁을 겸임.	〈이력서〉. 뒷부분은 유족 정보.
1945. 3. 35	26	보고서《로걸대》제 판본의 재음미「老乞大諸板の再吟味》를 경성제국대학 법문학부에서 인쇄.	저작 목록 참조. 인쇄된 첫 논문으로 추정된다.
1945. 5. 28	27	장남 김태정이 서울에서 출생.	유족 정보
1945. 8. 15	27	경성대학 자치위원회 법문학부 위원이 됨.	〈이력서〉. 유진오, 〈편편야화片片夜話(63) 경성대학총장〉《동아일보》1974. 5. 14).
1945. 8. 16	27	서울 인사동 태화정에서 열린 진단학회 재출범을 위한 모임에 참석.	김재원 〈광복에서 오늘까지〉《진단학보》57, 1984)
1945. 8. 23	27	종로 YMCA에서 진단학회위원회 개최됨. 김수경은 상임위원(간사).	《진단학보》15(1947)
1945. 10. 9	27	진단학회가 훈민정음 반포 기념 강연회에 이숭녕과 김수경을 파견.	《진단학보》15(1947)
1945. 11. 30	27	경성대학 촉탁 및 자치위원회 위원직 사임.	〈이력서〉

1945. 11	27	해방 후의 첫 논문인 《룡비어천가》 삽입자음고〉를 수록한 《진단학보》 15호의 원고를 인쇄소에 보냄. 출판이 지연되어 발간은 1947년 5월.	《진단학보》 15(1947)
1945. 12. 1	27	경성경제전문학교 교수에 임명됨.	〈이력서〉
1945. 12. 15	27	진단학회 제2회 월례회에서 〈소련 아카데미를 위한 신진학도 양성〉을 발표.	《진단학보》 15(1947)
1946. 2	27	서울에서 발족한 국어문화보급회(부위원장 홍기문)에 참가하여 '연구부' 의 일원이 됨.	《서울신문》 (1946. 2. 12)
1946. 2. 26	27	조선산악회 주최 제주도 한라산 학술조사대에 진단학회가 송석하(대장, 진단학회장), 조명기, 김수경을 파견(3월 17일까지). 김수경은 언어학반.	《진단학보》 15(1947), 《자유신문》 (1946. 2. 26).
1946. 3. 1	27	경성대학 법문학부 강사 겸임.	〈이력서〉
		'경성대학 예과 부설 임시 중등교원양성소' 및 '경성사범학교 부설 임시 중등교원양성소' 에서 〈조선어학 개론〉 강의.	최경봉(2009). 김민수, 강길운, 남광우 등이 청강.
1946. 3. 30	27	조선산악회가 제주도 조사보고 강연을 왜성대에서 개최. 김수경은 〈언어를 통해 본 제주도 문화〉 강연.	《자유신문》 (1946. 3. 30)
1946. 4	27	서울에서 조선언어학회가 창설되어 이희승, 홍기문, 류응호 등과 함께 발기인에 이름을 올림.	《서울신문》 (1946. 4. 21)
1946. 5. 6	28	조선공산당(남조선)에 입당. 고등교육부 분과.	〈이력서〉. 가입 시 보증인은 박시형과 윤병상.
1946. 5. 10	28	쿠랑의 《조선 서지》 서론 부분의 조선어 역을 《조선문화사서설》로 서울에서 출판.	《조선문화사서설》(범장각, 1946).
1946. 5	28	조선어학회 가입.	최경봉(2009). 〈한글신문〉(《한글》 11(3), 1947).
1946. 7. 8	28	《조선문화사서설》 출판기념회 개최.	유족 정보(기념회 사진 보유).
1946. 8. 17	28	김일성대학의 위촉장에 응하여 밤에 반바지와 등산모 차림으로 가족보다 먼저 월북. 박시형, 김석형 두 동료와 함께 월북.	고바야시 히데오小林英夫의 수필 〈하얀 비둘기白いハト〉(1957)에 인용된 김수경의 서한. 유족 정보.

			《한겨레신문》(1990. 8. 4), 《경향신문》(1990. 8. 4)
1946. 8. 19	28	경성경제전문학교 및 경성대학 사임.	〈이력서〉
1946. 8. 20	28	김일성대학 문학부 교원.	〈이력서〉
1946. 10. 1	28	김일성대학 부속도서관장 겸임.	〈이력서〉
1946. 10	28	서울에서 가족을 오게 하여 가족과 합류. 그 후 김일성대학 교원사택 4호에 거주.	유족 정보
1947. 2. 5		북조선림시인민위원회 결정 제175호에 의해 조선어문연구회를 조직하고, 본부를 김일성대학에 둠.	《조선어 연구》 1(1) (1949)
1948. 3. 1	29	차녀 김혜영金惠英 평양에서 출생.	유족 정보
1948. 10. 2	30	내각 제10호 결정서 〈조선어문에 관한 결정서〉에 따라 조선어문연구회를 교육부 내에 설치. 문법 편수분과위원회(위원장 전몽수. 김수경은 12명의 위원 중 한 명)를 조직하여 문법서 편찬 개시.	《조선어 연구》 1(1) (1949), 《조선어 문법》 (1949).
1949. 3. 23	30	김일성종합대학에서 열린 김두봉 선생 탄생 60주년 기념 회합에서 〈조선어 학자로서의 김 두봉 선생〉을 강연.	《조선어 연구》 1(3) (1949)
1949. 11. 28	31	차남 김태성金泰成 평양에서 출생.	유족 정보
1949. 11	31	부교수 직위를 수여. 조선민주주의인민공화국 최초의 부교수라고 함.	《문화어학습》(2004년 3호)
1950. 8. 9	32	전쟁 발발 후, 당중앙위원회의 결정에 의해 대학 교원들로 구성된 단기 선무공작대의 일원으로 남파.	유족 정보
1950. 9. 25	32	아버지 김선득이 군산 인민군들에 의해 학살됨.	유족 정보
1950. 10	32	가족이 이남으로 피난.	유족 정보
1951. 3. 3	32	구사일생으로 평양으로 귀환, 가족이 이미 남하한 것을 알게 됨.	유족 정보
1952. 6. 20	34	조쏘문화협회가 주최한 〈이·브·쓰딸린의 로작 《맑쓰주의와 언어학의 제 문제》 발표 2주년 기념 학술 보고회〉에서 〈이·브·쓰딸린의 로작 《맑쓰주의와 언어학의 제 문제》와 조선 언어학의 당면 과업〉을 보고.	《로동신문》(1952. 6. 23)

1952. 12. 1	34	과학원이 설립되고, 김수경은 조선어 및 조선문학연구소의 조선어학 연구실장이 됨.	과학원 설립 과정에 대해서는 김용섭, 《남북 학술원과 과학원의 발달》(지식산업사, 2005).
1953. 6. 4	35	과학원 조선어 및 조선문학연구소의 제1차 평의회에서 《조선어 철자법》 편찬위원회를 조직하고 초안 작성의 책임자를 김수경으로 결정함.	《조선 민주주의 인민 공화국 과학원 학보》 1954(7)
1953. 6. 21	35	과학원과 조쏘문화협회가 공동주최한 〈이·브·쓰딸린의 로작 《맑쓰주의와 언어학의 제문제》 발표 3주년 기념 학술보고회〉에서 〈언어학의 제 문제에 관한 이·브·쓰딸린의 로작에 비추어본 조선어 기본 어휘와 어휘구성〉을 보고.	《로동신문》 (1953. 6. 24)
[1953]	[35]	김정순(김일성대학 졸업)과 평양에서 재혼.	유족 정보 (김수경의 편지)
1954	36	3남 김태균 평양에서 출생.	유족 정보 (김수경의 편지)
1955. 7. 27	37	과학원 조선어 및 조선문학연구소가 주시경 서거 41주년에 즈음하여 개최한 학술강연회에서 주시경의 생애와 활동에 대해 보고.	《교원신문》 (1955. 7. 30)
1955. 11. 30	37	과학원 조선어 및 조선문학연구소에서 열린 중국 문화대표단과의 좌담회(11월 30일, 12월 4일 양일 개최)에 참석.	《조선어문》 1956(1)
1955	37	3녀 김혜원 평양에서 출생.	유족 정보 (김수경의 편지)
1956. 4. 10	37	조선민주과학자협회가 결성되고(위원장 백남운), 김수경은 위원이 됨.	《조선 민주주의 인민 공화국 과학원 학보》 1956(2)
1956. 4	37	이 무렵 김일성종합대학의 과학연구부장을 역임.	《대학신문》 (1956. 4. 26)
1956. 9	38	김일성종합대학 《학보》가 창간되고, 김수경은 김일성종합대학 편집위원회의 위원을 맡음.	김일성종합대학 《학보》 1
1956. 10. 6	38	과학원 언어문학연구소에 조선문자개혁연구위원회가 창립되고, 김수경은 상무위원이 됨.	《조선어문》 1956(6), 《조선어문》 1957(2).
1956. 10. 11	38	북·중 간 문화교류계획에 따라 중국 방문. 과학원 문자개혁연구위원 자격으로 중국과학원의 초	《현대조선인명사전》. 수기로 된 〈중국 언어

		청을 받아 중국 방문(~1956. 12. 4).	학계 시찰 여행기〉가 있다고 한다(유족 정보).
		중국 방문 기간 중 일본사회당 국회의원과 면회.	小林英夫, 〈白いハト〉
1956	38	조선어문편수위원회 편집위원.	이득춘 외(2001)
1957. 10. 19	39	과학원 언어문학연구소의 언어학 연구실을 중심으로 형태론의 기본적 특성에 관한 학술 토론회가 개최되고, 김수경은 〈조선어의 '말몸'과 토의 특성〉을 보고.	《조선어문》 1958(1)
1958. 1. 17	39	과학원 언어문학연구소 언어학 연구실 주최로 언어학 학술 토론회가 열렸고, "김 두봉 동지가 제기했고 김 수경 동지가 리론적으로 체계화하려고 시도한 소위 《신자모 6자》"에 대한 비판이 이어짐.	《조선어문》 1958(2); 《로동신문》(1958. 1. 19)
1958. 1	39	소련의 언어학자 마주르O.H.Мазур(1924~1998)가 과학원 언어문학연구소에서 연수(~1959년 2월). 체류 중 김수경과 자주 만나 의견 교환.	《러시아 한국학》 2(《한국학》 17, 2002에 번역 게재).
1958. 4	39	8월 종파사건(1956) 후 진행된 '반종파 투쟁'의 일환으로 《조선어문》 지상에서 김두봉과 함께 비판 받음.	《조선어문》 1958(3)
[1958]	[40]	고바야시 히데오가 이숭녕에게 보낸 김수경의 생존 사실을 알리는 편지의 내용이 형 김복경을 통해 아내 이남재에게 전해짐.	유족 정보
1961. 2. 14	42	어머니 이소옥 서울에서 노환으로 타계.	유족 정보
1961	43	4남 김태웅 평양에서 탄생.	유족 정보 (김수경의 편지)
1962. 7. 19	44	과학원 언어문학연구소 주최로 열린 학술 토론회 〈조선어의 문법 구조 연구에서 주체를 튼튼히 확립하기 위하여〉(7. 19~21)에 참석.	《조선어학》 1962(4)
1963. 7. 6		평양사범대학 조선어학 강좌 주최로 개최된 토론회 〈조선어 문법 연구에서 주체를 철저히 확립할 데 대하여〉(~7. 8)에 참가.	《조선어학》 1963(3)
1963. 9. 3		과학원에서 개최된 공화국 창건 15주년 기념 어문학 부문 학술 보고회(~9. 4)에서 〈우리 나라에서의 문풍 운동의 발전〉을 보고.	《조선어학》 1963(4)

1963	45	4녀 김혜옥이 평양에서 출생.	유족 정보 (김수경의 편지)
1964. 3. 7	45	《조선어학》 주최의 좌담회 〈말과 글의 문화성을 더욱 높이자!〉에 참가.	《조선어학》 1964(4)
1964. 4. 11	45	조선언어학회(회장 김병제)가 결성되어 상무위원이 됨. 또한 '일반언어학 및 비교언어학 분과 위원회'의 위원장을 맡음.	《조선어학》 1964(4)
1964. 7. 17	46	조선언어학회가 개최한 학술 보고회에서 〈우리나라 언어 문제에 관한 김 일성 동지의 교시와 이 교시가 조선어 발달에서 가지는 의의〉를 보고.	《조선어학》 1964(5)
1966. 9. 16	48	김일성종합대학 창립 20주년 기념 과학토론회에서 조선어학 강좌장으로서 〈조선어 어휘와 그 구체적 발달을 위한 몇 가지 문제〉를 보고.	《조선어학》 1966(4)
1966. 9. 30	48	김일성종합대학 교직원에 대한 표창이 있었고 정령에 의해 국기훈장 제3급을 받음.	조선 민주주의 인민공화국 최고인민회의 《공보》 1966(9)
1968. 10	50	김일성종합대학에서 중앙도서관 사서로 전직.	《문화어학습》 2004(3). 이득춘 외(2001)
1970. 7	52	장녀 김혜자 부부가 캐나다로 이민.	유족 정보
1972	54	여동생 김정아 가족이 미국으로 이민.	유족 정보
1973. 12	55	차녀 김혜영 부부가 캐나다로 이민.	유족 정보
1974. 1	55	형 김복경이 서울에서 병으로 타계.	유족 정보
1974. 10	56	장남 김태정이 캐나다로 이민(그 후 결혼).	유족 정보
1979. 3	60	아내 이남재가 교직 은퇴 후 캐나다로 이민.	유족 정보
1980. 11. 25	62	도호쿠東北대학 학자 방북·방중단의 일원으로 평양을 방문한 나카무라 다모쓰(언어학자 고노 로쿠로의 제자)의 단기간 방문을 받음.	《高句麗の故地をたずね て：東北大学学者訪朝訪 中団報告》(東出版寧楽社, 1981, 33쪽)
1982. 4	63	인민학습당 완공. 그 후 김수경은 운영방법연구실장을 역임(~1995년).	《문화어 학습》 2004(3)
1985	67	아내 이남재가 캐나다를 방문한 옌벤대학 고영일 교수의 도움으로 인편으로 보낸 편지를 김수경이 받아 가족의 소식을 알게 됨.	유족 정보
1986. 1. 15	67	캐나다의 가족에게 인편으로 편지를 보냄. 그 후 캐나다의 가족과 우편으로 서신을 교환하기 시작.	유족 정보

1988. 5. 11	70	평양에서 열린 〈조선관계 전문학자들의 국제과학토론회〉의 언어학 분과에 참가, 발표 및 사회(의장)를 맡음.	《조선관계 전문학자들의 국제과학토론회 토론집(언어학분과)》(1989)
1988. 8. 24	70	베이징에서 베이징대학 조선문화연구소와 오사카경제법과대학 아시아연구소 주최로 열린 〈제2차 조선학 국제학술토론회〉(8. 24~28)에 참석. 캐나다에서 참석한 둘째 딸 김혜영과 재회.	유족 정보
1990. 8. 3	72	오사카에서 오사카경제법과대학 아시아연구소와 베이징대학 조선문화연구소 주최로 열린 제3차 조선학 국제학술토론회에 참석하기로 되어 있었으나, 불참.	유족 정보(학술토론회 언어부회 프로그램 보유)
1990	72	언어학 박사학위 취득. 박사학위 논문 제목은 〈세 나라시기 언어력사에 관한 남조선학계의 견해에 대한 비판적 고찰〉.	《문화어학습》(2004년 3호). 이득춘 외(2001).
1991. 2. 22	72	장녀 김혜자가 토론토에서 병으로 타계.	유족 정보
1992. 11. 6	74	신구현의 산수傘壽를 기념하여 김수경, 김석형, 박시형, 정해진이 신구현의 자택에 모임.	유족 정보(사진 보유). 사진에는 "홍안의 청년들이였던 반세기 전의 나날들을 회상하며"라고 씌어 있다.
1992. 12. 9	74	전국에서 6,000명의 지식인을 모으고 김일성과 김정일이 참석한 가운데 열린 조선지식인대회(12. 9~12)에 참가.	《로동신문》(1992. 12. 10~13), 리규춘 《삶의 메부리》(1996, 221~227).
1992	74	교수 직위가 수여됨. 시기는 알 수 없으나, '국기훈장 제1급'도 수여받음.	《문화어학습》(2004년 3호)
1993. 7. 23	75	한국전쟁 정전 40년을 기념하여 열린 전국로병대회(7. 23~25)에 참가하여 기념훈장을 수여받음.	《로동신문》(1993. 7. 24 ~26). 유족 정보.
1993. 8. 15	75	주위 사람들의 권유로 한국전쟁 참전 수기를 집필하기 시작.	유족 정보
1994. 7	76	원산시에서 열린 '국제청소년야영대회'에 캐나다 청소년으로 참가한 차녀 김혜영의 두 자녀를 평양에서 만남.	유족 정보
1994. 11. 20	76	한국전쟁 참전 수기 《배낭속의 수첩을 펼치며》 탈고.	유족 정보

1995. 7. 21	77	뇌졸증을 잃음. 그 후 점차 신상 악화.	유족 정보 (김수경의 편지)
1996. 7	78	평양을 방문한 장남 김태정과 재회.	유족 정보
1996. 8	78	《주체의 조선어연구 50년사》 발간 감수(심사).	《주체의 조선어연구 50년사》(김일성종합대 학 조선어문학부, 1996).
1996. 9	78	장편실화 《삶의 메부리》가 출판됨. 또한 김정 일에 의해 '반일애국렬사'로 인정받았다고 한 다. 그 외 텔레비전 수기 〈긍지〉가 방영되었다 고 함.	뒷부분의 정보는 《문 화어 학습》 2004년 3 호.
1998. 7	80	평양을 방문한 아내 이남재와 재회.	유족 정보
2000. 3. 1	81	평양에서 타계.	유족 정보 (평양 유족의 편지)

※발표 연월순. '범주'에서 '논문', '단행본' 등의 구분을, '집필 형태'에서 '단저', '공저'의 구분을 표시했다. 문헌 제목이 일본어인 경우는 하단에 조선어 역을 표시했다. 본문에서는 'K'에 '참조'란의 연호(+알파벳)를 붙여 참조한다.

참조	연월	범주	집필형태	문헌	비고
1937	1937. 03	활동보고	단저	〈英語研究會〉,《學友會報 昭和十一年度》, 京城帝國大學豫科學友會文藝部.	
1945	1945. 03	논문	단저	《〈老乞大〉諸板の再吟味: 訂本〈老乞大諺解〉の發見を機として〉,《〈老乞大〉諸板の再吟味》, 京城帝國大學法文學部, 奎章閣叢書第九老乞大諺解別冊附錄, 油印本.	'山川哲'라는 이름으로 본문을 집필. 서문〈小引〉은 末松保和가 집필. 1945. 3. 25. 탈고.
				《로걸대》 제 판본의 재음미: 정본 〈로걸대언해〉의 발견을 계기로 하여》,《〈로걸대〉 제 판본의 재음미》, 경성제국대학 법문학부, 규장각 총서 9 로걸대언해 별책부록, 유인본.	
1946a	1946. 03	번역논문	단저	B N 몰라스, 〈소련 과학아카데미의 구성〉,《인민과학》1(창간호).	원저 L'Académie des sciences de l'Union des républiques soviétiques socialistes, 1917~1927, Édition de l'Académie des sciences de l'URSS, 1928. 1946. 1. 10. 부기 탈고.
1946b	1946. 05	번역서	단저	모리스 쿠랑,《조선문화사서설》, 서울: 범장각.	원저 Maurice Courant, Bibliographie coréene, Paris: E. Leroux, 1894~1896. 1946. 3 역자 후기 탈고.
1947a	1947. 05	논문	단저	《〈룡비어천가〉 삽입자음고〉,《진단학보》15.	원고는 1945년 가을에 제출.

1947b	1947. 06	논문	단저	〈조선어학회《한글맞춤법통일안》중에서 개정할 몇 가지 기일 한자음 표기에 있어서 두음 ㄴ 급 ㄹ에 대하여〉, 《로동신문》 1947. 6. 6·6. 7·6. 8·6. 10.	1947. 5. 30. 탈고. 熊谷明泰(2000)에 일본어 역 있음.
1947c	1947. 10	논문	단저	〈훈민정음 창제의 년대: 그 기념일의 시정을 위하여〉, 《로동신문》 1947. 10. 9.	1947. 10. 7. 탈고.
1947d	1947. 10	논문	단저	〈훈민정음 창제의 전단계에 대하여〉, 《민주조선》 1947. 10. 30 ~31.	
1948a	1948. 01	책자	공저	조선 어문 연구회, 《조선어 신철자법》.	그 당시 발간된 것은 아직 보지 못함. 1950년 4월에 간행된 판본이 고영근(2000)에 수록되어 있음.
[1948]	[1948]	단행본	단저	《조선어 문법(대학용)》, [김일성종합대학].	유족의 정보에 의함. 《김일성 종합 대학 10년사》(1956)에서도 이 무렵에 《조선어 문법 연구》를 완성했다고 전하고 있음.
1949a	1949. 01	논문	단저	〈훈민정음 성립사고〉, 김일성종합대학 력사문학부, 《력사·문학연구론문집》(김일성종합대학과학학술연구론총·제1), 김일성종합대학 편집부.	1947. 11. 4. 탈고.
1949b	1949. 04	번역 논문	단저	에스·데·까쯔녤손, 〈쏘베트 일반언어학 30년〉, 《조선어 연구》 창간호.	《소련 과학아카데미 문학언어학 분과 기관지》 1947년 제5호에서.
1949c	1949. 04	번역 논문	단저	〈쏘베트 언어학의 당면 과제〉, 《조선어 연구》 창간호.	《소련 과학아카데미 문학언어학 분과 기관지》 1947년 제5호에서.

1949d	1949. 05	논문	단저	〈룡비어천가에 보이는 삽입자모의 본질: 특히 문제의 현실성에 비추어〉, 《조선어 연구》 1(2).	1949. 2. 21. 탈고.
1949e	1949. 05	번역논문	단저	이. 이. 메쉬챠니노브, 〈신 언어 리론 발전의 현단계〉, 《조선어 연구》 1(2).	레닌그라드 국립대학 소책자, 메시차니노프, 《신 언어 리론 발전의 현 단계》(1948)에서
1949f	1949. 06	논문	단저	〈조선 어학자로서의 김 두봉 선생〉, 《조선어 연구》 1(3).	1949. 3. 23 강연.
1949g	1949. 06	번역논문	단저	아. 까. 보로브꼬브, 〈30년간의 쏘련 동방학〉, 《조선어 연구》 1(3).	《소련 과학아카데미 문학언어학 분과 기관지》 6(5), 1947
1949h	1949. 07	번역서	단저	아. 아. 레폴마르쓰끼, 《(대학용) 언어학》, 평양: 교육성.	원서 A. A. Реформат-ский, 《Введение в языкознание》(1947)
1949i	1949. 09	번역논문	단저	И.И. 쭈께르만, 〈Н.Я. 마르와 쏘베트 언어학〉, 《조선어 연구》 1(6).	레닌그라드 국립대학 소책자, 메시차니노프, 《신 언어 리론 발전의 현 단계》(1948)에서
1949j	1949. 12	논문	단저	〈문법 편수의 기본 방향과 조선어 신 철자법〉, 《조선어 연구》 1(8).	
1949k	1949. 12	단행본	공저	조선 어문 연구회, 《조선어 문법》, 평양: 조선 어문 연구회.	실제로 간행된 것은 이듬해 초지만, 판권지의 날짜에 따랐음.
1950a	1950. 02	번역논문	단저	H.C. 체모다노프, 〈구조주의와 쏘베트 언어학〉, 《조선어 연구》 2(1).	《소련 과학아카데미 문학언어학 분과 기관지》 6(2), 1947.
1950b	1950. 04	번역논문	단저	뜨. 쁘. 롬쩨브, 〈쓰딸린과 사회주의 시대에 있어서의 민족어의 발전〉, 《근로자》 1950(7).	원저: Т.П.Ломтев, 《Вопросы философии》 1949(2) 수록 논문.
1952b	1952. 06	번역논문	단저	웨. 웨. 위노그라도브, 〈이. 웨. 쓰딸린의 로작 《맑스주의와 언어학	

				의 제문세)와 쏘베트 언어 과학의 발전〉, 《언어학에 관한 이. 웨. 쓰딸린의 로작 발표 2주년 기념 문헌집》, 조쏘문화협회.	
1952c	1952. 07	번역서	단저	웨. 웨. 위노그라도브, 《언어학의 문제들에 관한 이. 웨. 쓰딸린의 로작에 관하여》; 웨. 웨. 노위꼬브, 《언어학에 관한 쓰딸린 동지의 로작들과 쏘베트 문예학의 제문제》, 평양: 교육성 교육도서출판관리국.	원저 B. B. Виногра-дов, 《О труде И.В. Сталина по вопросам языкознания》와 또 한 권의 책의 번역을 합본한 것.
1953a	1953. 09	논문	단저	〈현대 조선어 연구 서설〉, 《조선 민주주의 인민 공화국 과학원 학보》 1953년 제1호.	
1953b	1953. 12	논문	단저	〈언어학의 문제들에 관한 이. 웨. 쓰딸린의 로작에 비추어 본 조선어의 기본 어휘와 어휘 구성에 관하여〉, 《조선 민주주의 인민 공화국 과학원 학보》 1953년 제2호.	
1954a	1954. 06	논문	단저	〈주시경 선생의 생애와 학설: 선생의 서거 40주년에 제하여〉, 《조선 민주주의 인민 공화국 과학원 학보》 1954년 5호.	
1954b	1954. 07	논문	단저	〈조선의 탁월한 언어학자 주시경 서거 40주년에 제하여〉, 《로동신문》 1954. 7. 28.	
1954c	1954. 08	번역 논문	단저	뻬. 에프. 유진, 〈언어학의 문제들에 관한 이. 웨. 쓰딸린의 로작이 사회 과학의 발전에 대하여 가지는 의의〉, 《쏘웨트 언어학의 제문제: 번역론문집》, 조선 민주주의 인민 공화국 과학원.	П.Ф.Юдин, "Значе-ние трудов И.В. Сталина по вопросам языкознания для развития обще-ственных наук"(소련 과학아카데미 편, 《I. V. 스탈린의 천재적 저술 〈마르

					크스주의와 언어학의 제 문 제〉 발간 1주년 기념 소련 과학아카데미 사회 과학분과 합동회의 자료 집〉, 1951년판).
1954d	1954. 08	번역 논문	단저	아. 이. 스미르니쯔끼, 〈언어학에 있어서의 비교-력사적 방법에 관한 문제에 대하여〉,《쏘웨트 언어학의 제문제: 번역론문집》, 조선 민주주의 인민 공화국 과학원.	А.И. Смирницкий, "К во просу о сравнительно- историческом методе в языкознании"《언어학 의 제 문제》 1952년 제(6호)
1954e	1954. 08	번역 논문	단저	엔. 이. 꼰라드, 〈언어학에 관한 이. 웨. 쓰딸린의 로작에 비추어 본 중국과 일본에 있어서의 민족어에 관하여〉,《쏘웨트 언어학의 제문제: 번역론문집》, 조선 민주주의 인민 공화국 과학원.	Н.И.Конрад, "О на- циональном языке в Кнтаи и Японии в свете трудов И.В. Сталина по Языко- знанию"(소련 과학아 카데미,《동방학연구소 학보》4, 1952)
1954f	1954. 10	단행본	단저	《조선어 문법(문장론) 초급 중학교 제3학년용》, 평양: 교육도서 출판사.	
1954g	1954. 11	단행본	단저	《조선어 문법(어음론 형태론) 초급 중학교 제1·2학년용》, 평양: 교육도서 출판사.	
1954h	1954	단행본	공저	조선 민주주의 인민 공화국 과학원 조선어 및 조선문학 연구소,《조선어 철자법》, 평양: 조선 민주주의 인민 공화국 과학원 편집 출판 위원회.	
1955a	1955. 05	단행본	단저	《조선어 문법》, 연길: 연변교육출판사.	평양에서 출판된《조선어 문법》초급중학교 1·2학년용과 3학년용을 합본하고 1954년의《조선어 철자법》에

					의거하여 일부 수정하여 재편집한 것.
1955b	1955	번역 감수	공저	김 일성 종합 대학 조선 어학 및 일반 언어학 강좌 역, 《이. 웨. 쓰딸린의 로작에 비추어 본 언어학의 제 문제(각 대학 어문학부용)》, 평양: 교육 도서 출판사.	원서: 《Вопросы языкознания в свете трудов И.В. Сталина》 (1952). 김수경은 책 전체의 '심사'(감수)를 담당.
1956a	1956. 02	논문	단저	〈조선어 형태론의 몇 가지 기본적 문제에 관하여(상)〉, 《조선어문》 1956(1).	
1956b	1956. 02	번역 논문	단저	오. 뻬. 뻬뜨로와, 〈[특별 기고] 로씨야와 쏘련에서의 조선어 연구사 개요: 형제적 인민들의 조선어 연구〉, 《조선어문》 1956(1).	원저: О. П. Петрова, "Очерк истори изучения Корейского языка в росии и СССР."
1956c	1956. 04	논문	단저	〈조선어 형태론의 몇 가지 기본적 문제에 관하여(하)〉, 《조선어문》 1956(2).	
1956d	1956. 04	논설	단저	〈당의 고무하에 달성된 과학 연구 사업의 성과〉, 《대학신문》 1956. 4. 26.(속간 제3호)	
1957	1957. 07	논문	단저	〈출판물의 언어를 더욱 인민 대중에게 접근시키자〉, 《근로자》 1957(7).	
1958	1958. 01	논문	단저	〈공화국 북반부에서는 어찌하여 한'자를 폐지할 수 있었는가?〉, 《말과 글》 창간호(1958(1)).	
1960	1960. 07	단행본	공저	과학원 언어 문학 연구소, 《조선어 문법 1 어음론·형태론》, 평양: 과학원 출판사.	김수경·리근영이 담당 집필(김영황·권승모 편 1996: 369).
1961a	1961. 03	단행본	공저	《현대 조선어 1》, 평양: 고등 교육 도서 출판사.	집필자: 김수경, 김금석, 김영황. 〈서론〉, 〈어휘론〉, 〈어음론〉, 〈철자법〉.

1961b	1961. 08	논문	단저	〈인민적 문풍 확립을 위한 당의 방침을 더욱 철저히 관철하기 위하여〉, 《조선 어학》 1961(3).	
1961c	1961. 11	단행본	공저	《현대 조선어 2》, 평양: 고등 교육 도서 출판사.	집필자: 김수경, 김백련. 〈형태론〉(단어의 구조, 품사, 문법적 형태).
1962	1962. 08	단행본	공저	《현대 조선어 3》, 평양: 고등 교육 도서 출판사.	집필자: 김수경, 송서룡. 〈문장론〉.
1963a	1963. 04	논문	단저	《《조선말 사전》(1~6권)〉, 《조선 어학》 1963(2).	
1963b	1963. 08	논문	단저	〈문풍에 대한 리해를 더욱 심화하기 위하여〉, 《조선 어학》 1963(3).	
1964a	1964. 01	논문	공저	〈조선 인민의 자랑찬 문자: 훈민정음 창제 520주년을 맞으며〉, 《민주조선》 1964. 1. 15.	
1964b	1964. 02	단행본	공저	《조선어 어휘론 및 어음론》, 평양: 고등 교육 도서 출판사.	집필자: 김수경, 김금석, 김영황. 《현대 조선어 1》의 제2판
1964c	1964. 03	논문	단저	〈어떤 한자어를 쓰고 쓰지 말아야 하는가?〉, 《로동신문》 1964. 3. 1.	
1964d	1964. 05	논문	단저	〈편지를 어떻게 쓸 것인가? (1)〉, 《천리마》 1964(5).	
1964e	1964. 06	논문	단저	〈편지를 어떻게 쓸 것인가? (2)〉, 《천리마》 1964(6).	
1964f	1964. 07	논문	단저	〈단어와 뜻〉, 《천리마》 1964(7).	
1964g	1964. 07	논문	단저	〈편지를 어떻게 쓸 것인가? (3)〉, 《천리마》 1964(7).	
1964h	1964. 08	논문	단저	〈뜻의 측면에서 본 단어의 부류〉, 《천리마》 1964(8).	
1964i	1964. 09	논문	단저	〈작가의 개성과 언어〉, 《문학 연구》 1964(3).	

1964j	1964. 09	논문	단지	〈최근의 정론들에 나타나고 있는 회화체의 요소〉, 《조선 어학》 1964(5).
1964k	1964. 09	논문	단저	〈우리말 강좌 품사(1)〉, 《천리마》 1964(9).
1964l	1964. 10	논문	단저	〈우리말 강좌 품사(2)〉, 《천리마》 1964(10).
1964m	1964. 11	논문	단저	〈우리말 강좌 품사(3)〉, 《천리마》 1964(11).
1964n	1964. 11	단행본	공저	《조선어 문법》, 평양: 고등 교육 도서 출판사. 품사론: 김수경 형태론: 렴종률, 김백련 문장론: 송서룡, 김영황
1964o	1964. 12	논문	단저	〈우리말 강좌 토〉, 《천리마》 1964 (12).
1964p	1964	단행본	단저	《조선어 문체론》, 평양: 고등 교육 도서 출판사.
1964q	1964	논문	단저	〈후대들에 대한 우리말 교육을 위하여〉, 《말과 글》 1964(1). 사회과학원언어학연구소, 《언어학연구론문색인사전》(2006)에 의함.
1964r	1964	논문	단저	〈우리 말은 당의 지도밑에 무한히 개화발달하고 있다〉, 《말과 글》 1964(4). 위와 같음.
1965a	1965. 01	논문	단저	〈새말 만들기〉, 《천리마》 1965(1)
1965b	1965. 07	논문	단저	〈국어 문법 교수에서 어디에 중심을 둘 것인가〉, 《기술 교육》 1965 (7).
1965c	1965. 11	논문	단저	〈새로운 조선말 사전 편찬을 위한 몇 가지 문제〉, 《조선어학》 1965 (4).
1966a	1966. 10	논문	단저	〈(수상) 남녘땅의 우리 말을 생각하며〉, 《조국》 3(10).

1966b	1966. 10	논문	단저	〈(수기) 어버이의 뜨거운 사랑속에서〉, 《천리마》 1966(10).	
1967	1967. 02	논문	단저	〈우리 말 학술용어를 주체적으로 다듬기 위한 몇가지 문제〉, 《어문연구》 1967(1).	
1970a 1970b	1970	단행본	공저	김일성종합대학 조선어학 강좌, 《조선문화어 1·2》, 김일성종합대학출판사.	TV프로그램 〈긍지〉 (1994)에서 김수경의 저작 중 하나임이 밝혀짐.
1989a	1989. 01	학회보고	단저	〈14~19세기 조선에서의 동아세아제언어연구의 몇가지 특성에 대하여〉, 《조선관계 전문학자들의 국제과학토론회 토론집(언어학분과)》, 사회과학출판사.	
1989b	1989. 05	단행본	단저	《세나라시기 언어력사에 관한 남조선학계의 견해에 대한 비판적 고찰》, 평양: 평양출판사.	서울에서 《고구려·백제·신라 언어연구》(한국문화사, 1995)라는 제목으로 재판.
1989c	1989. 12	학회보고	단저	《《로걸대》, 《박통사》 계렬의 옛 중국어 학습서들이 가지는 언어사적 의의〉, 중국 북경대학 조선문화연구소, 일본 오사까경제법과대학아세아연구소 편집, 《제2차조선학 국제학술토론회론문집》, 북경: 민족출판사.	1988년 8월 24~28일에 북경대학에서 이루어진 토론회에서 발표된 140여 보고 중 71편을 수록.
1990	1990. 05	학회보고	단저	《《번역, 로걸대, 박통사, 범례》 및 《로박집람》에 반영된 16세기초 조선에서의 대조언어학적연구의 주요특징에 대하여〉, 《제3차조선학 국제학술토론회 론문요지: 1990년 8월 2일~8월 5일 일본 오사까에서 개최》.	주최: 오사카경제법과대학아세아연구소, 북경대학조선문화연구소
미상	-	번역 감수	공저	《외국음악사전》 상·하.	TV프로그램 〈긍지〉 (1994)에서 김수경이

					'연구집단과 함께' 번역했다고 전해짐. 발행자, 출판연도 미상.
1993	1993	강의 녹음	단저	〈최근 새롭게 밝혀진 조선어학회의 성격과 그 반일애국 활동〉, 인민대학습당 강의 기록.	유족이 카세트테이프 (강의 전반)를 보유.
1994a	1994. 11	논문	단저	《《번역 로걸대 박통사 범례》 및 《로박집람》의 서지학적문제점과 어학사적의의에 대하여〉, 《언어학론문집》(11), 과학백과사전종합출판사.	
1994b	1994	수기	단저	《배낭속의 수첩을 펼치며》[오직 한마음 당을 따라 북남 7천리: 한 지식인의 조국해방전쟁참전수기(1950. 8. 9~1951. 3. 3)].	유족 보유 미간행 원고. 1993년 8월 15일 집필 개시, 1994년 11월 20일 탈고. 제목이 두 개 있음. 원제목으로 보이는 쪽은 《 》으로, 나중에 붙인 것으로 보이는 쪽은 [ ]로 표시했음.

수경 저술 목록 보유

※다음은 이 책의 일본어판이 출판된 다음에 발견된 김수경의 저작이다.

참조	연월	범주	집필 형태	문헌	비고
1955c	1955. 01	논설	단저	〈우리 나라의 문자〉, 《민주청년》, 1955. 1. 15.	
1956e	1956. 01	논설	단저	〈우리 문자의 과학성과 인민성〉, 《민주조선》 1956. 1. 15.	
1965d	1965. 01	논설	단저	〈우리 당의 인민적 언어 문화 정책〉, 《민주조선》 1965. 1. 3.	
1992	1992. 10	논설	단저	〈(수기) 참다운 인생길로 이끌어준 품〉, 《민주조선》 1992. 10. 10.	

참고문헌

※김수경 저작 목록에 수록되어 있는 문헌은 제외했다.

【미공간 자료】

김수경 유족(토론토 거주) 소장 자료

김수경의 한국전쟁 수기 원고, 〈오직 한마음 당을 따라 북남 7천리/배낭속의 수첩을 펼치
며/한지식인의 조국해방전쟁참전수기(1950. 8. 9~1951. 3. 3)〉(1994년 11월 탈고).

김수경이 가족에게 보낸 서간(1986~1999).

김수경과 가족의 사진.

미국국립문서관NARA 소장자료 RG #242

NM-44 299D/Box #221(SA2006/12/32.1), 〈一九四七年度 金日成大學發令件〉, 北朝鮮人委
教育局.

NM-44 299D/Box #225(SA2006 12/35), 〈敎職員任命에 關한 件〉, 北朝鮮金日成大學總長
金枓奉, 1947.1.

NM-44 299Z/Box #1061(SA2011 7/31), 〈金大敎員履歷書 文學部〉.

국가기록원

《辯護士認可ニ關スル書類》, 朝鮮總督府法務局庶務係, 1936年, 國家記錄院文書管理番號
CJA0004097.

512

【정기간행물】

신문

《정로》.《로동신문》.《민주조선》.《조선신문》.《조선민주주의인민공화국 내각공보》.《교원
　신문》(북한).

《東亞日報》.《每日申報》.《朝鮮總督府官報》.《中外日報》(해방 전).

《공업신문》.《경향신문》.《군산신문》.《자유신문》.《중앙신문》.《한겨레신문》(남한).

《解放新聞》.《朝日新聞》(일본).

잡지

《조선어 연구》.《조선민주주의인민공화국 과학원 학보》.《조선 어문》.《말과 글》.《조선 어
　학》.《어문 연구》.《문화어학습》.《문학 연구》.《근로자》.《인민》.

연감

《조선중앙년감》.《京城帝國大學一覽》.《東京帝國大學一覽》.《朝鮮總督府及所屬官署職員
　錄》.《朝鮮銀行會社組合要錄》.《全羅北道要覽》.

【조선어 문헌】(가나다순)

간노 히로오미菅野裕臣, 1997,〈북한 문법학의 계보와 소련 언어학과의 관계(1945~1990)〉,
　《동방학지》98.

강명숙, 2002,《미군정기 고등교육 연구》. 서울대학교 교육학과 박사학위 논문.

강영주, 2004,〈국학자 홍기문 연구〉,《역사비평》68.

＿＿＿, 2010,〈국학자 홍기문 연구 2〉,《역사비평》92.

＿＿＿, 2011,〈국학자 홍기문 연구 3〉,《역사비평》96.

＿＿＿, 2013,〈국학자 홍기문 연구 4〉,《역사비평》102.

＿＿＿, 2014,〈홍기문의 학문과《조선왕조실록》〉,《역사연구》26.

고영근, 1994,《통일시대의 어문문제》, 도서출판 길벗.

고영근 엮음, 2000, 《북한 및 재외교민의 철자법 집성》, 도서출판 역락.

고영진, 2005, 〈해방 직후 북한의 '문맹퇴치운동'에 관한 일고찰〉, 《言語文化》 8(2), 同志社大学言語文化学会.

_____, 2006, 〈왜 북한에서는 한자를 폐지하였는가?〉, 《言語文化》 9(2), 同志社大学言語文化学会.

교육도서출판사, 1950, 《해방후 10년간의 공화국 인민 교육의 발전》, 교육도서출판사.

국사편찬위원회, 1987, 《북한관계사료집 V》.

_____, 1998, 《북한관계사료집 30》.

_____, 2013a, 《북한관계사료집 73 조선민주주의인민공화국 주재 소련 대사의 일지 1》.

_____, 2013b, 《북한관계사료집 74 조선민주주의인민공화국 주재 소련 대사의 일지 2》.

_____, 2015, 《북한관계사료집 78 조선민주주의인민공화국 주재 소련 대사관 직원들의 일지와 면담록 2》.

권영진, 1989, 〈북한의 남한 점령정책〉, 《역사비평》 7.

기토비차, A. 볼소프, B.(А. Гитович & Б. Бурсов), 2006, 《1946년 북조선의 가을: 우리는 조선을 다녀왔다》(최학송 역), 글누림.

김귀옥, 2004, 《이산가족, '반공전사'도 '빨갱이'도 아닌…》, 역사비평사.

김기석, 1996, 〈김일성종합대학의 창설에 관한 일 연구〉, 《교육이론》 10(1).

_____, 2001, 《일란성 쌍생아의 탄생 1946: 국립서울대학교와 김일성종합대학의 창설》, 교육과학사.

김두봉, 1916, 《조선말본》, 서울: 새글집(新文館).

_____, 1922[1934], 《깁더 조선말본》, 上海: 새글집(滙東書館影印版).

김무림, 1991, 〈김수경(1989), 《세나라시기 언어력사에 관한 남조선학계의 견해에 대한 비판적 고찰》〉, 김민수 편, 《북한의 조선어 연구사 1945~1990: 3 문헌해제》, 녹진.

김민수, 1955, 〈한글 반포의 시기: 세종 25년 12월을 주장함〉, 《국어국문학》 14.

_____, 1985, 《북한의 국어연구》, 고려대학교출판부.

김민수 편, 1991, 《북한의 조선어 연구사: 1945~1990》 전4권, 녹진.

김백련 편, 1965, 《조선어 문법 리론집: 해방후 편 (1)》, 김일성종합대학 출판사.

김백련 편, 1966, 《조선어 문법 리론집 (7)》, 김일성종합대학 출판사.

김병제, 1960, 〈해방후 15년 동안 조선 언어학의 발전〉, 《조선 어문》1960년 4월호.

김석형, 1990, 《조선민족, 국가와 문화의 시원》, 평양출판사.

김선안 역, 2018, 《러시아문서 번역집 XXXIII 러시아연방국방부중앙문서보관소(ЦАМО РФ)》, 선인.

김승일, 2004, 〈이름난 언어학자 김수경〉, 《문화어학습》 2004년 3호.

김영황·권승모 편, 1996, 《주체의 조선어연구 50년사》, 김일성종합대학 조선어문학부.

김용섭, 2005, 《남북 학술원과 과학원의 발달》, 지식산업사.

김일성, 1951, 《자유와 독립을 위한 위대한 해방전쟁》, 조선로동당출판사.

_____, 1953, 〈로동당의 조직적 사상적 강화는 우리 승리의 기초〉, 《조선중앙년감》 1953: 55~72.

_____, 1954, 《김일성 선집》 제4권(재판), 조선로동당출판사.

_____, 1960a, 《김일성 선집》 제4권, 조선로동당출판사.

_____, 1960b, 《김일성 선집》 제5권, 조선로동당출판사.

_____, 1967, 《김일성 저작선집 (1)》, 조선로동당출판사.

_____, 1969, 《사회과학의 임무에 대하여》, 조선로동당출판사.

_____, 1979, 《김일성 저작집 4(1948.1-1948.12)》, 조선로동당출판사.

_____, 1980, 《김일성 저작집 6(1950.6-1951.12)》, 조선로동당출판사.

_____, 1992, 《세기와 더불어 (2)》, 조선로동당출판사.

김일성종합대학, 1956, 《김일성 종합 대학 10년사》, 김일성종합대학.

김일수, 2005, 〈역사가 김석형의 역사학〉, 《역사와 경계》 54.

김재웅, 2005, 〈북한 건국사상총동원운동의 전개와 성격〉, 《역사와 현실》 56.

_____, 2020, 《고백하는 사람들: 자서전과 이력서로 본 북한의 해방과 혁명, 1945~1950》, 푸른역사.

김재원, 1984, 〈광복에서 오늘까지〉, 《진단학보》 57.

김종군, 2014, 〈분단체제 속 사회주의 활동 집안의 가족사와 트라우마〉, 《통일인문학》 60.

나혜심, 2012, 《독일로 간 한인 간호여성》, 산과글.

남광우, 1972, 〈신발견인 최세진 저 〈번역노걸대〉 권상을 보고: 어학적인 측면에서 그 문헌적 가치를 논함〉, 《국어국문학》 55·56·57.

류렬, 1958, 〈소위《새 자모》설에는 과학성이 없다〉, 《말과 글》 1958년 3월호.

류호선, 1982, 〈상아탑의 이상을 추구하던 추억〉, 《향상의 탑》 48.

리규춘, 1996, 《장편실화 삶의 메부리》, 금성청년출판사.

_____, 2001, 《장편실화 신념과 인간》, 금성청년종합출판사.

리극로, 1950, 〈1950년을 맞이하여〉, 《조선어 연구》 2⑴.

_____, 1958, 〈소위《6 자모》의 비과학성〉, 《조선 어문》 1958년 4호.

리근영, 1963, 〈《현대 조선어⑵ 대학용》을 읽고서〉, 《조선 어학》 1963년 2호.

리만규, 1950, 〈우리 글 가로 쓰기 실시에 따르는 몇 가지 문제〉, 《조선어 연구》 2⑶.

리의도, 2006, 〈한글날의 발전사〉, 《한글》 273.

리재현, 1999, 《조선력대미술가편람》, 문학예술종합출판사.

(민성), 1947, 〈회견기: 김두봉선생과의 6분간〉, 《민성》 3⑴·2).

(민족출판사), 1988, 《조선언어문학 국제토론회 론문집》, 민족출판사.

(민주조선사), 1949, 《해방 후 4년간의 국내외 중요일지 1945. 8~1949. 3 (증보판)》, 민주조
    선사.

박상준, 1962, 〈조선말 문법의 주체 확립에 대하여〉, 《조선 어학》 1962년 3호.

박시형, 1981, 〈조국력사연구의 보람찬 길에 세워주시어〉, 《은혜로운 사랑속에서⑴》, 삼
    학사.

박용규, 2005, 《북으로 간 한글운동가: 이극로 평전》, 차송.

박용순, 1966, 《조선어문체론》, 김일성종합대학출판사.

박의성, 1957, 〈우리 나라에서 문'자 개혁의 필요성과 그의 기본 방향에 대하여〉, 《조선
    어문》 1957년 4호.

박찬승, 2010, 《마을로 간 한국전쟁》, 도서출판 돌베개.

박찬식, 1947, 〈북조선 답사기(완)〉, 《민성》 3⑷.

방민호, 2009, 〈임화와 학예사〉, 《상허학보》 26.

방종현, 1946, 〈노걸대언해〉, 《한글》 11⑵.

부다고브, 에르. 아.Р. А. Будагов, 1955, 《언어학 개요 (대학용)》(류응호·한영순 역), 교육도
    서출판사.

북조선인민위원회 사법국, 1947, 《북조선 법령집》, 북조선인민위원회 사법국.

뻬뜨로와, 오. 뻬.О. П. Петрова, 1953, 〈조선 민주주의 인민 공화국에서의 언어의 제문

제〉,《조선 민주주의 인민 공화국 과학원 학보》 1953년 2호.

사회과학원 언어학연구소, 1971,《《조선말규범집》해설》, 사회과학원출판사.

(사회과학출판사), 1989,《조선관계 전문학자들의 국제과학토론회 토론집 (언어학분과) 1988.
　　5. 11.~14. 평양》, 사회과학출판사.

서대숙, 2001, 〈총론: 김일성의 저작문헌〉, 한국정신문화연구원,《북한현대사 문헌연구》,
　　백산서당.

서동만, 2005,《북조선사회주의체제성립사 1945~1961》, 선인.

선진수, 1939, 〈실인기失人記〉,《문장》 1939년 10월호.

송서룡, 1957, 〈쏘베트 언어학과 해방 이후 조선 언어학 발전에 준 그의 영향〉,《조선 어
　　문》 1957년 6호.

스미르니쯔끼, 아. 이.А.И.Смирницкий, 1959,《일반 언어학 론문집 (대학용)》(송서룡 역).
　　교육도서출판사.

신효숙, 2003,《소련군정기 북한의 교육》, 교육과학사.

심지연, 1992,《잊혀진 혁명가의 초상: 김두봉 연구》, 인간사랑.

쓰딸린, 이.И.В.Сталин. 1950a, 〈언어학에 있어서의 맑쓰주의에 관하여〉,《근로자》 1950
　　년 14호.

_____, 1950b, 〈동지들에게 주는 회답〉,《근로자》 1950년 15호.

_____, 1952,《맑스주의와 언어학의 제문제》, 조선로동당출판사.

아와네쏘브, 에르. 이.Р.И.Аванесов 외, 1958,《일반 언어학 교재 (대학용)》(송서룡 심사).
　　교육도서출판사.

안병희, 1996, 〈노걸대와 그 언해서의 이본〉,《인문논총》 35.

──, 2001, 〈북한의 맞춤법과 김두봉의 학설〉,《정신문화연구》 82.

유진오, 1974a, 〈편편야화片片夜話(63) 경성대학 총장〉,《동아일보》 1974. 5. 14.

_____, 1974b, 〈편편야화(64)〉,《동아일보》 1974. 5. 15.

_____, 1974c, 〈편편야화(65)〉,《동아일보》 1974. 5. 16.

윤경섭, 2011, 〈한국전쟁기 북한의 점령지 재판과 정치범 처형〉,《역사연구》 21.

_____, 2013, 〈한국전쟁 전후 북한 김두봉의 정치노선과 위상 변화: 최고인민회의 상임
　　위원회의 활동을 중심으로〉,《사림》 44.

이극로박사기념사업회 편, 2010,《이극로의 우리말글 연구와 민족운동》. 선인.

이기문, 1982, 《16세기 국어의 연구》, 탑출판사.

이길상·오만석 편, 1997, 《한국교육자료집성 미군정기편 I 》, 한국정신문화연구원.

이득춘 외, 2001, 《광복 후 조선어 논저 목록 지침서》, 도서출판 역락.

이상혁, 2005, 〈홍기문과 원본 《훈민정음》의 번역에 대하여〉, 《한국학연구》 23.

_____, 2007, 〈해방 후 초기 북쪽 국어학 연구의 경향〉, 《어문논집》 56.

이선아, 2015, 〈지리산권 빨치산의 형성과 활동〉, 《남도문화연구》 28.

이숭녕, 1955, 《음운론연구》, 민중서관.

_____, 1983, 〈나의 연구생활〉, 《나의 걸어온 길: 학술원 원로회원 회고록》, 대한민국학술
    원.

_____, 1984, 〈진단학회와 나〉, 《진단학보》 57.

이승보, 1976, 〈상과대학 7년생〉, 《향상의 탑》 36, 서울대학교 상과대학 동창회.

이영택 편, 1991, 《최신 북한지도》, 우진지도문화사.

이재훈 역, 2018, 《러시아문서 번역집 XXXII 러시아연방국방부중앙문서보관소(ЦАМО Р
    Ф)/러시아연방대외정책문서보관소(АВПР)》, 선인.

이종석, 1995, 《조선로동당연구: 지도사상과 구조 변화를 중심으로》, 역사비평사.

_____, 2011, 《북한의 역사 2: 주체사상과 유일체제(1960~1994)》, 역사비평사.

이준식, 2002, 〈일제 강점기의 대학제도와 학문 체계〉, 《사회와 역사》 61.

_____, 2013, 〈해방 후 국어학계의 분열과 대립〉, 《한국 근현대사 연구》 67.

_____, 2014, 〈지식인의 월북과 남북 국어학계의 재편: 언어정책을 중심으로〉, 《동방학
    지》 168.

이준식·심순기, 2010, 〈히못(白淵) 김두봉의 삶과 활동〉, 《나라사랑》 116.

이충우, 1980, 《경성제국대학》, 다락원.

이향규, 1999, 〈북한 사회주의 보통교육의 형성 1945~1950〉, 서울대학교 대학원 교육학
    과 박사학위 논문.

이희승, 2001, 《다시 태어나도 이 길을》, 도서출판 선영사.

이타가키 류타, 2020, 〈비판적 코리아 연구를 위하여: 식민주의와 냉전의 사고에 저항하
    여〉, 《역사비평》 132.

임홍빈, 1981, 〈사이시옷 문제의 해결을 위하여〉, 《국어학》 10.

장장명, 1959, 〈조선어 철자법에서 사이표 사용을 제한할 데 대하여〉, 《조선 어문》 1959년

5호.

장학봉 외, 2006, 《북조선을 만든 고려인 이야기》, 경인문화사.

장향실, 2013, 〈"번역노걸대박통사범례"가 부재된 원본 《번역노걸대》, 《번역박통사》에 대한 연구〉, 《한국어학》 61.

전혜정, 1987, 《문맹퇴치경험》, 사회과학출판사.

정광, 1999, 〈구소련의 언어학과 초기 북한의 언어연구〉, 고려대학교 언어정보연구소, 《언어정보》 2.

정근식, 2012, 〈'탈냉전·분단' 시대의 가족사 쓰기: 이산복합가족의 경험을 중심으로〉, 〈호남지역사와 문화연구〉 심포지엄 발제문, 2012년 8월 23일, 보성문화원.

정근식 외, 2011, 《식민권력과 근대지식: 경성제국대학 연구》, 서울대학교출판문화원.

정병준, 2010a, 《독도 1947: 전후 독도문제와 한·미·일 관계》, 돌베개.

_____, 2010b, 〈한국전쟁기 남한 민간인 인명피해 조사의 유형과 특징〉, 한국역사학연구회 현대사분과편, 《역사학의 시선으로 읽는 한국전쟁》, 휴머니스트.

정선이, 2002, 《경성제국대학 연구》, 문음사.

정우택, 1992, 〈김수경(1947, 1949)의 '삽입자모' 설 재고〉, 서울대국어국문학과, 《국어학논집》 1, 태동문화사.

정지영, 2007, 〈해외 이산가족의 아버지, 어머니 : 전충림, 전순영〉, 《민중의소리》 2007. 7. 19.

조선로동당, 1952, 《맑스=레닌주의 리론 발전에 있어서의 이. 웨. 쓰딸린의 새로운 탁월한 기여: 이. 웨. 쓰딸린의 언어학의 제 문제에 관한 로작들에 관하여》, 조선로동당출판사.

_____, 1979, 《조선로동당략사》, 조선로동당출판사.

조선민주주의인민공화국 과학원, 1954, 《쏘웨트 언어학의 제문제 [번역 론문집]》, 조선민주주의인민공화국 과학원 출판사.

_____, 1957, 《조선 민주주의 인민 공화국 과학원의 연혁(1953~1957)》, 과학원 출판사.

조선민주주의인민공화국 내각직속 국어사정위원회, 1966, 《조선말규범집》, 사회과학원출판사.

조승복, 2004, 《분단의 한: 과거와 미래(上)—조승복 단상록—》, 도서출판 케리그마.

조쏘문화협회, 1951, 《언어학에 관한 쓰딸린의 로작에 비춰본 쏘베트 문예학의 제문제》, 조쏘출판사.

_____, 1952,《언어학의 관한 이. 웨. 쓰딸린의 로작 발표 二주년 기념 문헌집》, 조쏘출판사.

조의성, 2001, 〈북한 단어결합론과 옛 소련 단어결합론: 60년문법을 중심으로〉,《국어학》 38.

조준희 엮음, 2019,《이극로 전집》Ⅰ-Ⅳ, 소명출판.

주시경, 1910,《국어문법》, 박문서관(이기문 편,《주시경 전집》, 아세아문화사, 1976 영인판).

진단학회, 1947, 〈휘보〉,《진단학보》 15.

진도군지편찬위원회, 2007,《진도군지 상》, 진도군지편찬위원회.

진실·화해를 위한 과거사정리위원회, 2010,《2010년 상반기 조사보고서》 04, 진실화해위원회 제9차 보고서.

최경봉, 2007, 〈제3회 2006년 동숭학술재단이 선정한 언어학자 김수경(1918~1999)〉,《재단법인 동숭학술재단소식》 11.

_____, 2009, 〈김수경의 국어학 연구와 그 의의〉,《한국어학》 45.

_____, 2012, 〈국어학자 유응호의 위상과 계보〉,《한국어학》 54.

최경봉 외, 2007, 〈해방 이후 국어 정립을 위한 학술적·정책적 활동 양상: 김민수 구술〉, 2007년도 구술자료 수집사업 녹취록, 국사편찬위원회.

최광석, 1968, 〈북괴 김일성대학〉,《신동아》 1968년 6호.

최현배, 1937,《우리말본》, 연희전문학교출판부.

_____, 1942,《한글갈》, 정음사.

한국기독교역사연구소, 1990,《한국기독교의 역사 II》, 기독교문사.

한국역사연구회 북한사학사연구반, 2003,《북한의 역사만들기》, 푸른역사.

한글학회, 1971,《한글학회 50년사》, 한글학회.

한홍구, 2010, 〈김두봉: 혁명가가 된 한글학자〉,《한국사 시민강좌》 47.

홍성찬, 2015, 〈노동규의 생애와 학문〉,《한국경제학보》 22(1).

홍종욱, 2014, 〈반(反)식민주의 역사학에서 반(反)역사학으로: 동아시아의 '전후 역사학' 과 북한의 역사 서술〉,《역사문제연구》 31.

洪学智, 1998,《항미원조전쟁을 회억하여》, 김창호, 백상호 번역, 동북조선민족교육출판사.

황부영, 1958, 〈조선어 토와 어간과의 호상 관계에 관한 몇 가지 고찰〉,《조선 어문》 1958년 2호.

황장엽, 2010,《황장엽 회고록》 제3판, 시대정신.

【일본어 문헌】(오십음 순)

相田愼一, 2002, 《言語としての民族: カウツキーと民族問題》, 御茶の水書房.

安倍能成, 1966, 《我が生ひ立ち》, 岩波書店.

新谷敬三郎, 1964, 〈ヴェ·ヴィノグラードフの文体論〉, 《日本ロシヤ文学会会報》7.

_____, 1965, 〈題材と文体: ヴェ·ヴィノグラードフの比較文体論〉, 《比較文学年誌》1.

アンダーソン, ベネディクト(Benedict Anderson), 2005, 《比較の亡霊: ナショナリズム·東南アジア·世界》(糟屋啓介·高地薫ほか訳), 作品社.

_____, 2007, 《定本　想像の共同体: ナショナリズムの起源と流行》(白石隆·白石さや訳), 書籍工房早山.

_____, 2012, 《三つの旗のもとに: アナーキズムと反植民地主義的想像力》(山本信人訳), NTT出版.

イヴィッチ, ミルカ(Milka Ivić), 1974, 《言語学の流れ》(早田輝洋·井上史雄訳), みすず書房.

石井米雄, 2000, 〈小林英夫先生の思い出〉, 小林英夫編訳, 《20世紀言語学論集》, みすず書房.

石綿敏雄·高田誠, 1990, 《対照言語学》, 桜楓社.

板垣竜太, 1999, 〈植民地期朝鮮における識字調査〉, 《アジア·アフリカ言語文化研究》58.

_____, 2003, 〈帝国の臣民管理システム: 過去と現在〉, 小倉利丸ほか編, 《世界のプライバシー権運動と監視社会》, 明石書店.

_____, 2008, 《朝鮮近代の歴史民族誌: 慶北尚州の植民地経験》, 明石書店.

_____, 2017, 〈海外の朝鮮資料事情について〉, 《社協京都会報》19.

_____, 2018a, 〈植民地期朝鮮の民衆日記を読むということ: 理論および方法論に関する基礎研究〉, 《일기로 역사를 읽다》, 국사편찬위원회.

_____, 2018b, 〈海外の朝鮮資料事情について 2〉, 《社協京都会報》20.

_____, 2019, 〈訓民正音創制記念日の南北間の違いをめぐって〉, 《社協京都会報》21.

_____, 2021, 〈戦場の知識人たち: 越北言語学者·金壽卿の朝鮮戦争手記より〉, 《同志社社会学研究》25.

板垣竜太·コ ヨンジン編, 2015, 《北に渡った言語学者金壽卿の再照明》(コリア研究叢書 2), 同志社コリア研究センター.

市川浩 編, 2016,《科学の参謀本部: ロシア/ソ連科学アカデミーに関する国際共同研究》, 北海道大学出版会.

伊藤亜人, 2017,《北朝鮮人民の生活: 脱北者の手記から読み解く実相》, 弘文堂.

ウォーラーステイン, イマニュエル(Immanuel Wallerstein)・グルベンキアン委員会(Gulbenkian Commission on the Restructuring of the Social Sciences) 編, 1996,《社会科学をひらく》(山田鋭夫 訳), 藤原書店.

呉永鎬, 2019,《朝鮮学校の教育史: 脱植民地化への闘争と創造》, 明石書店.

大原信一, 1997,《中国の識字運動》, 東方書店.

小倉進平, 1929,《郷歌及び吏讀の研究》, 京城帝国大学(京都大学文学部国語学国文学研究室 編, 1975,《小倉進平博士著作集》2, 京都大学国文学会).

＿＿＿＿＿, 1964,《(増訂補注) 朝鮮語学史》(河野六郎補注), 刀江書院.

カミングス, ブルース(Bruce Cumings), 2012,《朝鮮戦争の起源1 1945年～1947年: 解放と南 北分断体制の出現》(鄭敬謨・林哲・加地永都子訳), 明石書店.

カルヴェ, ルイ＝ジャン(Louis-Jean Calvet), 2006,《言語学と植民地主義: ことば喰い小論》 (砂野幸稔訳), 三元社.

川本邦衛, 1956,〈中國語に於ける品詞分類の標記について: "汉语词类论争"の問題點〉, 《藝文研究》6.

姜徳相, 1997,《朝鮮人学徒出陣: もう一つのわだつみのこえ》, 岩波書店.

菅野裕臣,〈菅野裕臣の*Aŭtobiografio*〉, http://www.han-lab.gr.jp/~kanno/cgi-bin/ hr.cgi?autobio/autobio-2.html.

金日成, 1953,《祖國解放戦爭》(現代朝鮮研究会編訳), 青木書店.

＿＿＿＿＿, 1992,《金日成回顧録 2 — 世紀とともに》(金日成回顧録翻訳委員会訳), 雄山閣.

金惠英・金泰成, 2015,〈父, 金壽卿〉, 板垣竜太・コヨンジン編,《北に渡った言語学者金壽卿 の再照明》(コリア研究叢書 2), 同志社コリア研究センター.

金容德, 2006,〈京城帝国大学韓人エリートの行路〉, 金容德・宮嶋博史編,《近代交流史と相 互認識III》, 慶應義塾大学出版会.

木村光彦, 1999,《北朝鮮の経済: 起源・形成・崩壊》, 創文社.

＿＿＿＿＿ 編訳, 2011,《旧ソ連の北朝鮮経済資料集 1946～1965年》, 知泉書館.

ギロー, ピエール(Pierre Guiraud), 1959,《文体論: ことばのスタイル》(佐藤信夫訳), 白水社(文

庫クセジュ).

ギンズブルグ, カルロ(Carlo Ginzburg), 1984, 《チーズとうじ虫: 16世紀の一粉挽屋の世界像》(杉山光信訳), みすず書房.

熊谷明泰, 2000, 〈南北朝鮮における言語規範乖離の起点: 頭音法則廃棄政策における金寿卿論文の位置〉, 《関西大学人権問題研究室紀要》41.

桑野隆, 1979, 《ソ連言語学理論小史: ボードアン・ド・クルトネからロシア・フォルマリズムへ》, 三一書房.

京城帝國大學學生課, 1937, 《京城帝國大學學生生活調查報告》, 京城帝國大學學生課.

京城帝國大學同窓会, 1974, 《京城帝国大学創立五十周年記念誌 紺碧遙かに》, 京城帝国大学同窓会.

京城帝國大學法文學部, 1943, 〈研究室通信〉, 京城帝國大學法文學部《學叢》1.

_____, 1944, 《老乞大諺解》, 奎章閣叢書第九, 京城帝國大學法文學部.

_____, 1945, 《〈老乞大〉諸板の再吟味》, 奎章閣叢書第九老乞大諺解別冊附錄, 京城帝國大學法文學部.

コ ヨンジン, 2000, 〈北朝鮮の初期綴字法について〉, 《言語文化(同志社大学)》3-3.

_____, 2015, 〈金壽卿[1989]から読む韓国の歴史比較言語学の一様相〉, 板垣竜太·コヨンジン編, 《北に渡った言語学者金壽卿の再照明》(コリア研究叢書 2), 同志社コリア研究センター.

小林智賀平, 1937, 《マルティの言語學》, 興文社.

小林敏明, 2010, 《〈主体〉のゆくえ: 日本近代思想史への一視角》, 講談社.

小林英夫, 1932, 《一般文法の原理: 批判的解説》, 岩波書店.

_____, 1935, 《言語學方法論考》, 三省堂.

_____, 1943, 《文體論の建設》, 育英書院.

_____, 1944, 《文體論の美學的基礎づけ》, 筑摩書房.

_____, 1945, 《言語研究·現代の問題》, 有養德社.

_____, 1951[1977], 〈教え子〉, 《小林英夫著作集 第10巻 随想》, みすず書房(원저는 《Papyrus》1, 東京工業大学学友会図書館委員会, 1951)

_____, 1957[1977], 〈白いハト〉, 《小林英夫著作集 第10巻 随想》, みすず書房(원저는 《PHP》110, 1957).

小林英夫, 1966, 〈言語美学としての文体論〉, 日本文体論協会 編, 《文体論入門》, 三省堂.

———, 1977, 〈小林英夫著作目録〉, 《小林英夫著作集 10》, みすず書房.

———, 1978, 〈Os Lusíadasとの触れ合い:あとがきに代えて〉, ルイス・デ・カモンイス, 《ウズ・ルジアダス》, 岩波書店.

駒込武, 2000, 〈〈帝国史〉研究の射程〉, 《日本史研究》452.

サイード, エドワード・W(Edward W. Said), 1998, 《文化と帝国主義》1(大橋洋一訳), みすず書房.

斉木美知世・鷲尾龍一, 2012, 《日本文法の系譜学: 国語学史と言語学史の接点》, 開拓社.

酒井哲哉ほか 編, 2006, 《岩波講座 帝国日本の学知》全8巻, 岩波書店.

酒井直樹, 1997, 《日本思想という問題: 翻訳と主体》, 岩波書店.

桜井浩 編, 1990, 《解放と革命: 朝鮮民主主義人民共和国の成立過程》, アジア経済研究所.

佐藤純一, 1991, 〈ロシア・ソ連言語学史におけるモスクワ学派〉, 《外国語科研究紀要》39(5).

———, 1993, 〈ロシア言語学史におけるペテルブルグ学派〉, 《創価大学外国語学科紀要》3.

沈志華, 2016, 《最後の〈天朝〉: 毛沢東・金日成時代の中国と北朝鮮》上(朱建栄訳), 岩波書店.

スターリン(И. В. Сталин), 1952, 《スターリン全集》第2巻(スターリン全集刊行会訳), 大月書店.

駿台社編集部 編, 1955, 《文風運動の原則的諸問題: 日本語をまもるために》, 駿台社.

ソッスュール(Ferdinand de Saussure), 1928, 《言語學原論》(小林英夫訳), 岡書院.

ソシュール, フェルヂナンド・ド, 1940, 《言語學原論(改譯新版)》(小林英夫訳), 岩波書店.

ソシュール, フェルディナンド・ド, 1972, 《一般言語学講義》(小林英夫訳), 岩波書店.

田中克彦, 1975, 《言語の思想: 国家と民族のことば》, 日本放送出版協会.

———, 1978, 《言語からみた民族と国家》, 岩波書店.

———, 1981, 《ことばと国家》, 岩波書店.

———, 2000, 《〈スターリン言語学〉精読》, 岩波書店.

田中信一, 2004~2005, 〈中華人民共和国における文字改革の推移日誌(その1)~(その3)〉, 《拓殖大学語学研究》106~108.

田丸卓郎, 1924, 《ローマ字模範讀本》, 日本のローマ字社.

崔應九, 2015,〈私の心から尊敬する師匠, 金壽卿先生〉, 板垣竜太・コ ヨンジン編,《北に渡った言語学者金壽卿の再照明》(コリア研究叢書 2), 同志社コリア研究センター.

崔炅鳳, 2015,〈国語学史の観点から見た金壽卿〉, 板垣竜太・コ ヨンジン編,《北に渡った言語学者金壽卿の再照明》(コリア研究叢書 2), 同志社コリア研究センター.

崔羲秀, 2015,〈金壽卿と中国の朝鮮語学〉, 板垣竜太・コ ヨンジン編,《北に渡った言語学者金壽卿の再照明》(コリア研究叢書 2), 同志社コリア研究センター.

趙義成, 2015,〈旧ソ連言語学と金壽卿〉, 板垣竜太・コ ヨンジン編,《北に渡った言語学者金壽卿の再照明》(コリア研究叢書 2), 同志社コリア研究センター.

朝鮮総督府, 1945,《昭和十九年五月一日　人口調査報告　其ノ二》, 朝鮮総督府.

鄭光, 2016,《李朝時代の外国語教育》(廣剛・木村可奈子訳), 臨川書店.

鄭鍾賢, 2021,《帝国大学の朝鮮人: 大韓民国エリートの起源》(渡辺直紀訳), 慶應義塾大学出版局.

通堂あゆみ, 2008,〈京城帝国大学法文学部の再検討〉,《史学雑誌》117(2).

デリダ, ジャック(Jacques Derrida), 1976,《根源の彼方に:グラマトロジーについて》上・下 (足立和浩訳), 現代思潮社.

ドイツ統一社会党中央委員会編, 1954,《唯物史観の諸問題》(相良文夫訳), 三一書房.

ドゥルーズ, ジル(Gilles Deleuze), 1992,《差異と反復》(財津理訳), 河出書房新社.

東京大学, 1986,《東京大学百年史 部局史一》, 東京大学.

東京大学史史料室 編, 1998,《東京大学の学徒動員学徒出陣》, 東京大学出版会.

東北大学学者訪朝・訪中団, 1981,《高句麗の故地をたずねて》, 寧楽社.

遠山茂樹, 1968,《戦後の歴史学と歴史意識》, 岩波書店.

トゥルベツコイ, N. S.(N. S. Trubetzkoy), 1980,《音韻論の原理》(長嶋善郎訳), 岩波書店.

中川雅彦, 2011,《朝鮮社会主義経済の理想と現実: 朝鮮民主主義人民共和国における産業構造と経済管理》, 日本貿易振興機構アジア経済研究所.

中島文雄, 1932,〈英語學とは何か〉, 京城帝國大學法文學会編,《言語・文學論纂》, 刀江書院.

＿＿＿＿＿, 1939,《意味論: 文法の原理》, 研究社.

日本文体論学会 編, 1991,《文体論の世界》, 三省堂.

野村浩一ほか 編, 2011,《新編原典中国近代思想史 6 救国と民主》, 岩波書店.

朴慶植 編, 2000,《在日朝鮮人関係資料集成 戦後編 6》, 不二出版.

朴正鎮, 2012,《日朝冷戦構造の誕生: 1945~1965: 封印された外交史》, 平凡社.

朴明林, 2009,《戦争と平和:朝鮮半島1950》(森善宣監訳), 社会評論社.

バッジオーニ, ダニエル(Daniel Baggioni), 2006,《ヨーロッパの言語と国民》(今井勉訳), 筑摩
　　書房.

ブイコフスキー(С.Н. Быковский), 1946,《ソヴェート言語学》(高木弘編訳), 象徴社.

フィシャ=ヨーアンセン, エーリ(Eli Fischer-Jørgensen), 1978,《音韻論総覧》(林栄一監訳), 大修
　　館書店.

藤井(宮西)久美子, 2003,《近現代中国における言語政策: 文字改革を中心に》, 三元社.

ブルデュー, ピエール・ヴァカン, ロイック(Pierre Bourdieu & Loïc J. D. Wacquant), 2007,《リ
　　フレクシヴ・ソシオロジーへの招待: ブルデュー社会学を語る》(水島和則訳), 藤原書店.

ブローデル, フェルナン(Fernand Braudel), 2004,《地中海》全5巻(浜名優美訳), 藤原書店.

許智香, 2019,《philosophyから〈哲＋學〉へ》, 文理閣.

ホーレンシュタイン, エルマー(Elmar Holenstein), 1983,《ヤーコブソン: 現象学的構造主
　　義》(川本茂雄・千葉文夫訳), 白水社.

ホロドーヴィチ, А. А.(А. А. Холодович), 2009,〈朝鮮語文法概要(上)〉(菅野裕臣 訳),《韓國語
　　學年報》5.

　　　　　　　　　　　　　　　　, 2010,〈朝鮮語文法概要(下)〉(菅野裕臣 訳),《韓國語
　　學年報》6.

馬越徹, 1995,《韓国近代大学の成立と展開》, 名古屋大学出版会.

松本昭, 1952,〈中国言語学界の動向〉, 民主主義科学者協会言語科学部会監修,《言語問題
　　と民族問題》, 理論社.

丸山圭三郎, 1981,《ソシュールの思想》, 岩波書店.

三ツ井崇, 2010,《朝鮮植民地支配と言語》, 明石書店.

宮本和吉, 1951,〈京城大学〉,《文藝春秋》1951年1月号.

村山七郎, 1950,〈ソヴィエト言語学とスターリンの批判〉,《思想》317.

メイエ, アントワヌ(Antoine Meillet), 1977,《史的言語学における比較の方法》(泉井久之助訳),
　　みすず書房.

明治大学(百年史編纂委員会), 1988,《明治大学百年史 第二巻 史料編2》, 明治大学.

毛沢東, 1953,《整風文献》(毛沢東選集刊行会訳), 國民文庫.

森田芳夫, 1964, 《朝鮮終戦の記録》, 巌南堂書店.

_____, 1996, 《数字が語る在日韓国・朝鮮人の歴史》, 明石書店.

門間貴志, 2012, 《朝鮮民主主義人民共和国映画史: 建国から現在までの全記録》, 現代書館.

ヤコブソン (Roman Jakobson), 1996, 《構造的音韻論》(矢野通生ほか訳), 岩波書店.

安田敏朗, 1997, 《植民地のなかの「国語学」: 時枝誠記と京城帝国大学をめぐって》, 三元社.

_____, 1999, 《「言語」の構築: 小倉進平と植民地朝鮮》, 三元社.

_____, 2006, 《統合原理としての国語》, 三元社.

ランコフ, アンドレイ(Andrei Lankov), 2011, 《スターリンから金日成へ: 北朝鮮国家の形成 1945~1960年》(下斗米伸夫・石井知章訳), 法政大学出版局.

李海燕, 2009, 《戦後の〈満州〉と朝鮮人社会: 越境・周縁アイデンティティ》, 御茶の水書房.

陸地測量部(作製), 1981, 《朝鮮半島五万分の一地図集成》, 学生社.

和田春樹, 1992, 《金日成と満州抗日戦争》, 平凡社.

_____, 1995, 《朝鮮戦争》, 岩波書店.

_____, 1998, 《北朝鮮: 遊撃隊国家の現在》, 岩波書店.

_____, 2002, 《朝鮮戦争全史》, 岩波書店.

_____, 2012, 《北朝鮮現代史》, 岩波書店.

【서양 문헌】(알파벳 순)

Алпатов, В. М.. 2004. *История одного мифа: Марр и [марризм]*. 2-е. УРСС.

Anderson, Benedict. 1991[1983]. *Imagined Communities: Reflections on the Origin and Spread of Nationalism*. Rev. ed. Verso.

_____. 1998. *The Spectre of Comparisons: Nationalism, Southeast Asia, and the World*. Verso.

_____. 2005. *Under Three Flags: Anarchism and the Anti-Colonial Imagination*. Verso.

Armstrong, Charles. 2003. *The North Korean Revolution, 1945~1950*. Cornell University

Press.

Blaut, J. M. 1993. *The Colonizer' s Model of the World*. The Guilford Press.

Чиркин, С. В.. 2006. *Двадцать лет службы на Востоке: Записки царского дипломат а*. Русский путь.

Chomsky, Noam. 1965. *Aspects of the Theory of Syntax*. The M.I.T. Press.

Graff, Harvey. 1987. *The Legacies of Literacy: Continuities annd Contradictions in Western Culture and Society*. Indiana University Press.

Hong, Young−Sun. 2015. *Cold War Germany, the Third World, and the Global Humanitarian Regime*. Cambridge University Press.

Kiesow, Karl−Friedrich. 1990. "Marty on form and content in language," Mulligan ed., *Mind, Meaning and Metaphysics: The Philosophy and Theory of Language of Anton Marty*. Kluwer.

Kim, Suzy. 2013. *Everyday Life in the North Korean Revolution, 1945~1950*. Cornell University Press.

Концевич, Л. Р. сост. 2001. "Из истории корейского языкознаиия в КНДР в 50−х годов", *Российское корееведение : альманах, вып*. 2−й, Москва: Муравей.

Концевич, Л. Р. & Симбирцева, Т. М. сост. 2006. *Современное российское корееве дение: Справочное издание*. Первое Марта.

Martin, Samuel E. 1992. *A Reference Grammar of Korean: A Complete Guide to the Grammar and History of the Korean Language*. C. E. Tuttle Publishing.

Мазур, Ю. Н. 1952. 《Корейская Народно-Демократическая Республика》, *Воп росы Языкознания*, 1952−3.

Murra, John V. et al. eds. and trans. 1951. *The Soviet Linguistic Controversy*. King' s Crown Press.

Myers, B. R. 2011. *The Cleanest Race: How North Koreans See themselves and Why it Matters*. Melville House Pub.

Lankov, Andrei. 2002. *From Stalin to Kim Il Sung: The Formation of North Korea, 1945~1960*. Rutgers University Press

――――――. 2005. *Crisis in North Korea: The Failure of de−Stalinization, 1956*. University of Hawaiʻi Press.

Leška, Oldřich. 2002. "Anton Marty's philosophy of language," Eva Hajičová et al. eds. *Prague Linguistic Circle papers*. Vol. 4.

Ramstedt, G. J. 1939. *A Korean Grammar*. Helsinki: Suomalais-ugrilainen seura.

Реформатский, А.А.. 1947. *Введение в языкознание*. Гос. учебно-педагоги ческое изд-во Министерства просвещения РСФСР.

Romagnoli, Chiara. 2012. *The Interpretation of Saussure's Cours de Linguistique Générale in China*. Nuova Cultura.

Saussure, Ferdinand de. 1995. *Cours de linguistique générale*. Payot & Rivages.

Schmid, Andre. 2018. "Historicizing North Korea," *American Historical Review*, 123(2).

Szalontai, Balazs. 2005. *Kim Il Sung in the Khrushchev Era: Soviet-DPRK Relations and the Roots of North Korean Despotism, 1953~1964*. Woodrow Wilson Center Press.

United States Army Military Government in Korea (USAMGIK). 1946. "History of Bureau of Education from 11 September 1945 to 28 February 1946," 鄭泰秀編著《美軍政期 韓國教育史資料集(上) (1945~1948)》. 弘文苑, 1992.

Vinogradov, Victor ed. 1988. *Aleksandr Reformatskij: Selected Writings*. Moscow: Progress Publishers.

Холодович, А.А. 1958. 《О проекте реформы Корейской орфографии 1949 г.》, *Вопросы Корейского и Китайского языкознания*. Ученые записки ЛГУ No 236. Изд-во Ленинградского университета.

【중국어 문헌】(병음 순)

魯迅, 1937, 〈關于新文字〉, 《且介亭雜文》, 三間書屋.

毛泽东, 1983, 《毛泽东集 第7卷(1939. 9~1941. 6)》(毛沢東文献資料研究会) 第2版, 蒼蒼社.

《文字改革》杂志编辑部编, 1985, 《建国以来文字改革工作编年记事》, 文字改革出版社.

郑之东, 1956, 〈朝鮮的文字改革〉, 《中國語文》1956年7月号.

中国文字改革委员会第一研究室編, 1957, 《外国文字改革經驗介紹》, 文字改革出版社.

찾아보기

※찾아보기는 인명, 사항, 지명·언어문자명으로 분류되어 있다.

※인명 표기에 대해 '李' 나 '林' 처럼 현재 남북에서 발음이 다른 것에 대해서는 1945년 이후에 북한에서 활동한 인물(김수경의 유족은 제외)은 이북의 발음으로 하고, 그 외는 이남의 발음으로 분류했다. 러시아어 인명은 키릴문자를 ISO 9:1995방식으로 로마자화했다(2자 합성기호는 생략).

북으로 간 언어학자 김수경

2024년 2월 1일 초판 1쇄 인쇄
2024년 2월 6일 초판 1쇄 발행

글쓴이	이타가키 류타
옮긴이	고영진 임경화
펴낸이	박혜숙
디자인	이보용 김진
펴낸곳	도서출판 푸른역사

  우) 03044 서울시 종로구 자하문로8길 13

  전화: 02)720−8921(편집부) 02)720−8920(영업부)

  팩스: 02)720−9887

  전자우편: 2013history@naver.com

  등록: 1997년 2월 14일 제13−483호

ⓒ 이타가키 류타, 2024

ISBN 979−11−5612−269−2 93900